Mode d'emploi

W0356045

Votre ouvrage Prépabac

- Conforme au nouveau programme de mathématiques 1re S entré en vigueur à la rentrée 2011, ce « Prépabac » vous propose un **outil de travail** complet et efficace.
- Sur chaque thème du programme, vous trouverez : un **cours** structuré, des fiches de **méthode**, des exercices progressifs et leurs **corrigés** détaillés.
- Assorties de nombreux **commentaires** et **conseils** des auteurs, toutes ces ressources vous permettent d'aborder en confiance vos contrôles durant l'année et de vous préparer à l'épreuve du bac.

COURS **MÉTHODE** **EXERCICES** **CORRIGÉS**

Sur le site www.annabac.com

- L'achat de cet ouvrage vous permet de bénéficier d'un **accès gratuit** aux **ressources d'annabac.com** : fiches de cours, podcasts audio, exercices et sujets corrigés…
- Pour profiter de cette offre, rendez-vous sur **www.annabac.com**, dans la rubrique « Vous avez acheté un ouvrage Hatier ? »*

---

* La saisie d'un mot clé du livre (lors de votre première visite) vous permettra de créer un compte personnel.

sommaire

ANALYSE

prépabac

Cours & entraînement

Mathématiques

1re S

Denis Girard

Professeur certifié au lycée d'Alzon à Nîmes

Annick Meyer

Professeur agrégée au lycée Aristide-Briand à Saint-Nazaire

Jean-Dominique Picchiottino

Professeur agrégé au lycée Pasquet à Arles

Hatier

Maquette de principe : Frédéric Jély

Mise en page : Jouve

Édition : Gwenn Alvarez et Marilyn Maisongrosse

Schémas : Jouve

 978-2-218-96885-3

STATISTIQUES ET PROBABILITÉS

sommaire

GÉOMÉTRIE

Analyse

www.annabac.com

CHAPITRE

1 Polynômes du second degré

En classe de Première, on apprend à résoudre des équations et des inéquations polynômes du second degré dans le cas général, c'est-à-dire lorsque l'expression étudiée est de la forme ax^2+bx+c. Pour cela, on s'appuie sur les connaissances de Seconde et de ... Collège !

1 Forme canonique du trinôme du second degré

A Forme développée et forme canonique

- La fonction $x \mapsto ax^2+bx+c$, avec $a \neq 0$, est une fonction polynôme de degré deux aussi appelée **trinôme du second degré.**

- L'écriture ax^2+bx+c est la **forme développée** de ce trinôme.

Exemples
- $-2x^2+5x-6$ est un trinôme du second degré avec $a=-2$, $b=5$ et $c=-6$.
- $3x^2-4$ est un trinôme du second degré avec $a=3$, $b=0$ et $c=-4$.

- La **forme canonique** du trinôme ax^2+bx+c s'écrit $a\left(\left(x+\dfrac{b}{2a}\right)^2-\dfrac{b^2-4ac}{4a^2}\right)$.

Remarque : L'écriture $a\left(x+\dfrac{b}{2a}\right)^2-\dfrac{b^2-4ac}{4a}$ est aussi appelée forme canonique.

B Déterminer la forme canonique d'un trinôme

Pour écrire le trinôme $P(x)=-3x^2+2x+1$ sous sa forme canonique, on procède en plusieurs étapes.

- **Mise en facteur du coefficient de x^2**

Ici, ce coefficient vaut -3, alors $P(x)=-3x^2+2x+1=-3\left(x^2-\dfrac{2}{3}x-\dfrac{1}{3}\right)$.

- **Écriture de $x^2-\dfrac{2}{3}x$ comme le début du développement d'une identité remarquable**

Ici, x^2 est le carré de x et $\dfrac{2}{3}x=2\left(\dfrac{1}{3}\right)x$ est le double produit de $\dfrac{1}{3}$ et de x.

Donc x^2 et $-\frac{2}{3}x$ sont les deux premiers termes du développement de $\left(x-\frac{1}{3}\right)^2$.

En effet, $\left(x-\frac{1}{3}\right)^2 = x^2 - 2(x)\left(\frac{1}{3}\right) + \frac{1}{9} = x^2 - \frac{2}{3}x + \frac{1}{9}$.

On en déduit $x^2 - \frac{2}{3}x = \left(x-\frac{1}{3}\right)^2 - \frac{1}{9}$.

Par conséquent,

$$P(x) = -3\left(x^2 - \frac{2}{3}x - \frac{1}{3}\right) = -3\left(\left(x-\frac{1}{3}\right)^2 - \frac{1}{9} - \frac{1}{3}\right) = -3\left(\left(x-\frac{1}{3}\right)^2 - \frac{4}{9}\right).$$

Remarque : On peut aussi utiliser l'écriture sous forme canonique.
Avec $a=-3$, $b=2$, $c=1$, on obtient :

$$P(x) = -3\left(\left(x-\frac{2}{6}\right)^2 - \frac{4+12}{36}\right) = -3\left(\left(x-\frac{1}{3}\right)^2 - \frac{16}{36}\right) = -3\left(\left(x-\frac{1}{3}\right)^2 - \frac{4}{9}\right).$$

2 Résolution de l'équation du second degré

A Les racines du trinôme

- On appelle **équation du second degré** une équation de la forme $ax^2+bx+c=0$, avec $a \neq 0$.
- Les réels x qui vérifient $ax^2+bx+c=0$ sont appelés les **racines** du trinôme.
Une racine du trinôme ax^2+bx+c est donc une solution de l'équation $ax^2+bx+c=0$.

Les Babyloniens, vers 1700 av. J.-C. et peut-être même plus tôt, résolvaient déjà des équations du second degré.

- Pour résoudre une telle équation, c'est-à-dire trouver ses solutions, on calcule le nombre $\Delta = b^2 - 4ac$ appelé **discriminant**.
- Le signe de Δ permet de déterminer le nombre de racines et leurs expressions. On applique le théorème suivant.
- **Théorème**
  - **Si $\Delta > 0$,** l'équation admet deux solutions réelles $x_1 = \frac{-b-\sqrt{\Delta}}{2a}$ et $x_2 = \frac{-b+\sqrt{\Delta}}{2a}$.
  - **Si $\Delta = 0$,** l'équation admet une solution réelle $x = \frac{-b}{2a}$.
  - **Si $\Delta < 0$,** l'équation n'admet pas de solution réelle.

Le nombre de racines d'un trinôme ne dépend que du signe de son discriminant !

Exemple : Pour résoudre l'équation $3x^2+5x-2=0$, on calcule son discriminant $\Delta = b^2-4ac = 5^2-4(3)(-2) = 49$.

Comme Δ est strictement positif, l'équation admet deux solutions réelles distinctes $x_1 = \dfrac{-b-\sqrt{\Delta}}{2a} = \dfrac{-5-7}{6} = -2$ et $x_2 = \dfrac{-b+\sqrt{\Delta}}{2a} = \dfrac{-5+7}{6} = \dfrac{1}{3}$.

Par conséquent, l'ensemble des solutions est $S = \left\{-2\,;\ \dfrac{1}{3}\right\}$.

- La somme des racines est $x_1+x_2 = -\dfrac{b}{a}$.
- Le produit des racines est $x_1x_2 = \dfrac{c}{a}$.

B Factorisation du trinôme

Théorème

• **Si $\Delta > 0$,** le trinôme ax^2+bx+c admet deux racines x_1 et x_2. Il se factorise de la manière suivante :

$$ax^2+bx+c = a(x-x_1)(x-x_2)$$

• **Si $\Delta = 0$,** ax^2+bx+c admet une racine qui est $\dfrac{-b}{2a}$ et se factorise ainsi :

$$ax^2+bx+c = a\left(x+\frac{b}{2a}\right)^2$$

• **Si $\Delta < 0$,** le trinôme n'a pas de racine et ne se factorise pas.

Exemple : Pour factoriser le trinôme $P(x) = 2x^2-6x-8$, on calcule d'abord son discriminant $\Delta = b^2-4ac = 36+64 = 100$.

Δ est strictement positif, donc le trinôme admet deux racines :

$$x_1 = \frac{-(-6)-\sqrt{100}}{2\times 2} = -1 \quad \text{et} \quad x_2 = \frac{-(-6)+\sqrt{100}}{2\times 2} = 4$$

Le trinôme se factorise donc ainsi $P(x) = 2(x+1)(x-4)$.

3 Signe du trinôme

Théorème

Soit le trinôme ax^2+bx+c, avec $a \neq 0$.

• **Si $\Delta > 0$,** ax^2+bx+c est du **signe de a** à **l'extérieur** des racines et du **signe de $(-a)$** à **l'intérieur** des racines.

• **Si $\Delta \leqslant 0$,** ax^2+bx+c est du **signe de a** pour tout x.

Si $\Delta = 0$, ax^2+bx+c s'annule en $-\dfrac{b}{2a}$.

Exemple : Le trinôme $5x^2+16x+3$ a pour discriminant $\Delta=196>0$.

Ses racines sont -3 et $-\frac{1}{5}$. Le trinôme est du signe de $a=5>0$ à l'extérieur des racines donc $5x^2+16x+3>0$ sur $]-\infty; -3[\cup\left]-\frac{1}{5}; +\infty\right[$ et du signe de $-a<0$ à l'intérieur des racines donc $5x^2+16x+3<0$ sur $\left]-3; -\frac{1}{5}\right[$.

On regroupe ces résultats dans un tableau.

x	$-\infty$		-3		$-\frac{1}{5}$		$+\infty$
$5x^2+16x+3$		+	0	−	0	+	

4 Représentation graphique et variations

La représentation graphique de la fonction $f: x \mapsto ax^2+bx+c$ est une **parabole** dont le sommet S a pour abscisse $x_S=-\frac{b}{2a}$ et pour ordonnée $y_S=f(x_S)$.

Cette parabole admet comme axe de symétrie la droite d'équation $x=-\frac{b}{2a}$ passant par son sommet S.

Selon les valeurs de a, la courbe présente des allures différentes.

■ Si $a>0$

x	$-\infty$	$-\frac{b}{2a}$	$+\infty$
$f(x)$	↘		↗

Courbe « en vase »

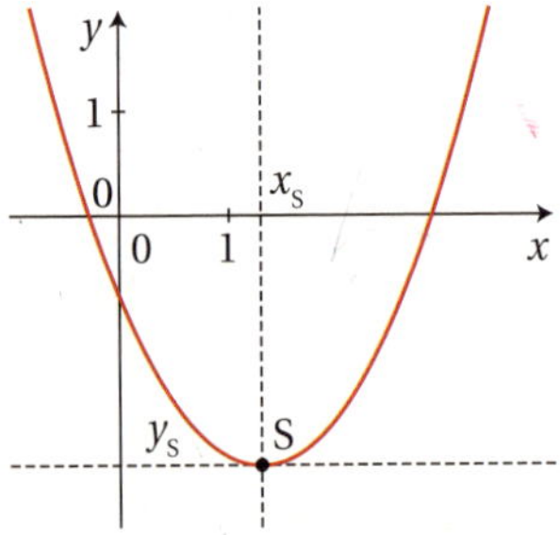

Si $a<0$

x	$-\infty$		$-\dfrac{b}{2a}$		$+\infty$
$f(x)$		↗		↘	

Courbe « en cloche »

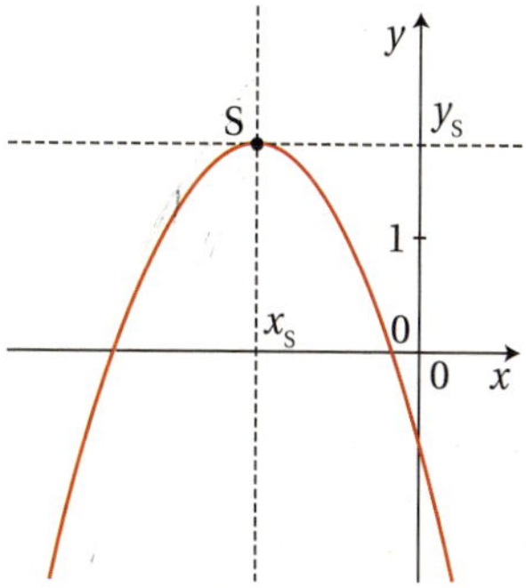

TROUVER LES COORDONNÉES DU SOMMET DE LA PARABOLE

Si le trinôme est écrit sous sa forme canonique $a\left(\left(x+\dfrac{b}{2a}\right)^2-\dfrac{b^2-4ac}{4a^2}\right)$, l'abscisse du sommet $x_S=-\dfrac{b}{2a}$ apparaît comme le réel qui annule $x+\dfrac{b}{2a}$ et l'ordonnée du sommet est $y_S=-\dfrac{b^2-4ac}{4a}$.

Résoudre une équation du second degré

ÉNONCÉ

Résoudre les équations suivantes.

1 $-2x^2+11x-5=0$ **2** $x^2+2\sqrt{5}x+5=0$ **3** $3x^2+x+1=0$

MÉTHODE

L'équation est de la forme $ax^2+bx+c=0$, avec $a \neq 0$.

- **Calcul de $\Delta = b^2 - 4ac$**
  - **$\Delta < 0$** → **Pas de solution**
  - **$\Delta = 0$** → **Une solution** $x = -\dfrac{b}{2a}$
  - **$\Delta > 0$** → **Deux solutions** $x_1 = \dfrac{-b-\sqrt{\Delta}}{2a}$ et $x_2 = \dfrac{-b+\sqrt{\Delta}}{2a}$

Cette présentation de la méthode de résolution sous forme d'organigramme est particulièrement adaptée à l'écriture d'un algorithme.

CORRIGÉ

1 $a=-2$, $b=11$, $c=-5$; on calcule $\Delta = b^2-4ac = 121-4(-2)(-5)=81$.
$\Delta > 0$, l'équation admet deux solutions :

$$x_1 = \frac{-11-\sqrt{81}}{2(-2)} = \frac{-20}{-4} = 5 \quad \text{et} \quad x_2 = \frac{-11+\sqrt{81}}{2(-2)} = \frac{-2}{-4} = \frac{1}{2}.$$

Par conséquent $S = \left\{\frac{1}{2} ; 5\right\}$.

2 $a=1$, $b=2\sqrt{5}$, $c=5$, alors $\Delta = b^2-4ac = 20-4(1)(5)=0$.

$\Delta = 0$, l'équation admet une solution $x = \dfrac{-2\sqrt{5}}{2} = -\sqrt{5}$ et $S = \left\{-\sqrt{5}\right\}$.

3 $a=3$, $b=1$, $c=1$; $\Delta = b^2-4ac = 1-4(3)(1) = -11$.

$\Delta < 0$, l'équation n'admet pas de solution dans $\mathbb{R}$ et $S = \varnothing$.

Résoudre une inéquation du second degré

ÉNONCÉ

Résoudre les inéquations suivantes.

1 $-x^2+6x<-7$

2 $x^2+2x+5<0$

MÉTHODE

Écrire l'inéquation sous l'une des formes suivantes :
$ax^2+bx+c\leqslant 0$, $ax^2+bx+c<0$, $ax^2+bx+c\geqslant 0$ ou $ax^2+bx+c>0$.
Selon les valeurs de Δ, on déduit les solutions de l'inéquation pour l'étude du signe du trinôme.

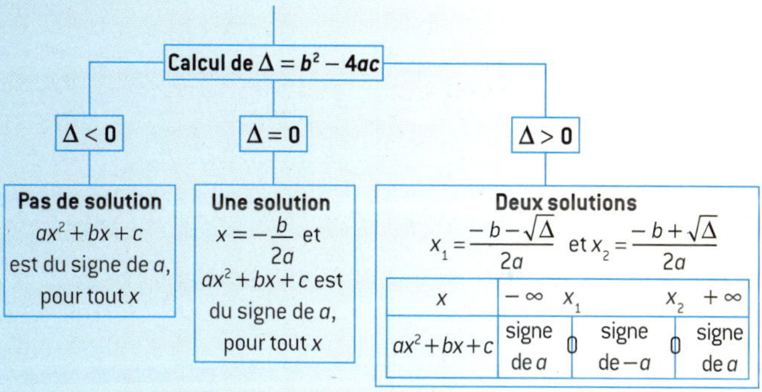

CORRIGÉ

1 L'inéquation s'écrit $-x^2+6x+7<0$. $\Delta=b^2-4ac=36-4(-1)(7)=64$, le trinôme admet deux racines x_1 et x_2 qui sont -1 et 7.

Comme $\Delta>0$ et $a=-1$, on en déduit le tableau de signes du trinôme.

x	$-\infty$		-1		7		$+\infty$
$-x^2+6x+7$		$-$	0	$+$	0	$-$	

L'ensemble des solutions est $S=]-\infty\,;-1[\cup]7\,;+\infty[$.

2 $\Delta=4-4(1)(5)=-16<0$, donc le trinôme x^2+2x+5 est du signe de $a=1$, et $x^2+2x+5>0$ pour tout $x\in\mathbb{R}$ et $S=\varnothing$.

SE TESTER QUIZ

Dans les questionnaires à choix multiples suivants, une seule réponse est correcte.

1 La parabole ci-dessous est celle d'un trinôme tel que :

- ☐ **a.** $\Delta < 0$ et $a > 0$
- ☐ **b.** $\Delta < 0$ et $a < 0$
- ☐ **c.** $\Delta > 0$ et $a > 0$
- ☐ **d.** $\Delta > 0$ et $a < 0$

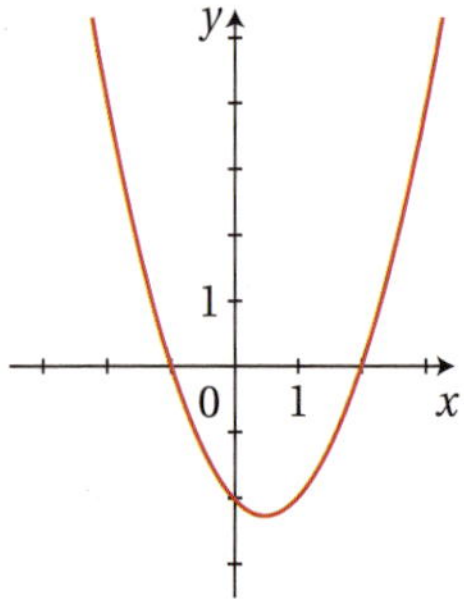

L'allure de la parabole représentant un trinôme et sa position par rapport aux axes ne dépendent que des signes de Δ et de a !

2 La parabole ci-dessous représente un trinôme $ax^2 + bx + c$.
Celui-ci admet :

☐ **a.** deux racines ☐ **b.** pas de racine ☐ **c.** une racine

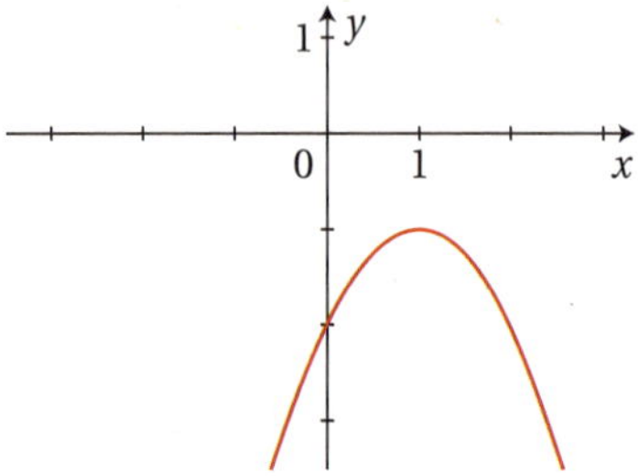

Le nombre de racines d'un trinôme est le nombre de points d'intersection de la parabole avec l'axe des abscisses.

3 On considère le trinôme $Q(x) = 5x^2 + 2x + 7$.
Sa représentation graphique admet comme axe de symétrie la droite d'équation :

☐ **a.** $x = 0$ ☐ **b.** $2x = 5$ ☐ **c.** $x = -\frac{1}{5}$

TRAITER UNE QUESTION DE COURS

4 Démontrer que l'équation $ax^2+bx+c=0$, avec $a\neq 0$, admet deux solutions distinctes lorsque $\Delta > 0$.

5 Soit $P(x)=ax^2+bx+c$ $(a\neq 0)$, un trinôme du second degré qui admet deux racines distinctes x_1 et x_2. Démontrer que ce trinôme est du signe de a à l'extérieur des racines et du signe de $(-a)$ entre les racines.

6 Énoncer le théorème donnant le signe d'un trinôme du second degré.

S'ENTRAÎNER

Forme canonique

Dans les exercices 7 à 9, donner la forme canonique des trinômes.

7 **a.** $P(x)=x^2-2x+4$ **b.** $Q(x)=x^2+6x-1$

8 **a.** $P(x)=5x^2+3x-4$ **b.** $Q(x)=3x^2-7x+2$

9 **a.** $M(x)=-x^2+\frac{2}{5}x-3$ **b.** $N(x)=-\frac{4}{3}x^2-x+\frac{1}{7}$

Racines

Dans les exercices 10 à 13, trouver les racines des polynômes donnés et en déduire si possible leurs formes factorisées.

10 **a.** $P(x)=-5x^2+7x-4$ **b.** $R(x)=\frac{3}{2}x^2+5x-1$

11 **a.** $S(x)=3x^2+6\sqrt{2}x+6$ **b.** $T(x)=-5x^2+10\sqrt{3}x-15$

12 **a.** $P(x)=\sqrt{2}x^2-3x+1$ **b.** $N(x)=-6x^2+\frac{2}{5}x+3$

Pour la question **a**, on pourra remarquer que :
$9-4\sqrt{2}=8-4\sqrt{2}+1=\left(2\sqrt{2}\right)^2-2\left(2\sqrt{2}\right)(1)+1^2=\left(2\sqrt{2}-1\right)^2$.

13 **a.** $U(x)=9x^2+11x+8$ **b.** $V(x)=11x^2+44$

14 Écrire un polynôme du second degré dont les racines sont 2 et -4.

Penser à la factorisatio d'un trinôme.

15 Trouver les polynômes du second degré admettant pour racines les réels donnés $-\sqrt{5}$ et $\frac{7}{3}$.

16 Pourquoi le polynôme $3x^2+\frac{8}{5}x+\sqrt{7}$ n'admet-il aucune racine positive ? (Il est inutile de calculer le discriminant !)

Paraboles

17 Dresser le tableau des variations du polynôme $2x^2-5x+1$ et tracer la parabole correspondante dans un repère convenablement choisi.

18 Comment choisir le réel m pour que la parabole d'équation $y=(x-5)^2+m$ ne coupe l'axe des abscisses en aucun point ?

19 Trouver les coordonnées des points d'intersection des paraboles d'équations $y=x^2-x+\frac{1}{3}$ et $y=3x^2-\frac{2}{3}x+4$, s'ils existent.

20 Est-il possible de choisir le réel non nul m pour que les paraboles d'équations $y=mx^2-3x+5$ et $y=-2x^2+\frac{3}{4}x$ aient un point commun et un seul ? Si oui, trouver m et si non, pourquoi ?

21 Hachurer l'ensemble des points M du plan dont les coordonnées x et y vérifient les relations données.

a. $y<x^2+3x-5$ **b.** $x^2-5x+3+y\geqslant-1$.

Résolution d'équations du second degré

Dans les exercices 22 à 24, résoudre les équations données.

22 **a.** $5x^2+7x=-1$ **b.** $-3x^2+5=x$ **c.** $\frac{5}{6}x=-x^2+3$

23 **a.** $x+\frac{1}{x}=-2$ **b.** $\frac{x-1}{-x+2}=x$

c. $x-\frac{3}{x+1}=-2x+5$

On pourra réduire au même dénominateur

24 **a.** $x^4-6x^2+8=0$ **b.** $-x^4+3x^2+7=0$

c. $3x^4+5x^2+1=0$

On pourra poser $X=x^2$.

25 Écrire un algorithme donnant le nombre de solutions d'une équation du second degré de la forme $ax^2+bx+c=0$ $(a \neq 0)$ ainsi que leurs valeurs.
Dans le cas où $a=0$, l'algorithme devra renvoyer l'affichage « l'équation n'est pas du second degré ».

Résolution d'inéquations du second degré

Dans les exercices 26 à 27, résoudre les inéquations données.

26 **a.** $-x^2-4x-4 \geqslant 0$ **b.** $2x^2-7>0$

27 $5x-\dfrac{3}{x}>1$

Somme et produit de racines

28 Soit $ax^2+bx+c=0$ une équation du second degré admettant deux racines distinctes x_1 et x_2. Appelons respectivement S et P la somme et le produit de ces racines, $S=x_1+x_2$ et $P=x_1x_2$.
Démontrer alors que $S=-\dfrac{b}{a}$ *et* $P=\dfrac{c}{a}$.

29 Soit $ax^2+bx+c=0$ une équation du second degré avec $a \neq 0$.

a. Démontrer que **si** a et c sont de signes contraires, **alors** l'équation admet deux solutions distinctes.

b. Que dire de la proposition réciproque : « **Si** l'équation admet deux solutions distinctes **alors** a et c sont de signes contraires » ?

30 **1.** Pour chaque équation, préciser, sans calculer le discriminant, si elle admet des solutions (utiliser l'exercice 29).
a. $3x^2-6x-11=0$ **b.** $-x^2+2x+3=0$

2. Sans calculer ces solutions, déterminer leur somme et leur produit (voir l'exercice 28).

Système d'équations

31 Résoudre les systèmes suivants où le couple inconnu est $(x\,;y)$.

a. $\begin{cases} x^2+y=-2 \\ x^2y=-3 \end{cases}$ **b.** $\begin{cases} |x|+y=13 \\ |x|y=36 \end{cases}$

Voir le chapitre 2 pour une définition de la fonction valeur absolue $x \mapsto |x|$.

OBJECTIF BAC

32 Un rectangle a pour aire 11 891 m^2.
Cette aire diminue de 425 m^2 si l'on augmente l'une des dimensions de 20 m et si l'on diminue l'autre de 5 m. Trouver les dimensions du rectangle.

33 La hauteur h atteinte par un ballon de football dégagé par un gardien de but est décrite, en fonction du temps t, par l'équation $h = -4{,}9t^2 + 12t$ où h est exprimée en mètres et t en secondes.

a. Déterminer, par le calcul, à quels instants la balle atteint une hauteur de 4 m.

b. À l'aide d'une représentation graphique, déterminer la hauteur maximale atteinte et le moment où le ballon passera par ce maximum.

34 On considère la parabole (P) d'équation $y = -5x^2 - 3x + 2$

Soit A le point de (P) d'abscisse -1.

Parmi les droites non parallèles à l'axe des ordonnées et qui passent par A, en existe-t-il une qui coupe (P) en un seul point ? Si oui, donner son équation.

35 On se propose de résoudre dans $\mathbb{R}$ l'équation (E) suivante :

$$x^4 - 5x^3 + 6x^2 - 5x + 1 = 0 \qquad \text{(E)}$$

1. Vérifier que 0 n'est pas solution de (E).

2. Démontrer que si x_0 est solution de (E) alors $\dfrac{1}{x_0}$ est aussi solution de (E)

3. Démontrer que l'équation (E) est équivalente à $x^2 - 5x + 6 - \dfrac{5}{x} + \dfrac{1}{x^2} = 0$.

4. Développer $\left(x + \dfrac{1}{x}\right)^2$.

5. En posant $X = x + \dfrac{1}{x}$, démontrer que l'équation $x^2 - 5x + 6 - \dfrac{5}{x} + \dfrac{1}{x^2} = 0$ se ramène à une équation du second degré d'inconnue X.

6. Résoudre alors l'équation ainsi obtenue et en déduire les solutions de l'équation (E).

SE TESTER

1 Réponse c. Le trinôme admet deux racines car la parabole coupe l'axe des abscisses en deux points, donc $\Delta > 0$. D'autre part, la parabole est « en vase » donc $a > 0$.

2 Réponse b. La parabole ne coupe pas l'axe des abscisses donc le trinôme n'admet pas de racine dans $\mathbb{R}$.

3 Réponse c. La parabole d'équation $y = 5x^2 + 2x + 7$ admet comme axe de symétrie la droite d'équation $x = -\frac{b}{2a} = -\frac{2}{10} = -\frac{1}{5}$.

TRAITER UNE QUESTION DE COURS

4 La forme canonique du trinôme est $a\left(\left(x+\frac{b}{2a}\right)^2 - \frac{b^2-4ac}{4a^2}\right)$.

En posant $\Delta = b^2 - 4ac$, on obtient, puisque $\Delta > 0$:

$$ax^2+bx+c = a\left(\left(x+\frac{b}{2a}\right)^2 - \frac{\Delta}{4a^2}\right) = a\left(x+\frac{b}{2a}+\frac{\sqrt{\Delta}}{2a}\right)\left(x+\frac{b}{2a}-\frac{\sqrt{\Delta}}{2a}\right)$$

$$= a\left(x-\frac{-b-\sqrt{\Delta}}{2a}\right)\left(x-\frac{-b+\sqrt{\Delta}}{2a}\right)$$

$ax^2+bx+c=0$ équivaut à $a\left(x-\frac{-b-\sqrt{\Delta}}{2a}\right)\left(x-\frac{-b+\sqrt{\Delta}}{2a}\right)=0$.

Comme $a \neq 0$, l'équation produit est nulle si l'un de ses facteurs est nul.
Donc :

- $x-\frac{-b-\sqrt{\Delta}}{2a}=0$ soit $x=\frac{-b-\sqrt{\Delta}}{2a}$ ou
- $x-\frac{-b+\sqrt{\Delta}}{2a}=0$ soit $x=\frac{-b+\sqrt{\Delta}}{2a}$.

> Par hypothèse, $\Delta > 0$, on peut alors écrire $\Delta = \left(\sqrt{\Delta}\right)^2$.

5 Si un trinôme admet deux racines distinctes x_1 et x_2 et $x_1 < x_2$, il se factorise en $ax^2+bx+c=a(x-x_1)(x-x_2)$. On dresse alors le tableau de signes suivant.

x	$-\infty$	x_1		x_2		$+\infty$
Signe de $x-x_1$	$-$	0	$+$		$+$	
Signe de $x-x_2$	$-$		$-$	0	$+$	
Signe de $(x-x_1)(x-x_2)$	$+$	0	$-$	0	$+$	
Signe de $a(x-x_1)(x-x_2)$	Signe de a		Signe de $-a$		Signe de a	

6 Soit le trinôme ax^2+bx+c, avec $a \neq 0$.

- Si $\Delta > 0$, ax^2+bx+c est du signe de a à l'extérieur des racines et du signe de $(-a)$ à l'intérieur des racines.
- Si $\Delta \leqslant 0$, ax^2+bx+c est du signe de a.

S'ENTRAÎNER

7 **a.** $P(x)=x^2-2x+1-1+4=(x-1)^2+3$

La forme canonique de $P(x)$ est $(x-1)^2+3$.

b. $Q(x)=x^2+6x+9-9-1=(x+3)^2-10$

La forme canonique de $Q(x)$ est $(x+3)^2-10$.

8 **a.** $P(x)=5x^2+3x-4=5\left(x^2+\frac{3}{5}x-\frac{4}{5}\right)$

$$P(x)=5\left(x^2+2\times\frac{3}{10}x+\frac{9}{100}-\frac{9}{100}-\frac{4}{5}\right)=5\left[\left(x+\frac{3}{10}\right)^2-\frac{89}{100}\right]$$

$$P(x)=5\left(x+\frac{3}{10}\right)^2-\frac{89}{20}.$$

b. $Q(x)=3x^2-7x+2=3\left(x^2-\frac{7}{3}x+\frac{2}{3}\right)=3\left(x^2-2\times\frac{7}{6}x+\frac{49}{36}-\frac{49}{36}+\frac{2}{3}\right)$

$$Q(x)=3\left[\left(x-\frac{7}{6}\right)^2-\frac{25}{36}\right]$$

$$Q(x)=3\left(x-\frac{7}{6}\right)^2-\frac{25}{12}.$$

9 **a.** $M(x)=-x^2+\frac{2}{5}x-3=-1\left(x^2-\frac{2}{5}x+3\right)$

$$M(x)=-1\left[\left(x-\frac{1}{5}\right)^2-\frac{1}{25}+3\right]=-1\left[\left(x-\frac{1}{5}\right)^2+\frac{74}{25}\right]$$

$$M(x)=-1\left(x-\frac{1}{5}\right)^2-\frac{74}{25}.$$

b. $N(x)=-\frac{4}{3}x^2-x+\frac{1}{7}=-\frac{4}{3}\left(x^2+\frac{3}{4}x-\frac{3}{28}\right)$

$$N(x)=-\frac{4}{3}\left(x^2+2\times\frac{3}{8}x+\frac{9}{64}-\frac{9}{64}-\frac{3}{28}\right)=-\frac{4}{3}\left[\left(x+\frac{3}{8}\right)^2-\frac{111}{448}\right]$$

$$N(x)=-\frac{4}{3}\left(x+\frac{3}{8}\right)^2+\frac{37}{112}.$$

10 **a.** Calculons le discriminant $\Delta=-31$.
$\Delta<0$, le polynôme n'admet aucune racine. Par conséquent, on ne peut pas le factoriser.

b. $\Delta=31$. $R(x)$ a deux racines qui sont $\frac{-5-\sqrt{31}}{3}$ et $\frac{-5+\sqrt{31}}{3}$.

$$\frac{3}{2}x^2+5x-1=\frac{3}{2}\left(x-\frac{-5-\sqrt{31}}{3}\right)\left(x-\frac{-5+\sqrt{31}}{3}\right).$$

11 **a.** $\Delta=72-72=0$, le trinôme admet une racine $x=-\frac{b}{2a}=-\frac{6\sqrt{2}}{6}=-\sqrt{2}$ et se factorise ainsi $S(x)=3\left(x-(-\sqrt{2})\right)^2=3\left(x+\sqrt{2}\right)^2$.

b. $\Delta=300-300=0$, le trinôme admet une racine $x=-\frac{b}{2a}=-\frac{10\sqrt{3}}{-10}=\sqrt{3}$ et $T(x)=-5\left(x-\sqrt{3}\right)^2$.

12 **a.** $\Delta=9-4\sqrt{2}>0$. $P(x)$ admet donc deux racines qui sont :

$$x_1=\frac{3-\sqrt{9-4\sqrt{2}}}{2\sqrt{2}} \quad \text{et} \quad x_2=\frac{3+\sqrt{9-4\sqrt{2}}}{2\sqrt{2}}.$$

En remarquant que $\left(2\sqrt{2}-1\right)^2=9-4\sqrt{2}$, $x_1=\sqrt{2}-1$ et $x_2=1+\frac{1}{\sqrt{2}}$.

Donc $P(x)=\sqrt{2}x^2-3x+1=\sqrt{2}\left(x-\sqrt{2}+1\right)\left(x-1-\frac{1}{\sqrt{2}}\right)$.

b. Calculons le discriminant $\Delta = \frac{1\,804}{25}$.

$N(x)$ admet deux racines qui sont $x_1 = \frac{1+\sqrt{451}}{30}$ et $x_2 = \frac{1-\sqrt{451}}{30}$, après réduction au même dénominateur.

Donc $N(x) = -6x^2 + \frac{2}{5}x + 3 = -6\left(x - \frac{1+\sqrt{451}}{30}\right)\left(x - \frac{1-\sqrt{451}}{30}\right)$.

13 **a.** $\Delta = 121 - 4(9)(8) = -167 < 0$, le trinôme n'admet pas de racine et ne se factorise pas.

b. $\Delta = 0 - 4(11)(44) = -1\,936 < 0$, le trinôme n'admet pas de racine et ne se factorise pas en produit de facteurs du premier degré. Toutefois, on peut mettre 11 en facteur et écrire $V(x) = 11(x^2 + 4)$.

> On peut dès le départ mettre 11 en facteur, il reste ensuite à trouver les racines de $x^2 + 4$, les calculs sont alors plus simples car $a = 1$, $b = 0$ et $c = 4$ d'où $\Delta = -16 < 0$ et $x^2 + 4$ ne se factorise pas.

14 Soit P un polynôme dont les racines sont 2 et – 4. Il peut alors s'écrire comme produit des facteurs du premier degré $(x-2)$ et $(x+4)$. Soit $P(x) = a(x-2)(x+4)$, a étant n'importe quel réel non nul, donc $P(x) = a(x^2 + 2x - 8)$.

15 Tout polynôme du second degré répondant à la question s'écrit $a\left(x + \sqrt{5}\right)\left(x - \frac{7}{3}\right)$, a étant une constante non nulle. Ainsi les polynômes cherchés sont de la forme $a\left(x^2 + \left(\sqrt{5} - \frac{7}{3}\right)x - \left(\frac{7\sqrt{5}}{3}\right)\right)$.

16 Pour toute valeur positive de x, les deux premiers termes du polynôme $P(x)$ sont positifs ; comme $\sqrt{7}$ est strictement positif, $P(x)$ est strictement positif donc ne s'annule pour aucune valeur positive de x.

17 $a = 2 > 0$, la fonction trinôme est décroissante jusqu'à $x_S = -\frac{b}{2a} = \frac{5}{4}$, puis croissante ensuite. Pour l'ordonnée du sommet ou le minimum de la fonction, il suffit de remplacer x par $\frac{5}{4}$ dans $y = 2x^2 - 5x + 1$, ce qui donne $y = 2\left(\frac{5}{4}\right)^2 - 5\left(\frac{5}{4}\right) + 1 = -\frac{17}{8}$.

On en déduit le tableau de variations suivant et la représentation du trinôme dans un repère orthogonal $(O;\vec{i},\vec{j})$, où 1 cm représente 1 unité sur l'axe des abscisses et 5 unités sur celui des ordonnées.

x	$-\infty$	$\frac{5}{4}$	$+\infty$
y	↘	$-\frac{17}{8}$	↗

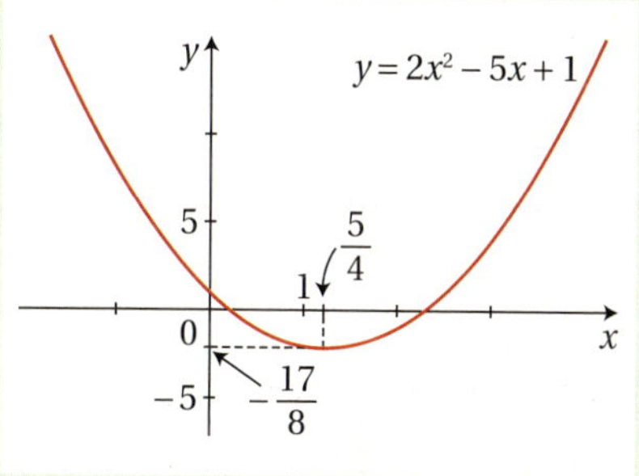

Pour obtenir un tableau de valeurs et la représentation graphique de cette fonction, à l'aide d'une calculatrice graphique (ici une TI), il suffit de saisir l'équation et de régler la table et la fenêtre.

X	Y_1	WINDOW
−2	15	Xmin = −2
−1	8	Xmax = 4
0	1	Xscl = 1
1	−2	Ymin = −3
2	−1	Ymax = 15
3	4	Yscl = 5
4	13	Xres = 1

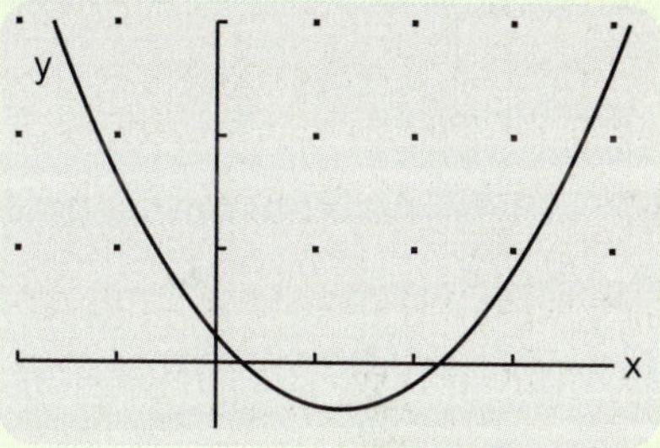

- Pour les TI, régler la table en mode "ASK" ou "DEMANDE".
- Pour les Casio, entrer les valeurs −2, −1… au clavier.

18 Pour que la parabole d'équation $y=(x-5)^2+m$ ne coupe pas l'axe des abscisses, il faut et il suffit que l'équation $(x-5)^2+m=0$ n'admette aucune solution.

On a $(x-5)^2+m=0 \Leftrightarrow (x-5)^2=-m$

Cette équation n'a aucune solution si et seulement si $m>0$.

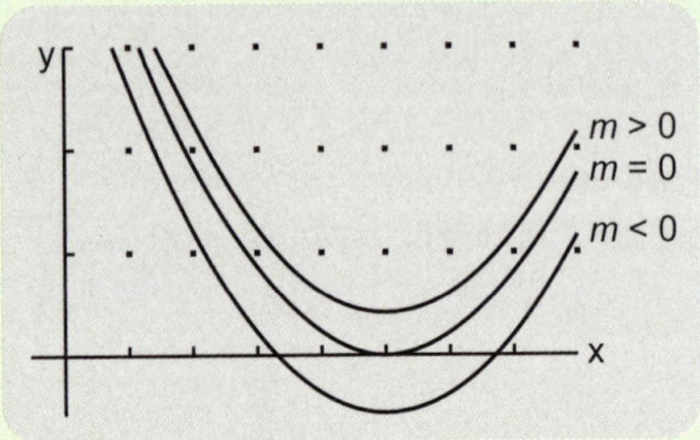

On pourrait aussi remarquer que ce trinôme admet pour minimum m lorsque $x=5$. Donc pour que la parabole ne coupe pas l'axe des abscisses, il faut et il suffit que son minimum soit strictement positif, c'est-à-dire $m>0$.

19 Les points d'intersection des paraboles satisfont les deux équations, donc les abscisses sont solutions de l'équation $x^2-x+\frac{1}{3}=3x^2-\frac{2}{3}x+4$. Ce qui équivaut à $2x^2+\frac{1}{3}x+\frac{11}{3}=0$.

$\Delta=\frac{1}{9}-\frac{88}{3}=-\frac{263}{9}<0$, donc l'équation n'a pas de solution et les paraboles ne se coupent pas.

20 Pour que les deux paraboles aient un point d'intersection et un seul, il faut et il suffit que l'équation $mx^2-3x+5=-2x^2+\frac{3}{4}x$ admette une solution et une seule.

L'équation est équivalente à $(m+2)x^2-\frac{15}{4}x+5=0$.

• Si $m = -2$, elle est du premier degré et admet une et une seule solution $\left(\frac{4}{3}\right)$.

• Si $m \neq -2$, elle est du deuxième degré. Son discriminant Δ vaut $\frac{225}{16} - 20m - 40$; elle admet une unique solution si, et seulement si, $\Delta = 0$, c'est-à-dire si $m = -\frac{415}{320}$, soit $m = -\frac{83}{64}$. Donc les paraboles ont un unique point commun si, et seulement si, $m = -2$ ou $m = -\frac{83}{64}$.

21 **a.** Les points M cherchés sont situés sous la parabole d'équation $y = x^2 + 3x - 5$, frontière exclue (zone colorée en bleu).

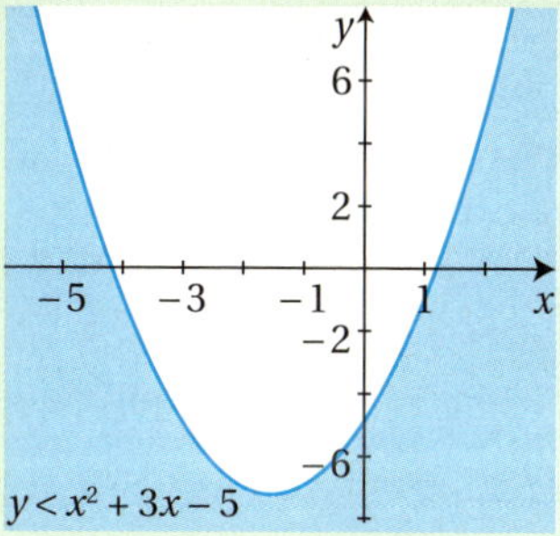

b. L'inégalité est équivalente à $y \geqslant -x^2 + 5x - 4$.
Les points cherchés sont situés au-dessus de la parabole d'équation $y = -x^2 + 5x - 4$, frontière comprise (zone colorée en bleu).

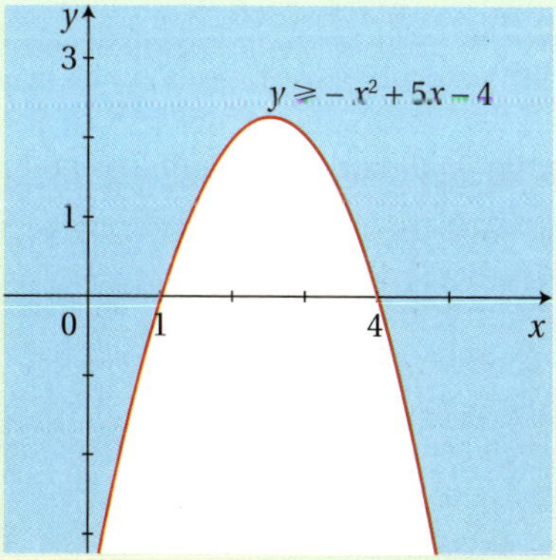

22 **a.** L'équation équivaut à $5x^2+7x+1=0$. $\Delta=7^2-4\times5\times1=29$, l'équation admet deux solutions $x_1=\dfrac{-7+\sqrt{29}}{10}$ et $x_2=\dfrac{-7-\sqrt{29}}{10}$.

b. L'équation équivaut à $3x^2+x-5=0$. $\Delta=1^2-4\times3\times(-5)=61$, l'équation admet deux solutions $x_1=\dfrac{-1+\sqrt{61}}{6}$ et $x_2=\dfrac{-1-\sqrt{61}}{6}$.

c. L'équation équivaut à $x^2+\dfrac{5}{6}x-3=0$. $\Delta=\left(\dfrac{5}{6}\right)^2-4\times1\times(-3)=\dfrac{457}{36}$, l'équation admet deux solutions $x_1=\dfrac{-5+\sqrt{457}}{12}$ et $x_2=\dfrac{-5-\sqrt{457}}{12}$.

23 **a.** En réduisant au même dénominateur, l'équation devient $\dfrac{(x^2+2x+1)}{x}=0$.
De plus, cette équation est définie pour $x\neq0$; elle est alors équivalente à $x^2+2x+1=0$, ou encore $(x+1)^2=0$, donc $x=-1$.

b. En réduisant au même dénominateur, l'équation devient $\dfrac{(x-1)-x(-x+2)}{-x+2}=0$ ou $\dfrac{x^2-x-1}{-x+2}=0$.

Cette équation est définie pour $x\neq2$ et est équivalente à $x^2-x-1=0$.

$\Delta=5$, $x_1=\dfrac{1-\sqrt{5}}{2}$ et $x_2=\dfrac{1+\sqrt{5}}{2}$.

c. En réduisant au même dénominateur, l'équation devient $\dfrac{x(x+1)-3-(-2x+5)(x+1)}{x+1}=0$ ou $\dfrac{3x^2-2x-8}{x+1}=0$. Cette équation est définie pour $x\neq-1$ et est équivalente à $3x^2-2x-8=0$.

$\Delta=100$, l'équation admet alors deux solutions $x_1=2$ et $x_2=-\dfrac{4}{3}$.

24 **a.** Pour résoudre cette équation, on pose $X=x^2$ et on se ramène à la résolution d'une équation du second degré (en X) $X^2-6X+8=0$.

Une équation du type $ax^4+bx^2+c=0$ est appelée équation bicarrée.
Pour la résoudre, on fait un changement d'inconnue en posant $X=x^2$.
On obtient alors une équation du second degré $aX^2+bX+c=0$.
Sa résolution donne X, et, pour chaque valeur positive de X, on obtient deux valeurs opposées de x en résolvant $x^2=X$.
Si $X<0$, $x^2=X$ n'a pas de solution dans $\mathbb{R}$.

$\Delta = 4 > 0$, l'équation admet deux solutions $X_1 = \frac{6-2}{2} = 2$ et $X_2 = \frac{6+2}{2} = 4$.
Il reste à résoudre $x^2 = 2$ et $x^2 = 4$.
La première équation admet pour solutions $x_1 = -\sqrt{2}$ et $x_2 = \sqrt{2}$, la seconde a pour solutions $x_3 = -2$ et $x_4 = 2$.
En résumé $S = \{-2\,;\, -\sqrt{2}\,;\, \sqrt{2}\,;\, 2\}$.

b. En posant $X = x^2$, on est ramené à résoudre l'équation $-X^2 + 3X + 7 = 0$,
$\Delta = 37 > 0$, l'équation admet deux solutions $X_1 = \frac{3-\sqrt{37}}{2}$ et $X_2 = \frac{3+\sqrt{37}}{2}$.

- $X_1 < 0$ donc $x^2 = X_1$ n'a pas de solution.
- $X_2 = \frac{3+\sqrt{37}}{2} > 0$, donc $x^2 = \frac{3+\sqrt{37}}{2} > 0$ admet pour solutions $\sqrt{\frac{3+\sqrt{37}}{2}}$ et $-\sqrt{\frac{3+\sqrt{37}}{2}}$.

c. En posant $X = x^2$, on est ramené à résoudre l'équation $3X^2 + 5X + 1 = 0$.
$\Delta = 13 > 0$, l'équation admet deux solutions $X_1 = \frac{-5-\sqrt{13}}{6}$ et $X_2 = \frac{-5+\sqrt{13}}{2}$.
$X_1 < 0$ et $X_2 < 0$ donc $x^2 = X$ n'a pas de solution et l'équation initiale n'a pas de solution.

> Aucun $X > 0$ n'est solution de $3X^2 + 5X + 1 = 0$, car, pour $X > 0$, $3X^2 + 5X + 1$ est strictement positive (donc non nulle).

25 Cet algorithme donne la valeur de Δ, le nombre de solutions de l'équation du second degré ainsi que les valeurs de celles-ci après avoir saisi *a*, *b* et *c*.

```
DEBUT_ALGORITHME
        LIRE a
        LIRE b
        LIRE c
        delta PREND_LA_VALEUR pow(b,2)−4*a*c
        AFFICHER "delta="
        AFFICHER delta
        SI (a=0) ALORS
                DEBUT_SI
                AFFICHER "l'équation n'est pas du second degré"
                FIN_SI
                SINON
                        DEBUT_SINON
                        SI (delta==0) ALORS
                        DEBUT_SI
                        AFFICHER "delta=0 "
                        AFFICHER "l'équation admet une unique solution"
                        x0 PREND_LA_VALEUR −b/(2*a)
                        AFFICHER "x0="
                        AFFICHER x0
                        FIN_SI
                        SINON
                        DEBUT_SINON
                        AFFICHER "delta>0"
                        AFFICHER "l'équation admet deux solutions
                        réelles x1 et x2"
                        x1 PREND_LA_VALEUR (−b−sqrt(delta))/2*a
                        x2 PREND_LA_VALEUR (−b+sqrt(delta))/2*a
                        AFFICHER x1
                        AFFICHER x2
                        FIN_SINON
                        FIN_SINON
FIN_ALGORITHME
```

26 **a.** $\Delta=(-4)^2-4\times(-1)\times(-4)=0$; le trinôme admet une racine (double) $x=\left(\frac{4}{-2}\right)=-2$. Ce trinôme est du signe de $a=-1$ donc $x^2-4x-4<0$ sur $\mathbb{R}-\{-2\}$. En conséquence, l'inéquation $-x^2-4x-4\geqslant 0$ admet une unique solution $S=\{-2\}$.

> On peut remarquer que $-x^2-4x-4=-(x+2)^2$ et l'inéquation s'écrit $-(x+2)^2\geqslant 0$ ou $(x+2)^2\leqslant 0$ qui n'a comme solution que (-2).

b. Les deux racines du trinôme sont $\sqrt{\frac{7}{2}}$ et $-\sqrt{\frac{7}{2}}$. Celui-ci est du signe de $a=2$ à l'extérieur des racines donc $S=\left]-\infty;-\sqrt{\frac{7}{2}}\right[\cup\left]\sqrt{\frac{7}{2}};+\infty\right[$.

27 En transposant tous les termes dans le premier membre et en réduisant au même dénominateur, l'inéquation devient $\frac{5x^2-x-3}{x}>0$. On est ramené à étudier les signes du numérateur et du dénominateur et à conclure à l'aide d'un tableau de signes.
Le numérateur est un trinôme du second degré avec $\Delta=61$, les deux racines sont $\frac{1-\sqrt{61}}{10}$ et $\frac{1+\sqrt{61}}{10}$.
Le trinôme est positif à l'extérieur des racines (car $a=5>0$) et négatif entre les deux racines.
Le dénominateur vaut x.
On peut dresser le tableau de signes suivant :

x	$-\infty$		$\frac{1-\sqrt{61}}{10}$		0		$\frac{1+\sqrt{61}}{10}$		$+\infty$
$5x^2-x-3$		+	0	−		−	0	+	
x		−		−	0	+		+	
$\frac{5x^2-x-3}{x}$		−	0	+		−	0	+	

L'ensemble des solutions est $\left]\frac{1-\sqrt{61}}{10};0\right[\cup\left]\frac{1+\sqrt{61}}{10};+\infty\right[$.

28 $x_1 = \dfrac{-b-\sqrt{\Delta}}{2a}$ et $x_2 = \dfrac{-b-\sqrt{\Delta}}{2a}$ donc

• $S = x_1 + x_2 = \dfrac{-b-\sqrt{\Delta}}{2a} + \dfrac{-b+\sqrt{\Delta}}{2a} = \dfrac{-2b}{2a} = -\dfrac{b}{a}$.

• $P = x_1 x_2 = \left(\dfrac{-b-\sqrt{\Delta}}{2a}\right)\left(\dfrac{-b+\sqrt{\Delta}}{2a}\right) = \dfrac{b^2-\Delta}{4a^2} = \dfrac{b^2-(b^2-4ac)}{4a^2} = \dfrac{4ac}{4a^2} = \dfrac{c}{a}$.

29 **a.** $\Delta = b^2 - 4ac$; si a et c sont de signes contraires alors $ac < 0$, $-4ac > 0$ et $\Delta > 0$ donc l'équation admet deux solutions distinctes. C'est une condition suffisante pour qu'une équation du second degré admette des solutions distinctes.
b. Cette condition est suffisante mais pas nécessaire pour qu'un trinôme du second degré ait deux solutions.
En effet, pour prouver que la réciproque est fausse, il suffit de trouver un exemple avec a et c de même signe et un discriminant positif.
Prenons $x^2 + 5x + 4 = 0$, $a = 1$, $b = 5$ et $c = 4$, $\Delta = 25 - 4 \times 1 \times 4 = 9 > 0$, a et c sont de même signe et l'équation admet deux solutions distinctes -4 et -1.
En conclusion, l'équation peut admettre deux solutions distinctes sans que a et c soient de signes contraires. Donc la proposition réciproque est fausse.

30 **1. a.** $a = 3$ et $c = -11$, a et c sont de signes contraires donc le discriminant est positif et l'équation admet deux solutions distinctes.
b. $a = -1$ et $c = 3$, a et c sont de signes contraires donc le discriminant est positif et l'équation admet deux solutions distinctes.

2. • $S = -\dfrac{b}{a} = -\dfrac{-6}{3} = 2$ et $P = \dfrac{c}{a} = -\dfrac{11}{3}$.

• $S = -\dfrac{b}{a} = -\dfrac{2}{-1} = 2$ et $P = \dfrac{c}{a} = \dfrac{3}{-1} = -3$.

31 **a.** Posons $X = x^2$. Le système s'écrit alors $\begin{cases} X + y = -2 \\ Xy = -3 \end{cases}$ avec $X > 0$.

$y = -2 - X$, en remplaçant dans la seconde équation, on a $X(-2-X) = -3$ soit $-X^2 - 2X + 3 = 0$.

$\Delta = 16$, $X_1 = \dfrac{2-4}{-2} = 1$ et $X_2 = \dfrac{2+4}{-2} = -3$.

Comme $X > 0$, nous ne pouvons retenir que $X = 1$, on trouve alors $y = -3$.

D'autre part, comme $X = x^2$, on en déduit $x_1 = -1$ ou $x_2 = 1$.

Les solutions du système sont les couples $(-1\,;-3)$ et $(1\,;-3)$.

b. Posons $X = |x|$, le système devient $\begin{cases} X + y = 13 \\ Xy = 36 \end{cases}$ avec $X > 0$.

Il vient $y = 13 - X$; en remplaçant dans la seconde équation, on écrit : $X(13 - X) = 36$, soit $-X^2 + 13X - 36 = 0$.

$\Delta = 25$, $X_1 = \dfrac{-13-5}{-2} = 9$ et $X_2 = \dfrac{-13+5}{-2} = 4$.

On obtient $X = 9$ et $y = 13 - 9 = 4$ et $X = 4$ et $y = 9$.

Puisque $x = |x|$, les solutions du système sont les couples $(9;4)$, $(-9;4)$, $(4;9)$, $(-4;9)$.

OBJECTIF BAC

32 Soient x et y les dimensions du rectangle, exprimées en mètres.
Nous avons $xy = 11\,891$ et $(x+20)(y-5) = 11\,891 - 425$, équivalente à $xy + 20y - 5x - 100 = 11\,466$, donc $-5x + 20y = -325$ et $x - 4y = 65$.

On a alors le système $\begin{cases} x - 4y = 65 \\ xy = 11\,891. \end{cases}$

Exprimons x en fonction de y.

On obtient $x = \dfrac{11\,891}{y}$ et remplaçons x par cette valeur dans la première équation.

On obtient $\dfrac{11\,891}{y} - 4y = 65$, équivalente à $4y^2 + 65y - 11\,891 = 0$ après réduction du dénominateur y non nul. Seule la solution positive $y = 47$ convient.
Nous en déduisons $x = 4 \times 47 + 65 = 253$.
Les dimensions cherchées sont donc 47 m et 253 m.

33 **a.** Remplaçons h par 4 dans l'équation de la hauteur, $4 = -4{,}9t^2 + 12t$; ce qui s'écrit aussi $4{,}9t^2 - 12t + 4 = 0$.
Il reste alors à résoudre cette équation du second degré, $\Delta = 65{,}6 > 0$, les solutions sont $t_1 = \dfrac{12 - \sqrt{65{,}6}}{9{,}8} \approx 0{,}4$ s et $t_2 = \dfrac{12 + \sqrt{65{,}6}}{9{,}8} \approx 2{,}1$ s.

On peut aussi faire apparaître ces solutions sur l'écran de la calculatrice en saisissant l'équation de la parabole $y = -4{,}9x^2 + 12x$ et celle de la droite $y = 4$.
En utilisant l'outil « trace » ou « intersection », on lit les coordonnées des points d'intersection.

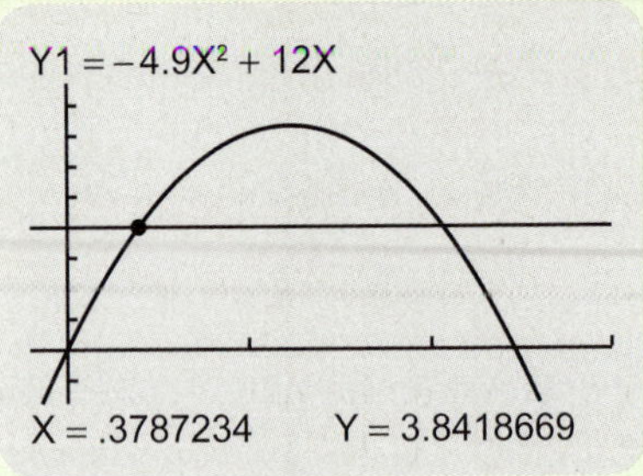

b. En représentant graphiquement sur l'écran de la calculatrice le trinôme $t \mapsto -4{,}9t^2 + 12t$, on obtient pour hauteur maximale 7,35 m (à 10^{-2} près) atteinte au bout d'environ 1,25 s.
Pour faire apparaître ce maximum, on peut utiliser la commande « trace » ou « maximum ».

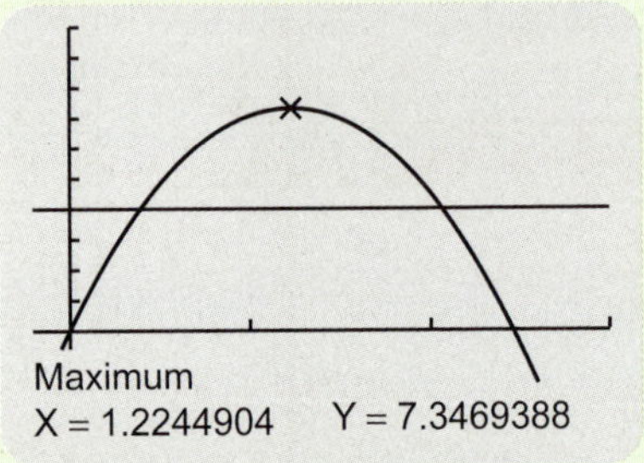

34 Nous cherchons une droite (D) non parallèle à l'axe des ordonnées.
Son équation est donc de la forme $y = ax + b$ avec a et b deux nombres réels.
Simplifions l'équation de cette droite en utilisant le fait qu'elle passe par le point A de la parabole d'abscisse -1.

L'ordonnée de A est donc $y_A = -5(-1)^2 - 3(-1) + 2 = 0$
Le point A a donc pour coordonnées $(-1\,;0)$
$A \in (D) \Leftrightarrow 0 = -a + b \Leftrightarrow a = b$
L'équation de la droite (D) est donc $y = ax + a$
Déterminons l'intersection de cette droite avec la parabole (P) :

$$\mathrm{M}(x\,;y) \in (D) \cap (P) \Leftrightarrow \begin{cases} y = -5x^2 - 3x + 2 \\ y = ax + a \end{cases} \Leftrightarrow \begin{cases} y = -5x^2 - 3x + 2 \\ -5x^2 - 3x + 2 = ax + a \end{cases}$$

$$\Leftrightarrow \begin{cases} y = -5x^2 - 3x + 2 \\ -5x^2 - (3+a)x + 2 - a = 0 \end{cases}$$

Résolvons alors $-5x^2 - (3+a)x + 2 - a = 0$

Nous cherchons une droite ne coupant la parabole qu'en un seul point, nous avons donc à résoudre une équation du second degré qui ne doit avoir qu'une racine double. Son discriminant doit donc être nul.

Déterminons le discriminant de cette équation $\Delta = 0 \Leftrightarrow (a-7)^2 = 0$

$\Delta = (3+a)^2 - 4(-5)(2-a) = 9+6a+a^2+40-20a = a^2-14a+49 = (a-7)^2$

$\Leftrightarrow a = 7$

Il existe donc une unique droite non parallèle à l'axe des ordonnées qui coupe (P) en un seul point, il s'agit de la droite d'équation $y = 7x+7$

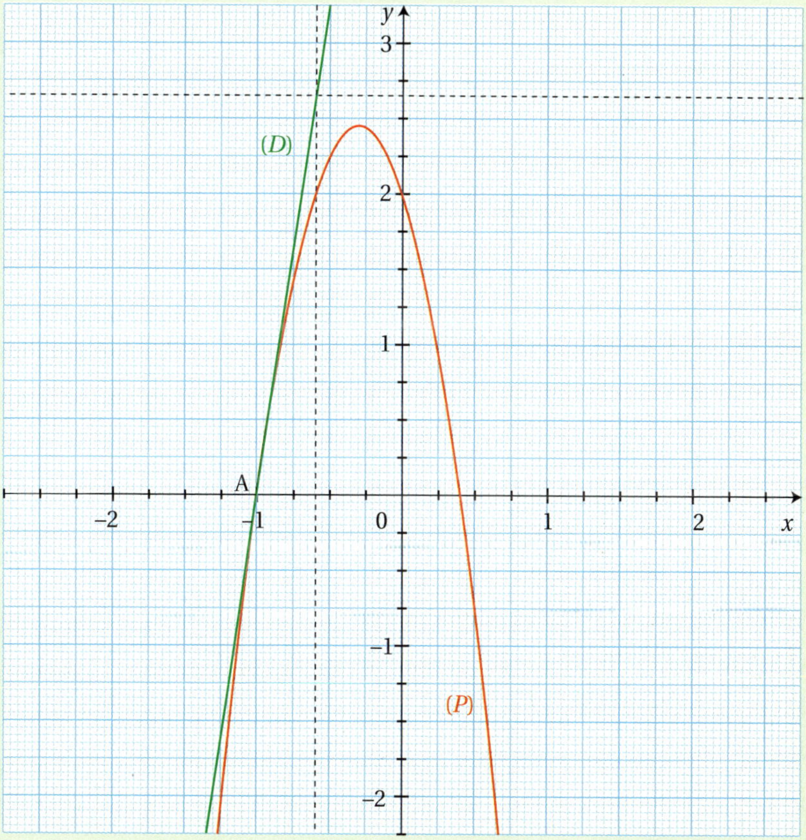

35 **1.** On a $0^4-5(0)^3+6(0)^2-5(0)+1=1$

Le réel 0 n'est donc pas solution de l'équation.

2. Si x_0 est solution de (E) alors $x_0^4-5x_0^3+6x_0^2-5x_0+1=0$

Factorisons par x_0^4, il vient : $x_0^4\left(1-\frac{5}{x_0}+\frac{6}{x_0^2}-\frac{5}{x_0^3}+\frac{1}{x_0^4}\right)=0$

Ou encore $x_0^4\left(1-\frac{5}{x_0}+6\left(\frac{1}{x_0}\right)^2-5\left(\frac{1}{x_0}\right)^3+\left(\frac{1}{x_0}\right)^4\right)=0$

Or nous avons montré que 0 n'est pas solution de (E) nous pouvons donc simplifier cette équation par x_0^4 et on obtient :

$$1-\frac{5}{x_0}+6\left(\frac{1}{x_0}\right)^2-5\left(\frac{1}{x_0}\right)^3+\left(\frac{1}{x_0}\right)^4=0$$

ce qui montre bien que $\frac{1}{x_0}$ est solution de (E).

3. Factorisons par x^2, il vient : $x^2\left(x^2-5x+6-\frac{5}{x}+\frac{1}{x^2}\right)=0$

Or nous avons montré que 0 n'est pas solution de (E) nous pouvons donc simplifier cette équation par x_0^2 et on obtient $\left(x^2-5x+6-\frac{5}{x}+\frac{1}{x^2}\right)=0$

Réciproquement, si on multiplie l'équation précédente par x^2 on obtient bien (E).

(E) est donc équivalente à $\left(x^2-5x+6-\frac{5}{x}+\frac{1}{x^2}\right)=0$

4. $\left(x+\frac{1}{x}\right)^2=x^2+2+\frac{1}{x^2}$

5. On pose $X=x+\frac{1}{x}$ donc $X^2=\left(x+\frac{1}{x}\right)^2=x^2+\frac{1}{x^2}+2$

On a donc $x^2+\frac{1}{x^2}=X^2-2$ d'où :

$$x^2-5x+6-\frac{5}{x}+\frac{1}{x^2}=0 \Leftrightarrow \begin{cases} X^2-2-5X+6=0 \\ X=1+\frac{1}{x} \end{cases} \Leftrightarrow \begin{cases} X^2-5X+4=0 \\ X=x+\frac{1}{x} \end{cases}$$

6. Résolvons $X^2-5X+4=0$, on a : $\Delta=(-5)^2-4\times(4)=25-16=9$

L'équation admet donc deux racines distinctes :

$X_1=\dfrac{5-\sqrt{9}}{2}=1$ et $X_2=\dfrac{5+\sqrt{9}}{2}=4$

Il nous reste à en déduire les solutions en « x » pour cela utilisons le fait que

$X=x+\dfrac{1}{x}$

On a donc $\begin{cases}x+\dfrac{1}{x}=4\\x+\dfrac{1}{x}=1\end{cases}\Leftrightarrow\begin{cases}\dfrac{x^2+1}{x}=4\\\dfrac{x^2+1}{x}=1\end{cases}\Leftrightarrow\begin{cases}x^2+1=4x\\x^2+1=x\end{cases}\Leftrightarrow\begin{cases}x^2-4x+1=0\\x^2-x+1=0\end{cases}$

La seconde équation n'a pas de solution réelle car son discriminant est négatif, résolvons $x^2-4x+1=0$

$x^2-4x+1=0$, on a donc $\Delta=(-4)^2-4\times(1)\times(1)=12$

L'équation a donc deux solutions :

$x_1=\dfrac{4-\sqrt{12}}{2}=\dfrac{4-2\sqrt{3}}{2}=2-\sqrt{3}$ et $x_2=\dfrac{4+\sqrt{12}}{2}=\dfrac{4+2\sqrt{3}}{2}=2+\sqrt{3}$

Ainsi l'équation (E) admet deux solutions qui sont $2-\sqrt{3}$ et $2+\sqrt{3}$.

CHAPITRE

2 Études de fonctions

Lorsque l'on a étudié une fonction f et que l'on remarque qu'une autre fonction g lui « ressemble », il est parfois possible de déduire les propriétés de g à partir de celles de f. D'où un gain de temps et de calculs.

1 Sens de variation d'une fonction

A Définitions

■ Soit I un intervalle.
Dire qu'une fonction f est **croissante sur** I signifie qu'elle vérifie la condition :

Pour tout a et b de I, si $a < b$, alors $f(a) \leqslant f(b)$

■ De même, dire que f est **décroissante sur** I signifie qu'elle vérifie la condition :

Pour tout a et b de I, si $a < b$, alors $f(a) \geqslant f(b)$

On choisit $a < b$ car le cas $a = b$ donnerait $f(a) = f(b)$, ce qui ne présente pas d'intérêt.

Remarque : Dans les deux définitions précédentes, si l'inégalité portant sur $f(a)$ et $f(b)$ est stricte, on dit que f est **strictement** croissante ou **strictement** décroissante.

B Étude du sens de variation d'une fonction

■ **Définition :** Étudier le sens de variation d'une fonction sur un intervalle I, c'est chercher si la fonction est croissante ou décroissante sur I.

■ Pour cela, on choisit deux réels quelconques a et b de I, avec $a \leqslant b$, et on compare $f(a)$ et $f(b)$.

- Si $f(a) \leqslant f(b)$, la fonction est **croissante** sur I.
- Si $f(a) \geqslant f(b)$, la fonction est **décroissante** sur I.

Voir la méthode p. 47 pour un exemple d'application.

2 Fonctions de référence

A Fonction $x \mapsto \sqrt{x}$

1. Définition

La fonction, définie sur $[0\,;+\infty[$, qui, à tout réel x, associe sa racine carrée est appelée **fonction racine carrée**. On la note :

$$\sqrt{\ } : \mathbb{R}^+ \to \mathbb{R}$$
$$x \mapsto \sqrt{x}$$

- Pour tout x de $\mathbb{R}$, $\sqrt{x^2}$ est calculable et $\sqrt{x^2} = x$ si $x \geqslant 0$ et $\sqrt{x^2} = -x$ si $x \leqslant 0$.
- $\sqrt{x}$ n'est calculable que pour x dans $\mathbb{R}+$ et $\left(\sqrt{x}\right)^2 = x$.

2. Sens de variation

Théorème : La fonction racine carrée est **strictement croissante** sur $[0\,;+\infty[$.

Démonstration : Soient deux réels a et b de $[0\,;+\infty[$ tels que $a < b$, étudions le signe de la différence $f(a) - f(b) = \sqrt{a} - \sqrt{b}$.

TRANSFORMER UNE EXPRESSION CONTENANT DES RACINES CARRÉES

Pour étudier le signe de la différence $\sqrt{a} - \sqrt{b}$, on écrit $\sqrt{a} - \sqrt{b}$ sous la forme $\dfrac{\sqrt{a} - \sqrt{b}}{1}$.

On fait ensuite disparaître les racines carrées du numérateur en multipliant numérateur et dénominateur par la quantité conjuguée du numérateur, c'est-à-dire $\sqrt{a} + \sqrt{b}$.

On a alors :

$$f(a) - f(b) = \frac{\left(\sqrt{a} - \sqrt{b}\right)\left(\sqrt{a} + \sqrt{b}\right)}{\sqrt{a} + \sqrt{b}} = \frac{\sqrt{a}^2 - \sqrt{b}^2}{\sqrt{a} + \sqrt{b}}$$

ou $f(a) - f(b) = \dfrac{a - b}{\sqrt{a} + \sqrt{b}}$.

Or $\sqrt{a} + \sqrt{b}$ est strictement positif car $b > a \geqslant 0$.

De plus, par hypothèse $a < b$, donc $a - b$ est strictement négatif. On en déduit que $f(a) < f(b)$.

La fonction racine carrée est donc strictement croissante sur $[0\,;+\infty[$.

3. Représentation graphique

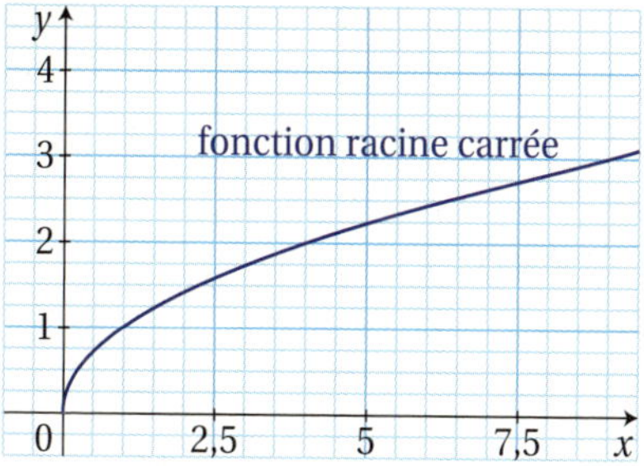

B Fonctions $x \mapsto x$ et $x \mapsto x^2$

1. Sens de variation

■ La fonction $x \mapsto x$ est une **fonction affine**. Ces fonctions ont été étudiées en classes de Troisième et de Seconde.
Elles sont représentées par des droites. Elles sont croissantes lorsque leur coefficient directeur est positif (cas de la fonction $x \mapsto x$) et décroissantes lorsque leur coefficient directeur est négatif.

■ La fonction $x \mapsto x^2$ est appelée **fonction carré**. Elle est strictement décroissante sur $]-\infty\,;\,0[$ et strictement croissante sur $[0\,;\,+\infty[$.
Son tableau de variations est le suivant.

x	$-\infty$		0		$+\infty$
f	$+\infty$	↘	0	↗	$+\infty$

2. Étude des positions relatives des fonctions $x \mapsto x$, $x \mapsto x^2$ et $x \mapsto \sqrt{x}$

■ Pour tout x de $[0\,;\,1]$, on a $\sqrt{x} \geqslant x \geqslant x^2$.
On en déduit que, sur $[0\,;\,1]$, la courbe représentant la fonction racine carrée est au-dessus de celle représentant la fonction $x \mapsto x$, elle-même au-dessus de celle de la fonction carré.

- Pour tout x de $[1\,;+\infty[$, on a $x^2 \geqslant x \geqslant \sqrt{x}$.

On en déduit que, sur $[1\,;+\infty[$, la courbe représentant la fonction carré est au-dessus de celle représentant la fonction $x \mapsto x$, elle-même au-dessus de celle de la fonction racine carrée.
Voici les représentations graphiques de ces trois courbes.

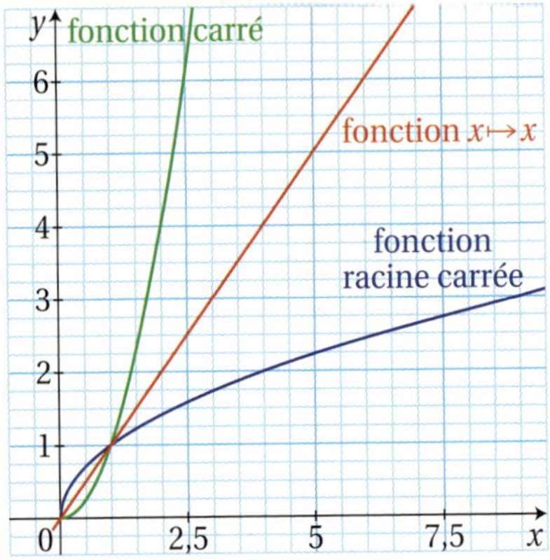

C Fonction valeur absolue

1. Définition

La fonction $x \mapsto |x|$ est appelée **fonction valeur absolue**.
Elle est définie sur $\mathbb{R}$ par :

$$|x| = x \text{ si } x \geqslant 0 \quad \text{et} \quad |x| = -x \text{ si } x \leqslant 0$$

> $-x$ est positif lorsque x est négatif ; en effet, si $x=-2$ alors $-x=-(-2)=2$

2. Sens de variation

Théorème

La fonction $x \mapsto |x|$ est strictement croissante sur $[0\,;+\infty[$ et strictement décroissante sur $]-\infty\,;0]$.

Démonstration

Le sens de variation de la fonction valeur absolue est celui d'une fonction affine de coefficient directeur 1 sur $[0\,;+\infty[$ et de coefficient directeur -1 sur $]-\infty\,;0]$. Cette fonction est donc bien strictement croissante sur $[0\,;+\infty[$ et strictement décroissante sur $]-\infty\,;0]$.

3. Représentation graphique

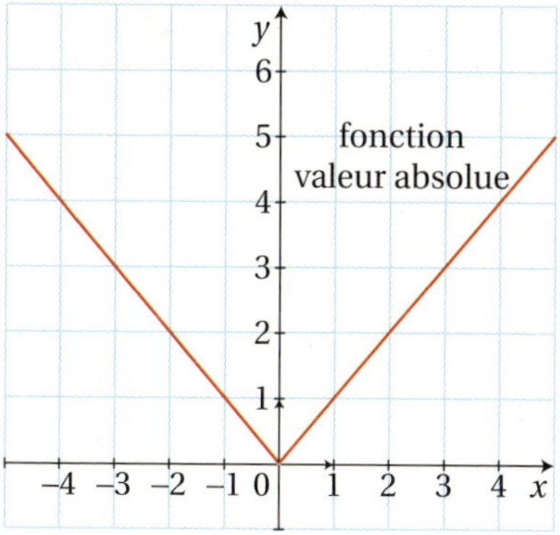

4. Quelques propriétés

- Pour tout x de $\mathbb{R}$, $|x| = |-x|$.
- Pour tous x et y de $\mathbb{R}$, $|xy| = |x||y|$.
- Pour tout x réel non nul, $\left|\frac{1}{x}\right| = \frac{1}{|x|}$.
- Pour tout x de $\mathbb{R}$ et tout y non nul, $\left|\frac{x}{y}\right| = \frac{|x|}{|y|}$.
- Pour tout x de $\mathbb{R}$ et tout n de $\mathbb{N}$, $|x^n| = |x|^n$.
- Pour tous x et y de $\mathbb{R}$, $|x+y| \leqslant |x| + |y|$.
- Pour tous x et y de $\mathbb{R}$, $|x| = |y| \Leftrightarrow x = y$ ou $x = -y$.

FAIRE LE LIEN ENTRE VALEUR ABSOLUE ET RACINE CARRÉE

Pour tout X de $\mathbb{R}$, on a $\sqrt{X^2} = |X|$.

En effet, si $X \geqslant 0$, alors $\sqrt{X^2} = X$ et si $X \leqslant 0$, alors $\sqrt{X^2} = -X$; ce qui est bien la définition de la valeur absolue de X.

3 Opérations sur les fonctions

A Définitions

Soient u une fonction définie sur un intervalle I et λ un nombre réel.
On définit les fonctions $u + \lambda$ et λu.

- Pour tout x de I, $(u+\lambda)(x)=u(x)+\lambda$ et $(\lambda u)(x)=\lambda u(x)$.
- Si de plus, pour tout x de I, $u(x)\neq 0$, on définit la fonction $\frac{1}{u}$ par $\left(\frac{1}{u}\right)(x)=\frac{1}{u(x)}$.
- Si pour tout x de I, $u(x)\geqslant 0$, alors $\left(\sqrt{u}\right)(x)=\sqrt{u(x)}$.

B Variations des fonctions

1. Variations de $u+\lambda$

Théorème : Soient u une fonction définie sur un intervalle I et λ un réel. Alors u et $u+\lambda$ ont **même sens de variation** sur I.

Représentation graphique

La courbe représentant la fonction $u+\lambda$ se déduit de celle représentant u par une translation de vecteur $\lambda\vec{j}$.

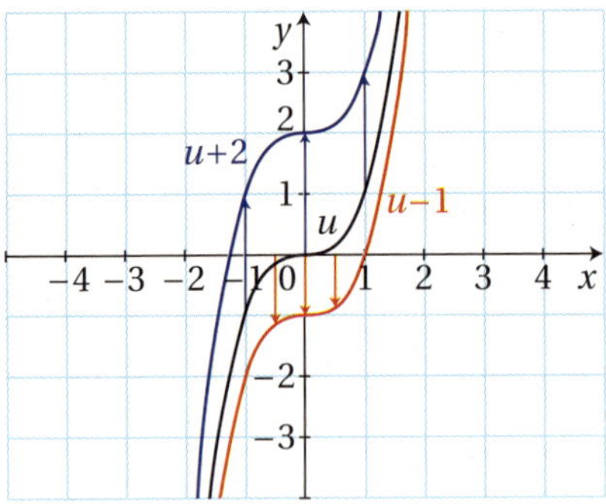

Comment utiliser ce résultat ?

On transforme la fonction étudiée en somme d'une fonction connue et d'une constante. Le sens de variation de la fonction étudiée s'obtient alors sans calcul, uniquement par application de théorèmes du cours.

Exemple

Soit la fonction f définie sur $\mathbb{R}^*$ par $f(x)=\frac{5x+1}{x}$.

Pour tout x de $\mathbb{R}^*$, on a $f(x)=\frac{5x}{x}+\frac{1}{x}$ ou $f(x)=5+\frac{1}{x}$.

Les variations de la fonction inverse sont connues, on en déduit alors celles de f.

Cette méthode est très rapide et évite de comparer $f(a)$ et $f(b)$ pour deux réels a et b de même signe tels que $a\leqslant b$.

La fonction $u : x \mapsto \dfrac{1}{x}$ est décroissante sur $]-\infty\,;\,0[$ et sur $]0\,;\,+\infty[$. Donc f, qui est de la forme $f = u + 5$, a les mêmes variations que u sur $]-\infty\,;\,0[$ et sur $]0\,;\,+\infty[$. Elle est décroissante sur chacun de ces deux intervalles.

2. Variations de λu

Théorème : Soient u une fonction définie sur un intervalle I et λ un réel non nul.

- Si λ est strictement positif, alors u et λu ont même sens de variation.
- Si λ est strictement négatif, alors u et λu ont des sens de variation contraires.

Représentation graphique

Si un point M de la courbe représentant u a pour coordonnées $(x\,;u(x))$ alors un point M′ de la courbe représentant λu, de même abscisse que M, aura pour ordonnée $\lambda u(x)$. Il n'existe pas de transformation géométrique simple permettant de passer de la courbe de u à celle de λu.

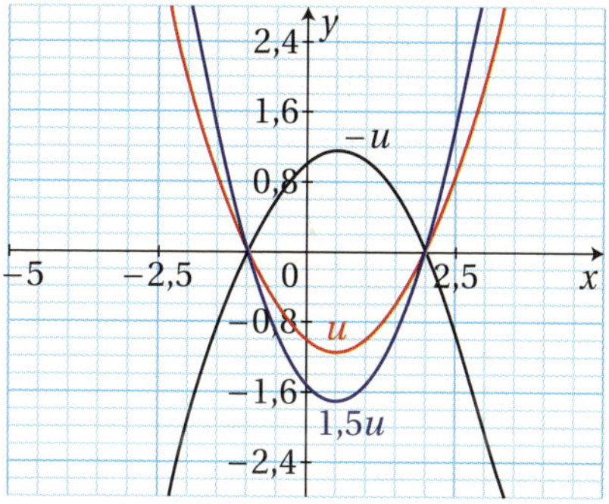

3. Variations de $\sqrt{u}$

Théorème : Soit u une fonction définie sur un intervalle I. On suppose que pour tout x de I, $u(x) \geqslant 0$. La fonction $\sqrt{u}$ a même sens de variation que la fonction u sur I.

LA FONCTION $\sqrt{u}$

La fonction $x \mapsto \sqrt{u(x)}$ est définie en tout x tel que $\begin{cases} u(x) \text{ est définie} \\ \text{et } u(x) \geqslant 0. \end{cases}$

Exemple : On pose $f(x) = \sqrt{3-x}$. f est définie si et seulement si $3 - x \geqslant 0$ c'est-à-dire si et seulement si x appartient à $]-\infty\,;\,3]$.

Comment utiliser ce résultat ?

Si u est une fonction de référence ou une fonction dont on connaît les variations sur un intervalle, on déduit immédiatement celles de $\sqrt{u}$ sur ce même intervalle.

Exemple

La fonction $x \mapsto x^2 + 1$ est croissante sur $[0\,;+\infty[$ donc la fonction $x \mapsto \sqrt{x^2+1}$ est également croissante sur $[0\,;+\infty[$.

4. Variations de $\frac{1}{u}$

Théorème : Soit u une fonction définie sur un intervalle I ne s'annulant pas et gardant un signe constant. Alors les fonctions u et $\frac{1}{u}$ ont des variations contraires.

La fonction $x \mapsto \frac{1}{u(x)}$ est définie en tout point où $u(x)$ est définie et ne s'annule pas.

Comment utiliser ce résultat ?

Si u est une fonction de référence ou une fonction dont on connaît les variations et le signe sur un intervalle, on déduit celles de $\frac{1}{u}$ sur ce même intervalle.

Exemple

Sur $]1\,;+\infty[$, on définit la fonction u par $u(x)=\frac{1}{x^2-1}$.

Étudions ses variations. Pour cela, considérons la fonction $\frac{1}{u}$ définie sur $]1\,;+\infty[$ par $\frac{1}{u}(x)=\frac{1}{\frac{1}{x^2-1}}$ c'est-à-dire $\frac{1}{u}(x)=x^2-1$.

La fonction $x \mapsto x^2-1$ est croissante sur $[0\,;+\infty[$ car elle est de la forme $v+\lambda$ avec $v(x)=x^2$ et $\lambda=-1$, et en particulier sur $]1\,;+\infty[$ où elle est constamment positive et non nulle. On en déduit que la fonction u est décroissante sur $]1\,;+\infty[$.

UTILISER LE SENS DE VARIATION POUR COMPARER DES NOMBRES

Soit u une fonction définie et croissante sur un intervalle I.

Si a et b sont deux éléments de I tels que $a \leqslant b$ alors $u(a) \leqslant u(b)$.

On peut alors utiliser cette propriété pour comparer des nombres.

Exemples :

- Sur $]-\infty\,; 0[$, la fonction $x \mapsto x^2$ est décroissante.

Si a et b sont deux réels négatifs tels que $a \leqslant b$, alors $a^2 \geqslant b^2$.

- La fonction $x \mapsto \frac{1}{x}$ est décroissante sur $a \leqslant b$.

Si a et b sont deux réels strictement positifs tels que $a \leqslant b$, alors $\frac{1}{a} \geqslant \frac{1}{b}$.

Étudier le sens de variation d'une fonction

ÉNONCÉ

Étudier le sens de variation de la fonction f définie sur $\mathbb{R}-\{2\}$ par $f(x)=\dfrac{1}{x-2}$.
On se placera sur l'intervalle $]-\infty\,;\,2[$ puis sur $]\,2\,;\,+\infty[$.

MÉTHODE

Pour étudier le sens de variation d'une fonction sur un intervalle I, on choisit deux réels quelconques a et b de I, avec $a<b$, et on compare $f(a)$ et $f(b)$.
Pour cela, on étudie le signe de leur différence $f(a)-f(b)$.

▶ Si $f(a)-f(b)$ est négative, alors $f(a)\leqslant f(b)$ et la fonction f est croissante sur I.

▶ Si $f(a)-f(b)$ est positive, alors la fonction f est décroissante sur I.

CORRIGÉ

On se place sur $\mathrm{I}=\,]-\infty\,;\,2[$.

Soient deux réels a et b de I tels que $a<b$. On étudie le signe de $f(a)-f(b)$.

$$f(a)-f(b)=\frac{1}{a-2}-\frac{1}{b-2}$$

ou $f(a)-f(b)=\dfrac{(b-2)-(a-2)}{(a-2)(b-2)}=\dfrac{(b-a)}{(a-2)(b-2)}$.

Comme $a<b$, le numérateur est strictement positif.

Reste à déterminer le signe du dénominateur.
a et b appartiennent à I donc $a<2$ et $b<2$. Ainsi $(a-2)<0$ et $(b-2)<0$ donc $(a-2)(b-2)>0$.

La différence $f(a)-f(b)$ est strictement positive, $f(a)>f(b)$ et la fonction f est strictement décroissante sur I.

On montre de même que f est décroissante sur $]2\,;+\infty[$ en choisissant a et b dans cet intervalle.

Étudier la position relative des courbes de deux fonctions

ÉNONCÉ

Soit l'intervalle $I = [0\,;\,1]$.

f est la fonction définie par $f(x) = x$ et g la fonction définie par $g(x) = x^2$.
Étudier la position relative des courbes $\mathscr{C}_f$ et $\mathscr{C}_g$ représentatives des fonctions f et g sur I.

MÉTHODE

Étudier la position relative des courbes $\mathscr{C}_f$ et $\mathscr{C}_g$ revient à étudier le signe de la différence $f(x) - g(x)$ sur I :

- $\mathscr{C}_f$ est au-dessus de $\mathscr{C}_g$ si, et seulement si, pour tout $x \in I$, $f(x) \geqslant g(x)$;
- $\mathscr{C}_f$ est au-dessous de $\mathscr{C}_g$ si, et seulement si, pour tout $x \in I$, $f(x) \leqslant g(x)$.

Penser à factoriser la différence $f(x) - g(x)$ pour en étudier le signe.

CORRIGÉ

Étudions la différence $x - x^2$.
En factorisant, on écrit $x - x^2 = x(1 - x)$.
Or sur $[0\,;\,1]$, $x \geqslant 0$ et $1 - x \geqslant 0$.
D'après la règle des signes d'un produit, $x(1 - x) \geqslant 0$.
On en déduit que $f(x) - g(x) \geqslant 0$ sur $[0\,;\,1]$ donc que $\mathscr{C}_f$ est au-dessus de $\mathscr{C}_g$.

De la même façon, on montre que, pour tout x de $[1\,;\,+\infty]$, $x^2 \geqslant x$.
Donc $\mathscr{C}_f$ est au-dessous de $\mathscr{C}_g$ sur $[1\,;\,+\infty[$.

Lire un algorithme

ÉNONCÉ

Décrire et interpréter l'algorithme suivant.

```
1 VARIABLES
2        x EST DU TYPE NOMBRE
3        R EST DU TYPE NOMBRE
4 DEBUT ALGORITHME
5        LIRE x
6        SI (x≤4) ALORS
7                DEBUT SI
8                R PREND LA VALEUR 4−x
9                FIN SI
10               SINON
11               DEBUT SINON
12               R PREND LA VALEUR x−4
13       FIN SINON
14       AFFICHER R
15 FIN ALGORITHME
```

1 Que retourne l'algorithme si x vaut 2, 4 ou 6 ? Décrire le traitement effectué selon les valeurs de x.

2 Représenter sur un graphique quelques couples $(x\,;R)$. À quelle fonction fait penser cet alignement de points ?

3 Quelle est la relation entre x et R ? Décrire l'action de cet algorithme.

MÉTHODE

Cet algorithme comporte trois parties : les **entrées** et la déclaration des variables (lignes 1 à 5), le **traitement** effectué sur ces variables (lignes 6 à 13) et l'affichage, en **sortie**, de l'une d'elles (ligne 14).

▶ Dans la première partie, on définit les variables x et R, qui représentent des nombres. Et on donne une valeur à x.

▶ Dans la deuxième partie, on fait « tourner » l'algorithme. On effectue des calculs différents selon que x est inférieur ou égal à 4, ou supérieur à 4, en utilisant une instruction conditionnelle du type SI … ALORS… SINON.

L'INSTRUCTION CONDITIONNELLE SI ... ALORS... SINON

Une instruction conditionnelle porte le plus souvent sur la comparaison de valeurs affectées à des variables.

Ici, l'instruction conditionnelle SI ... ALORS... SINON porte sur la comparaison de la valeur de x et du nombre 4.

▶ La dernière partie de l'algorithme affiche la valeur de R.

CORRIGÉ

1 • Quand $x = 2$, l'algorithme rend 2 (on se trouve dans le premier cas $x \leqslant 4$).

• Quand $x = 4$, l'algorithme retourne 0 (on est toujours dans le même cas $x \leqslant 4$).

• Quand $x = 6$, l'algorithme rend 2 (on est dans le cas où $x > 4$).

Plus généralement, si x est inférieur ou égal à 4, alors l'ordinateur calcule $4 - x$, et appelle R cette valeur.

Sinon, c'est-à-dire si x est supérieur à 4, l'ordinateur calcule $x - 4$ et appelle R cette valeur.

2 L'alignement des couples obtenus fait penser à la courbe de la fonction valeur absolue, décalée vers la droite.

Comme dans l'exercice 14, on peut prouver que la fonction correspondant à cette courbe est $x \mapsto |x-4|$.

3 L'algorithme demande un réel x, puis calcule et affiche la valeur de $|x-4|$.

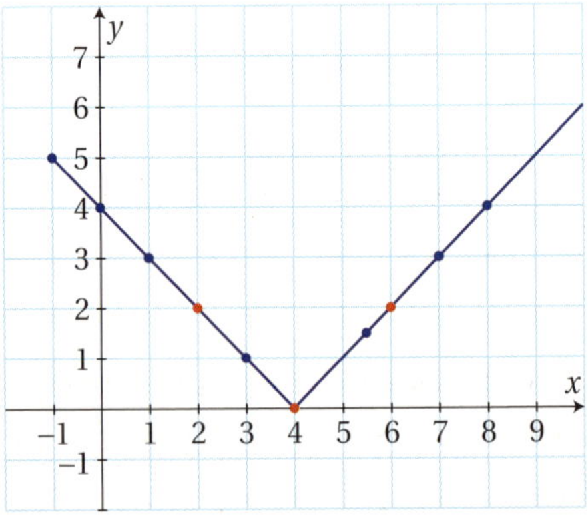

SE TESTER QUIZ

1 Soit f la fonction définie sur $]0\,;+\infty[$ par $f(x)=\sqrt{x}+1$.
Parmi les courbes suivantes, choisir celle représentant f.

☐ **a.**

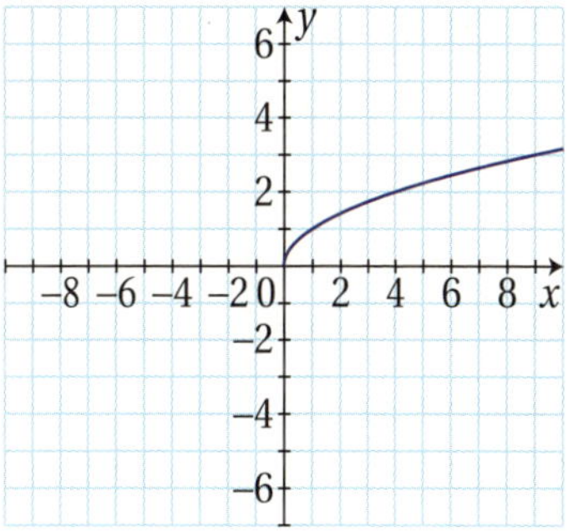

☒ **b.**

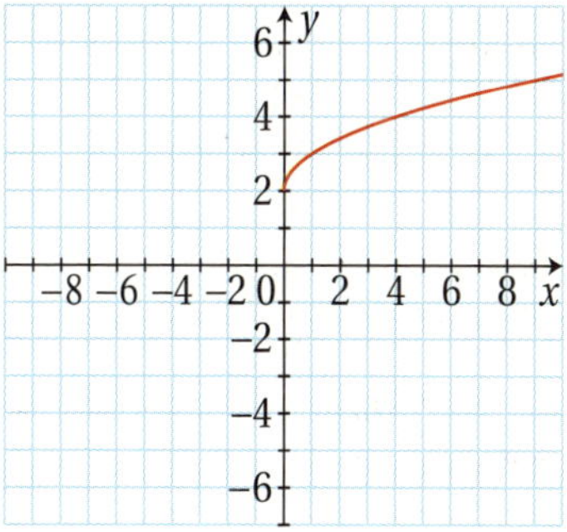

☐ **c.**

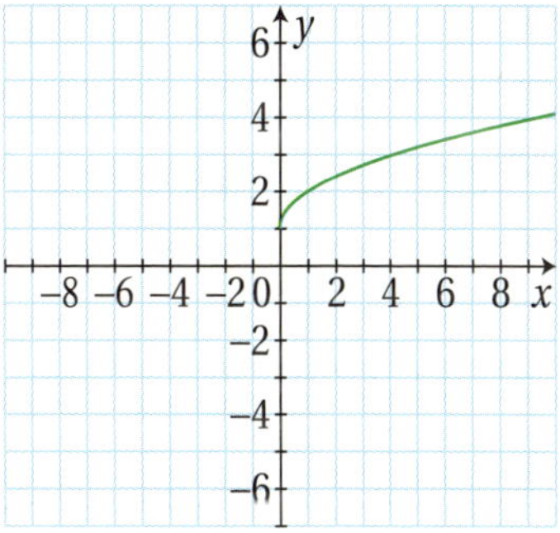

☐ **d.**

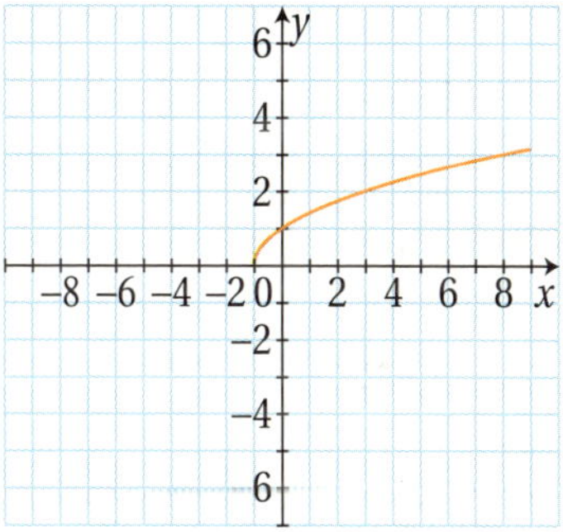

2 La fonction f définie sur $\mathbb{R}^*$ par $f(x)=5+\dfrac{1}{x}$ est :

☒ **a.** croissante sur $]-\infty;\,0[$;

☐ **b.** croissante sur $]-\infty;\,-2[$;

☐ **c.** décroissante sur $]-\infty;\,0[$ et $]0\,;+\infty[$.

3 Dans un repère orthonormé $\left(O\,;\vec{i},\,\vec{j}\right)$, on obtient la courbe représentant la fonction f telle que $f(x)=\sqrt{x}-3$ par une translation de la courbe $\sqrt{x}$ de vecteur : ☐ **a.** $3\vec{i}$ ☐ **b.** $-3\vec{j}$ ☒ **c.** $-3\vec{i}$

4 Soient f et g deux fonctions définies par $f(x)=3x^2+1$ et $g(x)=\dfrac{1}{x}$.

Quelles sont les affirmations exactes ?

☐ **a.** $(f+g)(2)=\dfrac{13}{2}$

☐ **b.** Pour tout $x>0$, $\left(\dfrac{f}{g}\right)(x)=3x^3+x$

☐ **c.** $(fg)\left(\sqrt{2}\right)=\dfrac{7\sqrt{2}}{2}$

☐ **d.** $(2f-3g)(1)=f(1)$

- La fonction produit fg est le produit des fonctions f et g :
$$(fg)(x)=f(x)\times g(x)$$
- La fonction somme $f+g$ est la somme des fonctions f et g :
$$(f+g)(x)=f(x)+g(x)$$

5 Soit u une fonction croissante sur $[0\,;2]$ et décroissante sur $[2\,;+\infty[$.

Quel est le tableau de variations de $-2u$?

☐ **a.**

x	0	2	$+\infty$
u	↗		↘
$-2u$	↘		↗

☒ **b.**

x	0	2	$+\infty$
u	↗		↘
$-2u$	↗		↘

6 Répondre par vrai ou faux aux questions suivantes.

☐ **a.** La fonction $x\mapsto\dfrac{1}{x^2}$ est croissante sur $]0\,;+\infty[$.

☒ **b.** Les deux fonctions $u:x\mapsto x^2+1$ et $v:x\mapsto x^2-1$ ont les mêmes variations sur $\mathbb{R}$.

☐ **c.** Si u est une fonction croissante sur un intervalle I et, si pour tout x de I, $u(x)<0$, alors la fonction $|u(x)|$ est décroissante sur I.

7 Dans un repère orthonormé $\left(\mathrm{O}\,;\vec{i},\vec{j}\right)$, on applique à la courbe représentant la fonction inverse $\left(x\mapsto\dfrac{1}{x}\right)$ la translation de vecteur $-4\vec{j}$.

La courbe obtenue représente la fonction :

☐ **a.** $x\mapsto\dfrac{1}{x}+4$

☐ **b.** $x\mapsto\dfrac{1}{(x+4)}$

☒ **c.** $x\mapsto\dfrac{1}{x}-4$

8 Voici le tableau de variations d'une fonction f.

x	$-\infty$	-2	-1	0	3	4	$+\infty$
$f(x)$		↘ 0	↘ -1	↗ 0	↘ -4	↗ 0	↗

Quel est celui de $|f|$?

☐ **a.**

x	$-\infty$	-2	-1	0	3	4	$+\infty$
$\|f(x)\|$		↗ 0	↗ 1	↘ 0	↗ 4	↘ 0	↗

☐ **b.**

x	$-\infty$	-2	-1	0	3	4	$+\infty$
$\|f(x)\|$		↘ 0	↗ 1	↘ 0	↗ 4	↘ 0	↗

☐ **c.**

x	$-\infty$	-2	-1	0	3	4	$+\infty$
$\|f(x)\|$				↘ 0			↗

9 Répondre par vrai ou faux.

La fonction $x \mapsto \dfrac{1}{x}$ est décroissante sur $\mathbb{R}^*$.

TRAITER UNE QUESTION DE COURS

10 Démontrer les théorèmes du cours donnant les variations des fonctions suivantes en fonction des variations de la fonction u.

a. $u+\lambda$ **b.** λu **c.** $\dfrac{1}{u}$

> Le sens de variation de ces fonctions est donné dans le cours. Pour le justifier, il faut, dans chaque cas, revenir à la définition.

S'ENTRAÎNER

11 On considère la fonction g définie sur $\mathbb{R}^*$ par $g(x)=\dfrac{3x+1}{x}$.

a. Vérifier, que pour tout x réel de $\mathbb{R}^*$, on a $g(x)=3+\dfrac{1}{x}$.

b. En déduire la courbe représentative de g à partir de celle de la fonction inverse.

12 Soit f une fonction de courbe représentative $\mathscr{C}$. La courbe $\mathscr{C}'$ de la fonction $x \mapsto -f(x)+1$ se déduit de $\mathscr{C}$ par une symétrie par rapport à :

a. $y=\dfrac{1}{2}$ **b.** $x=\dfrac{1}{2}$ **c.** $A(0;1)$

On justifiera la réponse en utilisant le résultat suivant.
« Pour montrer que deux courbes sont symétriques par rapport à une droite (ou à un point), on peut montrer que, pour tout point M de $\mathscr{C}$ et M′ de $\mathscr{C}'$ ayant même abscisse, le milieu du segment [MM′] est sur une droite fixe (ou est un point fixe). »

13 On considère la fonction f définie sur $\mathbb{R}$ par $f(x)=x^2+4x-4$.

1. Écrire $f(x)$ sous forme canonique.

2. Tracer la courbe représentant $x \mapsto x^2$. On rappelera son sens de variation.

3. On pose $g(x)=(x+2)^2$.

a. Montrer que, pour tout x réel, $(x+2)^2$ est positif ou nul. Que peut-on en déduire pour la courbe représentant g ?
b. Montrer, en utilisant la première définition du cours, que g est croissante sur $[-2;+\infty[$ et décroissante sur $]-\infty;-2[$.
c. Dresser un tableau de valeurs à l'aide de la calculatrice ou d'un tableur. En déduire le tracé de la courbe représentant g sur $\mathbb{R}$.
Sur le même graphique, tracer la courbe représentative de la fonction carré.
À la vue des représentations graphiques précédentes, conjecturer par quelle transformation on passe de la courbe représentant $x \mapsto x^2$ à celle de $g : x \mapsto (x+2)^2$.
d. Démontrer ce résultat. Considérer un point M de la courbe de la fonction carré et son image M′ par la translation de vecteur $-2\vec{i}$. Montrer que M′ est sur la courbe représentant g.

4. Déduire de ce qui précède par quelle transformation on obtient la courbe représentant f à partir de la courbe de la fonction carré.

14 On considère la fonction f définie sur $\mathbb{R}$ par $f(x)=|x^2+3x-4|$.

• Partie 1. Étude graphique

a. Soit g la fonction définie sur $\mathbb{R}$ par $g(x)=x^2+3x-4$. Écrire $g(x)$ sous forme canonique.
b. À partir de la courbe représentative de $x \mapsto x^2$, expliquer par quelle transformation on peut obtenir celle de g.
c. Tracer alors cette courbe.
d. En déduire celle de f.

• Partie 2. Étude par le calcul

a. Étudier le signe de x^2+3x-4 sur $\mathbb{R}$.
b. Écrire $f(x)$ sans utiliser le symbole valeur absolue.
c. En déduire la représentation graphique de f.

15 Soit u une fonction strictement positive sur un intervalle I. On définit la fonction f par $f=\sqrt{u}$. Soient a et x deux réels de l'intervalle I.

1. On se propose d'étudier les variations de f sur I.
a. En utilisant la méthode du paragraphe 2. A. du cours pour a et x deux réels de l'intervalle I, déterminer la différence $T(x)=f(x)-f(a)$.
b. En déduire que, pour tout x de I, $T(x)$ a le même signe que $u(x)-u(a)$.
c. En déduire que, si u est croissante et strictement positive sur I, alors $\sqrt{u}$ est croissante sur I. Qu'en est-il si u décroît ?
d. Application
Donner le sens de variation de la fonction $g : x \mapsto \sqrt{x^2+1}$.

2. Étudier et représenter la fonction k définie par $k(x)=|x+3|$.

On pourra utiliser la partie 1. en écrivant k à l'aide de la fonction racine carrée et le cours.

16 Soit f la fonction définie sur $]0\,;+\infty[$ par $f(x)=\dfrac{1+\sqrt{x}}{\sqrt{x}}$.

Étudier les variations de f sur $]0\,;+\infty[$.

On écrira $f(x)$ comme une somme de deux fonctions et on utilisera les résultats du cours.

17 **a.** Soient f et g deux fonctions affines définies sur $\mathbb{R}$ par $f(x)=2x+3$ et $g(x)=4-5x$.

Étudier le sens de variation de $f+g$ et celui de $f-g$.

b. Mêmes questions avec les fonctions h et k définies sur $\mathbb{R}$ par $h(x)=-x+7$ et $k(x)=5x+3$.

On peut montrer que la somme de deux fonctions croissantes est croissante et que la somme de deux fonctions décroissantes est décroissante.
Mais on ne peut rien dire de la somme d'une fonction croissante et d'une fonction décroissante !

18 Dans tout ce qui suit, x appartient à l'ensemble $\mathbb{R}^{+*}$.

a. On pose $f_1(x)=1+\dfrac{1}{1+\dfrac{1}{x^2}}$.

Étudier les variations de f_1 et donner le signe de $f_1(x)$ pour tout x de $\mathbb{R}^{*+}$.

b. On pose $f_2(x)=1+\dfrac{1}{1+\dfrac{1}{f_1(x)}}$. Prouver que $f_2(x)$ est bien définie.

Étudier les variations de f_2.

En remarquant que $f_2(x)=1+\dfrac{1}{1+\dfrac{1}{1+\dfrac{1}{1+\dfrac{1}{x^2}}}}$, simplifier $f_2(x)$.

c. Soient h et g deux fonctions strictement positives telles que $h(x)=1+\dfrac{1}{1+\dfrac{1}{g(x)}}$ pour tout x.

Prouver que h et g ont les mêmes variations.

d. On pose, à présent, $f_3(x)=1+\dfrac{1}{1+\dfrac{1}{f_2(x)}}$. Prouver que $f_3(x)$ est bien définie et déduire de ce qui précède les variations de f_3.

e. Algorithmique

On peut définir ainsi les fonctions f_4, f_5, ... qui ont toutes les mêmes variations. Écrire une boucle pour calculer successivement les expressions de f_2, f_3, f_4, ..., jusqu'à f_{10}.

On écrira un algorithme dans le langage de son choix.

OBJECTIF BAC

19 Soit ABM un triangle isocèle de base [AB] avec $AB = 4$.
M est un point variable de la médiatrice de [AB], tel que $MA = MB = x$, avec $x > 2$.

1. Calculer en fonction de x les grandeurs suivantes :
a. la hauteur MH ;
b. l'aire du triangle MAB ;
c. la hauteur $AK = h(x)$.

2. Montrer que la fonction h est croissante sur $]2;+\infty[$. On transformera l'expression de $h(x)$ pour faire apparaître des fonctions de référence.

20 Soit A un point fixé du plan et Γ une courbe.
Soit M un point quelconque de Γ.
Le but de l'exercice est de déterminer la position de M sur la courbe Γ pour que la distance AM soit minimale.

• Partie A : distance d'un point à une droite

Dans un repère orthonormé , on considère les points $A(0;1)$ et $M(x;y)$. On suppose que M est un point de la droite d'équation $y = 2x + 5$.

1. a. Exprimer la distance AM en fonction des coordonnées x et y de M.

b. Montrer que $AM = \sqrt{5x^2 + 16x + 16}$.

2. Soit f la fonction définie par $f(x) = \sqrt{5x^2 + 16x + 16}$

> On cherchera l'ensemble de définition de f

a. Justifier que f existe pour tout x réel.
b. Étudier les variations de la fonction u définie par : $u(x) = 5x^2 + 16x + 16$

(On pourra vérifier que pour tout x réel : $u(x) = 5\left(\left(x + \frac{8}{5}\right)^2 + \frac{16}{25}\right)$

c. En déduire les variations de f. (On indiquera le théorème utilisé.)
3. En déduire la valeur de x pour la quelle la distance AM est minimale.

• Partie B : distance d'un point à la courbe représentant la fonction racine carrée

On reprend les mêmes questions avec A le point de coordonnées $(3;0)$ et

$$f(x)=\sqrt{\frac{x}{x-1}}.$$

$M(x,y)$ est le point de la parabole d'équation $y=\sqrt{x}$.

1. a. Exprimer la distance AM en fonction des coordonnées x et y de M.

b. Montrer que $AM=\sqrt{x^2-5x+9}$.

2. Soit f la fonction définie par $f(x)=\sqrt{x^2-5x+9}$.

a. Justifier que f existe pour tout x réel.

b. Étudier les variations de la fonction u définie par : $u(x)=x^2-5x+9$.

(On pourra déterminer a et b réels tels que pour tout x réel, $u(x)=(x+a)^2+b$

c. En déduire les variations de f.
(On indiquera le théorème utilisé.)

3. En déduire la valeur de x pour la quelle la distance AM est minimale

21 f est la fonction définie sur $]-\infty;0]\cup]1;+\infty[$ par $f(x)=\sqrt{\dfrac{x}{x-1}}$.

1. On étudie la fonction h définie sur $\mathbb{R}-\{1\}$ par $h(x)=\dfrac{x}{x-1}$.

a. Montrer que pour tout x de $\mathbb{R}-\{1\}$ on peut s'écrire $h(x)$ sous la forme :

$$h(x)=1+\frac{x}{x-1}$$

b. En déduire le sens de variation de h sur $]-\infty;1[$ et sur $]1;+\infty[$.

c. Donner le signe de $h(x)$.

d. À l'aide des questions précédentes, tracer la courbe représentant h, à partir de la représentation graphique de la fonction inverse.
(On expliquera le tracé.)

2. En utilisant les résultats de la question 2, donner le sens de variations de f sur $]-\infty;0]$ et sur $]1;+\infty[$.

SE TESTER

1 **Réponse c.** La fonction f peut s'écrire, pour tout $x \geqslant 0$, $f(x)=u(x)+1$. Or d'après le paragraphe **3. B. 1.** du cours, la courbe représentant f s'obtient par translation de vecteur $1\vec{j}$ de celle de u.
Ainsi le point de $\mathscr{C}$ de coordonnées $(0;0)$ est transformé en le point de $\mathscr{C}'$ de coordonnées $(0;1)$.
La courbe **a** ne convient pas car elle passe par $(0;0)$.
La courbe **b** ne convient pas car elle passe par $(0;2)$.
La courbe **d** ne convient pas car elle passe par $(-1;0)$ alors que f n'est pas définie pour $x=-1$.

La courbe de la fonction $x \mapsto \sqrt{x}$ est tracée dans le cours. On en déduit la courbe de f par translation.

2 **Réponse c.** Ici, $f=u+5$ avec u la fonction définie sur $\mathbb{R}$ par $u(x)=\dfrac{1}{x}$.
La fonction inverse est une fonction de référence décroissante sur $]-\infty;0[$ et sur $]0;+\infty[$. La fonction f est donc, comme la fonction u, décroissante sur $]-\infty;0[$ et sur $]0;+\infty[$.

Dans le cours, on a vu que les fonctions u et $u+\lambda$, où λ est un réel, ont les mêmes variations.

3 **Réponse b.** La fonction f peut s'écrire, pour tout $x \geqslant 0$, $f(x)=u(x)-3$ où u est la fonction $x \mapsto \sqrt{x}$.
Or d'après le cours, la courbe de f est obtenue par la translation de vecteur $-3\vec{j}$ de la courbe représentant u.

Comme dans l'exercice 1, on déduit la courbe de f de celle de u. Ici, u est la fonction $x \mapsto \sqrt{x}$ et $\lambda=-3$.

4 Déterminons les fonctions $f+g$, $\dfrac{f}{g}$, fg et $2f-3g$.

- Pour tout x de $]0;+\infty[$, $f(x)+g(x)=3x^2+1+\dfrac{1}{x}$

donc $f(2)+g(2)=3\times4+1+\dfrac{1}{2}=13+\dfrac{1}{2}=\dfrac{27}{2}$.

L'affirmation **a** est **fausse**.

- Pour tout x de $]0;+\infty[$, $\left(\dfrac{f}{g}\right)(x)=\dfrac{3x^2+1}{\dfrac{1}{x}}=(3x^2+1)(x)=3x^3+x$.

L'affirmation **b** est **vraie**.

• Pour tout x de $]0;+\infty[$, $(fg)(x)=(3x^2+1)\left(\frac{1}{x}\right)=\frac{3x^2+1}{x}$

Alors $(fg)\left(\sqrt{2}\right)=(3\times2+1)\times\frac{1}{\sqrt{2}}=\frac{7}{\sqrt{2}}=\frac{7\sqrt{2}}{2}$.

L'affirmation **c** est **vraie**.

• Pour tout x de $]0;+\infty[$, $(2f-3g)(x)=(2f)(x)-(3g)(x)=6x^2+2-\frac{3}{x}$.

$(2f-3g)(1)=6+2-3=5$ et $f(1)=4$.
L'affirmation **d** est **fausse**.

5 **Réponse a.** Ici u est croissante sur $[0;2]$, le réel λ vaut -2, il est donc négatif.
La fonction $-2u$ est donc décroissante sur $[0;2]$.
De même sur $[2;+\infty[$, u est décroisante donc $-2u$ est croissante.

Si une fonction u est multipliée par un réel < 0, les variations de la fonction λu sont contraires à celles de u.

6 **a. Faux.** La fonction $g: x \mapsto x^2$ est croissante sur $]0;+\infty[$ et strictement positive sur cet intervalle, on déduit que la fonction $\frac{1}{g}$ est décroissante sur $]0;+\infty[$.

b. Vrai. Les fonctions u et v peuvent s'écrire sous la forme $u=f+1$ et $v=f-1$ où f est la fonction carré.

Rappelons que la fonction carré est croissante sur $[0;+\infty[$ et décroissante sur $]-\infty;0]$.
D'après le cours, on sait que u et f d'une part et v et f d'autre part ont même sens de variation. On en déduit que u et v sont croissantes sur $[0;+\infty[$ et décroissantes sur $]-\infty;0]$.

Pour trouver les variations de la fonction $\frac{1}{g}$ sur un intervalle connaissan celles de la fonction g il faut vérifier que $g(x)$ ne s'annule pas sur cet intervalle et garde un signe consta

c. Vrai. Nous sommes dans le cas où $u(x)<0$ donc $|u(x)|=-u(x)$.

L'expression de $|u(x)|$ change selon que $u(x)$ est positif ou négatif :
$|u(x)|=u(x)$ si $u(x)\geqslant 0$ et $|u(x)|=-u(x)$ si $u(x)<0$.

Comme u est croissante sur I et -1 est négatif, la fonction $x\mapsto|u(x)|=-1\times u(x)=-u(x)$ est décroissante sur I.

7 Réponse c. On applique le théorème du cours du paragraphe **3. B. 1**.
La fonction qui convient est $x \mapsto \frac{1}{x} - 4$.

8 Réponse b. Pour tout x de l'ensemble de définition de f, on a $|f(x)| = f(x)$ si $f(x) \geqslant 0$ et $|f(x)| = -f(x)$ si $f(x) \leqslant 0$.
En regardant le tableau de variations de f, on s'aperçoit que $f(x) \leqslant 0$ si et seulement si $x \in [-2\,;4]$ et $f(x) \geqslant 0$ si et seulement si $x \in]-\infty\,;-2[\cup]4\,;+\infty[$. Ainsi on en déduit que :

> Cette définition est à connaître : voir le paragraphe 2. C. 4. du cours !

- $|f(x)| = f(x)$ si $x \in]-\infty\,;-2[$ et $x \in]4\,;+\infty[$.
- $|f(x)| = -f(x)$ si $x \in [-2\,;4]$.

Sur $]-\infty\,;-2[$ et $]4\,;+\infty[$, f et $|f|$ sont égales donc ont les mêmes variations.
Sur $[-2\,;4]$, $|f|$ a les mêmes variations que $-f$ donc $|f|$ et f ont des variations contraires. On a donc :

- sur $[-2\,;-1]$, $|f|$ croît de $|f(-2)| = 0$ à $|f(-1)| = 1$.
- sur $[-1\,;0]$, $|f|$ décroît de $|f(-1)| = 1$ à $|f(0)| = 0$.
- sur $[0\,;3]$, $|f|$ croît de $|f(0)| = 0$ à $|f(3)| = 4$.
- sur $[3\,;4]$, $|f|$ décroît de $|f(3)| = 4$ à $|f(4)| = 0$.

9 Faux. La fonction $x \mapsto \frac{1}{x}$ est décroissante sur $]-\infty\,;0[$ et $[0\,;+\infty[$ mais pas sur $\mathbb{R}^*$.

TRAITER UNE QUESTION DE COURS

10 a. Montrons que $u+\lambda$ et u ont les mêmes variations.
Pour cela, utilisons la première définition du cours.
Soient a et b deux réels d'un intervalle I tels que $a < b$.
Supposons u croissante sur I alors $u(a) \leqslant u(b)$. En ajoutant λ à chaque membre de l'inégalité, on écrit $u(a)+\lambda \leqslant u(b)+\lambda$.
Cette inégalite traduit le fait que $u+\lambda$ est croissante sur I.
On montrerait de même que $u+\lambda$ est décroissante sur I si u l'est.
b. Étudions les variations de λu en fonction du signe de λ.
- Soient a et b deux réels d'un intervalle I tels que $a < b$.

Supposons u croissante sur I. Alors $u(a) \leqslant u(b)$.
En supposant λ strictement positif, on peut multiplier chaque membre de l'inégalité par λ sans changer son sens : $\lambda u(a) \leqslant \lambda u(b)$.
Ainsi, si λ est strictement positif, alors u et λu ont même sens de variation.

• Étudions le cas où λ est négatif.
Supposons u croissante sur I. Alors $u(a) \leqslant u(b)$.
En supposant λ strictement négatif, on peut multiplier chaque membre de l'inégalité par λ en changeant son sens : $\lambda u(a) \geqslant \lambda u(b)$.
Ainsi, si λ est strictement négatif, alors u et λu ont des sens de variation contraires.
La démonstration serait la même pour u décroissante.

c. Montrons que u et $\frac{1}{u}$ ont des sens de variation contraires. Pour étudier le sens de variation de $f = \frac{1}{u}$, comparons $f(a)$ et $f(b)$ en étudiant le signe de la différence $T = f(a) - f(b)$.
Soient a et b deux réels de I tels que $a < b$. On suppose de plus que u ne s'annule pas sur I et garde un signe constant.
Étudions le signe de $T = \frac{1}{u}(a) - \frac{1}{u}(b) = \frac{1}{u(a)} - \frac{1}{u(b)}$. On a $T = \frac{u(b)-u(a)}{u(a)u(b)}$.
On sait que $u(a)$ et $u(b)$ ont le même signe sur I, donc le produit $u(a)u(b)$ est positif sur I.
De plus, si on suppose que u croissante sur I, alors $u(a) \leqslant u(b)$. Donc $u(b) - u(a) \geqslant 0$. On en déduit que $T \geqslant 0$, donc $\frac{1}{u(a)} \geqslant \frac{1}{u(b)}$ ce qui prouve que $\frac{1}{u}$ est décroissante sur I.
On montrerait de même que $\frac{1}{u}$ est croissante sur I si u est décroissante sur I.

S'ENTRAÎNER

11 **a.** Pour tout x de $\mathbb{R}^*$, on a $g(x) = \frac{3x}{x} + \frac{1}{x}$ ou encore $g(x) = 3 + \frac{1}{x}$.

> Dans le terme $\frac{3x}{x}$, on a simplifié par x, en effet $\frac{3x}{x} = 3$.

b. En utilisant l'écriture de $g(x)$ de la première question, on s'aperçoit que g est de la forme $u + 3$ avec, pour tout x de $\mathbb{R}^*$, $u(x) = \frac{1}{x}$.
En appliquant le théorème du paragraphe **3. B. 1.** du cours, on peut affirmer que g et u ont même sens de variation. On en déduit donc que g est décroissante sur $]-\infty\,;0[$ et sur $]0\,;+\infty[$.

12 **Réponse a.** Soit M un point quelconque de $\mathscr{C}$, M a pour coordonnées $(x\,;f(x))$.

Soit M′ un point de $\mathscr{C}'$ d'abscisse x, M′ a pour coordonnées $(x\,;1-f(x))$.

Le milieu I de [MM′] a pour coordonnées $\left(\frac{x+x}{2};\frac{f(x)+1-f(x)}{2}\right)$ ou $\left(x\,;\frac{1}{2}\right)$.

En conclusion, quels que soient deux points M de $\mathscr{C}$ et M′ de $\mathscr{C}'$ de même abscisse, le milieu de [MM′] a une ordonnée constante égale à $\frac{1}{2}$. Ce point I appartient donc à la droite d'équation $y=\frac{1}{2}$.

$\mathscr{C}$ et $\mathscr{C}'$ sont donc symétriques par rapport à la droite d'équation $y=\frac{1}{2}$.

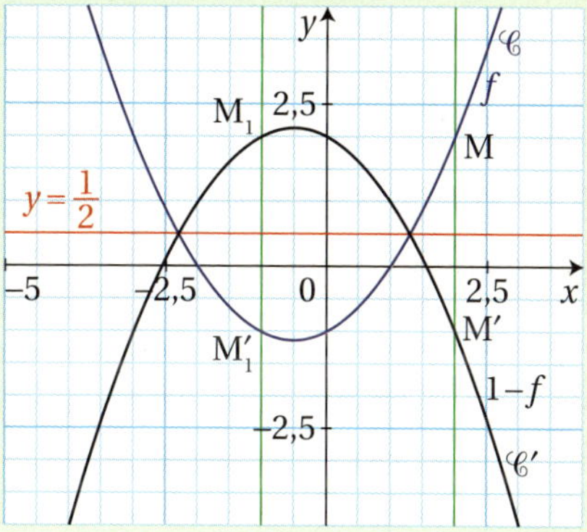

13 **1.** f peut s'écrire $f(x)=(x+2)^2-4-4$. La forme canonique de $f(x)$ est donc $f(x)=(x+2)^2-8$.

2. La fonction carré est décroissante sur $]-\infty\,;0]$ et croissante sur $[0\,;+\infty[$.

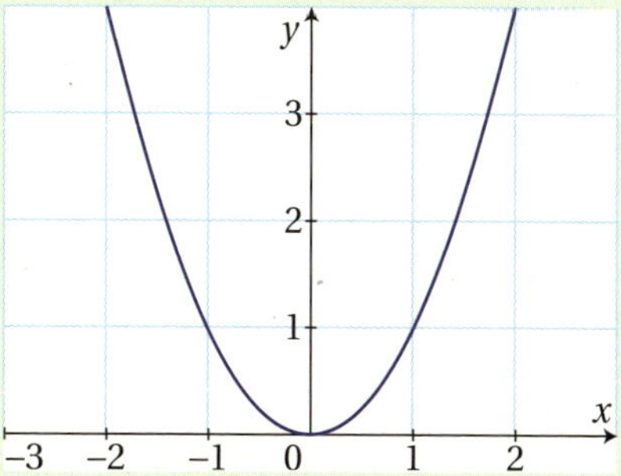

3. a. Un carré est toujours positif ou nul donc pour, tout x réel, $(x+2)^2$ est positif ou nul.
La courbe représentant g admet donc un minimum en -2 qui vaut 0.
b. • Soient a et b deux réels de l'intervalle $[-2;+\infty[$ avec $a \leqslant b$.
Comparons $g(a)$ et $g(b)$: $a \leqslant b \Leftrightarrow a+2 \leqslant b+2$.
La fonction carré étant croissante sur $[0;+\infty[$, $a+2$ et $b+2$ étant deux réels positifs, on en déduit que $(a+2)^2 \leqslant (b+2)^2$ donc $g(a) \leqslant g(b)$.
La fonction g est donc croissante sur $[-2;+\infty[$.
• Démontrons maintenant que g est décroissante sur $]-\infty;-2[$.
Soient a et b deux réels de l'intervalle $]-\infty;-2[$ avec $a \leqslant b$.
Comparons $g(a)$ et $g(b)$: $a \leqslant b \Leftrightarrow a+2 \leqslant b+2$.
La fonction carré étant décroissante sur $]-\infty;-2[$, $a+2$ et $b+2$ étant deux réels négatifs, on en déduit que $(a+2)^2 \geqslant (b+2)^2$ donc $g(a) \geqslant g(b)$.
La fonction g est donc décroissante sur $]-\infty;-2[$.
c. À l'aide de la calculatrice, nous obtenons le tableau de valeurs suivant.

x	$(x+2)^2$	x	$(x+2)^2$
– 2,4	0,16	0	4
– 2,2	0,04	0,2	4,84
– 2	0	0,4	5,76
– 1,8	0,04	0,6	6,76
– 1,6	0,16	0,8	7,84
– 1,4	0,36	1	9
– 1,2	0,64	1,2	10,24
– 1	1	1,4	11,56
– 0,8	1,44	1,6	12,96
– 0,6	1,96	1,8	14,44
– 0,4	2,56	2	16
– 0,2	3,24	2,2	17,64

D'après la figure tracée à la question **2.**, il semblerait que la courbe représentant g se déduise de celle de $x \mapsto x^2$ par une translation de vecteur $-2\vec{i}$.
d. Démontrons la conjecture précédente.
Soit M un point de la courbe représentant $x \mapsto x^2$. M a pour coordonnées $(x;x^2)$.
Soit $\text{M}'(x';y')$, l'image de M par la translation de vecteur $-2\vec{i}$.

On a alors $\overrightarrow{MM'} = -2\vec{i}$, ce que l'on peut traduire en utilisant les coordonnées des points M et M′ par :

$$\overrightarrow{MM'} = -2\vec{i} \Leftrightarrow x' - x = -2 \quad \text{et} \quad y' - x^2 = 0$$

M′ a donc pour coordonnées $(x-2\,;x^2)$. En posant $X = x-2$, on s'aperçoit que les coordonnées de M′ peuvent s'écrire sous la forme $\left(X\,;(X+2)^2\right)$.

Ainsi M′ est sur la courbe représentant g.

4. On remarque que $f = g - 8$, on en déduit que la courbe représentant g se déduit de celle représentant f par une translation de vecteur $-8\vec{j}$.

On peut même dire que f se déduit de la courbe représentant $x \mapsto x^2$ par une translation de vecteur $-2\vec{i} - 8\vec{j}$.

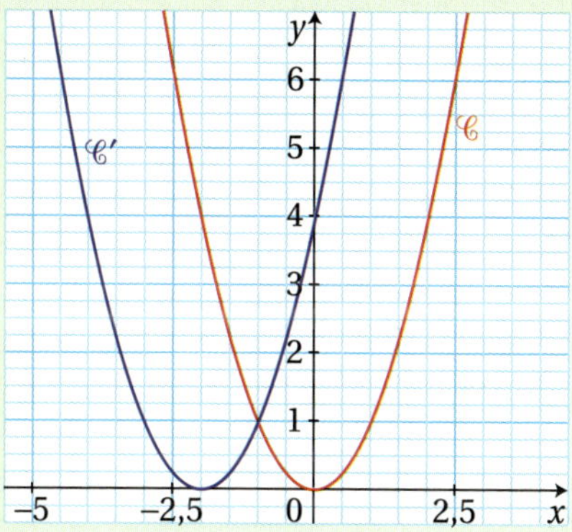

14 1. Étude graphique

a. La forme canonique de $g(x)$ s'écrit :

$$g(x) = \left(x + \frac{3}{2}\right)^2 - \frac{9}{4} - 4$$

ou encore $\quad g(x) = \left(x + \frac{3}{2}\right)^2 - \frac{25}{4}$.

b. On déduit que la courbe représentant g est obtenue, à partir de celle de la fonction carré, par une translation de vecteur $-\frac{3}{2}\vec{i} - \frac{25}{4}\vec{j}$.

c. et d.

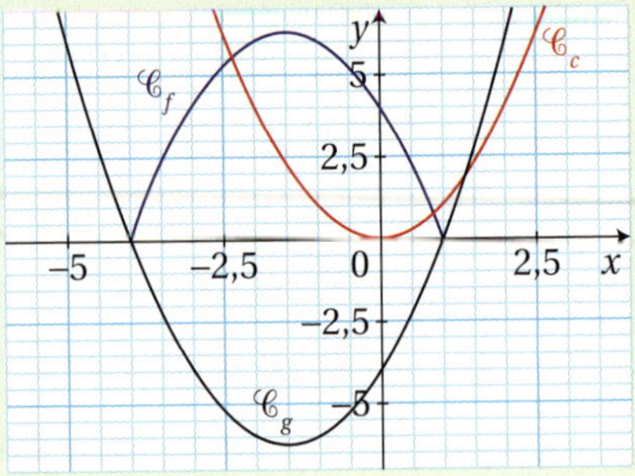

La courbe de f s'obtient :

• en gardant les parties de la courbe de g situées au-dessus de l'axe des abscisses, car alors $g(x) \geqslant 0$, donc $f(x) = g(x)$;

• et en faisant une symétrie par rapport à l'axe des abscisses de la partie de la courbe de g située au-dessous de l'axe des abscisses, car alors, $g(x) \leqslant 0$ donc $f(x) = -g(x)$.

2. Étude par le calcul

a. Pour étudier le signe de x^2+3x-4, déterminons ses racines.
On calcule le discriminant $\Delta = 3^2-(4)\times 1\times(-4) = 25$.
$\Delta > 0$, le trinôme admet donc deux racines :

$x_1 = \dfrac{-3-\sqrt{25}}{2} = -4$ et $x_2 = \dfrac{-3+\sqrt{25}}{2} = 1$.

Nous savons que le trinôme est du signe de $a = 1$ à l'extérieur des racines et du signe de $-a$ entre les racines.

On en déduit que $x^2+3x-4 > 0$ si $x \in]-\infty;-4[\cup]1;+\infty[$ et $x^2+3x-4 < 0$ si $x \in]-4;1[$.

Pour tout X de $\mathbb{R}$, on sait que $|X| = -X$ si $X \leqslant 0$ et $|X| = X$ si $X \geqslant 0$.

b. Appliquons ce rappel avec $X = x^2+3x-4$, x et X étant réels.
On a donc :

• $|x^2+3x-4| = x^2+3x-4$ si $x \in]-\infty;-4[\cup]1;+\infty[$;

• $|x^2+3x-4| = -(x^2+3x-4)$ si $x \in [-4;1]$.

c. Pour tracer la courbe représentant f, il suffit de tracer la courbe représentant $x \mapsto x^2+3x-4$ sur $\mathbb{R}$ et de faire une symétrie par rapport à l'axe des abscisses de la partie de la courbe correspondant à x compris entre -4 et 1.

15 **1. a.** $T(x) = f(x) - f(a) = \sqrt{u(x)} - \sqrt{u(a)}$.

b. $T(x) = \sqrt{u(x)} - \sqrt{u(a)} = \dfrac{\left(\sqrt{u(x)} - \sqrt{u(a)}\right)\left(\sqrt{u(x)} + \sqrt{u(a)}\right)}{\left(\sqrt{u(x)} + \sqrt{u(a)}\right)} = \dfrac{\sqrt{u(x)}^2 - \sqrt{u(a)}^2}{\sqrt{u(x)} + \sqrt{u(a)}}$.

> On a transformé l'expression contenant des racines carrées en multipliant numérateur et dénominateur par la même expression conjuguée.

Donc $T(x) = \dfrac{u(x) - u(a)}{\sqrt{u(x)} + \sqrt{u(a)}}$. Comme $\sqrt{u(x)} + \sqrt{u(a)} > 0$, on en deduit que $T(x)$ a même signe que $u(x) - u(a)$.

c. • Si u est croissante et positive sur I alors, pour tout x et a de I tels que $x > a$, $u(x) > u(a)$. Par conséquent, $T(x) \geqslant 0$ et $\sqrt{u}$ est croissante sur I.

• Si u est décroissante sur I alors, pour tout x et a de I tels que $x > a$, $u(x) \leqslant u(a)$. Par conséquent, $T(x) \leqslant 0$ et $\sqrt{u}$ est décroissante sur I.

d. Utilisons les résultats généraux démontrés dans les questions précédentes.

• La fonction $x \mapsto x^2 + 1$ est décroissante sur $]-\infty\,;\,0]$ et croissante sur $[0\,;\,+\infty[$. De plus, elle est strictement positive.

On en déduit que la fonction $g : x \mapsto \sqrt{x^2+1}$ est croissante sur $\mathbb{R}$.

2. D'après le cours, nous savons que, pour tout x réel, $|x+3| = \sqrt{(x+3)^2}$. De plus, la fonction $x \mapsto (x+3)^2$ est décroissante sur $]-\infty\,;\,-3]$ et croissante sur $[-3\,;\,+\infty[$; elle est positive. On en déduit, d'après la question précédente, que sur $[-3\,;\,+\infty[$ k est croissante et sur $]-\infty\,;\,-3]$ k est décroissante.

On obtient la courbe suivante.

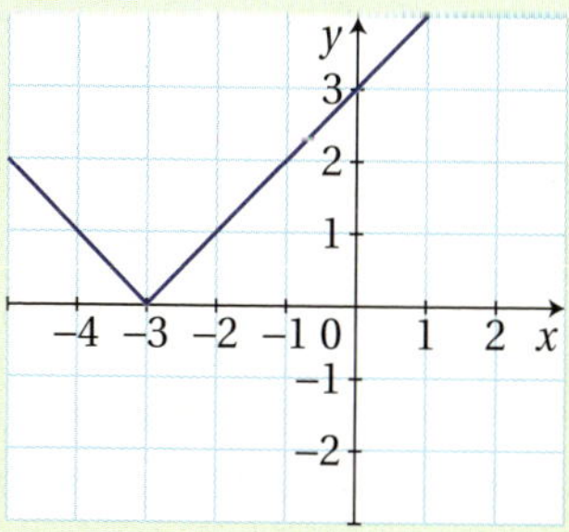

16 Soit f la fonction définie sur $]0\,;+\infty[$ par $f(x)=\dfrac{1+\sqrt{x}}{\sqrt{x}}$.

Pour tout $x\in]0\,;+\infty[$, on a $f(x)=\dfrac{1}{\sqrt{x}}+\dfrac{\sqrt{x}}{\sqrt{x}}$, soit $f(x)=\dfrac{1}{\sqrt{x}}+1$.

Posons $u(x)=\sqrt{x}$ alors $f=\dfrac{1}{u}+1$.

On sait que la fonction racine carrée est croissante sur $[0\,;+\infty[$.

En utilisant le cours, on sait de plus que, si $u(x)$ est non nulle sur $]0\,;+\infty[$ et a un signe constant, alors u et $\dfrac{1}{u}$ ont des variations contraires.

On en déduit donc que la fonction $\dfrac{1}{u}$ est décroissante sur $]0\,;+\infty[$. De plus, on peut dire que f est décroissante sur $]0\,;+\infty[$ car elle est de la forme $\dfrac{1}{u}+\lambda$ $(\lambda=1)$.

17 **a.** • Déterminons la fonction $f+g$.

Pour tout x de $\mathbb{R}$, $f(x)+g(x)=2x+3+4-5x=-3x+7$.

$f+g$ est une fonction affine, son coefficient directeur est négatif donc $f+g$ est décroissante sur $\mathbb{R}$.

On remarque que f est croissante et g décroissante.

• Étudions maintenant le sens de variation de $f-g$.

Pour tout x de $\mathbb{R}$, $f(x)-g(x)=2x+3-(4-5x)=7x-1$.

$f-g$ est une fonction affine, son coefficient directeur est positif donc $f-g$ est croissante sur $\mathbb{R}$.

b. Avec les fonctions h et k, on obtient :

$h(x)+k(x)=4x+10$ et $h(x)-k(x)=-6x+4$.

h est décroissante sur $\mathbb{R}$, k est croissante sur $\mathbb{R}$, $h+k$ est croissante sur $\mathbb{R}$ et $h-k$ est décroissante sur $\mathbb{R}$.

Montrons maintenant que si f et g sont deux fonctions croissantes sur un intervalle I alors $f+g$ est croissante sur I.

Soient a et b deux réels de I tels que $a<b$, f et g étant croissantes $f(a)\leqslant f(b)$ et $g(a)\leqslant g(b)$.

En additionnant membre à membre ces deux inégalités, on a $f(a)+g(a)\leqslant f(b)+g(b)$. Ce qui montre bien que $f+g$ est croissante sur I.

On montrerait de même que si f et g sont décroissantes sur I alors $f+g$ est décroissante sur I.

En revanche, nous avons vu dans les exemples précédents que l'on ne pouvait pas conclure pour deux fonctions dont les variations sont différentes.

18 **a.** D'après le cours, $x \mapsto \dfrac{1}{x^2}$ est décroissante ; f et $f+1$ ont les mêmes variations. Donc $x \mapsto 1+\dfrac{1}{x^2}$ est décroissante également.

D'après la propriété sur les fonctions inverses, $x \mapsto \dfrac{1}{1+\dfrac{1}{x^2}}$ est donc croissante et f_1 l'est (on ajoute simplement 1). Il est clair que pour tout $x>0$, $f_1(x)>0$.

b. D'après ce qui précède, $\dfrac{1}{f_1(x)}$ existe et est strictement positive, donc $1+\dfrac{1}{f_1(x)}>0$ et $f_2(x)=1+\dfrac{1}{1+\dfrac{1}{f_1(x)}}$ est bien définie.

f_1 est croissante, donc $\dfrac{1}{f_1}$ est décroissante et $1+\dfrac{1}{f_1}$ est décroissante.

$\dfrac{1}{1+\dfrac{1}{f_1}}$ est croissante et $f_2(x)=1+\dfrac{1}{1+\dfrac{1}{f_1}}$ est croissante.

On sait que pour tout x de $\mathbb{R}^{+*}$ $f_1(x)=1+\dfrac{1}{1+\dfrac{1}{x^2}}$

$$f_1(x)=1+\frac{1}{\dfrac{x^2+1}{x^2}}=1+\frac{x^2}{x^2+1}=\frac{x^2+x^2+1}{x^2+1}=\frac{2x^2+1}{x^2+1}$$

$$f_2(x)=1+\frac{1}{1+\dfrac{1}{f_1(x)}}=1+\frac{1}{1+\dfrac{x^2+1}{2x^2+1}}=1+\frac{1}{\dfrac{2x^2+1+x^2+1}{2x^2+1}}$$

$$f_2(x)=1+\frac{2x^2+1}{3x^2+2}=\frac{3x^2+2+2x^2+1}{3x^2+2}=\frac{5x^2+3}{3x^2+2}$$

On trouve $f_2(x)=\dfrac{5x^2+3}{3x^2+2}$.

c. Si g est croissante et strictement positive, alors $\frac{1}{g}$ est décroissante, donc

$1+\frac{1}{g}$ est décroissante. $\frac{1}{1+\frac{1}{g}}$ est croissante donc $h=1+\frac{1}{1+\frac{1}{g}}$ est croissante.

d. En appliquant le résultat de la question précédente à $g = f_2$ qui est strictement positive, on prouve immédiatement que f_3 est croissante.

e.

```
a VAUT 1+1/(1+1/x^2)
POUR i ALLANT DE 2 À 10
        DÉBUT POUR
        CHANGER a EN 1+1/(1+1/a)
        ÉCRIRE a
        FIN POUR
```

OBJECTIF BAC

19 **1. a.** Le triangle AMH est rectangle en H.
ABM étant isocèle, H est le milieu de [AB], on peut donc calculer AH.

On a $AH = \frac{AB}{2} = 2$.

On applique le théorème de Pythagore au triangle rectangle AMH.
$AM^2 = MH^2 + AH^2 \Leftrightarrow x^2 = MH^2 + 4 \Leftrightarrow MH^2 = x^2 - 4$.

b. L'aire du triangle MAB est égale à $\frac{MH \times AB}{2} = 2\sqrt{x^2-4}$.

c. Pour calculer AK, utilisons le fait que l'aire du triangle AMB vaut $2\sqrt{x^2-4}$. Calculons cette aire en utilisant la hauteur AK.

$\mathcal{A}=\frac{1}{2}\times \text{AK}\times \text{MB}$ soit $2\sqrt{x^2-4}=\frac{1}{2}\text{AK}x$, d'où $\text{AK}=\frac{4\sqrt{x^2-4}}{x}$.

On en déduit que, pour tout $x>2$, $h(x)=\frac{4\sqrt{x^2-4}}{x}$.

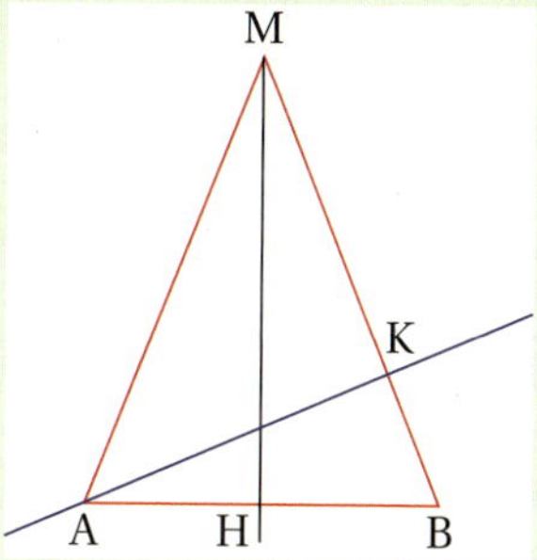

2. Pour tout x de $]2\,;+\infty[$, $h(x)=\frac{4\sqrt{x^2-4}}{x}$.

$$h(x)=\frac{4\sqrt{x^2\left(1-\frac{4}{x^2}\right)}}{x}$$

$$h(x)=\frac{4|x|\sqrt{\left(1-\frac{4}{x^2}\right)}}{x}=\frac{4x\sqrt{\left(1-\frac{4}{x^2}\right)}}{x}=4\sqrt{\left(1-\frac{4}{x^2}\right)}.$$

On peut écrire que $|x|=x$ car x est strictement supérieur à 2 donc positif.

Étudions les variations de h.

La fonction $x\mapsto x^2$ est croissante sur $[0\,;+\infty[$ donc sur $]2\,;+\infty[$.

Ainsi, la fonction $x\mapsto\frac{1}{x^2}$ est décroissante sur $]2\,;+\infty[$; de même que la fonction $x\mapsto\frac{4}{x^2}$.

La fonction $x\mapsto-\frac{4}{x^2}$ est croissante sur $]2\,;+\infty[$; de même que la fonction $x\mapsto 1-\frac{4}{x^2}$ est croissante sur $]2\,;+\infty[$.

Ainsi h est croissante sur $]2\,;+\infty[$ car elle est de la forme $4\sqrt{u}$ avec u croissante sur $]2\,;+\infty[$.

20 **Partie A**

1. a. Le point A a pour coordonnées (0,1). Le point M appartient à la droite d'équation ses coordonnées sont donc $(x\,;2x+5)$.

La distance AM est donnée par $AM=\sqrt{(x_M-x_A)^2+(y_M-y_A)^2}=\sqrt{x^2+(y-1)^2}$

b. On a donc :

$AM=\sqrt{x^2+(2x+5-1)^2}=\sqrt{x^2+(2x+4)^2}$

$=\sqrt{x^2+4x^2+16x+16}=\sqrt{5x^2+16x+16}$

2. a. $f(x)$ existe si et seulement si $5x^2+16x+16$ est positif ou nul. Étudions le signe de cette expression, pour cela calculons le discriminant $\Delta=b^2-4ac=16^2-4\times5\times16=-64$.

Δ est négatif donc $5x^2+16x+16$ est toujours du signe de a soit 5, nous en déduisons que $5x^2+16x+16$ est toujours positif.

La fonction u est donc toujours positive et f est définie sur $\mathbb{R}$.

b. Développons $5\left(\left(x+\frac{8}{5}\right)^2+\frac{16}{25}\right)$, il vient :

$$5\left(\left(x+\frac{8}{5}\right)^2+\frac{16}{25}\right)=5\left(x^2+\frac{16}{5}x+\frac{64}{25}+\frac{16}{25}\right)=5\left(x^2+\frac{16}{5}x+\frac{80}{25}\right)$$

$=5x^2+16x+16=u(x)$

c. Nous savons que la fonction $x\mapsto x^2$ est croissante sur $\mathbb{R}^+$, la fonction $x\mapsto\left(x+\frac{8}{5}\right)^2$ est également croissante pour x tel que $x+\frac{8}{5}\geqslant0$ soit sur $\left[-\frac{8}{5};+\infty\right[$.

Voir l'exercice 13.

De même on déduit que la fonction $x\mapsto5\left(\left(x+\frac{8}{5}\right)^2+\frac{16}{25}\right)$ est également croissante sur $\left[\frac{-8}{5};+\infty\right[$.

D'après les théorèmes B1 et B2.

3. La distance AM sera minimale lorsque $\left(x+\frac{8}{5}\right)^2$ sera nul puisque $\left(x+\frac{8}{5}\right)^2$ est un nombre positif ou nul, il prend donc comme plus petite valeur, la valeur 0 c'est à dire pour $x=-\frac{8}{5}$.

La distance est donc minimale pour le point M de coordonnées $M\left(-\frac{8}{5};\frac{9}{5}\right)$ (en effet $y=2\times\left(-\frac{8}{5}\right)+5=-\frac{16}{5}+\frac{25}{5}=\frac{9}{5}$

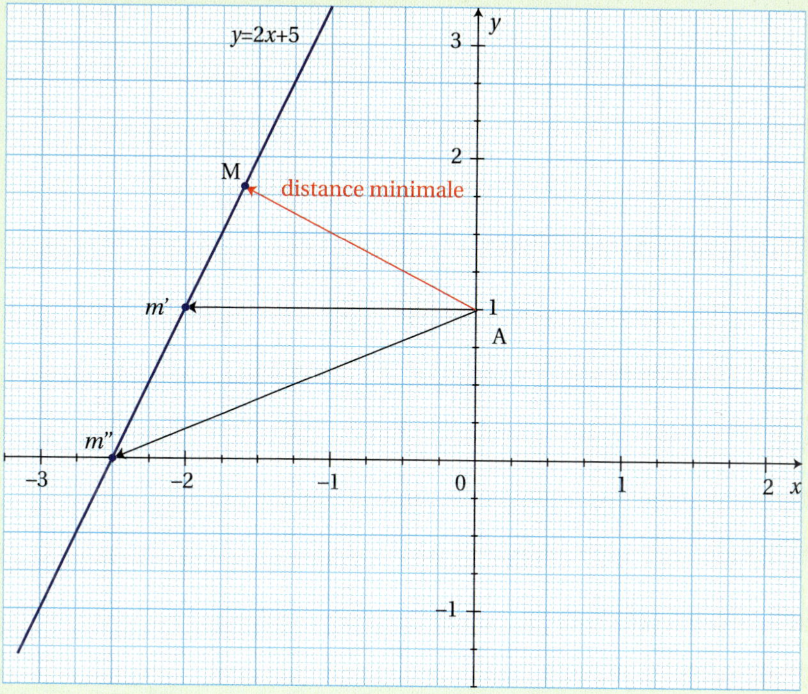

Partie B

1. a. Le point A a pour coordonnées (3 ; 0). Le point M appartient à la courbe d'équation $y=\sqrt{x}$ ses coordonnées sont donc $(x;\sqrt{x})$.

La distance AM est donnée par $AM=\sqrt{(x_M-x_A)^2+(y_M-y_A)^2}=\sqrt{(x-3)^2+y^2}$

b. On a donc : $AM=\sqrt{(x-3)^2+(\sqrt{x})^2}=\sqrt{x^2-6x+9+x}=\sqrt{x^2-5x+9}$

2. a. $f(x)$ existe si et seulement si x^2-5x+9 est positif ou nul. Étudions le signe de cette expression, pour cela calculons le discriminant

Δ est négatif donc x^2-5x+9 est toujours du signe de a soit 1, nous en déduisons que x^2-5x+9 est toujours positif.

La fonction u est donc toujours positive et f est définie sur $\mathbb{R}$.

b. Développons $(x+a)^2+b$, il vient : $u(x)=(x+a)^2+b=x^2+2ax+a^2+b$

Or on sait que $u(x)=x^2-5x+9$ d'où :

$$x^2-5x+9=x^2+2ax+a^2+b \Leftrightarrow \begin{cases}2a=-5\\a^2+b=9\end{cases} \Leftrightarrow \begin{cases}a=-\dfrac{5}{2}\\b=9-\dfrac{25}{4}\end{cases} \Leftrightarrow \begin{cases}a=-\dfrac{5}{2}\\b=\dfrac{11}{4}\end{cases}$$

On a donc pour tout x réel : $u(x)=\left(x-\dfrac{5}{2}\right)^2+\dfrac{11}{4}$

c. En utilisant le même raisonnement que dans la partie A nous pouvons affirmer que la fonction u est croissante sur $\left[\dfrac{5}{2};+\infty\right[$ et décroissante sur $\left]-\infty;\dfrac{5}{2}\right]$.

3. La distance AM sera minimale lorsque $\left(x-\dfrac{5}{2}\right)^2$ sera nul puisque $\left(x-\dfrac{5}{2}\right)^2$ est un nombre positif ou nul, il prend donc comme plus petite valeur, la valeur 0 c'est à dire pour $x=\dfrac{5}{2}$.

La distance minimale est donc obtenue pour le point $\mathrm{M}\left(\dfrac{5}{2};\sqrt{\dfrac{5}{2}}\right)$.

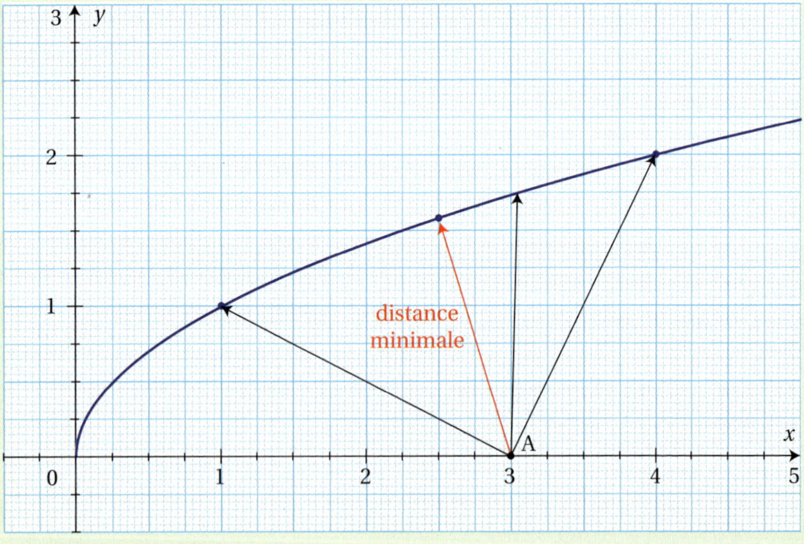

21 **1. a.** Pour tout $x \in \mathbb{R}-\{1\}$ on a : $1+\dfrac{1}{x-1}=\dfrac{x-1+1}{x-1}=\dfrac{x}{x-1}=h(x)$.

b. On a donc pour $h(x)=1+\dfrac{1}{x-1}$, la fonction $x \mapsto \dfrac{1}{x}$ qui est décroissante sur $]-\infty\,;0[$ et sur $]0\,;+\infty[$, on peut donc en déduire que $x \mapsto \dfrac{1}{x-1}$ est décroissante sur $]-\infty\,;1[$ et sur $]1\,;+\infty[$, h étant la somme de la fonction constante égale à 1 et de $x \mapsto \dfrac{1}{x-1}$, elle a même sens de variation que $x \mapsto \dfrac{1}{x-1}$ c'est-à-dire décroissante sur $]-\infty\,;1[$ et sur $]1\,;+\infty]$.

c. Étudions le signe de $h(x)$:

x	$-\infty$		0		1		$+\infty$
x		$-$	0	$+$		$+$	
$x-1$		$-$		$-$	0	$+$	
$\dfrac{x}{x-1}$		$+$	0	$-$	0	$+$	

$h(x) \geqslant 0 \Leftrightarrow x \in]-\infty,\ 0] \cup]1;\ +\infty[$
$h(x) < 0 \Leftrightarrow x \in]0\,;1[$.

d. Pour tracer la courbe représentant h à partir de celle de la fonction inverse, on commence par tracer la courbe de la fonction représentant $x \mapsto \dfrac{1}{x-1}$ que l'on obtient à partir de $x \mapsto \dfrac{1}{x}$ en faisant une translation de vecteur $\vec{i}$, on fait ensuite une translation de vecteur $\vec{j}$ pour obtenir la courbe représentant h.

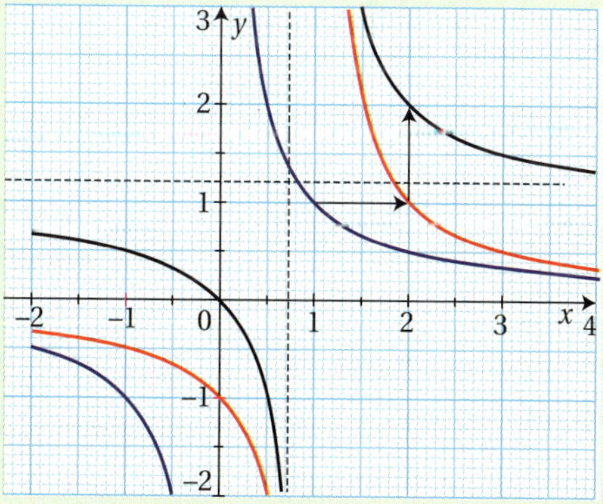

2. Déterminons d'abord le domaine de définition de f.

Nous savons que $f(x)$ est définie si et seulement si $\frac{x}{x-1} \geqslant 0$ et $x-1 \neq 0$.

D'après la question **1. c.**, $\frac{x}{x-1} \geqslant 0 \Leftrightarrow x \in]-\infty;0] \cup]1;+\infty[$.
Nous en déduisons que f est définie sur $]-\infty ; 0] \cup]1 ; +\infty[$.
De plus la fonction racine carrée est croissante sur $]0;+\infty[$.
Choisissons deux réels a et b de $]1 ; +\infty[$ avec $a \leqslant b$
D'après la question **1. b.** nous savons que h est décroissante sur $]-\infty ; 1[$ et sur $]1;+\infty[$ donc si $a \leqslant b$ alors $h(b) \leqslant h(a)$

La fonction racine carrée étant croissante, on en déduit que $\sqrt{h(b)} \leqslant \sqrt{h(a)}$.
La fonction f est donc décroissante sur $]1;+\infty[$.
On raisonne de la même façon sur $]-\infty;0[$.
Finalement f est toujours décroissante.

www.annabac.com

CHAPITRE

3 Dérivation

Si l'on place deux points A et B sur la courbe représentative d'une fonction de façon que la droite (AB) soit sécante à cette courbe, que devient la droite (AB) lorsque le point B se rapproche du point A ? La réponse à cette question permet d'introduire une des notions les plus importantes de l'analyse, celle de nombre dérivé, égal à la pente de la tangente à la courbe en A.

1 Nombre dérivé d'une fonction en un point

A Taux d'accroissement

- Soient f une fonction définie sur un intervalle I et a un réel appartenant à I tel que $a+h$ soit aussi dans I (h non nul).
- On appelle **taux d'accroissement** de f entre a et $a+h$ le rapport $t(h)$ tel que :

$$\frac{f(a+h)-f(a)}{h}=t(h)$$

B Nombre dérivé en un point

- Soit f une fonction définie sur un intervalle I. Soient a et h deux réels tels que a et $a+h$ soient dans I, h non nul.
- Dire que f **est dérivable en** a, signifie que la limite lorsque h tend vers 0 du taux d'accroissement $t(h)$ est un nombre réel. Dans ce cas, la limite de ce taux d'accroissement est appelée **nombre dérivé** de f en a. On la note $f'(a)$.
On a donc :

$$f'(a)=\lim_{h\to 0}\frac{f(a+h)-f(a)}{h}$$

Remarque
La notion de limite sera abordée de façon plus approfondie en Terminale. En classe de Première, nous n'étudions que des cas simples.

Exemple : Soit f la fonction définie sur $\mathbb{R}$ par $f(x)=2x^2-3x+1$. f admet-elle un nombre dérivé en -1 ? Appliquons la définition précédente avec $a=-1$.

Calculons le rapport $\dfrac{f(-1+h)-f(-1)}{h}=t(h)$ pour $h\neq 0$.

Remarquons que $f(-1)=6$ et $f(-1+h)=2(-1+h)^2-3(-1+h)+1$.

$$\begin{aligned}f(-1+h)&=2(1-2h+h^2)+3-3h+1\\&=2-4h+2h^2+3-3h+1\\&=2h^2-7h+6\end{aligned}$$

On en déduit que $t(h)=\dfrac{2h^2-7h+6-6}{h}=\dfrac{2h^2-7h}{h}=2h-7$.

Lorsque h tend vers 0, la limite de $t(h)$ vaut -7.

On peut déduire de ce calcul que f est dérivable en -1 et que son nombre dérivé en -1 est $f'(-1)=-7$.

Quand on cherche un nombre dérivé en un point a, la limite du taux d'accroissement en a se calcule toujours pour h tendant vers 0.

C Tangente à la courbe d'une fonction

- Soit f une fonction définie et dérivable en a. Soit $\mathscr{C}_f$ la courbe représentant f dans un repère du plan. Soit $A(a\,;f(a))$ le point de $\mathscr{C}_f$ d'abscisse a.
- On appelle **tangente à la courbe** $\mathscr{C}_f$ au point A la droite passant par le point A et de coefficient directeur $f'(a)$.

L'équation de cette tangente est :

$$y=f'(a)(x-a)+f(a)$$

On obtient ainsi la meilleure approximation affine de $\mathscr{C}_f$ au voisinage du point de la courbe d'abscisse a.

Si le nombre dérivé de f en a est nul alors la tangente à la courbe au point d'abscisse a est parallèle à l'axe des abscisses et son équation est $y=f(a)$. Réciproquement, si la courbe d'une fonction dérivable en a admet au point d'abscisse a une tangente horizontale, alors $f'(a)=0$.

2 Fonctions dérivées

A Définition

Soit f une fonction définie sur un intervalle I. Dire que f est **dérivable** sur I signifie que f est dérivable en tout point de I. La fonction dérivée de f est alors notée f'. Elle est telle qu'à tout élément x de I, on associe son nombre dérivé $f'(x)$.

On écrit également $f'(x)=\dfrac{\mathrm{d}f(x)}{\mathrm{d}x}$, notation souvent utilisée en physique.

B Dérivées usuelles

Dans le tableau ci-dessous, f désigne une fonction et f' sa dérivée.
I est l'intervalle sur lequel f est dérivable.

f	f'	I
$x \mapsto C \ (C \in \mathbb{R})$	$x \mapsto 0$	$\mathbb{R}$
$x \mapsto ax+b$	$x \mapsto a$	$\mathbb{R}$
$x \mapsto x^2$	$x \mapsto 2x$	$\mathbb{R}$
$x \mapsto \dfrac{1}{x}$	$x \mapsto \dfrac{-1}{x^2}$	$]-\infty\,;0[$ et $]0\,;+\infty[$
$x \mapsto \sqrt{x}$	$x \mapsto \dfrac{1}{2\sqrt{x}}$	$]0\,;+\infty[$
$x \mapsto x^n \ (n \in \mathbb{N}^*)$	$x \mapsto nx^{n-1}$	$\mathbb{R}$
$x \mapsto \dfrac{1}{x^n} \ (n \in \mathbb{N}^*)$	$x \mapsto \dfrac{-n}{x^{n+1}}$	$]-\infty\,;0[$ et $]0\,;+\infty[$

DÉTERMINER DES NOMBRES DÉRIVÉS

Ce tableau permet de déterminer des nombres dérivés sans revenir à la définition. En effet, pour calculer un nombre dérivé, il suffit de déterminer la fonction dérivée et de remplacer, dans l'expression de cette fonction, x par sa valeur.

Exemple

Déterminons le nombre dérivé de la fonction $f : x \mapsto \sqrt{x}$ en 4.
On sait d'après le tableau que, pour tout $x > 0$, $f'(x) = \dfrac{1}{2\sqrt{x}}$ donc le nombre dérivé en 4 est $f'(4)$ avec $f'(4) = \dfrac{1}{2\sqrt{4}} = \dfrac{1}{4}$.

3 Opérations sur les dérivées

A Somme de deux fonctions

Théorème 1 : Soient u et v deux fonctions dérivables sur un intervalle I.
La fonction $f = u + v$ est dérivable sur I et sa fonction dérivée est $u' + v'$, c'est-à-dire pour tout x de I, $f'(x) = u'(x) + v'(x)$.

Exemple : Soit f la fonction définie sur $]0\,;+\infty[$ par $f(x) = x^2 + \sqrt{x}$. f est de la forme $u + v$ avec $u(x) = x^2$ et $v(x) = \sqrt{x}$. u et v sont dérivables sur $]0\,;+\infty[$ et, pour tout x de $]0\,;+\infty[$, $u'(x) = 2x$ et $v'(x) = \dfrac{1}{2\sqrt{x}}$, donc :

$$f'(x) = u'(x) + v'(x) = 2x + \frac{1}{2\sqrt{x}}$$

Si f est la somme de plus de deux fonctions, le théorème s'applique toujours.
Si $f = u_1 + u_2 + u_3 + u_4 + \ldots$, alors $f' = u_1' + u_2' + u_3' + u_4' + \ldots$

B Produit d'une fonction par un réel

Théorème 2 : Soient u une fonction dérivable sur I et λ un réel.
La fonction $f = \lambda u$ est dérivable sur I et sa dérivée est $f' = \lambda u'$ c'est-à-dire, pour tout x de I, $f'(x) = \lambda u'(x)$.

Exemple : Soit f la fonction définie sur $]0\,;+\infty[$ par $f(x) = \dfrac{9}{x}$, f est de la forme λu avec $\lambda = 9$ et $u(x) = \dfrac{1}{x}$. On a donc, pour tout x de $]0\,;+\infty[$, $f'(x) = 9 \times \dfrac{-1}{x^2} = -\dfrac{9}{x^2}$.

Les fonctions polynômes sont dérivables sur $\mathbb{R}$. Si P est une fonction polynôme de degré n ($n \in \mathbb{N}^*$) de la forme, pour tout x réel, $P(x) = a_n x^n + a_{n-1}x^{n-1} + \ldots + a_1 x + a_0$, alors la dérivée de P est $P'(x) = n a_n x^{n-1} + (n-1)a_{n-1}x^{n-2} + \ldots + a_1$.

C Produit de deux fonctions

Théorème 3 : Soient u et v deux fonctions dérivables sur un intervalle I.
La fonction $f = uv$ est dérivable sur I et sa dérivée est $f' = u'v + uv'$.
Pour tout x de I, $f'(x) = u'(x)v(x) + u(x)v'(x)$.

Exemple : Soit f la fonction définie sur $]0\,;+\infty[$ par $f(x) = (x^2 + 3)(\sqrt{x} + 1)$.
f est de la forme $f = uv$ avec $u(x) = x^2 + 3$ et $v(x) = \sqrt{x} + 1$.

Ce théorème ne s'utilise que lorsque u et v sont des fonctions non constantes. Si toutefois u ou v était constante, on utilisera le théorème 2.

On a $u'(x)=2x$ et $v'(x)=\dfrac{1}{2\sqrt{x}}$.

Donc, pour tout x de $]0;+\infty[$, $f'(x)=2x\left(\sqrt{x}+1\right)+\left(x^2+3\right)\left(\dfrac{1}{2\sqrt{x}}\right)$.

D Inverse d'une fonction

Théorème 4 : Soit v une fonction dérivable sur un intervalle I. On suppose que pour tout x de I, $v(x)\neq 0$.

Alors, la fonction $f=\dfrac{1}{v}$ est dérivable sur I et sa dérivée est $f'=\dfrac{-v'}{v^2}$.

Pour tout x de I, $f'(x)=\dfrac{-v'(x)}{v^2(x)}$.

Exemple : Soit f la fonction définie sur $\mathbb{R}-\{3\}$ par $f(x)=\dfrac{1}{3x-9}$.

f est de la forme $\dfrac{1}{v}$ avec $v(x)=3x-9$. v est dérivable sur $\mathbb{R}$ et ne s'annule qu'en 3, donc f est dérivable sur $]-\infty;3[$ et $]3;+\infty[$ et on a $f'(x)=\dfrac{-v'(x)}{v^2(x)}=\dfrac{-3}{(3x-9)^2}$.

E Quotient de fonctions

Théorème 5 : Soient u et v deux fonctions dérivables sur un intervalle I. On suppose que pour tout x de I, $v(x)\neq 0$.

La fonction $f=\dfrac{u}{v}$ est dérivable sur I, et sa dérivée est $f'=\dfrac{u'v-uv'}{v^2}$.

Pour tout x de I, $f'(x)=\dfrac{u'(x)v(x)-u(x)v'(x)}{v^2(x)}$.

Exemple : Soit f la fonction définie sur $\mathbb{R}$ par $f(x)=\dfrac{4x}{x^2+1}$, f est de la forme $\dfrac{u}{v}$ avec $u(x)=4x$ et $v(x)=x^2+1$. Pour tout x réel, $v(x)\neq 0$, donc f est dérivable sur $\mathbb{R}$.

Pour tout x de $\mathbb{R}$,

$$f'(x)=\frac{u'(x)v(x)-u(x)v'(x)}{v^2(x)}=\frac{4\left(x^2+1\right)-(4x)(2x)}{\left(x^2+1\right)^2}=\frac{4x^2+4-8x^2}{\left(x^2+1\right)^2}=\frac{-4x^2+4}{\left(x^2+1\right)^2}.$$

Si la fonction u est constante et égale à λ, pour dériver $f=\dfrac{\lambda}{v}$, on écrit f sous la forme $f=\lambda\times\dfrac{1}{v}$ et on utilise les théorèmes 2 et 4.

F Tableau récapitulatif

Dans le tableau suivant, u et v sont des fonctions dérivables sur un intervalle I.

Fonctions	Dérivées
λu $\lambda \in \mathbb{R}$	$\lambda u'$
$u+v$	$u'+v'$
$u \times v$	$u'v+uv'$
$\dfrac{1}{v}$	$-\dfrac{v'}{v^2}$
$\dfrac{u}{v}$	$\dfrac{u'v-uv'}{v^2}$

Tracer la tangente en un point à la courbe représentative d'une fonction

ÉNONCÉ

Tracer la tangente à la courbe représentant la fonction f définie par $f(x) = 2x^2 - 3x + 1$ au point A d'abscisse 1 sans déterminer son équation.

MÉTHODE

On peut tracer la tangente à une courbe en un point A d'abscisse a sans connaître son équation. Il suffit de repérer le point de la courbe d'abscisse a et de tracer la droite passant par ce point de coefficient directeur $f'(a)$.

▶ **1re étape.** On détermine la dérivée f' de la fonction f.

▶ **2e étape.** On calcule $f'(a)$.

▶ **3e étape.** La tangente cherchée a donc un coefficient directeur égal à $f'(a)$ et passe par le point de la courbe d'abscisse a et d'ordonnée $f(a)$.

CORRIGÉ

▶ **1re étape.** Déterminons la fonction dérivée de f. f est dérivable sur $\mathbb{R}$. $f'(x) = 4x - 3$.

▶ **2e étape.** On en déduit donc le coefficient directeur de la tangente en 1, c'est-à-dire $f'(1)$, $f'(1) = 4 - 3 = 1$.

▶ **3e étape.** La tangente cherchée a donc un coefficient directeur égal à 1. Elle passe par le point A de la courbe d'abscisse 1 et d'ordonnée $f(1) = 0$.

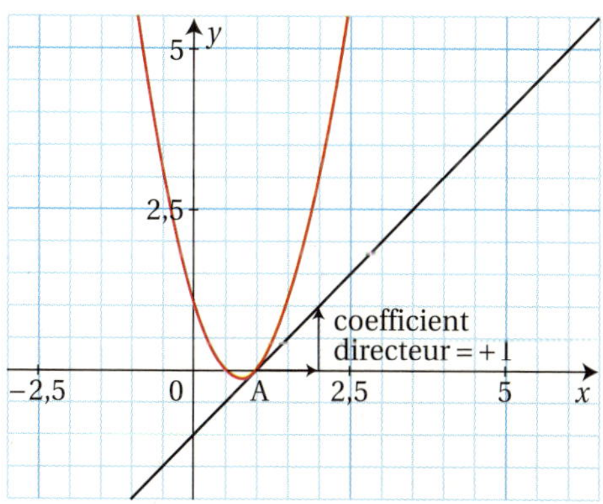

Utiliser un logiciel pour déterminer des dérivées

ÉNONCÉ

On a utilisé un logiciel de calcul formel pour tester l'algorithme suivant.

```
1 f0(x)=√x
2 POUR i VARIANT DE 0 à 9 FAIRE
3         DÉBUT_FAIRE
4                 f_{i+1}(x) vaut df_i(x)/dx
5         FIN_FAIRE
6 Afficher f10(x)
```

$$1\ f_0(x)=\sqrt{x}$$
$$4\quad f_{i+1}(x) \text{ vaut } \frac{\mathrm{d}f_i(x)}{\mathrm{d}x}$$
$$6\ \text{Afficher } f_{10}(x)$$

1 Décrire l'action de cet algorithme.

2 Calculer manuellement $f_1(x)$, $f_2(x)$, $f_3(x)$ et $f_4(x)$.
Comment peut-on appeler f_{10} ?

3 En observant les calculs précédents, ne peut-on pas conjecturer ce que valent $f_5, \ldots, f_{10}$?

> Les fonctions f_2, f_3 et f_4 sont appelées respectivement fonctions dérivées seconde, troisième et quatrième de f_0, et notées $f^{(2)}$, $f^{(3)}$, etc.

MÉTHODE

Pour décrire l'action d'un algorithme, il faut l'exécuter ou le faire « tourner » méthodiquement pas à pas, sans oublier d'étapes.
À l'étape 1, on prend une fonction f_0 et on effectue une boucle, c'est-à-dire qu'on répète plusieurs actions successives identiques, ici 10 fois, car *i* varie de 0 à 9.

> **LA BOUCLE ITÉRATIVE**
> La boucle itérative est une instruction qui permet de répéter une ou plusieurs actions un certain nombre de fois POUR i VARIANT DE ... À ... FAIRE
> Le nombre *i* est appelé un compteur, il sert à compter le nombre de fois où cette action est exécutée.

CORRIGÉ

1 • À l'étape 1, on prend une fonction f_0.
Au premier passage, $i = 0$.
On dérive alors $f_i = f_0$. On appelle $f_{i+1} = f'$ cette première dérivée et $f_i' = f_0'$.
• Le compteur passe de $i = 0$ à $i = 1$. On dérive f_1 et on pose $f_2 = f_{i+1} = f_1'$.
• Et ainsi de suite…
• À la fin de la boucle, $i = 9$ et on a calculé $f_{i+1} = f_{10} = f_i' = f_9'$.
À l'étape i, l'instruction écrite entre DÉBUT_FAIRE et FIN_FAIRE consiste à calculer la dérivée de f_i et à nommer le résultat f_{i+1}.
Cet algorithme calcule donc la dérivée de f_0, puis la dérivée de la dérivée de f_0 et ainsi de suite, dix fois.

On dit que cet algorithme calcule les dérivées successives de f_0.

2 • f_1 est la dérivée de f donc, pour tout x strictement positif, $f_1(x) = \dfrac{1}{2\sqrt{x}}$.

• Dérivons maintenant f_1. Pour cela, remarquons que f_1 est de la forme $\dfrac{1}{u}$ avec $u(x) = 2\sqrt{x}$ et $u'(x) = 2 \times \dfrac{1}{2\sqrt{x}} = \dfrac{1}{\sqrt{x}}$.

On a donc, pour tout $x > 0$, $f'(x) = f_2(x) = \dfrac{-u'(x)}{u^2(x)} = \dfrac{\frac{-1}{\sqrt{x}}}{4x} = \dfrac{-1}{4x\sqrt{x}}$.

• Dérivons f_2 qui est de la forme $\dfrac{1}{v}$ avec $v(x) = 4x\sqrt{x}$ donc :

$$v'(x) = 4\sqrt{x} + 4x \times \frac{1}{2\sqrt{x}} = 4\sqrt{x} + \frac{2x}{\sqrt{x}} = 4\sqrt{x} + 2\sqrt{x} = 6\sqrt{x}.$$

D'où $f_2'(x) = f_3(x) = \dfrac{6\sqrt{x}}{16x^2 \times x} = \dfrac{6}{16x^2\sqrt{x}} = \dfrac{3}{8x^2\sqrt{x}}$.

• Il reste à déterminer f_4 la dérivée de f_3.
f_3 est de la forme $3 \times \dfrac{1}{w}$ avec $w(x) = 8x^2\sqrt{x}$.

Donc $w'(x) = 16x\sqrt{x} + 8x^2 \times \dfrac{1}{2\sqrt{x}} = 16x\sqrt{x} + 4x\sqrt{x} = 20x\sqrt{x}$.

D'où $f_3'(x) = f_4(x) = -3 \times \dfrac{20x\sqrt{x}}{64x^4 \times x} = \dfrac{-15}{16x^3\sqrt{x}}$.

Ainsi, $f_1(x) = \dfrac{\sqrt{x}}{2}$, $f_2(x) = -\dfrac{1}{4x\sqrt{x}}$, $f_3(x) = \dfrac{3}{8x^2\sqrt{x}}$ et $f_4(x) = -\dfrac{15}{16x^3\sqrt{x}}$.

3 On remarque qu'à chaque étape, le dénominateur est multiplié par $2x$. Le coefficient au dénominateur est $2 \times 2 \times 2 = 2^3$ pour $f_3(x)$, 2^4 pour $f_4(x)$.
On remarque d'autre part qu'il apparaît une fois sur deux un signe –. Le signe est négatif quand l'indice est pair.
La suite des numérateurs est 1, 1, 3, 15 ou encore 1, 1, 1×3, $1 \times 3 \times 5$. Cette suite fait penser au produit des deux premiers nombres impairs pour $f_3(x)$, des trois premiers nombres impairs pour $f_4(x)$, ...
On peut alors faire l'hypothèse que $f_{10}(x)$ a un signe –, qu'il a le produit des 9 premiers nombres impairs comme numérateur et que son dénominateur vaut $2^{10} x^9 \sqrt{x}$.

Un logiciel de calcul tel Maple permet de valider cette conjecture.

```
F[0]:=sqrt(x) ;
for i from 0 to 9 do F[i+1]:=diff(F[i],x) end
do ;
print (F[10]) ;
```

$$-\frac{34459425}{1024x^9\sqrt{x}}$$

SE TESTER QUIZ

1 Soit f une fonction dérivable en 2, le nombre dérivé de f en 2 est :

☐ **a.** $f(2)$ ☐ **b.** $\dfrac{f(2+h)-f(2)}{h}$ ☒ **c.** $\lim\limits_{h\to 0}\dfrac{f(2+h)-f(2)}{h}$

2 Pour tout h réel non nul, on sait que $\dfrac{f(1+h)-f(1)}{h}=h^2+3h-1$ alors $f'(1)$ est égal à :

☐ **a.** h^2+3h-1 ☒ **b.** -1 ☐ **c.** 3

3 f est une fonction telle que $f(2)=1$ et $f'(2)=-3$. Dans un repère du plan, la tangente à la courbe au point d'abscisse 2 a pour équation :

☒ **a.** $y=-3x+7$ ☐ **b.** $y=-3x+1$ ☐ **c.** $y=x-3$

4 f est la fonction $x\mapsto x^4$. Pour tout x réel, $f'(x)$ est égal à :

☒ **a.** $4x^3$ ☐ **b.** x^3 ☐ **c.** $4x^4$

5 Pour tout x réel strictement supérieur à -1, $f(x)=5x-2$ et $g(x)=2x+2$. Alors la dérivée de $\dfrac{f}{g}$ est la fonction :

☐ **a.** $x\mapsto\dfrac{5}{2}$ ☐ **b.** $x\mapsto\dfrac{6}{(2x+2)^2}$ ☒ **c.** $x\mapsto\dfrac{14}{(2x+2)^2}$

6 f est la fonction définie sur $\mathbb{R}-\{1\}$ par $f(x)=3+\dfrac{1}{x-1}$.

Parmi les fonctions suivantes, quelle est celle qui a la même dérivée que f ?

☐ **a.** $g:x\mapsto\dfrac{2x+3}{x-1}$ ☐ **b.** $h:x\mapsto\dfrac{-x+1}{x-1}$ ☒ **c.** $k:x\mapsto\dfrac{4-3x}{x-1}$

7 Parmi les fonctions suivantes, quelles sont celles dont la dérivée est nulle en 2 ?

☒ **a.** $f:x\mapsto\dfrac{3}{(x^2-4x)}$ ☐ **b.** $g:x\mapsto\dfrac{x+2}{3x-1}$ ☒ **c.** $h:x\mapsto(x^2+4)(x-4)$

8 f est la fonction définie sur $\mathbb{R}$ par $f(x)=x^2-4x+1$. La tangente à la courbe représentant f au point d'abscisse 1 a pour équation :

☒ **a.** $y=-2x$ ☐ **b.** $y=-2x-4$ ☐ **c.** $y=2x+1$

9 Quelle est la fonction dont la courbe représentative admet une tangente parallèle à (Ox) en un point ?

☒ **a.** $f:x\mapsto 3x^2-6x+1$ ☐ **b.** $g:x\mapsto 4x^5+16x-16$ ☐ **c.** $h:x\mapsto x^3+3x-4$

10 Une de ces fonctions a une courbe représentative $\mathscr{C}$ tangente à l'axe des abscisses, laquelle ?

☐ **a.** $f : x \mapsto 3x^2 - 6x + 1$ ☐ **b.** $g : x \mapsto x^3 - 3x^2 + x$

☒ **c.** $h : x \mapsto -x^3 + 2x^2 + 7x + 4$

11 Soit f la fonction dont la courbe représentative est donnée ci-dessous.

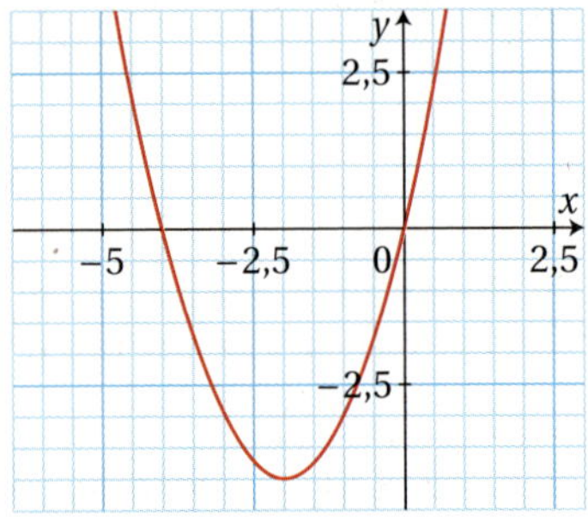

Les affirmations suivantes sont-elles exactes ?

☐ **a.** $f'(-4) = -2$ ☒ **b.** $f'(0) = 4$ ☒ **c.** $f(0) = 0$

☐ **d.** $f(-2) = 0$ ☒ **e.** $f'(-2) = 0$

☐ **f.** La tangente à la courbe au point d'abscisse -4 a pour équation $y = -2x - 8$.

12 Soit f la fonction définie sur $\mathbb{R}$ par $f(x) = x^3(-x+1)$.
Les affirmations suivantes sont-elles vraies ?

☒ **a.** $f'(0) = 0$ ☒ **b.** $f'(x) = -4x^3 + 3x^2$

☐ **c.** $f'(x) = -3x^2$ ☒ **d.** $f'(x)$ s'annule en $x = \dfrac{3}{4}$

☒ **e.** La courbe représentant f admet deux tangentes horizontales.

13 Soit f une fonction dérivable sur un intervalle I. La fonction $g : x \mapsto (f(x))^2$ est dérivable sur I et sa dérivée est :

☐ **a.** $x \mapsto 2f(x)$ ☐ **b.** $x \mapsto (f'(x))^2$ ☒ **c.** $x \mapsto 2f'(x)f(x)$

TRAITER UNE QUESTION DE COURS

14 À l'aide du taux d'accroissement, déterminer les fonctions dérivées de

a. $x \mapsto ax + b$ **b.** $x \mapsto \dfrac{1}{x}$ **c.** $x \mapsto \sqrt{x}$.

15 Démontrer le théorème permettant de déterminer la dérivée d'un produit de deux fonctions.
On utilisera le taux d'accroissement et on écrira $u(x_0+h)v(x_0+h)-u(x_0)v(x_0)$ sous la forme $u(x_0+h)v(x_0+h)-u(x_0)v(x_0+h)+u(x_0)v(x_0+h)-u(x_0)v(x_0)$.

16 Démontrer le théorème permettant de déterminer la dérivée d'un quotient de deux fonctions dérivables.

On commencera par déterminer la dérivée de l'inverse d'une fonction dérivable.

S'ENTRAÎNER

17 Quel est le nombre dérivé en –3 de la fonction f définie sur $\mathbb{R}$ par $f(x)=5x^2-3x+1$? On pourra utiliser les théorèmes 1 et 2 du cours.

18 Détermination de fonctions dérivées
Pour chacune des fonctions suivantes, déterminer sa fonction dérivée en précisant à chaque fois l'ensemble de dérivabilité.

a. $f: x \mapsto x^4+\frac{2}{3}x^3+4x$

b. $f: x \mapsto \frac{1}{x}-\frac{1}{x^2}$

c. $f: x \mapsto \frac{1}{2x+3}$

d. $f: x \mapsto \frac{x+3}{x^2+1}$

e. $f: x \mapsto 3-5x+\frac{2}{x+2}$

f. $f: x \mapsto x\sqrt{x}+\frac{2x-1}{x+1}$

g. $f: x \mapsto \frac{x^4+3x^2-5x}{4}$

19 Détermination d'une fonction
Soit f une fonction polynôme du second degré. On se propose de déterminer l'expression de $f(x)$ sachant que :

a. la courbe (P) représentant f passe par le point $\mathrm{A}(2\,;13)$;

b. la représentation graphique (P) de f admet en $\mathrm{B}(0\,;-1)$ une tangente (T) d'équation $y=3x-1$.

Une fonction polynôme du second degré s'écrit sous la forme ax^2+bx+c et sa courbe passe par B quand elle admet une tangente en B.

20 f est une fonction polynôme du second degré. Sa représentation graphique (P) coupe l'axe des ordonnées au point d'ordonnée 5. (P) admet en son point d'abscisse 2 la même tangente que la courbe (P') représentant la fonction g définie par $g(x)=-2x^2+4x+1$.
Déterminer la fonction f et construire, dans le même repère, les courbes (P) et (P') ainsi que leur tangente commune (T).

21 On pose $f(x)=x+\sqrt{x}$ pour tout $x>0$ et on appelle $\mathscr{C}$ sa courbe représentative.

a. Existe-t-il un point de $\mathscr{C}$ en lequel la tangente est parallèle à la première bissectrice du repère ?

b. Existe-t-il un point de $\mathscr{C}$ en lequel la tangente est parallèle à la droite d'équation $y=2x+1$?

La première bissectrice du repère est la droite d'équation $y=x$.

Deux droites sont parallèles si et seulement si elles ont le même coefficient directeur.

22 Soit f la fonction définie sur $D=]-\infty\,;-3[\cup]3\,;+\infty[$ par $f(x)=\sqrt{x^2-9}$.
On se propose de déterminer f' dont on admet l'existence sur les intervalles précédents.
Soit u la fonction définie sur D par $u(x)=x^2-9$.

a. En remarquant que, pour tout x de D, $u(x)=(f(x))^2$, exprimer u' à l'aide de f et f'. En déduire f' en fonction de u' et de f.

b. Déterminer u', puis en utilisant la question précédente, déterminer f'.

c. Plus généralement, montrer que si u est une fonction dérivable strictement positive sur I alors $\sqrt{u}$ est dérivable sur I et sa dérivée est $\dfrac{u'}{2\sqrt{u}}$.

Si u est une fonction strictement positive et dérivable sur un intervalle I, alors la dérivée de la fonction $\sqrt{u}$ est $\dfrac{u'}{2\sqrt{u}}$.

23 La courbe $\mathscr{C}$ ci-contre représente une fonction f dérivable sur $\mathbb{R}$.
Les droites tracées sont tangentes à cette courbe. (T) est tangente à $\mathscr{C}$ au point d'abscisse 1.

a. Par lecture graphique, donner les valeurs de $f(0)$ et $f(2)$.

b. Donner les valeurs de $f'(0)$, $f'(1)$ et $f'(2)$.

c. En déduire une équation des tangentes à $\mathscr{C}$ aux points d'abscisses 1 et 2.

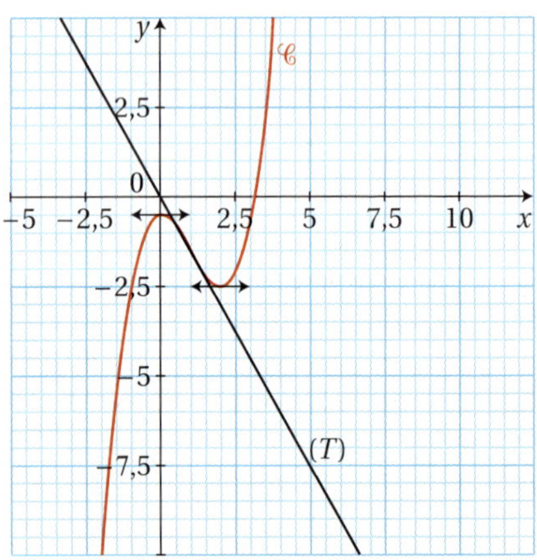

24 Soit f la fonction définie sur $\mathbb{R}$ par :

$$f(x)=\begin{cases} x^2+1 & \text{si } x<0 \\ x+1 & \text{si } x\geqslant 0 \end{cases}$$

Tracer la courbe représentative de cette fonction.
Vous paraît-il possible de déterminer une tangente au point de la courbe d'abscisse O ?

OBJECTIF BAC

25 On pose $f(x)=ax+b+\dfrac{c}{x-1}$, pour tout x réel différent de -1.

On appelle $\mathscr{C}$ sa courbe représentative.
Déterminer les réels a, b et c tels que $\mathscr{C}$ passe par le point $\text{A}(3\,;2)$, admette en ce point une tangente horizontale et possède au point d'abscisse 2 une tangente parallèle à la droite d'équation $y=3x+2$.

> Deux droites sont parallèles si et seulement si elles ont le même coefficient directeur.

26 **1.** Tracer la courbe $\mathscr{C}$ représentant la fonction f définie sur $\mathbb{R}$ par :
$f(x)=-x^2+4x-2$ dans un repère orthonormé.

2. Déterminer la fonction dérivée f' de f.

3. Soit A et B les points de la courbe représentant f, d'abscisses respectives 0 et 1.

a. Déterminer $f'(0)$ et $f'(1)$.

b. Interpréter graphiquement les nombres $f'(0)$ et $f'(1)$, puis tracer les tangentes à la courbe représentant f aux points A et B.

c. Déterminer une équation de chacune de ces tangentes et calculer les coordonnées de leur point d'intersection D

d. Quelles sont les coordonnées du milieu I de [AB].
Vérifier que D a même abscisse que I.

4. Cas général

A et B sont maintenant deux points de la courbe $\mathscr{C}$ d'abscisses respectives a et b où a et b sont des réels distincts.

a. Montrer qu'une équation de la tangente en A à la courbe $\mathscr{C}$ est :

$y=(-2a+4)x+a^2-2.$

b. Déterminer les coordonnées du point d'intersection des tangentes en A et B à la courbe $\mathscr{C}$

c. La propriété établie dans la question **3.** est-elle encore vraie ?

27 Soit $(O;\vec{i},\vec{j})$ un repère orthogonal du plan.

On considère deux fonctions f_1 et f_2 dérivables sur un intervalle I dont les courbes représentatives sont $(\mathscr{C}_1)$ et $(\mathscr{C}_2)$.

On dit que deux courbes sont :

- tangentes en un point A si elles passent par A et si elles admettent en ce point la même tangente ;
- orthogonales en un point A si elles passent par A et si elles admettent en ce point des tangentes perpendiculaires.

1. Montrer que les courbes représentant les fonctions $f: x \mapsto 4x^2-6x$ et $g: x \mapsto 6x^2-10x+2$ sont tangentes en un point A que l'on précisera.

2. Prouver que les courbes représentant les fonctions

$f: x \mapsto x^2-3x+\dfrac{5}{4}$ et $g: x \mapsto \dfrac{9x+15}{4x+12}$

sont orthogonales en un point B de l'axe des ordonnées.

3. Prouver que les courbes $\mathscr{C}_m$ d'équations :

$y=2mx^2-(4m+1)x+2m-1$ où $m \in \mathbb{R}$

sont tangentes en un point C que l'on précisera.

SE TESTER

1 Réponse c. D'après la définition du cours, le nombre dérivé de f est donné par la troisième proposition.

2 Réponse b. D'après le cours, le nombre dérivé d'une fonction en 1 est la limite de $\frac{f(1+h)-f(1)}{h}$ quand h tend vers 0, soit :

$$\lim_{h\to 0}\frac{f(1+h)-f(1)}{h}=\lim_{h\to 0}\left(h^2+3h-1\right)=-1.$$

3 Réponse a. L'équation de la tangente au point d'abscisse 2 a pour équation $y=f'(2)(x-2)+f(2)$. Avec les valeurs données par l'énoncé, on obtient $y=-3(x-2)+1$ soit $y=-3x+6+1$ ou encore $y=-3x+7$.

4 Réponse a. La fonction $f: x\mapsto x^4$ est de la forme $x\mapsto x^n$ avec $n=4$. D'après le tableau des dérivées usuelles, la dérivée de f s'écrit $f'(x)=4x^3$.

5 Réponse c. f et g sont définies et dérivables sur $\mathbb{R}$. De plus, pour tout $x\neq -1$, $g(x)$ est non nulle donc $\frac{f}{g}$ est dérivable sur $]-\infty;-1[$ et $]-1;+\infty[$.

Pour tout $x\neq -1$, $f'(x)=5$ et $g'(x)=2$. La dérivée de $\frac{f}{g}$ s'écrit $\frac{f'g-fg'}{g^2}$.

D'où $\left(\frac{f}{g}\right)'(x)=\frac{5(2x+2)-2(5x-2)}{(2x+2)^2}=\frac{14}{(2x+2)^2}$.

6 Réponse c. Déterminons les dérivées de chacune des fonctions proposées. Elles sont toutes dérivables sur $]-\infty;1[$ et $]1;+\infty[$.

- Déterminons f'. f est de la forme $u+v$ avec $u(x)=3$ donc $u'(x)=0$ et $v(x)=\frac{1}{x-1}$ donc $v'(x)=\frac{-1}{(x-1)^2}$.

D'où $f'(x)=\frac{-1}{(x-1)^2}$.

- Déterminons g'. g est de la forme $\frac{u}{v}$ avec $u(x)=2x+3$ donc $u'(x)=2$ et $v(x)=x-1$ donc $v'(x)=1$.

D'où $g'(x)=\frac{2(x-1)-(2x+3)}{(x-1)^2}$, c'est-à-dire $g'(x)=\frac{-5}{(x-1)^2}$.

Cette fonction g n'a donc pas la même dérivée que f.

• Remarquons que $h(x)$ peut s'écrire $h(x)=\dfrac{-(x-1)}{x-1}$ donc $h(x)=-1$.
La fonction h est constante sur $\mathbb{R}-\{1\}$ donc, pour tout $x\neq 1$, $h'(x)=0$.
Cette fonction h n'a donc pas la même dérivée que f.

• Déterminons k'. k est de la forme $\dfrac{w}{v}$ avec $w(x)=4-3x$ donc $w'(x)=-3$ et $v(x)=x-1$ donc $v'(x)=1$.

D'où $k'(x)=\dfrac{-3(x-1)-(4-3x)}{(x-1)^2}$ ou encore $k'(x)=\dfrac{-1}{(x-1)^2}$.

Cette fonction k a la même dérivée que f.

7 **Réponses a et c.** Déterminons les dérivées de chaque fonction f, g, h et calculons l'image de 2 par ces dérivées.
• f est dérivable sur $]-\infty;0[$, sur $]0;4[$ et $]4;+\infty[$.
f est de la forme $3\times\dfrac{1}{u}$ donc f' sera de la forme $3\times\dfrac{-u'}{u^2}$ avec $u(x)=x^2-4x$ donc $u'(x)=2x-4$.

On en déduit que $f'(x)=3\times\dfrac{-(2x-4)}{(x^2-4x)^2}=\dfrac{-6x+12}{(x^2-4x)^2}$.

On remarque que $f'(2)=0$. La fonction f convient.

• g est dérivable sur $\left]-\infty;\dfrac{1}{3}\right[$ et $\left]\dfrac{1}{3};+\infty\right[$. Déterminons g'.

g est de la forme $\dfrac{u}{v}$ avec $u(x)=x+2$ donc $u'(x)=1$ et $v(x)=3x-1$ donc $v'(x)=3$.

D'où $g'(x)=\dfrac{1\times(3x-1)-3\times(x+2)}{(3x-1)^2}$ ou encore $g'(x)=\dfrac{-7}{(3x-1)^2}$.

Remarquons que $g'(2)=\dfrac{-7}{25}\neq 0$, la fonction g ne convient donc pas.

• h est dérivable sur $\mathbb{R}$, pour tout x réel, $h(x)=x^3-4x^2+4x-16$.
Donc $h'(x)=3x^2-8x+4$. Et $h'(2)=3\times4-8\times2+4=12-16+4=0$.
La fonction h convient également.

8 **Réponse a.** Pour déterminer une équation de la tangente à la courbe de f au point d'abscisse 1, calculons $f(1)$ et $f'(1)$.
f est dérivable sur $\mathbb{R}$ et $f'(x)=2x-4$, donc $f'(1)=-2$ et $f(1)=-2$.
On en déduit que l'équation de la tangente en 1 s'écrit $y=-2(x-1)-2$ ou encore $y=-2x$.

9 **Réponse a.** Une courbe admet une tangente parallèle à l'axe des abscisses en a si et seulement si $f'(a)=0$. Déterminons les dérivées des fonctions f, g, h et regardons si elles s'annulent pour une valeur de x.

f, g et h sont dérivables sur $\mathbb{R}$.

- Pour tout x de $\mathbb{R}$, $f'(x)=6x-6$, $f'(x)=0 \Leftrightarrow x=1$. La courbe représentant f admet donc une tangente parallèle à l'axe des abscisses au point d'abscisse 1.
- Pour tout x de $\mathbb{R}$, $g'(x)=4\times 5x^4+16=20x^4+16$. Pour tout x de $\mathbb{R}$, $g'(x)\neq 0$, la fonction g ne convient pas.
- Pour tout x de $\mathbb{R}$, $h'(x)=3x^2+3$. $h'(x)\neq 0$ donc la fonction h ne convient pas.

10 **Réponse c.** La courbe représentant une fonction dérivable f est tangente à l'axe des abscisses si et seulement si elle passe par un point de coordonnées $(a;0)$ et si la dérivée de f en a est nulle. Les fonctions proposées sont toutes dérivables sur $\mathbb{R}$.

- Pour tout x de $\mathbb{R}$, $f'(x)=6x-6$ donc $f'(x)=0 \Leftrightarrow x=1$. Or $f(1)\neq 0$, cette fonction ne convient pas.
- Pour tout x de $\mathbb{R}$, $g'(x)=3x^2-6x+1$, $g'(x)=0 \Leftrightarrow 3x^2-6x+1=0$.

Résolvons cette équation du second degré. $\Delta=36-12=24$. L'équation admet donc deux racines réelles $x_1=\dfrac{6-\sqrt{24}}{6}$ et $x_2=\dfrac{6+\sqrt{24}}{6}$.

On remarque que $g(x_1)\neq 0$ et $g(x_2)\neq 0$. Cette fonction ne convient donc pas.

- Pour tout x de $\mathbb{R}$, $h'(x)=-3x^2+4x+7$. Résolvons l'équation $h'(x)=0$. $\Delta=16-4(-3)\times 7=100$. L'équation admet donc deux racines réelles, $x_1=\dfrac{-4-10}{-6}=\dfrac{-7}{-3}=\dfrac{7}{3}$ et $x_2=\dfrac{-4+10}{-6}=-1$. $h(-1)=0$; cette courbe convient.

11

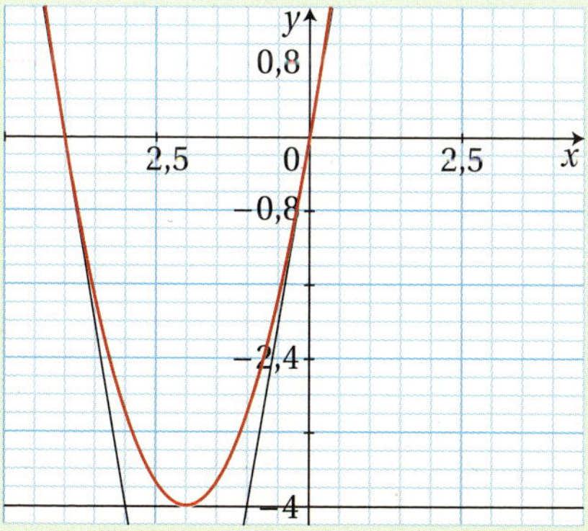

a. Faux. Le nombre dérivé en un point représente le coefficient directeur de la tangente à la courbe en ce point. En traçant la tangente à la courbe au point d'abscisse (– 4), on s'aperçoit que le coefficient de cette droite n'est pas – 2.
b. Vrai. En procédant de la même façon, on remarque que le coefficient directeur de cette tangente est bien 4.
c. Vrai. $f(0)=0$ car la courbe passe par l'origine du repère.
d. Faux. $f(-2)$ est l'ordonnée du point de la courbe d'abscisse – 2, d'après la figure cette ordonnée vaut – 4.
e. Vrai. $f'(-2)$ est le coefficient directeur de la tangente à la courbe au point d'abscisse – 2. En – 2, la tangente à la courbe est parallèle à l'axe des abscisses donc $f'(-2)=0$.
f. Faux. Par lecture graphique, on voit que $f'(-4)=-4$; le coefficient directeur de la tangente est donc – 4. De plus, cette droite passe par le point de coordonnées $(-4;0)$. L'équation de la tangente au point d'abscisse – 4 est donc $y=-4x-16$.

12 Pour tout x réel, $f(x)=-x^4+x^3$.
f est dérivable sur $\mathbb{R}$ et, pour tout x réel, $f'(x)=-4x^3+3x^2$.
a. Vrai. **b. Vrai.** **c. Faux.**
d. Vrai. En effet, $f'(x)=x^2(-4x+3)$ et $f'(x)=0 \Leftrightarrow x=0$ ou $x=\frac{3}{4}$.
e. Vrai. $f'(x)=0$ pour deux valeurs de x. La courbe représentant f a donc deux tangentes horizontales, l'une au point d'abscisse 0 et l'autre au point d'abscisse $\frac{3}{4}$.

13 **Réponse c.** La fonction $g: x \mapsto (f(x))^2$ est de la forme uv avec $u=v=f$ donc $g'=f'\times f+f\times f'$ ou encore $g'=2f'\times f$ c'est-à-dire, pour tout x réel, $g'(x)=2f'(x)f(x)$.

TRAITER UNE QUESTION DE COURS

14 Pour déterminer les dérivées des fonctions proposées, calculons :

$$\lim_{h\to 0}\frac{f(x_0+h)-f(x_0)}{h}$$

a. Posons $f(x)=ax+b$.

Pour tout x_0 de $\mathbb{R}$ et h non nul, $\frac{f(x_0+h)-f(x_0)}{h}=\frac{a(x_0+h)-ax_0}{h}=\frac{ah}{h}=a$

donc $\lim_{h\to 0}\frac{f(x_0+h)-f(x_0)}{h}=a$.

La fonction $x \mapsto ax+b$ est donc dérivable sur $\mathbb{R}$ et sa fonction dérivée est $x \mapsto a$.

b. Posons $f(x)=\frac{1}{x}$. Pour tout $x_0 \neq 0$ et $h \neq 0$, tels que $x_0+h \neq 0$,

$$T(h)=\frac{f(x_0+h)-f(x_0)}{h}=\frac{\frac{1}{x_0+h}-\frac{1}{x_0}}{h}=\frac{\frac{x_0-(x_0+h)}{x_0(x_0+h)}}{h}=\frac{\frac{-h}{x_0(x_0+h)}}{h}$$

$$T(h)=\frac{-h}{x_0(x_0+h)}\times\frac{1}{h}=\frac{-1}{x_0(x_0+h)}.$$

On en déduit que $\lim\limits_{h\to 0}\frac{f(x_0+h)-f(x_0)}{h}=\lim\limits_{h\to 0}\frac{-1}{x_0(x_0+h)}=\frac{-1}{x_0^2}$.

Ainsi la dérivée de $x \mapsto \frac{1}{x}$ est la fonction $x \mapsto \frac{-1}{x^2}$.

c. Posons $f(x)=\sqrt{x}$. Pour tout $x_0>0$ et $h \neq 0$,

> On a multiplié numérateur et dénominateur par la quantité conjuguée du numérateur (cette méthode a déja été utilisée dans le chapitre 2).

$$\frac{f(x_0+h)-f(x_0)}{h}=\frac{\sqrt{x_0+h}-\sqrt{x_0}}{h}=\frac{\left(\sqrt{x_0+h}-\sqrt{x_0}\right)\left(\sqrt{x_0+h}+\sqrt{x_0}\right)}{h\left(\sqrt{x_0+h}+\sqrt{x_0}\right)}$$

$$=\frac{(x_0+h-x_0)}{h\left(\sqrt{x_0+h}+\sqrt{x_0}\right)}=\frac{h}{h\left(\sqrt{x_0+h}+\sqrt{x_0}\right)}=\frac{1}{\left(\sqrt{x_0+h}+\sqrt{x_0}\right)}.$$

On en déduit que :

$$\lim_{h\to 0}\frac{f(x_0+h)-f(x_0)}{h}=\lim_{h\to 0}\frac{1}{\left(\sqrt{x_0+h}+\sqrt{x_0}\right)}=\frac{1}{2\sqrt{x_0}}.$$

f est dérivable sur $\mathbb{R}^{*+}$ et on peut remarquer que $D_f=\mathbb{R}^*$ et $D_{f'}=\mathbb{R}^{*+}$. Ainsi la dérivée de la fonction $x \mapsto \sqrt{x}$ est $x \mapsto \frac{1}{2\sqrt{x}}$.

15 Soient u et v deux fonctions dérivables sur un intervalle I, de dérivées respectives u' et v'. Montrons que uv est dérivable sur I et que sa dérivée est $u'v+uv'$. Pour cela, déterminons $\lim\limits_{h\to 0}\frac{u(x_0+h)v(x_0+h)-u(x_0)v(x_0)}{h}$.

ASTUCE DE CALCUL

Transformons $T=\frac{u(x_0+h)v(x_0+h)-u(x_0)v(x_0)}{h}$ de façon à faire apparaître le taux d'accroissement définissant la dérivée de u et celle de v.

On peut écrire T sous la forme

$$T=\frac{u(x_0+h)v(x_0+h)-u(x_0)v(x_0+h)+u(x_0)v(x_0+h)-u(x_0)v(x_0)}{h}.$$

Nous avons ajouté et retranché au numérateur le produit $u(x_0)v(x_0+h)$.

Cette nouvelle écriture nous permet alors de séparer le quotient en deux fractions :

$$T=\frac{u(x_0+h)-u(x_0)}{h}v(x_0+h)+\frac{v(x_0+h)-v(x_0)}{h}u(x_0).$$

Intéressons-nous à la limite de T lorsque h tend vers 0.

u est dérivable sur I donc $\lim\limits_{h\to 0}\frac{u(x_0+h)-u(x_0)}{h}=u'(x_0)$.

De même pour la fonction v, $\lim\limits_{h\to 0}\frac{v(x_0+h)-v(x_0)}{h}=v'(x_0)$.

On admet que $\lim\limits_{h\to 0}v(x_0+h)=v(x_0)$ et $\lim\limits_{h\to 0}u(x_0+h)=u(x_0)$

On en déduit que $\lim\limits_{h\to 0}T=u'(x_0)v(x_0)+v'(x_0)u(x_0)$.

On peut donc affirmer que uv est dérivable pour tout x de I et que sa dérivée est $x\mapsto u'(x)v(x)+u(x)v'(x)$.

16 • Posons $f=\frac{1}{v}$ avec v dérivable sur un intervalle I et telle que pour tout x de I, $v(x)\neq 0$. Déterminons la dérivée de f. Pour cela, étudions la limite, lorsque h tend vers 0, du taux d'accroissement.

Pour tout $x_0\neq 0$ et $h\neq 0$ tels que $v(x_0+h)$ est définie,

$$\frac{f(x_0+h)-f(x_0)}{h}=\frac{\frac{1}{v(x_0+h)}-\frac{1}{v(x_0)}}{h}=\frac{\frac{v(x_0)-v(x_0+h)}{v(x_0)v(x_0+h)}}{h}=\frac{v(x_0)-v(x_0+h)}{hv(x_0)v(x_0+h)}.$$

Or $\lim\limits_{h\to 0}\frac{v(x_0)-v(x_0+h)}{h}=-v'(x_0)$ car v est dérivable

et $\lim\limits_{h\to 0}\frac{1}{v(x_0)v(x_0+h)}=\frac{1}{v^2(x_0)}$.

On admet que $\lim\limits_{h\to 0}v(x_0+h)=v(x_0)$.

Ainsi la dérivée de la fonction $\frac{1}{v}$ est $\frac{-v'}{v^2}$.

• Soient u et v deux fonctions dérivables sur un intervalle I telles que, pour tout x de I, $v(x)\neq 0$. La fonction $f=\frac{u}{v}$ est dérivable sur I car $f=u\times\frac{1}{v}$, produit de deux fonctions dérivables.
Déterminons sa dérivée f'.
Pour cela, remarquons que f peut s'écrire sous la forme $f=u\times\frac{1}{v}$, on est donc amené à dériver un produit. La dérivée de $\frac{1}{v}$ est $\frac{-v'}{v^2}$ donc $f'=u'\times\frac{1}{v}+u\times\frac{-v'}{v^2}=\frac{u'v-uv'}{v^2}$.

S'ENTRAÎNER

17 La fonction f est dérivable sur $\mathbb{R}$ et a pour dérivée $f'(x)=10x-3$ (on a effectué la somme des dérivées de $x\mapsto 5x^2$, $x\mapsto -3x$ et $x\mapsto 1$).
Pour déterminer son nombre dérivé en -3, il suffit de remplacer x par -3 dans l'expression de $f'(x)$. On obtient $f'(-3)=10(-3)-3=-33$.

18 **a.** f est dérivable sur $\mathbb{R}$ et sa dérivée est :
$f'(x)=4x^3+\frac{2}{3}\times(3x^2)+4=4x^3+2x^2+4$.

b. f est dérivable sur $]-\infty;0[$ et $]0;+\infty[$, f est de la forme $u+v$ avec $u(x)=\frac{1}{x}$ et $v(x)=\frac{-1}{x^2}$. Les fonctions dérivées de u et v sont respectivement $u':x\mapsto\frac{-1}{x^2}$ et $v':x\mapsto\frac{2}{x^3}$ ($v(x)$ est de la forme $-\frac{1}{x^n}$ avec $n=2$).

Ainsi, pour tout $x\neq 0$, $f'(x)=\frac{-1}{x^2}+\frac{2}{x^3}=\frac{-x+2}{x^3}$.

c. f est dérivable sur $\left]-\infty;-\frac{3}{2}\right[$ et $\left]-\frac{3}{2};+\infty\right[$.

f de la forme $\frac{1}{u}$ avec $u(x)=2x+3$ et $u'(x)=2$.
La dérivée de f est donc donnée par $f'(x)=-\frac{u'(x)}{u^2(x)}$
ou encore $f'(x)=\frac{-2}{(2x+3)^2}$.

d. f est dérivable sur $\mathbb{R}$ car pour tout x réel, $x^2+1\neq 0$. f est de la forme $\dfrac{u}{v}$ avec $u(x)=x+3$, $v(x)=x^2+1$ et $u'(x)=1$, $v'(x)=2x$.

On en déduit que pour tout x de $\mathbb{R}$, $f'(x)=\dfrac{1(x^2+1)-(x+3)(2x)}{(x^2+1)^2}=\dfrac{-x^2-6x+1}{(x^2+1)^2}$.

e. f est dérivable sur $]-\infty;-2[$ et $]-2;+\infty[$. f est de la forme $u+2\times\dfrac{1}{v}$ avec $u(x)=3-5x$, $v(x)=x+2$; $u'(x)=-5$ et $v'(x)=1$.

$f'=u'+2\left(\dfrac{-v'}{v^2}\right)$, ainsi pour tout $x\neq-2$, $f'(x)=-5-\dfrac{2}{(x+2)^2}=\dfrac{-5x^2-20x-22}{(x+2)^2}$

f. f est dérivable sur $]0;+\infty[$, f est de la forme $k+l$ avec $k=uv$ et $l=\dfrac{w}{z}$ où $u(x)=x$, $v(x)=\sqrt{x}$, $w(x)=2x-1$ et $z(x)=x+1$.

De plus, $u'(x)=1$, $v'(x)=\dfrac{1}{2\sqrt{x}}$, $w'(x)=2$ et $z'(x)=1$.

Ainsi f a pour dérivée $f'=u'v+uv'+\dfrac{w'z-wz'}{z^2}$.

Pour tout x de $]0;+\infty[$, $f'(x)=\sqrt{x}+\dfrac{x}{2\sqrt{x}}+\dfrac{2(x+1)-(2x-1)}{(x+1)^2}=\dfrac{3}{2}\sqrt{x}+\dfrac{3}{(x+1)^2}$.

g. f est dérivable sur $\mathbb{R}$. f est de la forme ku où k est une constante.

En effet, $f=\dfrac{1}{4}u$ avec $u(x)=x^4+3x^2-5x$ et $u'(x)=4x^3+6x-5$.

$f'(x)=\dfrac{1}{4}u'(x)=\dfrac{1}{4}(4x^3+6x-5)$.

19 f est une fonction du second degré donc, pour tout x réel, $f(x)=ax^2+bx+c$.
En traduisant les hypothèses de l'énoncé, déterminons les coefficients a, b et c.

- $A(2;13)\in(P)\Leftrightarrow f(2)=13$
- (P) admet une tangente (T) en $B(0;-1)$ d'équation $y=3x-1$ si et seulement si $B\in(P)$ et $f'(0)=3$.

La fonction dérivée de f est $f'(x)=2ax+b$.
Traduisons alors les trois conditions précédentes :

- $f(2)=13\Leftrightarrow 4a+2b+c=13$
- $f(0)=-1\Leftrightarrow c=-1$
- $f'(0)=3\Leftrightarrow b=3$

On en déduit donc que $c=-1$, $b=3$ et $a=2$ d'où $f(x)=2x^2+3x-1$.

20 f est une fonction du second degré donc, pour tout x réel, $f(x)=ax^2+bx+c$.
En traduisant les hypothèses de l'énoncé, déterminons les coefficients a, b et c.

- (P) coupe l'axe des ordonnées au point d'ordonnée 5 donc $f(0)=5$.
- $f(0)=5 \Leftrightarrow a\times 0^2+b\times 0+c=5 \Leftrightarrow c=5$.
- Traduisons maintenant la propriété de (P) qui admet la même tangente (T) en 2 que la courbe (P') représentant la fonction g définie par $g(x)=-2x^2+4x+1$.

Déterminons pour cela l'équation de la tangente (T) en 2 à (P').
On a $g(2)=-2\times 4+4\times 2+1=1$.
De plus, g est dérivable sur $\mathbb{R}$ et, pour tout x réel, $g'(x)=-4x+4$ donc $g'(2)=-8+4=-4$. L'équation de la tangente en 2 à (P') est donc $y=-4(x-2)+1$, c'est-à-dire $y=-4x+9$.

- La tangente au point d'abscisse 2 de (P) a pour équation $y=f'(2)(x-2)+f(2)$ ou encore $y=f'(2)x-2f'(2)+f(2)$.

En comparant les deux équations des tangentes, on en déduit que $f'(2)=-4$ (égalité des deux coefficients directeurs) et $-2f'(2)+f(2)=9$ (égalité des ordonnées à l'origine).
Écrivons alors la dérivée de f en fonction de a, b et c. $f'(x)=2ax+b$.
Traduisons les deux conditions précédentes :

- $f'(2)=-4 \Leftrightarrow 4a+b=-4$
- $-2f'(2)+f(2)=9 \Leftrightarrow -2(4a+b)+4a+2b+c=9 \Leftrightarrow -4a+c=9$.

De ce qui précède, nous déduisons que a, b et c vérifient le système suivant :
$c=5$; $4a+b=-4$; $-4a+c=9$; ce qui donne $c=5$, $a=-1$ et $b=0$.
La fonction cherchée est donc $f: x \mapsto -x^2+5$.

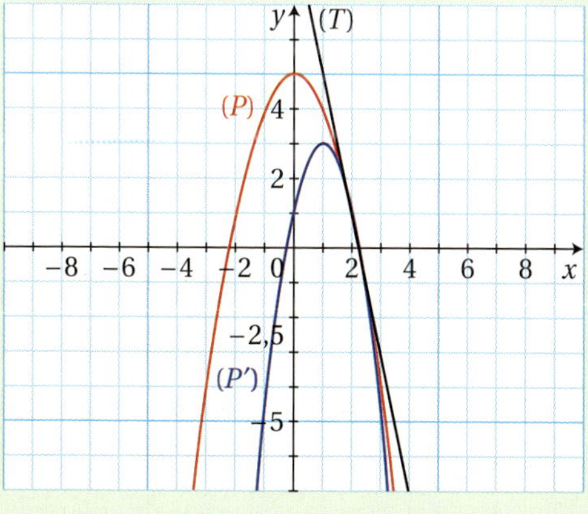

21 La fonction f est dérivable sur $]0\,;+\infty[$ et $f'(x)=1+\dfrac{1}{2\sqrt{x}}$.

Deux droites sont parallèles si et seulement si elles ont même coefficient directeur.

a. Il existe un point de $\mathscr{C}$ d'abscisse a en lequel la tangente est parallèle à la première bissectrice du repère si et seulement si $f'(a)=1$.

$f'(a)=1+\dfrac{1}{2\sqrt{a}}=1 \Leftrightarrow \dfrac{1}{2\sqrt{a}}=0.$

Cette équation n'admettant aucune solution, on en déduit que $\mathscr{C}$ n'admet pas de tangente parallèle à la première bissectrice du repère.

b. Il existe un point de $\mathscr{C}$ d'abscisse a en lequel la tangente est parallèle à la droite d'équation $y=2x+1$ si et seulement si $f'(a)=2$

$f'(a)=1+\dfrac{1}{2\sqrt{a}}=2 \Leftrightarrow \dfrac{1}{2\sqrt{a}}=1 \Leftrightarrow \dfrac{1}{\sqrt{a}}=2 \Leftrightarrow \sqrt{a}=\dfrac{1}{2} \Leftrightarrow a=\dfrac{1}{4}.$

Au point d'abscisse $\dfrac{1}{4}$, la tangente est parallèle à la droite d'équation $y=2x+1$.

22 **a.** On a effectivement $(f(x))^2=\left(\sqrt{x^2-9}\right)^2=x^2-9$.

On a vu, dans l'exercice 14, que la dérivée de f^2 est $2f'f$ donc, pour tout x de D, $u'(x)=2f'(x)f(x)$.

Pour tout x de D, $f(x)$ est non nulle donc on peut écrire $f'(x)=\dfrac{u'(x)}{2f(x)}$.

b. La fonction dérivée de u est définie par $u'(x)=2x$. Donc d'après la question précédente, $f'(x)=\dfrac{2x}{2\sqrt{x^2-9}}=\dfrac{x}{\sqrt{x^2-9}}$.

c. Posons $f=\sqrt{u}$ alors $f^2=u$, en utilisant la même méthode que dans la question **a**. Comme la dérivée de f^2 est $2f'f$, on a donc $u'=2f'f$, ainsi $f'=\dfrac{u'}{2f}$.

Pour tout x de I, $f'(x)=\dfrac{u'(x)}{2f(x)}=\dfrac{u'(x)}{2\sqrt{u(x)}}$ ainsi $f'=\dfrac{u'}{2\sqrt{u}}$.

23 **a.** • $f(0)$ est l'ordonnée du point de la courbe d'abscisse 0, c'est-à-dire $\dfrac{-1}{2}$ donc $f(0)=\dfrac{-1}{2}$.

• $f(2)$ est l'ordonnée du point de la courbe d'abscisse 2, c'est-à-dire $-2{,}5$ donc $f(2)=-2{,}5$.

b. $f'(0)$, $f'(1)$, $f'(2)$ sont les coefficients directeurs des tangentes à la courbe aux points d'abscisses 0, 1 et 2.

• Aux points d'abscisses 0 et 2, les tangentes à la courbe sont horizontales donc les coefficients directeurs sont nuls. On a alors $f'(0)=f'(2)=0$.

• Au point d'abscisse 1, la tangente est la droite (T) dont le coefficient directeur est $-1,5$ (voir construction sur le graphique ci-dessous).

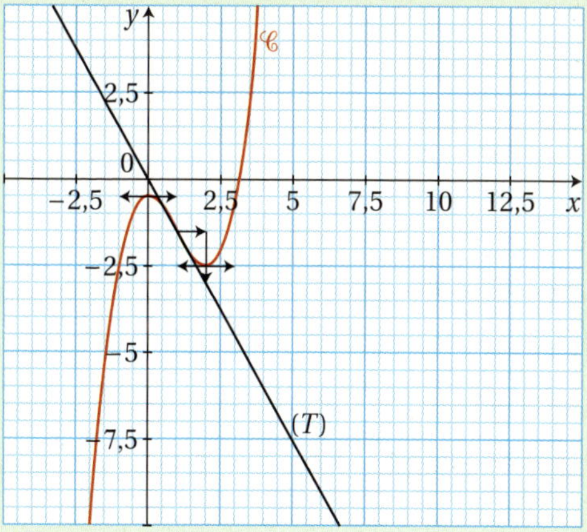

c. L'équation de la tangente en un point d'abscisse a est $y=f'(a)(x-a)+f(a)$.

• Au point d'abscisse 1, $f(1)=-1,5$ et $f'(1)=-1,5$.
La tangente (T) a donc pour équation $y=-1,5(x-1)+(-1,5)$ donc $y=-1,5x$.

• Au point d'abscisse 2, $f'(2)=0$ et $f(2)=-2,5$.
La tangente au point d'abscisse 2 a pour équation $y=-2,5$.

24

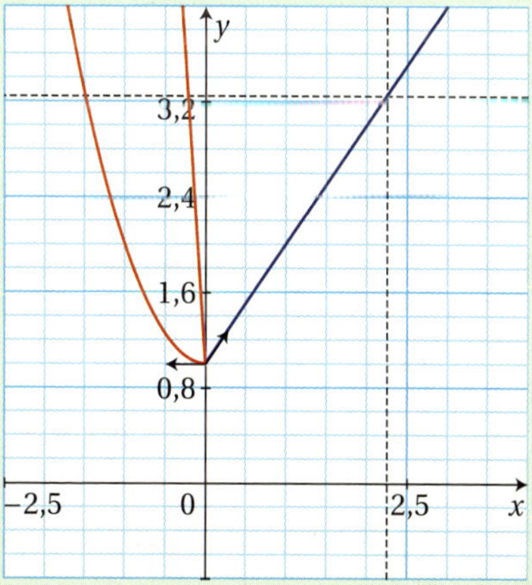

En traçant une tangente au point d'abscisse O, on s'aperçoit qu'il y a un problème.
En effet sur $[0\,;+\infty[$, le coefficient directeur semble être 1 alors que sur $]-\infty\,;0[$, il semble être 0.
On dit que la courbe admet au point d'abscisse 0 deux demi-tangentes de coefficients directeurs respectifs 0 et 1.
f n'est donc pas dérivable en O.

OBJECTIF BAC

25 Le coefficient directeur d'une tangente au point d'abscisse a à la courbe représentant une fonction f est $f'(a)$.
Le coefficient directeur de la droite d'équation $y=3x+2$ est 3 ; celui de la tangente à la courbe au point d'abscisse 2 est $f'(2)$.
De plus, si la courbe admet une tangente horizontale en $A(3;2)$ alors le coefficient directeur de cette tangente est nul et $f'(3)=0$.
La fonction dérivée de f est donnée par $f'(x)=a-\dfrac{c}{(x-1)^2}$.
Les conditions données dans l'énoncé se traduisent par :

- $A\in\mathscr{C}\Leftrightarrow f(3)=2\Leftrightarrow 3a+b+\dfrac{c}{2}=2$
- $f'(3)=0\Leftrightarrow a-\dfrac{c}{4}=0$
- $f'(2)=3\Leftrightarrow a-c=3$.

Les réels a, b et c vérifient donc le système :

$$\begin{cases}3a+b+\dfrac{c}{2}=2\\ a\quad -\dfrac{c}{4}=0\\ a\quad -c=3\end{cases}\Leftrightarrow\begin{cases}3a+b+\dfrac{c}{2}=2\\ a\quad -\dfrac{c}{4}=0\\ \dfrac{-3}{4}c=3\end{cases}\Leftrightarrow\begin{cases}3a+b+\dfrac{c}{2}=2\\ a\quad =-1\\ c=-4\end{cases}\Leftrightarrow\begin{cases}b=7\\ a=-1\\ c=-4\end{cases}$$

La fonction f cherchée est donc $f:x\mapsto -x+7+\dfrac{-4}{x-1}$.

26 **1.** On obtient la représentation graphique suivante :

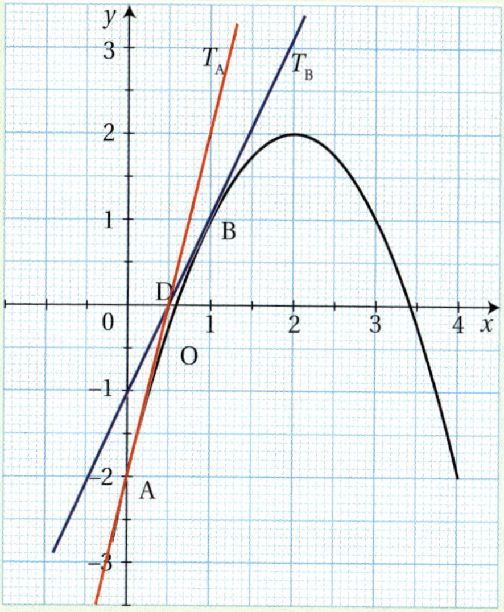

2. La fonction f est dérivable sur $\mathbb{R}$ car f est une fonction polynôme.
Pour tout x de $\mathbb{R}$, $f'(x) = -2x + 4$

3. a. $f'(x) = 4$ et $f(1) = 2$

b. les nombres $f'(0)$ et $f'(1)$ correspondent aux coefficients directeurs des tangentes en A et B.

c. La tangente T_A à la courbe au point A d'abscisse 0 a pour équation :

$$y = f'(0)(x-0) + f(x) \text{ soit } y = 4x - 2$$

La tangente T_B à la courbe au point B d'abscisse – 2 a pour équation :

$$y = f'(1)(x-1) + f(1) \text{ soit } y = 2x - 1$$

Déterminons l'intersection de ces deux droites :

$$M(x\,;y) \in T_A \cap T_B \Leftrightarrow \begin{cases} y = 4x-2 \\ y = 2x-1 \end{cases} \Leftrightarrow \begin{cases} y = 4x-2 \\ 4x-2 = 2x-1 \end{cases} \Leftrightarrow \begin{cases} y = 4x-2 \\ 2x = 1 \end{cases} \Leftrightarrow \begin{cases} y = 0 \\ x = \dfrac{1}{2} \end{cases}$$

Les tangentes en A et B sont donc sécantes en D de coordonnées $\left(\dfrac{1}{2}\,;0\right)$.

d. Soit I le milieu de [AB]. Les coordonnées de A sont $(0\,;-2)$ et celles de B sont $(1;1)$, I a donc comme coordonnées $\left(\dfrac{1}{2}\,;-\dfrac{1}{2}\right)$. I et D ont donc les mêmes abscisses.

4. Cas général

a. La tangente au point d'abscisse a à la courbe a pour équation $y=f'(a)(x-a)+f(a)$ soit $y=(-2a+4)(x-a)-a^2+4a-2$ ou encore

$y=(-2a+4)x+2a^2-4a-a^2+4a-2$. On a donc bien $y=(-2a+4)x+a^2-2$.

De la même manière, on montrerait que la tangente à la courbe au point d'abscisse b a pour équation $y=(-2b+4)x+b^2-2$.

b. $M(x\,;y)\in \mathrm{T_A}\cap\mathrm{T_B} \Leftrightarrow \begin{cases} y=(-2a+4)x+a^2-2 \\ y=(-2b+4)x+b^2-2 \end{cases}$

$$\Leftrightarrow \begin{cases} y=(-2a+4)x+a^2-2 \\ (-2b+4)x+a^2-2=(-2b+4)x+b^2-2 \end{cases}$$

$$\Leftrightarrow \begin{cases} y=(-2a+4)x+a^2-2 \\ (-2a+2b)x=b^2-a^2 \end{cases}$$

$$\Leftrightarrow \begin{cases} y=(-2a+4)\left(\dfrac{b+a}{2}\right)+a^2-2=-ab-a^2+2a+2b+a^2-2 \\ x=\dfrac{b^2-a^2}{-2a+2b}=\dfrac{(b-a)(b+a)}{2(b-a)}=\dfrac{b+a}{2} \end{cases}$$

$$\Leftrightarrow \begin{cases} y=-ab+2a+2b-2 \\ x=\dfrac{b+a}{2} \end{cases}$$

On obtient donc $x=\dfrac{b+a}{2}$ et $y=-ab+2a+2b-2$, le point d'intersection des deux tangentes a pour coordonnées $\left(\dfrac{b+a}{2};-ab+2a+2b-2\right)$

Nous pouvons remarquer que le milieu de [AB] a pour abscisse $\dfrac{b+a}{2}$, le résultat obtenu à la question **3**. Peut donc se généraliser.

27 **1.** Pour montrer que les courbes représentant ces deux fonctions sont tangentes, commençons par vérifier qu'elles un point commun et ensuite déterminons une équation de leur tangente en ce point.

Le point d'intersection M de ces courbes est tel que :

$\mathrm{M}(x\,;y)\in \mathscr{C}_f\cap\mathscr{C}_g \Leftrightarrow \begin{cases} y=4x^2-6x \\ y=6x^2-10x+2 \end{cases}$

$$\Leftrightarrow \begin{cases} y=4x^2-6x \\ 4x^2-6x=6x^2-10x+2 \end{cases} \Leftrightarrow \begin{cases} y=4x^2-6x \\ 2x^2-4x+2=0 \end{cases}$$

Résolvons $2x^2 - 4x + 2 = 0$

$\Delta = (-4)^2 - 4(2)(2) = 0$

L'équation a donc une solution $x_0 = -\frac{-4}{4} = 1$.

Les deux courbes ont donc un seul point d'intersection, le point A de coordonnées $(1\,; f(1))$ soit $(1\,; -2)$.

Déterminons les tangentes au point A d'abscisse 1 aux deux courbes $\mathscr{C}_f$ et $\mathscr{C}_g$.

La tangente en A à $\mathscr{C}_f$ a pour équation $y = f'(1)(x-1) + f(1)$.

Déterminons la fonction dérivée f' de f.

Pour tout x réel, $f'(x) = 8x - 6$.

On a donc $f'(1) = 2$ de plus $f(1) = -2$.

La tangente en A a donc pour équation $y = 2(x-1) - 2$ soit $y = 2x - 4$.

La tangente en A à $\mathscr{C}_g$ a pour équation $y = g'(1)(x-1) + g(1)$.

Déterminons la fonction dérivée g' de g.

Pour tout x réel, $g'(x) = 12x - 10$.

On a donc $g'(1) = 2$ de plus $g(1) = -2$.

La tangente en A a donc pour équation $y = 2(x-1) - 2$ soit $y = 2x - 4$.

Les deux courbes ont même tangente en A, elles sont donc tangentes.

Nous pouvons remarquer que le calcul du coefficient directeur des tangentes suffisait pour conclure car les deux tangentes passent par le point commun aux deux courbes.

2. Pour montrer que les courbes représentant ces deux fonctions sont orthogonales, commençons par vérifier qu'elles un point commun et ensuite déterminons une équation de leur tangente en ce point.

Le point d'intersection M de ces courbes est tel que :

$$M(x\,;y) \in \mathscr{C}_f \cap \mathscr{C}_g \Leftrightarrow \begin{cases} y = x^2 - 3x + \frac{5}{4} \\ y = \frac{9x+15}{4x+12} \end{cases}$$

$$\Leftrightarrow \begin{cases} y = x^2 - 3x + \frac{5}{4} \\ x^2 - 3x + \frac{5}{4} = \frac{9x+15}{4x+12} \end{cases} \Leftrightarrow \begin{cases} y = x^2 - 3x + \frac{5}{4} \\ 4x^2 - 12x + 5 = \frac{9x+15}{x+3} \end{cases}$$

Résolvons l'équation : $4x^2-12x+5=\dfrac{9x+15}{x+3}$

$\Leftrightarrow (x+3)(4x^2-12x+5)=9x+15 \Leftrightarrow 4x^3-12x^2+5x+12x^2-36x+15=9x+15$

$\Leftrightarrow 4x^3-40x=0 \Leftrightarrow 4x(x^2-10)=0 \Leftrightarrow x=0$ ou $x=-\sqrt{10}$ ou $x=\sqrt{10}$.

Les courbes représentant f et g ont donc trois points communs.

Utilisons la remarque faite à la question précédente et donc calculons seulement les coefficients directeurs des tangentes en 0.

Le coefficient directeur de la tangente à $\mathscr{C}_f$ au point d'abscisse 0 est $f'(0)$.

Déterminons la fonction dérivée f' de f.

Pour tout x réel, $f'(x)=2x-3$. On a donc $f'(0)=-3$.

Le coefficient directeur de la tangente à $\mathscr{C}_g$ au point d'abscisse 0 est : $g'(0)$

Déterminons la fonction dérivée g' de g.

Pour tout x réel, $g'(x)=\dfrac{(9(4x+12)-4(9x+15))}{(4x+12)^2}=\dfrac{48}{(4x+12)^2}$. On a donc $g'(0)=\dfrac{1}{3}$.

Vérifions que ces deux tangentes sont bien perpendiculaires, nous remarquons que le produit de leur coefficient directeur est $\dfrac{1}{3}\times(-3)=-1$.

Les tangentes sont bien perpendiculaires, les courbes sont orthogonales au point d'abscisse 0.

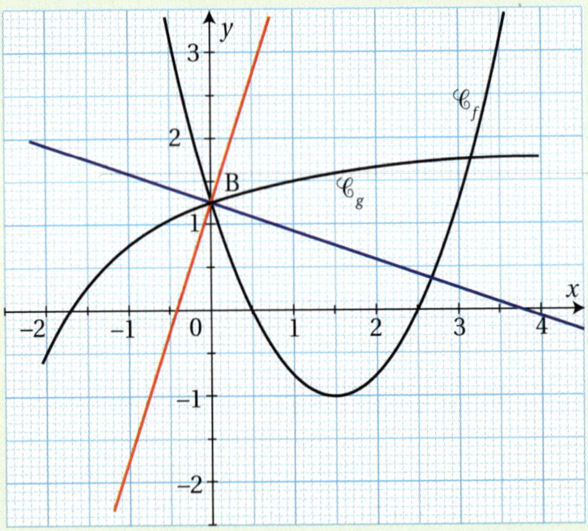

Au point d'abscisse $\sqrt{10}$ le coefficient directeur de la tangente à $\mathscr{C}_f$ est $f'(\sqrt{10}) = 2\sqrt{10} - 3$ celui de la tangente à $\mathscr{C}_g$ est $g'(\sqrt{10}) = \dfrac{48}{(4\sqrt{10}+12)^2}$

Le produit de ces deux coefficients directeurs est différent de -1 car ils sont tous les deux positifs, les courbes ne sont donc pas orthogonales en ce point. On vérifierait de même que les tangentes au point d'abscisse $-\sqrt{10}$ ne sont pas perpendiculaires. Les courbes ne sont donc pas orthogonales en ce point

3. Commençons par vérifier que les courbes $\mathscr{C}_m$ passent toutes par un même point C. Pour cela choisissons deux courbes pour deux valeurs de m différentes, cherchons leur intersection et montrons que leur point d'intersection appartient à toutes les courbes $\mathscr{C}_m$:

La courbe correspondant à $m = 1$ a pour équation : $y = 2x^2 - 5x + 1$.

La courbe correspondant à $m = 2$ a pour équation : $y = 4x^2 - 9x + 3$.

Cherchons l'intersection de ces deux courbes :

$$M(x;y) \in \mathscr{C}_1 \cap \mathscr{C}_2 \Leftrightarrow \begin{cases} y = 2x^2 - 5x + 1 \\ y = 4x^2 - 9x + 3 \end{cases} \Leftrightarrow \begin{cases} y = 2x^2 - 5x + 1 \\ 2x^2 - 5x + 1 = 4x^2 - 9x + 3 \end{cases}$$

Résolvons $2x^2 - 5x + 1 = 4x^2 - 9x + 3$.

$2x^2 - 5x + 1 = 4x^2 - 9x + 3 \Leftrightarrow 2x^2 - 4x + 2 = 0 \Leftrightarrow 2(x^2 - 2x + 1) = 0$

$\Leftrightarrow 2(x-1)^2 = 0 \Leftrightarrow x = 1$.

S'il existe un point commun à toutes les courbes il a pour abscisse 1 et son ordonnée est $y = -2$.

Vérifions maintenant que le point $C(1;-2)$ appartient à toutes les courbes $\mathscr{C}_m$.

Remplaçons x par 1 dans l'équation et montrons que y vaut -2.

$y = 2m - (4m+1) + 2m - 1 = 2m - 4m - 1 + 2m \quad 1 = -2$.

Toutes les courbes ont le point C en commun. Déterminons le coefficient directeur de la tangente au point C aux courbes $\mathscr{C}_m$.

Posons $f_m(x) = 2mx^2 - (4m+1)x + 2m - 1$.

Pour tout x réel $f'_m(x) = 4mx - (4m+1)$ on a donc $f'_m(1) = -1$.

La tangente en C aux courbes $\mathscr{C}_m$ a pour coefficient directeur -1.

Chaque tangente a donc un coefficient directeur fixe et passe par un point fixe, les courbes $\mathscr{C}_m$ sont donc tangentes.

4 Applications de la dérivation

La notion de dérivée est fondamentale en analyse. Elle permet d'étudier les variations d'une fonction, de construire des tangentes à une courbe et de résoudre des problèmes d'optimisation qui trouvent leurs applications en physique, en économie et dans bien d'autres domaines…

1 Signe de la dérivée et variations d'une fonction

Définition : Étudier le sens de variation d'une fonction sur un intervalle consiste à déterminer si la fonction est croissante, décroissante ou constante sur cet intervalle.

On dit aussi qu'étudier le sens de variation d'une fonction, c'est étudier sa monotonie. L'étude de la monotonie s'effectue toujours sur un intervalle précis.

Théorème : Soit f une fonction dérivable sur un intervalle I.
- f est **croissante** sur I, si et seulement si, pour tout x de I, $f'(x)$ est positive ou nulle.
- f est **décroissante** sur I, si et seulement si, pour tout x de I, $f'(x)$ est négative ou nulle.
- f est **constante** sur I, si et seulement si, pour tout x de I, $f'(x)=0$.

Si dans ce théorème, les inégalités sont **strictes** alors f est **strictement** croissante ou **strictement** décroissante sur I.
$x \mapsto x^3$ a pour dérivée $x \mapsto 3x^2$. $3x^2 \geqslant 0$ mais $x \mapsto x^3$ est strictement croissante sur $\mathbb{R}$.

Remarque

Le signe de la dérivée permet de déterminer le sens de variation de f, mais les variations de f ne donnent pas forcément le signe de f.

Sur un intervalle I, la dérivée f' d'une fonction peut changer de signe plusieurs fois. Dans ce cas, on est amené à partager l'intervalle I en plusieurs intervalles tels que f' ait un signe constant sur chacun d'eux.

2 Extremum d'une fonction

A Définitions

Soient f une fonction définie sur un intervalle I et x_0 un élément de I.
Soit J un intervalle ouvert inclus dans I et contenant x_0.

- Dire que $f(x_0)$ est un **maximum local** de f signifie que pour tout x de J, $f(x) \leqslant f(x_0)$.
- Dire que $f(x_0)$ est un **minimum local** de f signifie que pour tout x de J, $f(x) \geqslant f(x_0)$.
- Dire que $f(x_0)$ est un **extremum local** de f signifie que $f(x_0)$ est un maximum ou un minimum local de f sur J.

On dit alors que f admet un maximum, un minimum ou un extremum local en x_0 qui vaut $f(x_0)$.

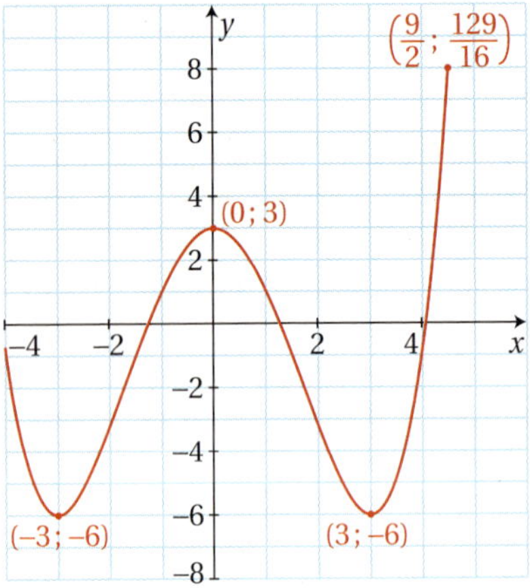

3 est un maximum local de f.

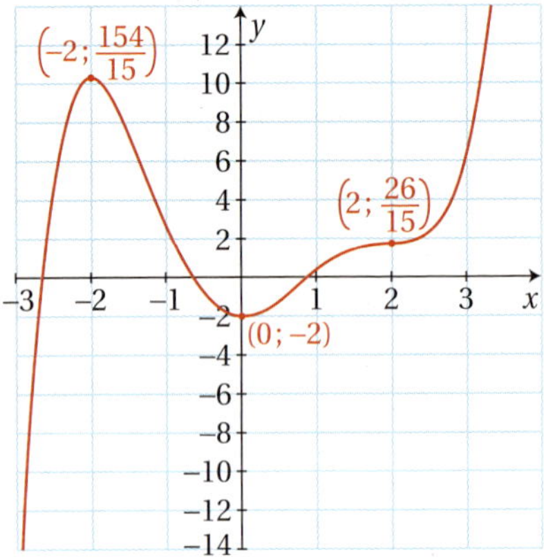

–2 est un minimum local de f.

Remarques

- Si x_0 est une extrémité de l'intervalle I et si, pour tout x de I, $f(x) \leqslant f(x_0)$ alors on considère que $f(x_0)$ est un maximum local.
- Si pour tout x de I, $f(x) \leqslant f(x_0)$ alors $f(x_0)$ est un maximum global de f.

De même si, pour tout x de I, $f(x) \geqslant f(x_0)$ alors $f(x_0)$ est un minimum global de f.

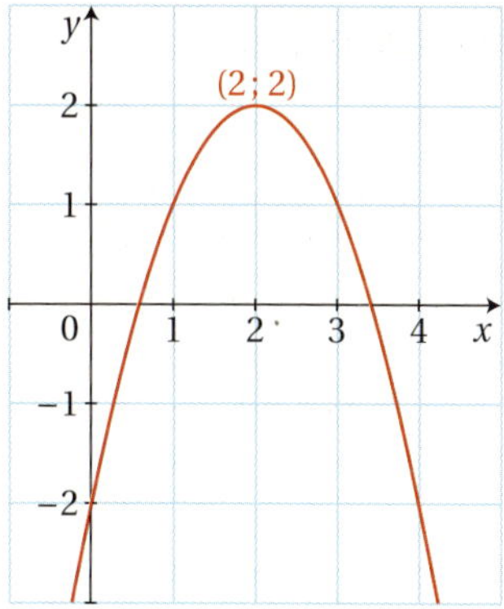

$f(2) = 2$ est un maximum global de f.

B Propriétés

Propriété 1

Soient f une fonction dérivable sur un intervalle I et x_0 un élément de I.

Si f présente un extremum local en x_0 alors $f'(x_0) = 0$.

Remarque

La réciproque de cette propriété est fausse. En effet, la fonction cube $x \mapsto x^3$ admet pour dérivée $f'(x) = 3x^2$.

$f'(0) = 0$ et pourtant cette fonction n'admet pas d'extremum local en 0.

Propriété 2

Soient f une fonction dérivable sur un intervalle I et x_0 un élément de I.

Si f' s'annule en x_0 et change de signe en x_0 alors f admet un extremum local en x_0.

Graphiquement, si f admet un extremum local en x_0, sa courbe représentative admet au point d'abscisse x_0 une tangente horizontale.

- Si f est croissante « avant » x_0 puis décroissante alors elle admet un maximum en x_0.
- Si f est décroissante « avant » x_0 puis croissante alors elle admet un minimum en x_0.

3 Majorant et minorant

Définitions : Soit f une fonction définie sur un intervalle I.

- M est un **majorant** de f sur I, signifie que pour tout x de I, $f(x) \leq M$.
- m est un **minorant** de f sur I, signifie que pour tout x de I, $f(x) \geq m$.

f est bornée sur I signifie que f admet à la fois un majorant et un minorant sur I.

- Si f admet un majorant sur I, on dit que f est majorée sur I.
- Si f admet un minorant sur I, on dit que f est minorée sur I.

On peut montrer que f est bornée sur I si et seulement si $|f|$ est majorée sur I.

Exemple

Sur le graphique ci-dessous, on peut dire que f admet un maximum local en 0, qui vaut 1, et un minimum local en a, qui vaut $f(a)$.

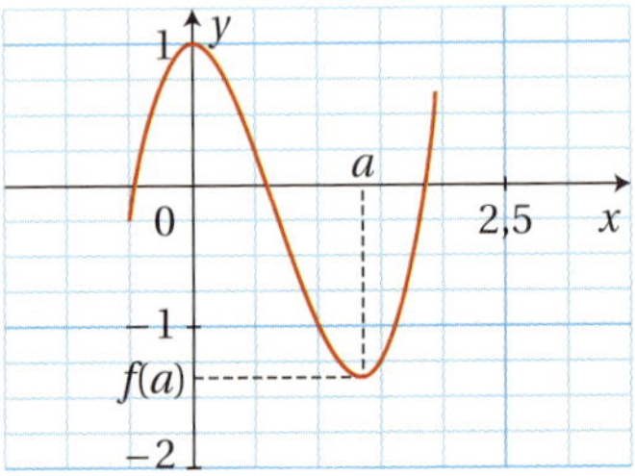

Remarque

Ce sont aussi des extrema globaux.

NE PAS CONFONDRE MINORANT ET MINIMUM LOCAL, MAJORANT ET MAXIMUM LOCAL

1,5 est un majorant pour f mais 2 aussi.

De même, −1,7 et −2 sont des minorants pour f.

f a donc deux extrema, 1 et $f(a)$, plusieurs majorants et plusieurs minorants.

Étudier les variations d'une fonction

ÉNONCÉ

Étudier le sens de variation de la fonction f définie sur $\mathbb{R}$ par :

$$f(x) = x^3 + 2x^2 - 7x - 1.$$

MÉTHODE

Il existe plusieurs méthodes pour étudier le sens de variation d'une fonction.

▶ Si la fonction f s'écrit comme une somme de fonctions de référence dont on connaît les variations, on utilise les propriétés vues au chapitre 2 : on peut donc en déduire, sans aucun calcul, les variations de f.

▶ Sinon, on détermine la dérivée de la fonction f et on étudie son signe.

CORRIGÉ

▶ La fonction f ne s'écrit pas comme une somme de fonctions de référence ayant des variations permettant d'appliquer les résultats du chapitre 2.
En effet, $x \mapsto x^3$ et $x \mapsto x^2$ sont croissantes sur $]0\,;+\infty[$.
Mais $x \mapsto -7x-1$ est décroissante sur $]0\,;+\infty[$. On ne peut donc rien dire du sens de variation de f.

Voir aussi l'exercice 17 du chapitre 2.

▶ Cherchons la dérivée de f.
f est une fonction polynôme donc elle est dérivable sur $\mathbb{R}$ et, pour tout x de $\mathbb{R}$, $f'(x) = 3x^2 + 4x - 7$.
Étudions le signe de $f'(x)$, qui est un polynôme du second degré, en déterminant ses racines.
Le discriminant est $\Delta = 4^2 - 4 \times (-7) \times 3 = 100$. Comme Δ est positif, le trinôme a deux racines $x_1 = \frac{-b\ \ \sqrt{\Delta}}{2a} = \frac{-4-10}{6} = -\frac{7}{3}$ et $x_2 = \frac{-b+\sqrt{\Delta}}{2a} = \frac{-4+10}{6} = 1$.
Le coefficient de x^2 étant positif, le théorème sur le signe du trinôme (chapitre 1) nous donne le tableau de signes suivant.

x	$-\infty$		$-\frac{7}{3}$		1		$+\infty$
$f'(x)$		$+$	0	$-$	0	$+$	

▶ On en déduit le sens de variation de f :

• sur $\left]-\infty ; \frac{-7}{3}\right[$ et $]1 ; +\infty[$, $f'(x) > 0$ donc f est croissante ;

• sur $\left[\frac{-7}{3} ; 1\right]$, $f'(x) \leqslant 0$, donc f est décroissante.

Dressons alors le tableau de variations de f, il suffit d'ajouter une ligne au tableau précédent.

x	$-\infty$		$-\frac{7}{3}$		1		$+\infty$
$f'(x)$		$+$	0	$-$	0	$+$	
$f(x)$		↗	$\frac{365}{27}$	↘	-5	↗	

Rechercher une solution approchée de $f(x) = 0$ par dichotomie

ÉNONCÉ

Une fonction f définie sur $[-1;2]$ possède le tableau de variations suivant.

x	-1		α		2
$f(x)$	8	↘	0	↘	-19

D'après ce tableau, f est strictement décroissante sur $[-1;2]$, négative en 2 ($f(2) = -19$) et positive en -1 ($f(-1) = 8$). Donc elle s'annule une seule fois entre -1 et 2.

On cherche une valeur approchée du réel α qui annule f par la méthode de dichotomie. Observer l'algorithme suivant.

```
VARIABLES
    a PREND_LA_VALEUR -1
    b PREND_LA_VALEUR 2
DEBUT_ALGORITHME
    ecart PREND_LA_VALEUR b-a
    TANT_QUE (ecart>0.001) FAIRE
        DEBUT_TANT_QUE
        milieu PREND_LA_VALEUR (a+b)/2
        image PREND_LA_VALEUR F1(milieu)
        AFFICHER image
        SI (F1(milieu)>0) ALORS
            DEBUT_SI
            a PREND_LA_VALEUR milieu
            FIN_SI
            SINON
                DEBUT_SINON
                b PREND_LA_VALEUR milieu
                FIN_SINON
        ecart PREND_LA_VALEUR b-a
        FIN_TANT_QUE
    AFFICHER "la valeur qui annule la fonction est proche de :"
    AFFICHER milieu
FIN_ALGORITHME
```

On fait tourner l'algorithme avec la fonction $F_1(x) = 2x^3 - 3x^2 - 12x + 1$.
On obtient les résultats suivants :
– 5,5 ; 3,781 25 ; – 0,542 968 75 ; 1,737 793 ; 0,622 131 35 ;
0,045 143 127 ; – 0,247 599 6 ; – 0,100 890 28 ; – 0,027 787 879 ;
0,008 699 199 2 ; – 0,009 530 065 1 ; – 0,000 418 536 86
La valeur qui annule la fonction est proche de 0,081 787 109.

1 Pourquoi a-t-on appelé *milieu* une des variables ?

2 Que doit-on faire si F_1 (*milieu*) > 0 ?

3 Sachant qu'au départ $a = -1$ et $b = 2$, que vaut la variable *ecart* ?
Que vaut la variable *milieu* ? Que vaut F_1 (*milieu*) ?
Qui, de *a* ou *b*, prend la valeur *milieu* ? Quelle sera la valeur de *ecart* ? Refera-t-on un nouveau calcul de *milieu* ?

4 Refaire une simulation du calcul.

MÉTHODE

► Les lignes 1 à 8 sont des lignes de déclaration des variables et d'initialisation de certaines d'entre-elles (ici *a*, *b*).
Les lignes 9 à 25 sont les lignes concernant le calcul.
Les dernières lignes sont les lignes d'édition des résultats.
On retrouve donc la structure habituelle d'un algorithme.

► Dans la partie calcul, on utilise une boucle conditionnelle (TANT_QUE) et des instructions conditionnelles (SI ... ALORS ...SINON).
Dans la boucle conditionnelle, le processeur suit des consignes de calcul répétitives jusqu'à ce qu'une condition ne soit plus remplie. Ici, la condition concerne la grandeur de la variable *ecart* : TANT_QUE *ecart* $> 0{,}001$.
Les instructions conditionnelles sont plus claires. Si une certaine condition est remplie, on effectue un calcul donné, sinon un autre.

CORRIGÉ

1 Une des variables s'appelle *milieu* car le point d'abscisse milieu est le milieu du segment dont les bornes sont *a* et *b*.

2 « Si F_1 (*milieu*) > 0 », d'après le tableau de variation, signifie que *milieu* est inférieur à α.
α est donc dans l'intervalle [*milieu* ; *b*], de longueur moitié de [*a* ; *b*]. On change alors *a* en *milieu*.

3 Au départ, la variable *ecart* vaut $b-a$ (c'est-à-dire $2-(-1)=3$) ; *milieu* vaut 0,5 ; F_1 (*milieu*) = $F_1(0,5)=-5,5$.
En observant l'instruction conditionnelle, on déduit que a prend la valeur *milieu*. Puis *ecart* vaut $3/2>0,001$.

4 On refait un calcul de milieu avec $a=0,5$, $b=2$.
milieu vaut 1,25. F_1 (*milieu*) = $F_1(1,25)=3,481\,25$.
Comme ce résultat est positif, b devient *milieu*.
Et ainsi de suite.

SE TESTER QUIZ

Dans les exercices 1 à 4, indiquer si les réponses proposées sont vraies ou fausses.

1 f est la fonction définie sur $\mathbb{R}$ par $f(x)=-x^3+3x^2$.

- ☐ **a.** f a même sens de variation que $x \mapsto -x+3$.
- ☐ **b.** f est croissante sur $[0;2]$.
- ☐ **c.** f est croissante sur $[2;+\infty[$.

2 Soit f la fonction définie sur $\mathbb{R}^*$ par $f(x)=x+\dfrac{1}{x}$.

- ☐ **a.** f est décroissante sur $[1;+\infty[$.
- ☐ **b.** f est croissante sur $]-\infty;-1]$.
- ☐ **c.** f est croissante sur $]0;1]$.
- ☐ **d.** f admet un minimum local sur $]0;+\infty[$.

3 f est la fonction définie sur $\mathbb{R}$ par $f(x)=\dfrac{x^2-1}{x^2+1}$.

- ☐ **a.** f est croissante sur $[0;+\infty[$.
- ☐ **b.** f admet un maximum local en 0.
- ☐ **c.** f admet un minimum local en 0 égal à -1.
- ☐ **d.** f est minorée par -1.
- ☐ **e.** f est minorée par -3.

4 Soit f la fonction dont la courbe représentative sur $[-1;3]$ est donnée ci-dessous.

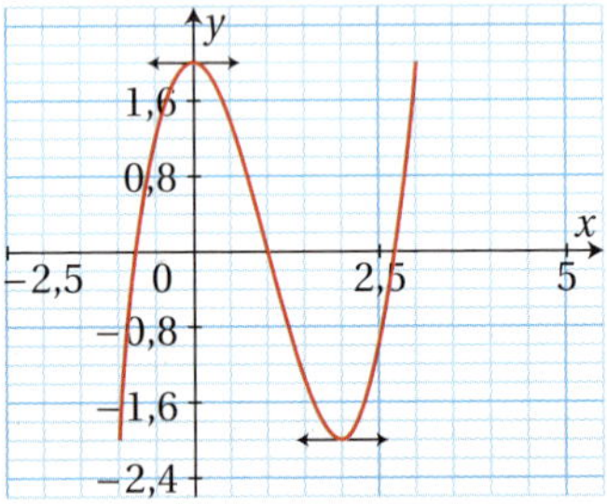

- ☐ **a.** $f'(0)=0$.
- ☐ **b.** f est croissante sur $[-1;0[$.
- ☐ **c.** f est positive sur $[0;1]$.
- ☐ **d.** Le coefficient directeur de la tangente à la courbe au point d'abscisse 2,5 est négatif.
- ☐ **e.** La courbe admet en un point au moins une tangente dont le coefficient directeur est 1.

Dans les exercices 5 à 8, indiquer la bonne réponse.

5 Une fonction f est définie sur l'intervalle $[-5;5]$. L'étude du signe de sa dérivée est donnée par le tableau suivant.

x	-5		-2		5
$f'(x)$		$-$	0	$+$	

☐ **a.** $f(-5) \leqslant f(-2)$ ☐ **b.** $f(-3) \geqslant f(3)$ ☐ **c.** $f(0) \leqslant f(2)$

6 Voici le tableau de variations d'une fonction f.

x	-7		-3		3		5
$f'(x)$		$+$	0	$-$	0	$+$	
$f(x)$	-1	↗	6	↘	1	↗	4

Le maximum local de f sur $[-7;5]$ est

☐ **a.** 4 ☐ **b.** 1 ☐ **c.** 6

7 Si f est positive sur un intervalle I alors elle est croissante sur I.

☐ **a.** Vrai ☐ **b.** Faux

8 f est une fonction dérivable sur un intervalle I et a est un élément de I tel que $f'(a) = 0$ alors f admet un extremum local en a.

☐ **a.** Vrai ☐ **b.** Faux

S'ENTRAÎNER

9 Voici le tableau de variations d'une fonction f.

x	$-\infty$		-2		0		5		$+\infty$
$f'(x)$		$-$	0	$+$	0	$-$	5	$+$	
$f(x)$		↘	-1	↗	3	↘	-6	↗	

a. f admet-elle un majorant sur $[-2;1]$?

b. Donner un encadrement de $f(x)$ pour $x \in [0;5]$.

c. f admet-elle un minorant sur $[0;5]$?

d. f est-elle bornée sur $[-2;5]$?

10 Dans chacun des cas suivants, f est une fonction définie sur D.
Déterminer la fonction dérivée f' de f, étudier le signe de cette dérivée et dresser le tableau de variations de f sur D.
On donnera les extrema éventuels.
(On pourra tracer les courbes correspondantes et vérifier la cohérence des résultats.)

a. $f(x) = -\frac{3}{2}x^4 + 2x^3 + 1$ avec $D = \mathbb{R}$

b. $f(x) = \frac{x^2 - 3}{x - 2}$ avec $D = \mathbb{R} - \{2\}$

c. $f(x) = (2x - 4)\sqrt{x}$ avec $D =]0\,;+\infty[$

INDICATIONS

b. Le tableau de variations doit montrer que f n'est pas définie en un point.

c. Étudier le signe de chaque facteur et dresser éventuellement un tableau de signes.

11 On a représenté ci-dessous, dans un repère orthonormal, la courbe représentative Γ d'une fonction g définie et dérivable sur $\mathbb{R}$.

La courbe Γ passe par les points O(0 ; 0) et A(2 ; 2).

La droite (AB) est la tangente en A à la courbe Γ. La tangente à Γ au point C d'abscisse 1 est parallèle à l'axe des abscisses.

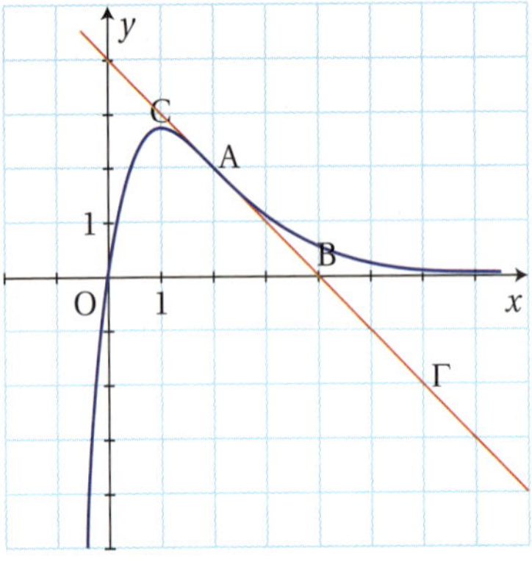

a. Déterminer graphiquement les valeurs de $g(0)$, $g(2)$, $g'(1)$, $g'(2)$.

b. Une des courbes ci-après représente la fonction dérivée g' de g et une autre représente la fonction G dont la dérivée est g.
Déterminer la courbe associée à la fonction g' et celle associée à G ; vous justifierez votre choix à l'aide d'arguments basés sur l'examen des représentations graphiques.

Courbe 1

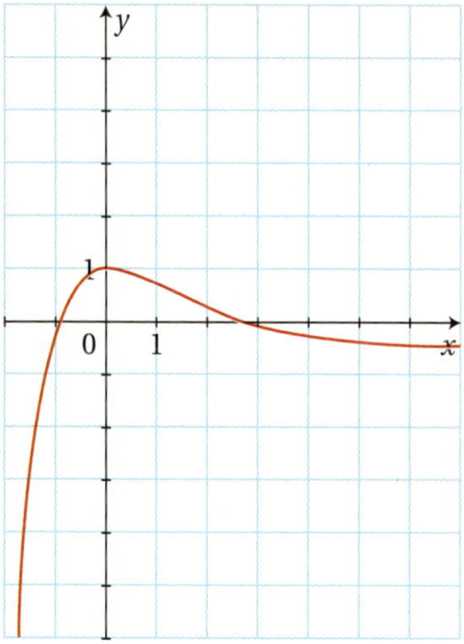

Courbe 2

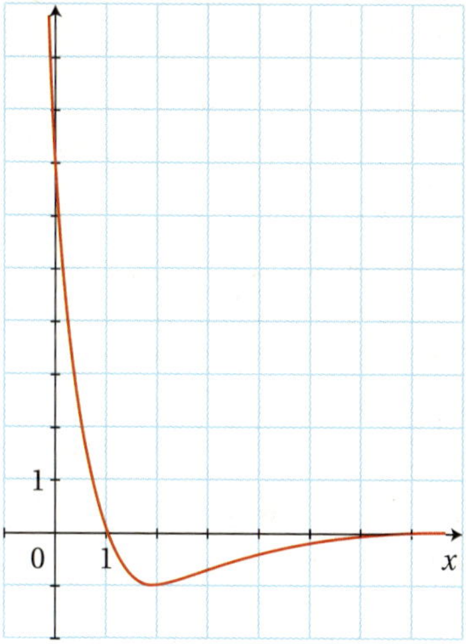

Courbe 3

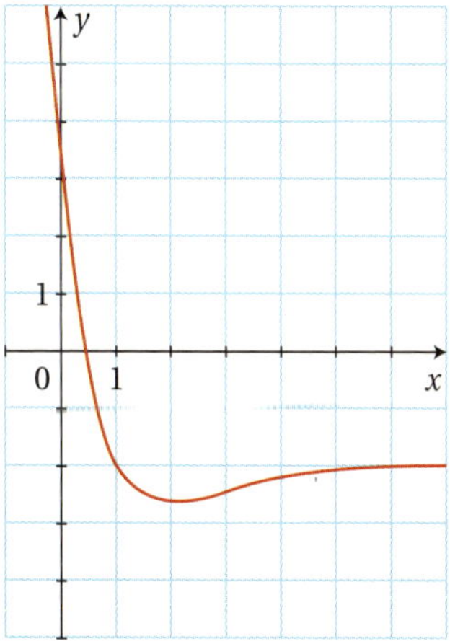

Courbe 4

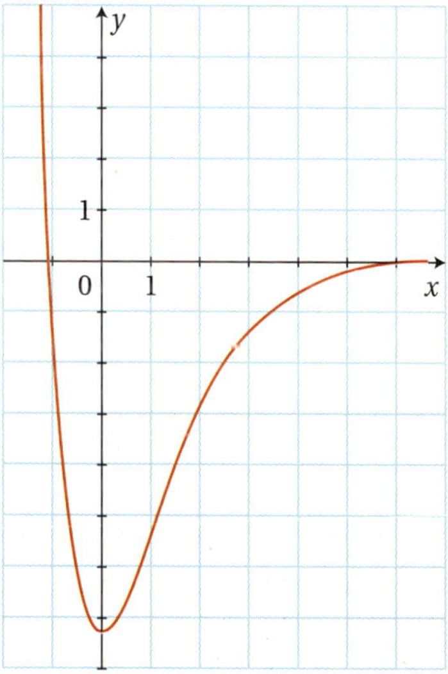

12 f est la fonction définie sur $\mathbb{R}$ par $f(x) = ax^3 + bx + c$ où a, b et c sont des réels. On note $\mathscr{C}$ sa courbe représentative.

Déterminer a, b et c sachant que :

- le point $A(1;0)$ est sur $\mathscr{C}$;
- f admet un minimum local en 1 ;
- $|a| = 1$.

13 Soit V la fonction définie sur $\mathbb{R}$ par $V(x) = 4x^3 - 48x^2 + 144x$.

1. Étudier les variations de la fonction V sur $\mathbb{R}$.

2. Soit un carré de côté 12. On découpe dans les quatre angles des carrés de côté x pour construire le patron d'un pavé droit sans couvercle.

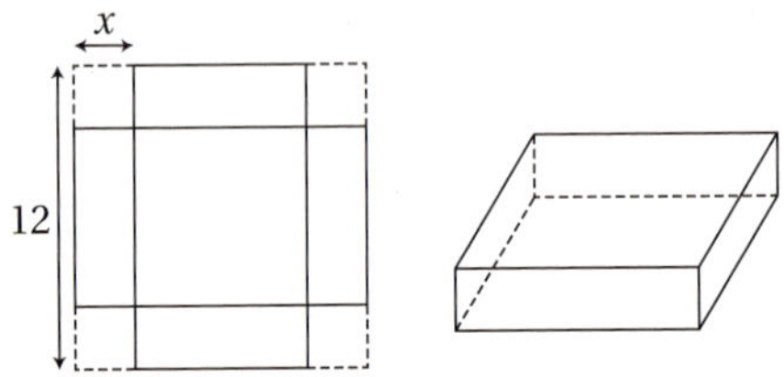

a. Justifier que l'ensemble des valeurs que peut prendre x est l'intervalle $[0;6]$.

b. Montrer que le volume du pavé est donné par la fonction V de la question **1**.

c. En déduire qu'il existe une valeur de x qui rend le volume maximal. Que vaut alors ce volume ?

OBJECTIF BAC

14 f est la fonction définie sur $\mathbb{R}$ par $f(x) = \dfrac{x^3 + 2x^2}{x^2 + 1}$.

Soit $\mathscr{C}$ sa courbe représentative dans un repère.

• 1. Étude d'une fonction auxiliaire

Soit g la fonction définie sur $\mathbb{R}$ par $g(x) = x^3 + 3x + 4$.

a. Étudier les variations de g sur $\mathbb{R}$.

b. Dresser le tableau de variations de g.

c. Calculer $g(-1)$ et déduire le signe de $g(x)$. On utilisera les variations de g sur $\mathbb{R}$.

2. Étude de la fonction f

a. Déterminer la dérivée de f.

b. En déduire le sens de variation de f et dresser son tableau de variations.

c. Déterminer trois réels a, b et c tels que pour tout x réel,

$$f(x) = ax + b + \frac{cx + d}{x^2 + 1}$$

d. Étudier la position relative de $\mathscr{C}$ et de la droite $\mathscr{D}$ d'équation $y = ax + b$.

e. Déterminer les abscisses des points de $(\mathscr{C})$ en lesquels la tangente est parallèle à la droite d'équation $y = x + 3$.

f. Discuter graphiquement, selon les valeurs du paramètre m, le nombre de solutions de l'équation $x^3 + (2 - m)x^2 - m = 0$.

g. Tracer $\mathscr{C}$, $\mathscr{D}$ et les tangentes obtenues à la question précédente.

INDICATIONS

a. Exprimer f' à l'aide de g et montrer que, pour tout x réel, $f'(x) = \frac{xg(x)}{(x^2+1)^2}$

d. Pour étudier la position de $\mathscr{C}$ par rapport à la droite d'équation $y = ax + b$, on étudie le signe de $f(x) - (ax + b)$ [différence des ordonnées d'un point de $\mathscr{C}$ et d'un point de $\mathscr{D}$ de même abscisse].

f. On pourra montrer que cette équation est équivalente à $f(x) = m$ et utiliser le fait que $y = m$ est l'équation d'une droite parallèle à l'axe des abscisses ; on cherchera alors l'intersection de $\mathscr{C}$ avec de telles droites.

15 f est la fonction définie sur $\mathbb{R}^*$ par $f(x) = \frac{3}{4}x + 1 + \frac{1}{x} + \frac{1}{x^2}$.

Soit $\mathscr{C}$ sa courbe représentative dans un repère orthonormal (unité : 2cm)

Partie A : étude d'une fonction auxiliaire

g est la fonction définie sur par : $g(x) = 3x^3 - 4x - 8$.

1. Déterminer la dérivée g' de g.

2. Étudier les variations de g sur $\mathbb{R}$ et dresser son tableau de variations.

3. a. Vérifier qu'il existe un unique réel α tel que $g(\alpha) = 0$.

b. Donner une valeur approchée de α à 10^{-2} près.

4. Déterminer le signe de g sur $\mathbb{R}$.

• Partie B : étude de la fonction f

1. Déterminer la dérivée f' de f et montrer que pour tout x de $\mathbb{R}^*$:

$$f'(x) = \frac{g(x)}{x^3}$$

2. En déduire le sens de variation de f sur $\mathbb{R}^*$.

Dresser le tableau de variations de f sur $\mathbb{R}^*$.

3. Soit (D) la droite d'équation $y = \frac{3}{4}x + 1$.

a. Étudier le signe de $f(x) - \left(\frac{3}{4}x + 1\right)$.

b. En déduire la position relative de $\mathscr{C}$ et de (D).

c. Résoudre l'inéquation $f(x) - \left(\frac{3}{4}x + 1\right) < 10^{-2}$.

Quelle interprétation graphique peut-on faire ?

4. Tracer $\mathscr{C}$ et (D).

16 On veut installer une rampe métallique de pente douce permettant de faire franchir une marche à des chariots.
L'emprise au sol est de 1 m, la rampe doit être tangente au sol et tangente au haut de la marche.

Dans tout l'exercice on choisira pour repère le repère orthonormé $\left(O ; \vec{i}, \vec{j}\right)$ où $\vec{i}$ est sur [OB) et $\vec{j}$ sur [OH).

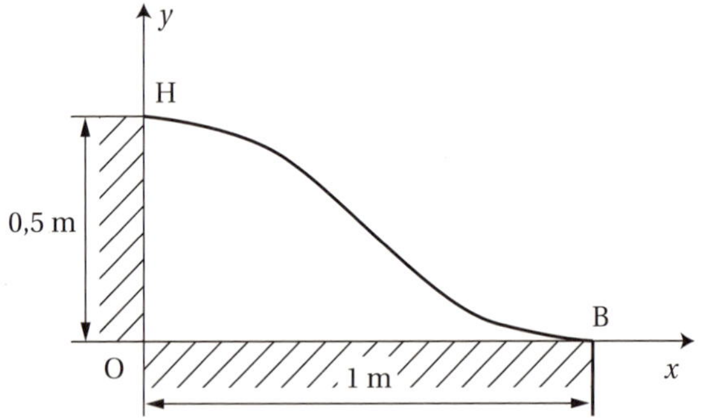

1. Une rampe rectiligne (segment de droite [BH])conviendrait-elle ?

2. Existe-t-il une courbe d'équation $y = f(x) = ax^2 + bx + c$ permettant de résoudre le problème?

3. Peut-on trouver une solution formée de deux paraboles de sommet respectifs H et B se raccordant au point d'abscisse $\frac{1}{2}$?
Faire une figure.

> Se raccordant signifie que les courbes ont la même tangente en leur point commun.

4. On décide de donner à la rampe un profil d'équation $y = h(x)$ où h est un polynôme de degré 3.
Déterminer h.
Représenter la fonction ainsi obtenue.
Calculer la pente maximale de la rampe (c'est à dire le maximum de $h'(x)$.)

5. On ajoute une contrainte supplémentaire : la pente de la rampe ne doit pas dépasser 10%.

Si l'on désigne par l la distance OB, donner une condition sur l pour que le problème de la question **4**. ait une solution.

SE TESTER

1 f est dérivable sur $\mathbb{R}$ et, pour tout x réel, $f'(x) = -3x^2 + 6x = -3x(x-2)$.
Pour étudier les variations de f, il suffit d'étudier le signe de $f'(x)$ sur $\mathbb{R}$.
$f'(x)$ est un polynôme du second degré dont les racines sont 0 et 2.
D'après le théorème donnant le signe d'un trinôme, puisque le coefficient de x^2 est négatif, on a $f'(x) \geqslant 0 \Leftrightarrow x \in [0;2]$ et $f'(x) < 0 \Leftrightarrow x \in\,]-\infty;0[\cup]2;+\infty[$.

On en déduit que f est croissante sur $[0;2]$, décroissante sur $]-\infty;0[$ et $]2;+\infty[$.

a. Faux car la fonction $x \mapsto -x+3$ est décroissante sur $\mathbb{R}$ (fonction affine de coefficient directeur $-1 < 0$).

b. Vrai.

c. Faux.

Pour étudier le signe d'une expression, on l'écrit sous forme d'un produit de facteurs ou d'un quotient dont on sait étudier le signe du numérateur et du dénominateur.

2 Comme dans l'exercice 1., déterminons le signe de la dérivée pour étudier les variations de f.
f est dérivable sur $]-\infty;0[$ et $]0;+\infty[$.

Pour tout x non nul, $f'(x) = 1 - \frac{1}{x^2}$.

Ici, $f'(x) = \frac{x^2-1}{x^2}$. Le dénominateur est toujours positif donc $f'(x)$ est du signe du numérateur. $x^2 - 1$ est un polynôme du second degré dont les racines sont -1 et 1.
Ainsi $f'(x) \geqslant 0 \Leftrightarrow x \in\,]-\infty;-1[\cup]1;+\infty[$ et $f'(x) \leqslant 0 \Leftrightarrow x \in [-1;0[\cup]0;1]$.

a. Faux.

b. Vrai.

c. Faux.

d. Vrai. f est décroissante sur $]0;1]$ puis croissante sur $[1;+\infty[$ donc elle admet un extremum en 1 qui est un minimum.

3 Pour déterminer les variations de f et l'existence d'extremum, étudions le signe de $f'(x)$. f est dérivable sur $\mathbb{R}$ et, pour tout x de $\mathbb{R}$,

$$f'(x) = \frac{2x(x^2+1)-(x^2-1)(2x)}{(x^2+1)^2} = \frac{4x}{(x^2+1)^2}.$$

Pour tout x, $(x^2+1)^2 \geqslant 0$ donc $f'(x)$ est du signe de $4x$.

Ainsi $f'(x) \geqslant 0 \Leftrightarrow x \in [0;+\infty[$ et $f'(x) \leqslant 0 \Leftrightarrow x \in\,]-\infty;0]$.

On obtient le tableau de variations suivant.

x	$-\infty$		0		$+\infty$
$f'(x)$		$-$	0	$+$	
$f(x)$	↘		-1		↗

Donc **a. Vrai**, **b. Faux**, **c.**, **d.** et **e. Vrai**.

4 **a. Vrai.** Au point d'abscisse 0, la courbe admet une tangente horizontale donc $f'(0)=0$.

b. Vrai. D'après la courbe, f est croissante sur $]-1;0[$.

c. Vrai. Sur $[0;1]$, la courbe de f est située au-dessus de l'axe des abscisses donc tous ces points ont une ordonnée positive. $f(x)$ est donc positive sur $[0;1]$.

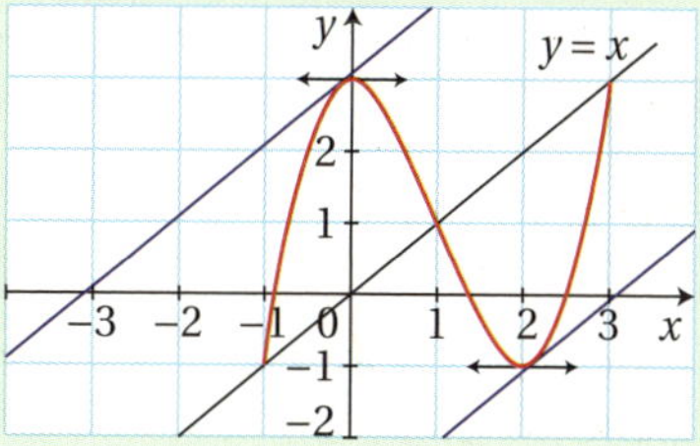

d. Faux. Le coefficient directeur de la tangente au point d'abscisse 2,5 est $f'(2{,}5)$. Or f est croissante sur $[2;3]$ donc, pour tout x supérieur ou égal à 2, $f'(x)\geqslant 0$ et $f'(2{,}5)$ est positif.

e. Vrai. Si la courbe admet en un point une tangente de coefficient directeur 1, alors cette tangente est parallèle à la droite d'équation $y=x$ (leurs coefficients directeurs sont égaux).
On trace donc la droite d'équation $y=x$ et on regarde si on peut trouver une tangente à la courbe parallèle à cette droite. On s'aperçoit qu'il en existe deux (tracées en bleu).

5 Pour comparer les images par f de certains réels de $[-5;5]$, étudions les variations de f sur $[-5;5]$. À partir du tableau de signes de $f'(x)$, on dresse le tableau de variations de f sur $[-5;5]$.

x	-5		-2		5
$f'(x)$		$-$	0	$+$	
$f(x)$	↘				↗

a. Faux. Sur $[-5;-2]$, f est décroissante, et comme $-5\leqslant -2$, $f(-5)\geqslant f(-2)$.

b. On ne peut rien dire car f change de sens de variation entre -3 et 3.

c. Vrai. Sur $[0;2]$, f est croissante, comme $0<2$, $f(0)\leqslant f(2)$.

6 **Réponse c.**

7 **Faux.** Donnons un contre exemple. La fonction $x \mapsto x^2$ est positive pour tout réel mais elle est décroissante sur $]-\infty;0]$.

8 **Faux.** En effet, la fonction $x \mapsto x^3$ est dérivable sur $\mathbb{R}$ de dérivée $x \mapsto 3x^2$. Celle-ci s'annule en 0 et pourtant la courbe n'admet pas d'extremum (la dérivée ne change pas de signe en 0).

S'ENTRAÎNER

9

> Lorsque qu'une fonction est monotone sur un intervalle, les variations permettent d'encadrer $f(x)$. En effet, si f est croissante sur $[a;b]$ alors pour tout x de $[a;b]$, $f(a) \leqslant f(x) \leqslant f(b)$ et si f est décroissante sur $[a;b]$, alors $f(b) \leqslant f(x) \leqslant f(a)$.

a. Sur $[-2;0]$, f est croissante et croît de -1 à 3 donc, pour tout x compris entre -2 et 0, $-1 \leqslant f(x) \leqslant 3$.

Sur $[0;5]$, f est décroissante et décroît de 3 à -6 donc, pour tout x compris entre 0 et 5, $-6 \leqslant f(x) \leqslant 3$.

Finalement, pour tout x de $[-2;1]$, $f(x) \leqslant 3$, f admet donc un majorant sur cet intervalle, qui est 3 par exemple.

b. f est décroissante sur $[0;5]$ donc si $0 \leqslant x \leqslant 5$ alors $f(5) \leqslant f(x) \leqslant f(0)$.

On en déduit l'encadrement de $f(x)$ sur $[0;5]$, $-6 \leqslant f(x) \leqslant 3$.

c. D'après l'encadrement précédent, on peut affirmer que f admet un minorant sur $[0;5]$, qui est -6.

d. f est majorée par 3 et minorée par -6.

D'après le paragraphe 3 du cours, sur $[-2;5]$, f est bornée.

10 **a.** f est dérivable sur $\mathbb{R}$ et, pour tout x réel,

$f'(x) = -\dfrac{3}{2}(4x^3) + 2 \times 3x^2 = -6x^3 + 6x^2$.

Pour étudier le signe de $f'(x)$, factorisons son expression : $f'(x) = 6x^2(-x+1)$.

Pour tout x réel, $6x^2$ est positif donc $f'(x)$ est du signe de $-x+1$.

$f'(x) > 0 \Leftrightarrow x < 1$ et $f'(x) < 0 \Leftrightarrow x > 1$.

Nous obtenons donc le tableau de variations suivant.

x	$-\infty$		0		1		$+\infty$
$f'(x)$		$+$	0	$+$	0	$-$	
$f(x)$	↗		1	↗	$\frac{3}{2}$	↘	

f admet un maximum en 1 qui vaut $f(1)=\frac{3}{2}$.

Bien que la dérivée s'annule pour $x=0$, f n'a pas d'extremum en 0 car la dérivée ne change pas de signe en 0 (voir cours, paragraphe **2. B**).

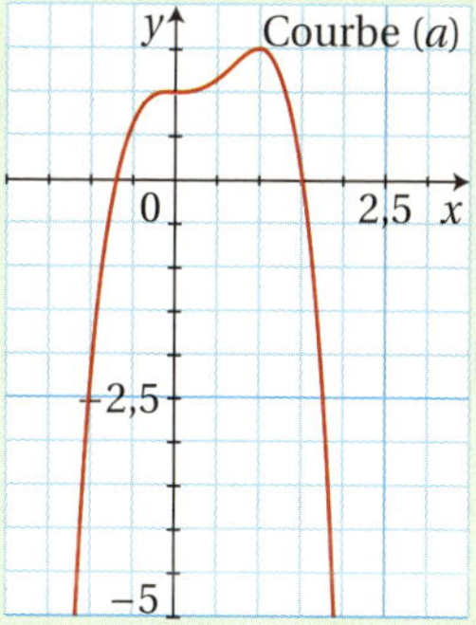

b. f est dérivable sur $]-\infty;2[$ et $]2;+\infty[$.

Pour tout $x\neq 2$,

$$f'(x)=\frac{2x(x-2)-(x^2-3)}{(x-2)^2}=\frac{2x^2-4x-x^2+3}{(x-2)^2}=\frac{x^2-4x+3}{(x-2)^2}$$

Pour étudier le signe de cette dérivée, remarquons d'abord que le dénominateur est toujours strictement positif sur D. Le signe de $f'(x)$ ne dépend donc que de celui de son numérateur qui est un polynôme du second degré.

Déterminons les racines de x^2-4x+3.

$\Delta=b^2-4ac=(-4)^2-4\times1\times3=16-12=4$.

Le trinôme admet deux racines $x_1=\frac{4-\sqrt{4}}{2}=1$ et $x_2=\frac{4+\sqrt{4}}{2}=3$.

Le coefficient du terme en x^2 est positif donc x^2-4x+3 est négatif sur $[1;3]$ et positif ailleurs.

On en déduit le signe de la dérivée de f et son sens de variation.

x	$-\infty$		1		2		3		$+\infty$
$f'(x)$		+	0	−	‖	−	0	+	
$f(x)$		↗	−4	↘	‖	↘	12	↗	

La fonction f n'est pas définie en 2, la valeur 2 apparaît donc, dans le tableau, avec une double barre pour f' et f.

f admet donc un maximum local en 1 sur $]-\infty;2[$, qui vaut -4, et un minimum local en 3 sur $]2;+\infty[$, qui vaut 12.

c. f est dérivable sur $]0;+\infty[$. Pour tout $x>0$, $f'(x)=2\sqrt{x}+(2x-4)\dfrac{1}{2\sqrt{x}}$.

Pour étudier le signe de $f'(x)$ qui est la somme de deux expressions, réduisons au même dénominateur puis simplifions le numérateur.

En réduisant au même dénominateur, on obtient :

$$f'(x)=\frac{\left(2\sqrt{x}\right)^2+(2x-4)}{2\sqrt{x}}=\frac{4x+2x-4}{2\sqrt{x}}=\frac{6x-4}{2\sqrt{x}}=\frac{3x-2}{\sqrt{x}}.$$

Pour tout $x>0$, $\sqrt{x}$ est positif donc $f'(x)$ est du signe de $3x-2$.

$f'(x)\geqslant 0 \Leftrightarrow x\in\left[\frac{2}{3};+\infty\right[$ et $f'(x)\leqslant 0 \Leftrightarrow x\in\left]0;\frac{2}{3}\right]$.

x	0		$\frac{2}{3}$		$+\infty$
$f'(x)$	‖	−	0	+	
$f(x)$	‖	↘	$-\frac{8}{3}\sqrt{\frac{2}{3}}$	↗	

Attention, f n'est définie que sur $]0;+\infty[$.

On remarque que f admet un minimum sur $]0;\infty[$ en $\frac{2}{3}$.

11 a. • $g(0)$ est l'ordonnée du point de la courbe d'abscisse 0, c'est donc l'ordonnée de O, soit 0 ; $g(0)=0$.

• $g(2)$ est l'ordonnée du point de la courbe d'abscisse 2, c'est donc l'ordonnée de A, soit 2 ; $g(2)=2$.

• $g'(1)$ est le coefficient directeur de la tangente à la courbe au point d'abscisse 1, donc au point C. La tangente en C est horizontale, son coefficient directeur est nul ; $g'(1)=0$.

• De même, $g'(2)$ est le coefficient directeur de la tangente à la courbe au point d'abscisse 2 , donc en A.

La tangente en A est la droite (AB).

Son coefficient directeur est $\dfrac{y_B - y_A}{x_B - x_A} = \dfrac{0-2}{4-2} = -1$, donc $g'(2) = -1$.

b. • Déterminons la courbe associée à g'.

La fonction g est croissante sur $]-\infty;1[$, donc pour tout x de $]-\infty;1[$, $g'(x) \geqslant 0$.

De plus, g est décroissante sur $[1;+\infty[$, donc pour tout x de $[1;+\infty[$, $g'(x) \leqslant 0$.

> Si une fonction est positive sur un intervalle alors sa courbe représentative est située au-dessus de l'axe des abscisses.

La courbe associée à g' est la courbe 2.

• Déterminons la courbe représentant la fonction G. Nous savons que g est la dérivée de G, pour tout x réel, $G'(x) = g(x)$. Le signe de $g(x)$ nous donnera donc les variations de G. D'après la représentation graphique de g, nous voyons que :
$g(x) \leqslant 0$ si $x \leqslant 0$, G est donc décroissante sur $]-\infty;0]$.
$g(x) \geqslant 0$ si $x \geqslant 0$, G est donc croissante sur $[0;+\infty[$.
La courbe représentant G est donc la courbe 4.

12 Traduisons les hypothèses de l'énoncé.

• $A(1;0) \in \mathscr{C} \Leftrightarrow f(1) = 0 \Leftrightarrow a+b+c = 0$.

• f admet un minimum local en 1 donc $f'(1) = 0$, f est décroissante avant 1 et croissante après. f' s'écrit $f'(x) = 3ax^2 + b$ et $f'(1) = 0 \Leftrightarrow 3a+b = 0$.

• $|a| = 1 \Leftrightarrow a = 1$ ou $a = -1$.

Les réels a, b et c vérifient donc le système suivant.

1er cas : $a = 1$

$$\begin{cases} a = 1 \\ 3a+b = 0 \\ a+b+c = 0 \end{cases} \Leftrightarrow \begin{cases} a = 1 \\ b = -3 \\ c = 2 \end{cases}$$

La fonction f est donc définie par $f(x) = x^3 - 3x + 2$.

2e cas : $a = -1$

$$\begin{cases} a = -1 \\ 3a+b = 0 \\ a+b+c = 0 \end{cases} \Leftrightarrow \begin{cases} a = -1 \\ b = 3 \\ c = -2 \end{cases}$$

La fonction f est donc définie par $f(x) = -x^3 + 3x - 2$.

• Dans le premier cas, $f'(x) = 3x^2 - 3 = 3(x^2 - 1)$, $f'(x)$ est donc négative entre ses racines soit sur l'intervalle $[-1;1]$ et positive sur $]1;+\infty[$. f est alors décroissante sur $[-1;1]$ et croissante sur $]1;+\infty[$. f admet un minimum local en 1.

• Dans le second cas, $f'(x) = -3(x^2 - 1)$, $f'(x)$ est donc positive entre ses racines soit sur l'intervalle $[-1;1]$ et négative sur $]1;+\infty[$. f est alors croissante sur $[-1;1]$ et décroissante sur $]1;+\infty[$. f admet un maximum local en 1.

La seule fonction répondant au problème est celle définie par $f(x) = x^3 - 3x + 2$.

13 **1.** Pour étudier les variations de V sur $\mathbb{R}$, déterminons sa dérivée et étudions son signe. V est dérivable sur $\mathbb{R}$.
Pour tout x réel, $V'(x) = 12x^2 - 96x + 144 = 12(x^2 - 8x + 12)$.

Les racines de V' sont $x_1 = 2$ et $x_2 = 6$.
$V'(x) \geqslant 0 \Leftrightarrow x \in]-\infty ; 2[\cup]6 ; +\infty[$ et $f'(x) \leqslant 0 \Leftrightarrow x \in [2 ; 6]$.

V est donc croissante sur $]-\infty ; 2[$ et $]6 ; +\infty[$ et décroissante sur $[2 ; 6]$.

x	$-\infty$		2		6		$+\infty$
$f'(x)$		+	0	−	0	+	
$f(x)$	↗		128	↘	0	↗	

2. a. On enlève x de chaque côté du carré, soit $2x$. Ainsi $0 \leqslant 2x \leqslant 12$ ou encore $0 \leqslant x \leqslant 6$.
b. Le solide obtenu est un pavé droit de hauteur x et de côté $12 - 2x$. Son volume est donc $g(x) = x(12 - 2x)^2$.
Développons $g(x)$; $g(x) = x(144 - 48x + 4x^2) = 4x^3 - 48x^2 + 144x$.
On reconnaît la fonction V étudiée à la question **1.**
c. D'après le tableau de variations, sur l'intervalle $[0 ; 6]$, V admet un extremum en 2 qui vaut 128. Cet extremum est un maximum local.
V a donc un maximum pour $x = 2$; ce volume maximal est 128 cm^3. Le pavé a une hauteur de 2 cm. Sa base est un carré de 6 cm de côté.

OBJECTIF BAC

14 • **1. Étude d'une fonction auxiliaire**
a. Étudions le signe de la dérivée g' de g. Pour tout x réel, $g'(x) = 3x^2 + 3$.
$g'(x) > 0$ sur $\mathbb{R}$, g est donc strictement croissante sur $\mathbb{R}$.
b.

x	$-\infty$	$+\infty$
$g'(x)$	+	
$g(x)$	↗	

c. $g(-1)=0$. g est strictement croissante sur $\mathbb{R}$ donc en particulier sur $]-\infty\,;\,-1]$. Nous en déduisons que, pour tout $x \leqslant -1$, $g(x) \leqslant g(-1)$ c'est-à-dire $g(x) \leqslant 0$. De même, pour tout $x \geqslant -1$, g étant croissante sur $[-1\,;+\infty[$, $g(x) \geqslant g(-1)$ c'est-à-dire $g(x) \geqslant 0$. Grâce aux variations de g sur $\mathbb{R}$, nous avons obtenu le signe de $g(x)$. $g(x) \geqslant 0$ si $x \in [-1\,;+\infty[$ et $g(x) \leqslant 0$ si $x \in]-\infty\,;-1]$.

• 2. Étude de la fonction *f*

a. f est dérivable sur $\mathbb{R}$, pour tout x de $\mathbb{R}$,

$$f'(x)=\frac{(3x^2+4x)(x^2+1)-(x^3+2x^2)(2x)}{(x^2+1)^2}=\frac{3x^4+4x^3+3x^2+4x-2x^4-4x^3}{(x^2+1)^2}$$

$$f'(x)=\frac{x^4+3x^2+4x}{(x^2+1)^2} \quad \text{ainsi} \quad f'(x)=\frac{xg(x)}{(x^2+1)^2}.$$

b. Pour tout x de $\mathbb{R}$, $(x^2+1)^2$ est toujours positif, $f'(x)$ est donc du signe de $xg(x)$. Dressons le tableau de signes de $xg(x)$.

x	$-\infty$		-1		0		$+\infty$
x		$-$		$-$	0	$+$	
$g(x)$		$-$	0	$+$		$+$	
$xg(x)$		$+$	0	$-$	0	$+$	

Nous en déduisons le tableau de variations de f sur $\mathbb{R}$.

x	$-\infty$		-1		0		$+\infty$
$f'(x)$		$+$	0	$-$	0	$+$	
$f(x)$		↗	$\frac{1}{2}$	↘	0	↗	

c. Pour déterminer a, b et c réduisons au même dénominateur et comparons les deux écritures de $f(x)$:

$$f(x)=\frac{(ax+b)(x^2+1)+cx+d}{x^2+1}=\frac{ax^3+bx^2+(a+c)x+(b+d)}{x^2+1}$$

$$f(x)=ax+b+\frac{cx+d}{x^2+1} \Leftrightarrow x^3+2x^2=ax^3+bx^2+(a+c)x+(b+d)$$

> Deux polynômes sont égaux si et seulement si les coefficients de leurs monômes de même degré sont égaux.

a, b et c vérifient donc le système suivant :

$$\begin{cases} a=1 \\ b=2 \\ a+c=0 \\ b+d=0 \end{cases} \Leftrightarrow \begin{cases} a=1 \\ b=2 \\ c=-1 \\ d=-2 \end{cases}$$

f peut donc s'écrire, pour tout x réel, $f(x)=x+2-\dfrac{x+2}{x^2+1}$.

d. Pour déterminer la position de $\mathscr{C}$ et $\mathscr{D}$, étudions le signe de $f(x)-(ax+b)$. Pour calculer cette différence, utilisons la forme de f obtenue à la question précédente. On sait que $a=1$ et $b=2$.

$$\Delta(x)=f(x)-(x+2)=x+2-\frac{x+2}{x^2+1}-(x+2)=-\frac{x+2}{x^2+1}$$

Pour tout x réel, $x^2+1>0$ donc $\Delta(x)$ est du signe de $-(x+2)$.

$\Delta(x)\geqslant 0 \Leftrightarrow x\leqslant -2$ et $\Delta(x)\leqslant 0 \Leftrightarrow x\geqslant -2$

Sur $]-\infty\,;-2]$, $\mathscr{C}$ est au-dessus de $\mathscr{D}$ et sur $[-2\,;+\infty[$, $\mathscr{C}$ est au-dessous de $\mathscr{D}$.

e. La tangente est parallèle à la droite d'équation $y=x+3$ si et seulement si elle a le même coefficient directeur que cette droite, c'est-à-dire 1.
Le coefficient directeur d'une tangente au point d'abscisse a est $f'(a)$. Les points cherchés ont donc une abscisse a vérifiant $f'(a)=1$.
Résolvons $f'(a)=1$.

$$f'(a)=1 \Leftrightarrow \frac{a^4+3a^2+4a}{\left(a^2+1\right)^2}=1 \Leftrightarrow a^4+3a^2+4a=\left(a^2+1\right)^2$$

$$\Leftrightarrow a^4+3a^2+4a=a^4+2a^2+1 \Leftrightarrow a^2+4a-1=0.$$

Les racines de cette équation sont $a_1=\dfrac{-4-\sqrt{8}}{2}$ et $a_2=\dfrac{-4+\sqrt{8}}{2}$,

soit $a_1=\dfrac{-4-2\sqrt{2}}{2}=-2-\sqrt{2}$ et $a_2=\dfrac{-4+2\sqrt{2}}{2}=-2+\sqrt{2}$.

Il existe deux points de $\mathscr{C}$ en lesquels la tangente est parallèle à la droite d'équation $y=x+3$. Ce sont les points d'abscisses $-2-\sqrt{2}$ et $-2+\sqrt{2}$.

f. $x^3+(2-m)x^2-m=0 \Leftrightarrow x^3+2x^2-mx^2-m=0 \Leftrightarrow x^3+2x^2=m\left(x^2+1\right)$.

Comme $x^2+1\neq 0$, on peut diviser par x^2+1.
Et $x^3+(2-m)x^2+m=0 \Leftrightarrow f(x)=m$.

Résoudre cette équation revient à déterminer le nombre de points d'intersection de $\mathscr{C}$ avec des droites d'équation $y = m$ c'est-à-dire parallèles à l'axe des abscisses.
Graphiquement, on voit que :

- si $m \leqslant 0$, il n'y a qu'un point d'intersection.
- si $m = 0$, il y a deux points d'intersection $O(0;0)$ et $A(-2;0)$.
- si $0 < m < \frac{1}{2}$, il y a trois points d'intersection.
- si $m = \frac{1}{2}$, il y a deux points d'intersection dont le point $B\left(-1;\frac{1}{2}\right)$.
- si $m > \frac{1}{2}$, il n'y a qu'un point d'intersection.

g.

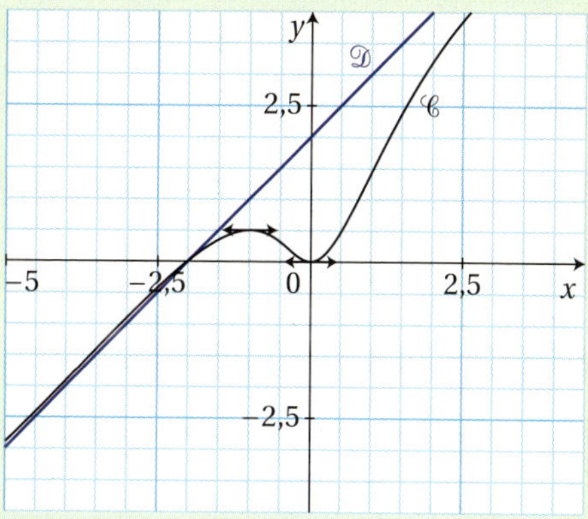

15 • Partie A : étude d'une fonction auxiliaire

1. g est dérivable sur $\mathbb{R}$ car g est une fonction polynôme.
Pour tout x de $\mathbb{R}$ on a : $g'(x) = 9x^2 - 4 = (3x-2)(3x+2)$

2. Pour étudier les variations de g étudions le signe de sa dérivée.

g' est un polynôme du second degré dont les racines sont $\frac{2}{3}$ et $-\frac{2}{3}$.

On en déduit le tableau de signes de $g'(x)$:

x	$-\infty$		$-\frac{2}{3}$		$\frac{2}{3}$		$+\infty$
$g'(x)$		+	0	−	0	+	

On en déduit le tableau de variations de g :

x	$-\infty$		$-\frac{2}{3}$		$\frac{2}{3}$		$+\infty$
g		↗	$-\frac{56}{9}$	↘	$-\frac{88}{9}$	↗	

3. a. Sur l'intervalle $\left]-\infty ; -\frac{2}{3}\right[$, on peut remarquer que g est strictement négative car son maximum en $-\frac{2}{3}$ est négatif.

Sur l'intervalle $\left]-\frac{2}{3} ; \frac{2}{3}\right[$, g est décroissante et $g\left(\frac{2}{3}\right) = -\frac{88}{9}$.

Sur l'intervalle $\left]\frac{2}{3} ; +\infty\right[$, g est strictement croissante et, par exemple, $g(2) = 8$ est positif.

Il existe un réel α tel que $g(\alpha) = 0$.

b. À la calculatrice on obtient : $\alpha = 1{,}70$ à 10^{-2} près par défaut.

4. On en déduit que $g(x) \leqslant 0$ sur $]-\infty ; \alpha]$ et $g(x) \geqslant 0$ sur $[\alpha ; +\infty[$.

• Partie B : étude de la fonction *f*

1. f est dérivable sur $]-\infty ; 0[$ et sur $]0 ; +\infty[$ comme somme de fonctions dérivables sur ces intervalles.

Pour tout x de $\mathbb{R}^*$, on a $f'(x) = \frac{3}{4} - \frac{1}{x^2} - \frac{2}{x^3} = \frac{3x^3 - 4x - 8}{4x^3} = \frac{g(x)}{4x^3}$

2. Étudions le signe de $f'(x)$ pour en déduire les variations de f.

Remarquons que $4x^3$ est du signe de x donc $f'(x)$ a le même signe que $xg(x)$

x	$-\infty$		0		α		$+\infty$
$g(x)$		$-$		$-$	0	$+$	
x		$-$	0	$+$		$+$	
$f'(x)$		$+$		$-$	0	$+$	

On en déduit le tableau de variations de f:

$f(x)$	↗	‖	↘	$f(\alpha)$	↗

3. a. Étudions le signe de $f(x)-\left(\frac{3}{4}x+1\right)$.

On a $f(x)-\left(\frac{3}{4}x+1\right)=\frac{1}{x}+\frac{1}{x^2}=\frac{x+1}{x^2}$

Cette différence est du signe de $x+1$ car x^2 est toujours positif.
Ainsi :

$f(x)-\left(\frac{3}{4}x+1\right)\geqslant 0$ si $x\in[-1\,;+\infty[$

$f(x)-\left(\frac{3}{4}x+1\right)\leqslant 0$ si $x\in]-\infty\,;-1]$

b. Cette différence représente la distance entre les points de même abscisse x, l'un appartenant à la droite (D) et l'autre appartenant à la courbe $\mathscr{C}$.
On en déduit donc que $\mathscr{C}$ est au-dessus de (D) sur $\in[-1\,;+\infty[$
et $\mathscr{C}$ est au-dessous de (D) sur $]-\infty\,;-1]$.

c. Remarquons que $f(x)-\left(\frac{3}{4}x+1\right)=\frac{x+1}{x^2}$ d'après le calcul précédent.

On a donc :

$f(x)-\left(\frac{3}{4}x+1\right)<10^{-2}\Leftrightarrow\frac{x+1}{x^2}<10^{-2}\Leftrightarrow x+1<10^{-2}x^2\Leftrightarrow 10^{-2}x^2-x-1<0$

Nous obtenons une inéquation du second degré, il nous faut donc calculer les racines éventuelles de ce polynôme :

$\Delta=(-1)^2-4\times(10^{-2})\times(-1)=1+0{,}04=1{,}04$ donc $\Delta>0$.

On a donc deux racines $x_1=\frac{1-\sqrt{1{,}04}}{0{,}02}\approx-0{,}99$ et $x_2=\frac{1+\sqrt{1{,}04}}{0{,}02}\approx 100{,}99$

On peut en déduire que la droite se rapproche de la courbe pour x « grand » et pour x négatif la droite et la courbe sont très proches l'une de l'autre très rapidement.

4. On obtient la représentation graphique suivante :

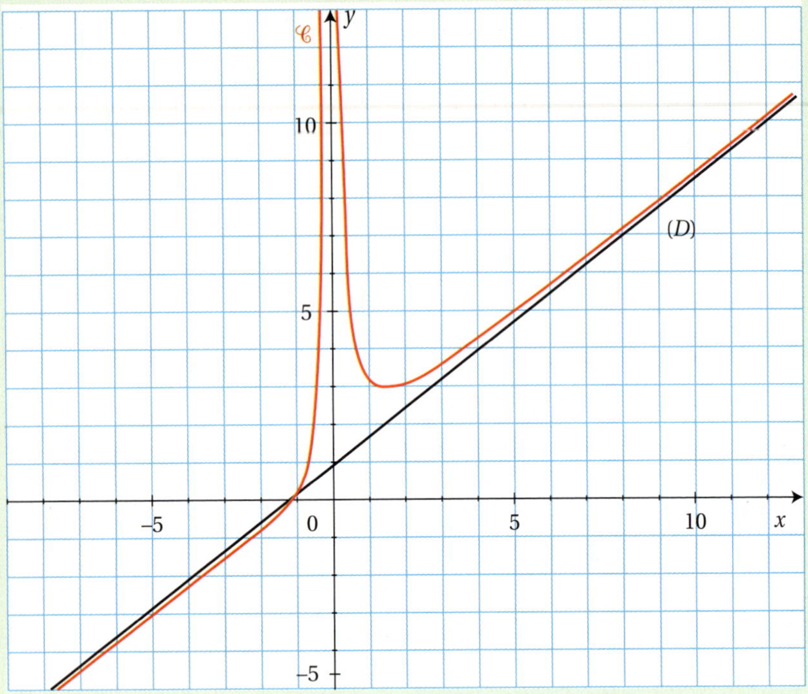

16 **1.** Une fonction polynôme du premier degré c'est-à-dire affine ne peut pas convenir. En effet, nous cherchons une fonction dont la tangente est parallèle au sol (horizontale) c'est à dire avec un coefficient directeur nul.
Or une fonction affine a une fonction dérivée constante égale à a.

2. Déterminons la fonction dérivée de f : il vient $f'(x) = 2ax + b$.

Traduisons les conditions de l'énoncé : $f'(0) = 0$ et $f'(1) = 0$

$$f'(0) = 0 \Leftrightarrow b = 0 \text{ et } f'(1) = 0 \Leftrightarrow 2a + b = 0 \text{ d'où } a = 0.$$

La fonction f serait une fonction constante.
Ce qui n'est pas possible.

3. Le point H a pour coordonnées $(0\,;0{,}5)$ et le point B a pour coordonnées $(1\,;\,0)$

La parabole de sommet H a pour équation $y = f(x) = ax^2 + bx + c$ sa dérivée est $f'(x) = 2ax + b$

Le sommet de cette parabole est le point H donc $f'(0) = 0$ et $f(0) = 0{,}5$.
Ainsi $b = 0$ et $c = 0{,}5$.

L'équation de la parabole est donc : $y = f(x) = ax^2 + 0{,}5$.
Déterminons une équation de la parabole de sommet B .
Son équation est de la forme $y = g(x) = mx^2 + nx + p$

On a donc $g'(1) = 0$ et $g(1) = 0$ soit $2m + n = 0$ et $m + n + p = 0$
d'où $n = -2m$ et $p = m$.

On a donc $g(x) = mx^2 - 2mx + m = m(x-1)^2$

Traduisons que les deux courbes ont un point commun qui est le point d'abscisse $\frac{1}{2}$ et se raccordent en ce point.

> On cherche donc la condition pour que ces deux courbes aient une tangente commune au point d'abscisse $\frac{1}{2}$.

On a donc $f\left(\frac{1}{2}\right) = g\left(\frac{1}{2}\right)$ et $f'\left(\frac{1}{2}\right) = g'\left(\frac{1}{2}\right)$

$$f\left(\frac{1}{2}\right) = g\left(\frac{1}{2}\right) \Leftrightarrow \frac{m}{4} - m + m = \frac{a}{4} + 0{,}5 \Leftrightarrow \frac{m}{4} = \frac{a}{4} + 0{,}5 \Leftrightarrow m = a + 2$$

$$f'\left(\frac{1}{2}\right) = g'\left(\frac{1}{2}\right) \Leftrightarrow 2m\left(\frac{1}{2}\right) - 2m = a \Leftrightarrow -m = a$$

Résolvons alors le système :

$$\begin{cases} m = a+2 \\ -m = a \end{cases} \Leftrightarrow \begin{cases} m = a+2 \\ -(a+2) = a \end{cases} \Leftrightarrow \begin{cases} m = a+2 \\ -a-2 = a \end{cases} \Leftrightarrow \begin{cases} m = a+2 \\ a = -1 \end{cases} \Leftrightarrow \begin{cases} m = 1 \\ a = -1 \end{cases}$$

Les deux paraboles cherchées ont donc pour équations :

$$f(x) = -x^2 + 0{,}5 \quad \text{et} \quad g(x) = x^2 - 2x + 1$$

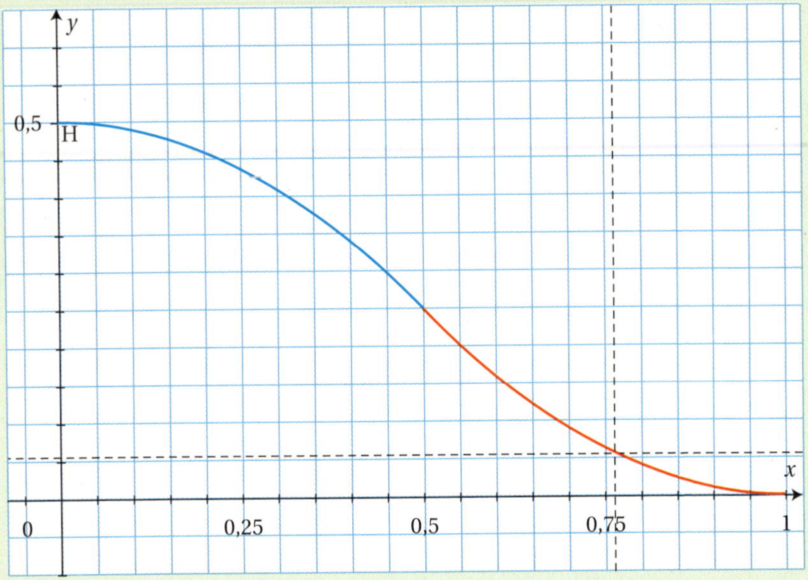

4. La courbe représentant le polynôme du troisième degré doit avoir pour équation $y = h(x) = ax^3 + bx^2 + cx + d$ sa dérivée est donnée par :

$$h'(x) = 3ax^2 + 2bx + c$$

Cette courbe doit vérifier les conditions suivantes :

$h(0) = 0,5$, $h(1) = 0$, $h'(0) = 0$ et $h'(1) = 0$

On obtient donc :

$h(0) = 0,5 \Leftrightarrow d = 0,5$

$h(1) = 0 \Leftrightarrow a + b + c + d = 0$

$h'(0) = 0 \Leftrightarrow c = 0$

$h'(1) = 0 \Leftrightarrow 3a + 2b + c = 0$

a, b, c, d vérifient :

$$\begin{cases} c = 0 \\ d = 0,5 \\ a + b = -0,5 \\ 3a + 2b = 0 \end{cases} \Leftrightarrow \begin{cases} c = 0 \\ d = 0,5 \\ a = -0,5 - b \\ 3(-0,5 - b) + 2b = 0 \end{cases} \Leftrightarrow \begin{cases} c = 0 \\ d = 0,5 \\ a = -0,5 - b \\ b = -1,5 \end{cases} \Leftrightarrow \begin{cases} c = 0 \\ d = 0,5 \\ a = 1 \\ b = -1,5 \end{cases}$$

La fonction cherchée est donc définie par $h(x) = x^3 - 1,5x^2 + 0,5$

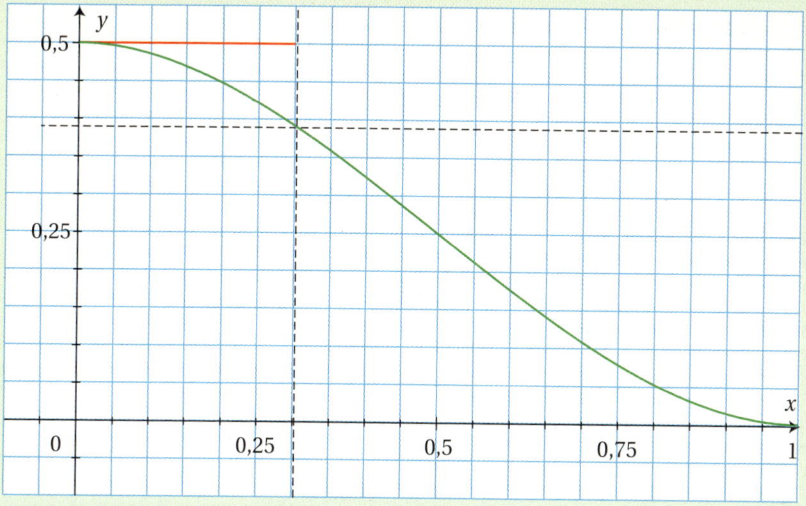

Déterminons la pente maximale.
Pour cela, étudions les variations de la fonction h'.
Déterminons la dérivée h'' de h' et étudions son signe.

On a $h'(x) = 3x^2 - 3x$ donc $h''(x) = 6x - 3$

$h''(x) \geqslant 0 \Leftrightarrow x \leqslant \frac{1}{2}$

h' est donc décroissante sur $\left[0\,;\frac{1}{2}\right]$ et croissante sur $\left[\frac{1}{2};1\right]$

On remarque que $h'(x)$ est négative sur $[0\,;1]$

La pente maximale est donc obtenue pour $x = \frac{1}{2}$, elle vaut $\left|h'\left(\frac{1}{2}\right)\right| = \frac{3}{4}$

4. h est la fonction définie par $h(x) = ax^3 + bx^2 + cx + d$.
Écrivons les conditions :

- le point B a pour coordonnées $(l\,;0)$ on doit donc avoir $h(l) = 0$
- la tangente en B est horizontale donc $h'(l) = 0$
- $h(0) = 0{,}5$ et $h'(0) = 0$

D'où $h(0) = 0{,}5 \Leftrightarrow d = 0{,}5$ et $h'(0) = 0 \Leftrightarrow c = 0$

La fonction h s'écrit donc sous la forme $h(x) = ax^3 + bx^2 + 0{,}5$

$h(l) = 0 \Leftrightarrow al^3 + bl^2 + 0{,}5 = 0$

$h'(l) = 0 \Leftrightarrow 3al^2 + 2bl = 0$

Déterminons donc a et b en fonction de l.
Pour cela, résolvons le système suivant, d'inconnues a et b.

$$\begin{cases} al^3 + bl^2 = -0,5 \\ 3al^2 + 2bl = 0 \end{cases} \Leftrightarrow \begin{cases} al^3 + bl^2 = -0,5 \\ b = -\dfrac{3}{2}al \end{cases} \Leftrightarrow \begin{cases} -\dfrac{1}{2}al^3 = -0,5 \\ b = -\dfrac{3}{2}al \end{cases} \Leftrightarrow \begin{cases} a = \dfrac{1}{l^3} \\ b = -\dfrac{3}{2}\left(\dfrac{1}{l^2}\right) \end{cases}$$

La fonction h est donc donnée par : $h(x) = \dfrac{1}{l^3}x^3 - \dfrac{3}{2}\left(\dfrac{1}{l^2}\right)x^2 + 0,5$ car $l \neq 0$

Pour obtenir la pente maximale on détermine le maximum de $|h'(x)|$ sur $[0\,;l]$

On a $h'(x) = \dfrac{3}{l^3}x^2 - \dfrac{3}{l^2}x$

Déterminons maintenant la dérivée seconde de h sur $[0\,;l]$

$h''(x) = \dfrac{6}{l^3}x - \dfrac{3}{l^2}$. Or $h''(x) = 0 \Leftrightarrow x = \dfrac{l}{2}$

La pente est donc maximale au point d'abscisse $\dfrac{l}{2}$.

On retrouve bien, dans le cas général, le résultat de la question précédente.

La pente maximale est donc $\left|h'\left(\dfrac{l}{2}\right)\right|$, cette pente maximale ne doit pas dépasser 10 %.

On veut donc que $\left|h'\left(\dfrac{l}{2}\right)\right| \leqslant \dfrac{1}{10}$.

$$h'\left(\frac{l}{2}\right) = \frac{3}{l^3}\left(\frac{l}{2}\right)^2 - \frac{3}{l^2}\left(\frac{l}{2}\right) = \frac{3}{4l} - \frac{3}{2l} = -\frac{3}{4l}$$

La valeur absolue de $h'\left(\dfrac{l}{2}\right)$ est donc $\dfrac{3}{4l}$

On cherche donc les valeurs de l telles que $\left|h'\left(\dfrac{l}{2}\right)\right| \leqslant \dfrac{1}{10}$

c'est à dire $\dfrac{3}{4l} \leqslant 0,1$

$$\frac{3}{4l} \leqslant 0,1 \Leftrightarrow 3 \leqslant 0,4l \Leftrightarrow l \geqslant \frac{3}{0,4} \Leftrightarrow l \geqslant 7,5$$

On peut multiplier par $4l$ car l est un réel positif puisqu'il représente une longueur

Pour répondre au problème posé, le point de départ O doit être éloigné d'au moins 7,5 m du point d'arrivée B.

www.annabac.com

CHAPITRE

5 Suites

Une suite est une fonction particulière. L'étude des suites, comme celle des fonctions, aborde deux aspects principaux : leur monotonie et leur limite éventuelle lorsque n tend vers $+\infty$. Cependant, la notion de dérivée d'une suite n'existe pas !...

1 Introduction

A Un exemple algébrique

Voici une liste de nombres entiers : 43, 47, 53, 61, 71, …

Pour construire cette liste, on suit la logique suivante :

• on obtient le premier terme en élevant 1 au carré, puis en ajoutant 1, puis 41 ;

• on obtient le deuxième terme en élevant 2 au carré, puis en ajoutant 2, puis 41 ;

etc.

Autrement dit, on construit la liste à l'aide de la fonction f définie par $f(x) = x^2 + x + 41$ dont on calcule les termes $f(1)$, $f(2)$, $f(3)$ …

Au lieu d'écrire $f(1)$, $f(2)$, $f(3)$…, on écrit u_1, u_2, u_3…

On dit qu'on définit une suite u_n telle que $u_n = n^2 + n + 41$ pour tout $n \subset \mathbb{N}^*$.

Remarque : Le premier terme de la liste est $u_1 = 43$, obtenu pour $n = 1$, c'est pourquoi on a précisé « pour tout $n \in \mathbb{N}^*$ ». On aurait aussi pu définir une suite v_n par la relation $v_n = n^2 + n + 41$, pour tout $n \in \mathbb{N}$, et dont le premier terme est v_0. Alors $v_0 = 41$.

NOTATION

Une suite se note par une lettre, par exemple u, ou bien $(u_n)_{n\in\mathbb{N}}$ qui signifie que les indices sont des nombres entiers, ou encore $(u_n)_{n\in\mathbb{N}^*}$ dans laquelle les indices sont des entiers non nuls ou encore u_n tout court, etc.

B Une suite récurrente

Prolongeons la liste suivante : 1, 1, 2, 3, 5, 8, 13, 21 …
On observe que les deux premiers termes sont des 1 ; qu'à partir de 2, chaque nombre est égal à la somme des deux nombres qui le précèdent.
Ainsi $2 = 1+1$, $3 = 1+2$, $5 = 2+3$, etc.
Dans cet exemple, la liste s'obtient à partir de la suite u_n définie par $u_0 = 1$, $u_1 = 1$ et, pour tout $n \in \mathbb{N}$, $u_{n+2} = u_{n+1} + u_n$.
Alors $u_2 = u_1 + u_0 = 2$, $u_3 = u_2 + u_1 = 3$, $u_4 = u_2 + u_3 = 5$, etc.

Si n désigne un entier, alors $n-1$ est son prédécesseur et $n+1$ est son successeur.

Remarques : • Ici, on voit que l'indice n de u_n n'a pas de lien avec la **valeur** de u_n contrairement à l'exemple précédent.
• Les premiers termes de cette suite définie par récurrence ont leur importance. En choisissant $u_0 = 2$, $u_1 = 5$, on obtient une **autre suite**, construite sur la même logique, mais bien différente de la première : 2, 5, 7, 12, 19, 31, etc.
• Définir une suite récurrente, ou par récurrence, signifie que l'on définit un terme en fonction du précédent (récurrence du premier ordre) ou des deux précédents (récurrence du second ordre). Le premier, ou les deux premiers termes, sont alors à définir à part.

NE CONFONDEZ PAS u_n+1 ET u_{n+1}

- u_n+1 désigne le nombre u_n auquel on a ajouté 1, on peut écrire $u_n+1=1+u_n$.
- u_{n+1} désigne le successeur de u_n.

Exemple : Si $u_n = n^2+1$, alors $u_{n+1} = (n+1)^2+1 = n^2+2n+2$ et $u_n+1 = n^2+2$.

2 Sens de variation d'une suite

A Exemples

Dans les tableaux suivants sont regroupés les neuf premiers termes de trois suites distinctes u_n, v_n et w_n.

n	0	1	2	3	4
u_n	−2	0,5	3	5,5	8
v_n	1	0,5	0,25	0,125	0,062 5
w_n	−1	1,5	−2,25	3,375	−5,062 5

n	5	6	7	8
u_n	10,5	13	15,5	18
v_n	0,031 25	0,015 625	0,007 812 5	0,003 906 25
w_n	7,593 75	– 11,390 625	17,085 937 5	– 25,628 906 25

Après analyse, on est tenté de conclure que la suite u_n est croissante, v_n est décroissante et w_n n'est ni croissante ni décroissante.
Mais comment le prouver ?

B Définitions

- Dire qu'une suite u_n est **croissante** signifie que chaque terme est inférieur ou égal à son successeur. Autrement dit, si pour tout $n \in \mathbb{N}$, $u_n \leqslant u_{n+1}$.

- Dire qu'une suite u_n est **décroissante** signifie que chaque terme est supérieur ou égal à son successeur. Autrement dit, si pour tout $n \in \mathbb{N}$, $u_n \geqslant u_{n+1}$.

- Dire qu'une suite u_n est **constante** signifie qu'elle est à la fois croissante et décroissante. Autrement dit, si pour tout $n \in \mathbb{N}$, $u_{n+1} = u_n$.

Remarque
On définit des suites **strictement** croissantes et **strictement** décroissantes avec des inégalités **strictes**.

VARIATIONS D'UNE SUITE
- Une suite u_n est croissante si et seulement si, pour tout $n \in \mathbb{N}$, $u_{n+1} - u_n \geqslant 0$.
- Une suite u_n est décroissante si et seulement si, pour tout $n \in \mathbb{N}$, $u_{n+1} - u_n \leqslant 0$.
- Une suite u_n est constante si et seulement si, pour tout $n \in \mathbb{N}$, $u_{n+1} - u_n = 0$.

- Une suite **monotone** est une suite qui est soit croissante, soit décroissante.
Pour étudier la monotonie d'une suite, on cherche à examiner le signe de $u_{n+1} - u_n$. S'il est positif, la suite est croissante et s'il est négatif, la suite est décroissante.
Dans le cas d'une suite à termes **strictement positifs**, il existe un autre moyen.

On examine le quotient $\dfrac{u_{n+1}}{u_n}$.

- Si $\dfrac{u_{n+1}}{u_n} \geqslant 1$, alors $u_{n+1} \geqslant u_n$ donc la suite est croissante.

- Si $\dfrac{u_{n+1}}{u_n} \leqslant 1$, alors $u_{n+1} \leqslant u_n$ donc la suite est décroissante.

3 Suites arithmétiques

A Introduction

Définition
Soit r un nombre réel. Dire que u_n est une **suite arithmétique de raison r** signifie que, pour tout $n \in \mathbb{N}$, on a :

$$u_{n+1} = u_n + r$$

Autrement dit, un terme s'obtient en ajoutant un nombre fixe au terme qui le précède.

Exemples
• Les nombres entiers naturels forment une suite arithmétique de raison 1, car le premier entier est 0, son successeur est 1, qui a lui-même pour successeur 2 et ainsi de suite. Dans ce cas, $u_{n+1} = u_n + 1$ et $u_0 = 0$.
• Les nombres pairs forment une suite arithmétique de raison 2, de même que les nombres impairs.

DÉMONTRER QU'UNE SUITE EST ARITHMÉTIQUE
Pour démontrer qu'une suite u_n est arithmétique, il suffit de démontrer que la différence $u_{n+1} - u_n$ est constante. En effet, cette différence est égale à la raison r de la suite.

B Propriétés des suites arithmétiques

Théorème 1
Une suite u_n est arithmétique si et seulement si il existe deux constantes a et b telles que, pour tout $n \in \mathbb{N}$, $\boldsymbol{u_n = an + b}$.
Le nombre a est alors la raison de la suite et b le premier terme.
Pour la démonstration, voir l'exercice 5.

UNE FORMULE UTILE
u_n étant une suite arithmétique de raison r, pour tous entiers naturels p et k :
$u_p = u_k + (p-k)r$ (voir exercice 7).
En particulier, pour tout $n \in \mathbb{N}$, $u_n = u_0 + nr$ (formule précédente avec $p = n$ et $k = 0$).

Théorème 2
Soit u_n une suite arithmétique de raison r.
• La suite u_n est croissante si et seulement si $r \geqslant 0$.
• La suite u_n est décroissante si et seulement si $r \leqslant 0$.
• La suite u_n est constante si et seulement si $r = 0$.

Démonstration

Pour tout $n \in \mathbb{N}$, $u_{n+1} - u_n = r$. Le théorème résulte alors de la définition d'une suite monotone.

C Somme de termes consécutifs d'une suite arithmétique

On sait que les nombres entiers naturels non nuls forment une suite arithmétique de raison 1. Cherchons à calculer la somme $S = 1 + 2 \ldots + (n-1) + n$.
Écrivons cette somme de deux façons :

$$\begin{cases} S = 1 + 2 + \cdots + (n-1) + n \\ S = n + (n-1) + \cdots + 2 + 1 \end{cases}$$

En additionnant les deux égalités, on obtient :

$$2S = (1+n) + [2 + (n-1)] + \cdots + [(n-1) + 2] + (n+1)$$

ou encore :

$$2S = (1+n) + (1+n) + \cdots + (n+1) + (n+1)$$

Par conséquent, la somme $2S$ est composée de n termes tous égaux à $(n+1)$, donc $2S = n(n+1)$.
Finalement :

$$S = \frac{n(n+1)}{2}$$

On peut aussi démontrer que la somme de termes consécutifs d'une suite arithmétique dont le premier est P et le dernier est D est égale à :

$$\frac{(P+D) \times \text{nombre de termes}}{2}$$

4 Suites géométriques

A Introduction

Définition

Soit q un nombre réel différent de 0. Dire que u_n est une **suite géométrique de raison q** signifie que, pour tout $n \in \mathbb{N}$, on a :

$$u_{n+1} = qu_n$$

Autrement dit, un terme s'obtient en multipliant le terme précédent par un nombre fixe.

Exemples

• Les nombres $1, -\frac{1}{2}, \frac{1}{4}, -\frac{1}{8}, \frac{1}{16}, \ldots$ forment une suite géométrique de raison $-\frac{1}{2}$ et de premier terme 1.

• Les nombres 1, 3, 9, 27, 81, 243, 729, … forment une suite géométrique de raison 3.

Remarque : Comme pour les suites arithmétiques, il est nécessaire de fixer le premier terme d'une suite géométrique pour la définir sans ambiguïté. Autrement dit, la raison ne suffit pas.

DÉMONTRER QU'UNE SUITE EST GÉOMÉTRIQUE

Pour démontrer qu'une suite u_n est géométrique, il suffit de calculer le rapport $\frac{u_{n+1}}{u_n}$ et de montrer qu'il est constant. Cette constante est égale à la raison q de la suite.

B Propriétés des suites géométriques

Théorème 1

Une suite u_n est géométrique si et seulement si il existe une constante $a \neq 0$ et une constante b telles que, pour tout $n \in \mathbb{N}$, $\boldsymbol{u_n = ba^n}$.
Le nombre a est alors la raison de la suite et b le premier terme.

Théorème 2

Soit u_n une suite géométrique de raison q.

• La suite u_n est monotone si et seulement si $q > 0$.

• Elle est croissante si et seulement si ($q > 1$ et $u_0 > 0$) ou ($0 < q < 1$ et $u_0 < 0$).

• Elle est décroissante si et seulement si ($q > 1$ et $u_0 < 0$) ou ($0 < q < 1$ et $u_0 > 0$).

Les démonstrations de ces théorèmes sont développées dans les exercices 8 et 9.

UNE FORMULE UTILE

On peut aussi démontrer que u_n étant une suite géométrique de raison q alors pour tous entiers naturels p et k, on a $u_p = u_k q^{p-k}$.
En particulier, pour tout $n \in \mathbb{N}$, $u_n = u_0 q^n$ (formule précédente avec $p = n$ et $k = 0$).

C Somme de termes consécutifs d'une suite géométrique

Soit un nombre $q \neq 0$ et $q \neq 1$, on cherche à calculer la somme suivante :

$$S = 1 + q + q^2 + q^3 + \cdots + q^n$$

Pour cela, calculons qS. $qS = q + q^2 + q^3 + q^4 + \cdots + q^{n+1}$.

Alors $S-qS=1-q^{n+1}$, ce qui est équivalent à $S(1-q)=1-q^{n+1}$.
On trouve alors :

$$S=\frac{1-q^{n+1}}{1-q}$$

Remarque : La somme S contient $n+1$ termes, c'est pourquoi l'exposant de q est précisément $n+1$.
On peut démontrer que la somme de termes consécutifs d'une suite géométrique de premier terme P et de raison $q (q \neq 1)$ est égale à :

$$P\frac{\left(1-q^{\text{nombre de termes}}\right)}{1-q}$$

5 Notion de limite d'une suite

■ Lorsque n prend des valeurs de plus en plus grandes, que devient u_n ?
Se poser cette question revient à se demander quelle est la limite de u_n lorsque n tend vers $+\infty$.
Plus précisément,
• existe-t-il un nombre ℓ vers lequel u_n s'approche aussi près que l'on veut lorsque n tend vers $+\infty$?
Dans le cas où ce nombre existe, on dit que ℓ est la limite de u_n lorsque n tend vers $+\infty$.
• lorsque n tend vers $+\infty$, la suite u_n prend-elle des valeurs arbitrairement grandes ? Si c'est le cas, on dit que la limite de u_n quand n tend vers $+\infty$ est égale à $+\infty$.
• lorsque n tend vers $+\infty$, la suite u_n prend-elle des valeurs arbitrairement grandes (en valeur absolue) et négatives ? Si c'est le cas, on dit que la limite de u_n quand n tend vers $+\infty$ est égale à $-\infty$.

■ En classe de 1re S, on cherche une réponse expérimentale à ces questions. La solution sera donc déterminée par des calculs effectués à la main, avec un tableur ou une calculatrice, ou à l'aide d'un graphique.

Exemples
Lorsque n tend vers $+\infty$,
• la suite u_n définie par $u_n=n^2+1$ tend vers $+\infty$, on écrit $\lim\limits_{n\to+\infty} u_n=+\infty$;
• la suite v_n définie par $v_n=-n+3$ tend vers $-\infty$, on écrit $\lim\limits_{n\to-\infty} v_n=-\infty$;
• la suite w_n définie par $w_n=\dfrac{1}{n}$ tend vers 0, on écrit $\lim\limits_{n\to+\infty} w_n=+\infty$.

Lire un algorithme

ÉNONCÉ

1 Traduire en quelques phrases les instructions de l'algorithme suivant.

2 Quel sera l'affichage si $p = 10^{-6}$, $p = 10^{-10}$?

3 Quelle conjecture sur la limite de $\frac{1}{n^2+1}$ quand n tend vers $+\infty$ suggèrent les résultats ?

```
VARIABLES
        p EST UN NOMBRE
        n EST UN NOMBRE
DEBUT_ALGORITHME
        LIRE p
        n PREND_LA_VALEUR 0
                TANT_QUE (1/(n^2+1)>=p) FAIRE
                DEBUT_TANT_QUE
                n PREND_LA_VALEUR n+1
                FIN_TANT_QUE
        AFFICHER n
FIN_ALGORITHME
```

MÉTHODE

1 Il y a trois parties dans cet algorithme.

► La première décrit les variables ; ici il y en a deux (n et p) et elles représentent des nombres.

► La deuxième décrit des instructions de calcul pour exécuter (« faire ») un ordre tant qu'une certaine condition est réalisée.

► La troisième dit d'afficher le nombre n.

2 Il suffit de trouver la première valeur de n pour laquelle $\frac{1}{n^2+1}$ est inférieur à 10^{-6} puis à 10^{-10}.

CORRIGÉ

1 Au début, l'ordinateur qui exécute l'algorithme lit un nombre p. Ensuite la variable n prend la valeur 0.

Tant que $\frac{1}{n^2+1} \geqslant p$, la variable n prend la valeur $n+1$.

Dès que $\frac{1}{n^2+1} < p$, l'ordinateur affiche la valeur contenue dans la variable n.

2 • Si $p = 10^{-6}$, la valeur de la variable n sera affichée dès que $\frac{1}{n^2+1} < 10^{-6}$, soit quand $n^2+1 > 10^6$, ce qui est équivalent à $n > \sqrt{10^6 - 1}$.
Par conséquent, la valeur affichée est 10^3 (ne pas oublier que n est un nombre entier).
• Si $p = 10^{-10}$, la valeur affichée de la variable n sera affichée dès que $n > \sqrt{10^{10} - 1}$.
donc 10^5.

3 On a l'impression que $\frac{1}{n^2+1}$ peut devenir aussi proche de 0 que l'on veut pourvu que n soit choisi suffisamment grand.

Par exemple si $n > 10^3$, alors $\frac{1}{n^2+1} < 0{,}000\,001$ et si $n > 10^5$ alors $\frac{1}{n^2+1} < 0{,}000\,000\,000\,1$.

On peut penser que $\lim\limits_{n \to +\infty} \frac{1}{n^2+1} = 0$.

Déterminer la monotonie d'une suite

ÉNONCÉ

Étudier la monotonie des suites u_n suivantes.

1 Pour tout $n \in \mathbb{N}$, $u_n = 1 - 2^n$.

2 Pour tout $n \subset \mathbb{N}^*$, $u_n = \frac{2^n}{n}$.

3 Pour tout $n \in \mathbb{N}$, $u_n = -2 \times \left(\frac{1}{5}\right)^n$.

4 Pour tout $n \in \mathbb{N}$, $u_n = n^2 + 1$.

MÉTHODE

Pour étudier la monotonie d'une suite u_n on peut

- trouver le signe de $u_{n+1} - u_n$
- comparer $\dfrac{u_{n+1}}{u_n}$ et 1 si $u_n > 0$
- utiliser les théorèmes relatifs aux suites arithmétiques et géométriques
- utiliser les variations de f si $u_n = f(n)$

CORRIGÉ

1 Pour tout $n \in \mathbb{N}$,

$$u_{n+1} - u_n = 1 - 2^{n+1} - 1 + 2^n = -2^{n+1} + 2^n = 2^n(-2+1) = -2^n$$

Il en résulte que $u_{n+1} - u_n < 0$ et donc u_n est strictement décroissante.

2 Pour tout $n \in \mathbb{N}^*$, $\dfrac{u_{n+1}}{u_n} = \dfrac{\dfrac{2^{n+1}}{n+1}}{\dfrac{2^n}{n}} = \dfrac{2^{n+1}}{n+1} \times \dfrac{n}{2^n} = \dfrac{2^n \times 2}{n+1} \times \dfrac{n}{2^n} = \dfrac{2n}{n+1}$.

Or, pour tout $n \geqslant 1$, $n + n \geqslant 1 + n$ donc $2n \geqslant n+1$ donc $\dfrac{2n}{n+1} \geqslant 1$. D'où $\dfrac{u_{n+1}}{u_n} \geqslant 1$.

Puisque u_n est strictement positif, on en déduit que $u_{n+1} \geqslant u_n$, ce qui prouve que la suite u_n est croissante.

3 Puisque u_n est de la forme ba^n (avec $b = -2$ et $a = \dfrac{1}{5}$), on en déduit que u_n est une suite géométrique de raison $\dfrac{1}{5}$. On sait que cette suite est monotone puisque $a > 0$. Puisque $u_0 = -2$ et $u_1 = -\dfrac{2}{5}$, $u_0 < u_1$, ce qui prouve que la suite u_n est croissante.

4 On sait que la fonction f définie sur $[0\,;+\infty[$ par $f(x) = x^2 + 1$ est croissante. Puisque $u_n = f(n)$ et $n \in [0\,;+\infty[$, la suite u_n est croissante.

SE TESTER QUIZ

Dans les exercices 1 à 4, choisir la ou les bonnes réponses en justifiant son choix.

1 Si $u_n = 2n+1$, alors

☐ **a.** $u_{n+1} = 2n+2$ ☐ **b.** $u_{n+1} = 2n+3$ ☐ **c.** $u_{n+1} = n^2+1$

2 Si $u_{n+1} = u_n + 2$, alors

☐ **a.** $u_{n+2} = u_n + 3$ ☐ **b.** $u_{n+2} = u_{n+1}$ ☐ **c.** $u_n = u_{n+1} - 2$

3 Si $u_{n+1} = u_n - 1$, alors

☐ **a.** la suite u_n est constante
☐ **b.** la suite u_n est arithmétique
☐ **c.** la suite u_n est décroissante
☐ **d.** la suite u_n est croissante

4 Une suite géométrique

☐ **a.** est forcément monotone
☐ **b.** est toujours positive
☐ **c.** peut être constante
☐ **d.** est toujours croissante

TRAITER UNE QUESTION DE COURS

5 Démontrer qu'une suite u_n est arithmétique si et seulement si il existe deux constantes a et b telles que, pour tout $n \in \mathbb{N}$, $u_n = an+b$. Que représentent alors les constantes a et b ?

6 **a.** Démontrer qu'une suite arithmétique est monotone.
b. Dans quel cas est-elle constante ?

7 Démontrer que si u_n est une suite arithmétique de raison r alors, pour tous entiers naturels p et k, on a $u_p = u_k + (p-k)r$.

On pourra utiliser les résultats de l'exercice 5.

8 **a.** Démontrer qu'une suite géométrique u_n est monotone si et seulement si sa raison est positive.
b. Discuter alors, suivant les valeurs de q et u_0, le sens de variation de u_n.

9 Démontrer qu'une suite u_n est géométrique si et seulement si il existe une constante $a \neq 0$ et une constante b telles que, pour tout $n \in \mathbb{N}$, $u_n = ba^n$. Que représentent les constantes a et b ?

S'ENTRAÎNER

10 Parmi les suites u_n suivantes, lesquelles sont arithmétiques ? géométriques ?

a. $u_n = \dfrac{1}{n+1}$ **b.** $u_n = -2n+3$ **c.** $u_n = \dfrac{2^n}{3}$

11 Déterminer le sens de variation des suites définies par :

a. $u_n = \dfrac{4}{5^n}$ **b.** $u_n = \dfrac{n}{n+1}$ **c.** $u_n = \dfrac{1}{2}n+5.$

12 Étudier la monotonie des suites proposées.

a. $u_n = -5n+2.$ **b.** $u_n = 2\times 5^n.$ **c.** $u_n = -\dfrac{2}{3}\times 5^n.$

d. $u_{n+1} = 2+u_n,\ u_0 = -1.$ **e.** $u_n = 3\left(\dfrac{1}{6}\right)^n.$

Calcul des termes d'une suite

13 Quel est le 212e multiple de 4 ? (0 est un multiple de 4 !).

14 Compléter « logiquement » la liste ci-après et donner le terme général de la suite suggérée : 1, 2, 6, 24, 120, 720, ...

15 Une balle est lâchée d'une hauteur d'un mètre par rapport au sol.
À chaque rebond, elle remonte à la moitié de son altitude précédente.
À partir de combien de rebonds s'élèvera-t-elle à moins de 1 cm du sol ?

On pourra utiliser la table de la calculatrice

Dans les exercices 16 et 17, calculer des valeurs approchées de u_n à 10^{-2} près pour les valeurs de n indiquées (on pourra utiliser un programme de calcul).

16 $u_0 = 1$ et $u_{n+1} = \dfrac{1}{2}u_n + 1$; $n \in \{1, 2, \dots, 10\}.$

17 $u_0 = 1$ et $u_1 = 1$ et $u_{n+2} = u_{n+1} + u_n$; $n \in \{1, 2, \dots, 10\}$

Suite de Fibonacci

18 Les deux suites $(u_n)_{\mathbb{N}}$ et $(v_n)_{\mathbb{N}}$ sont définies simultanément.
$u_0 = \dfrac{1}{2}$, $v_0 = 1$ et, pour n de $\mathbb{N}$, $u_{n+1} = \dfrac{u_n + v_n}{2}$, $v_{n+1} = \sqrt{u_n v_n}$.
Calculer u_n et v_n pour tout n de $\{1, 2, \dots, 5\}$ à 10^{-2} près.

Suites arithmétiques

Dans les exercices 19 à 24, déterminer les suites arithmétiques et donner dans chaque cas la raison.

On peut examiner la différence $u_{n+1} - u_n$ et démontrer que, pour tout $n \in \mathbb{N}$, elle est constante ou utiliser la caractérisation d'une suite arithmétique de raison a et de premier terme b : pour tout $n \in \mathbb{N}$, $u_n = an + b$.

19 **a.** $u_0 = 2$ et, pour tout n de $\mathbb{N}$, $2u_{n+1} = 2u_n - 1$.

b. $\forall n \in \mathbb{N}$, $u_n = 3n - 1$.

20 **a.** u_n est le n-ième multiple de 10. **b.** $u_n = n^2 + 1$

21 $u_{n+1} = u_n + \dfrac{1}{n+1}$ et $u_0 = 0$.

22 Soit $(u_n)_{\mathbb{N}}$ une suite arithmétique de raison r.

a. Sachant que $u_{10} = 10$ et $u_{30} = -10$, trouver u_0 et r.

b. Sachant que $u_{12} = 0$ et $u_0 = 6$, calculer u_{24}.

23 Calculer la somme des 50 premiers multiples de 7 (0 est un multiple de 7 !).

24 Trouver tous les triplets de trois réels a, b et c termes consécutifs d'une suite arithmétique, sachant que $a + b + c = 0$ et $a^2 + b^2 + c^2 = 8$.

Démontrer d'abord que $2b = a + c$.

Suites géométriques

Dans les exercices 25 à 30, déterminer les suites géométriques et donner dans chaque cas la raison.

On peut examiner le quotient $\dfrac{u_{n+1}}{u_n}$ et démontrer que, pour tout $n \in \mathbb{N}$, il est constant ou utiliser la caractérisation d'une suite géométrique de raison a et de premier terme b : pour tout $n \in \mathbb{N}$, $u_n = ba^n$.

25 **a.** $u_0 = -\dfrac{1}{2}$ et, pour tout $n \in \mathbb{N}$, $u_{n+1} = \dfrac{2}{3}u_n - u_{n+1}$.

b. $u_0 = 5$ et, pour tout $n \in \mathbb{N}$, $u_{n+1} = 3u_n + 3$.

26 **a.** $u_0 = 2$ et, pour tout $n \in \mathbb{N}$, $u_{n+1} = (n+1)u_n$.

b. $\forall n \in \mathbb{N}$, $u_n = 2^n$.

27 Pour tout $n \in \mathbb{N}$, $u_n = n^2$.

Si on remplace n par $n+1$ alors $2n$ devient $2(n+1)=2n+2$.

28 **a.** $u_n = 4^{2n+1}$ **b.** $u_n = \dfrac{(-3)^{2n}}{5^{n+2}}$

29 Soit $(u_n)_{\mathbb{N}}$ une suite géométrique de premier terme u_0 et de raison q.

a. Sachant que $u_0 = -1$ et $q = -\dfrac{4}{3}$, trouver u_{18}.

b. Sachant que $u_{25} = 1$ et $u_{31} = 729$, calculer q.

30 Calculer la somme $1+3+9+\ldots+3^n$ $(n \in \mathbb{N}^*)$.

Limites de suites

31 En utilisant au besoin un programme de calcul, un tableur ou une représentation graphique, déterminer les limites des suites u_n lorsque n tend vers $+\infty$.

a. $u_n = -\dfrac{1}{n}$ **b.** $u_n = \left(\dfrac{1}{2}\right)^n$

c. $u_n = \left(\dfrac{3}{2}\right)^n$ **d.** $u_n = \dfrac{n}{n+1}$

32 En utilisant au besoin un programme de calcul, un tableur ou une représentation graphique, déterminer les limites des suites u_n lorsque n rend vers $+\infty$.

a. Une suite arithmétique de raison 0,1.

b. $u_n = n^2 + 1$

c. $u_n = (-2)^n$

33 On empile des cubes les uns sur les autres selon le principe suivant :

- le premier cube a pour côté 1 ;
- le deuxième, posé sur le premier, a pour côté $\dfrac{1}{2}$;
- le troisième, posé sur le deuxième, a pour côté $\dfrac{1}{4}$;
- le quatrième, posé sur le troisième, a pour côté $\dfrac{1}{8}$;

et ainsi de suite sans s'arrêter.

La pile de cubes peut-elle atteindre une hauteur infinie ?

OBJECTIF BAC

34 Soit $(u_n)_{\mathbb{N}}$ la suite définie par $u_0 = 2$ et $u_{n+1} = \frac{4}{5}u_n - 3$ pour tout n de $\mathbb{N}$.

> On pourra s'aider de la fonction f définie par $f(x) = \frac{4}{5}x - 3$.

1. a. Donner des valeurs à 10^{-1} près des termes de la suite lorsque $n \in \{1, 2, 3, 4, 5\}$.

b. La suite est-elle arithmétique ? géométrique ? Pourquoi ?

2. Pout tout n de $\mathbb{N}$, posons $v_n = u_n + 15$.

a. Exprimer v_{n+1} en fonction de v_n.

b. Quelle est la nature de la suite $(v_n)_{\mathbb{N}}$?

3. a. Exprimer v_n en fonction de n.

b. En déduire l'expression de u_n en fonction de n.

35 On considère un triangle équilatéral de côté 1 : c'est l'étape 0.

Sur chaque côté, on construit deux segments de telle sorte qu'on ait quatre segments de longueur $\frac{1}{3}$ construits à partir de chaque côté ; c'est l'étape 1.

On répète l'opération sur chacun des côtés ainsi obtenus.

Soit u_n le nombre de segments existant à l'étape n et soit ℓ_n leur longueur commune.

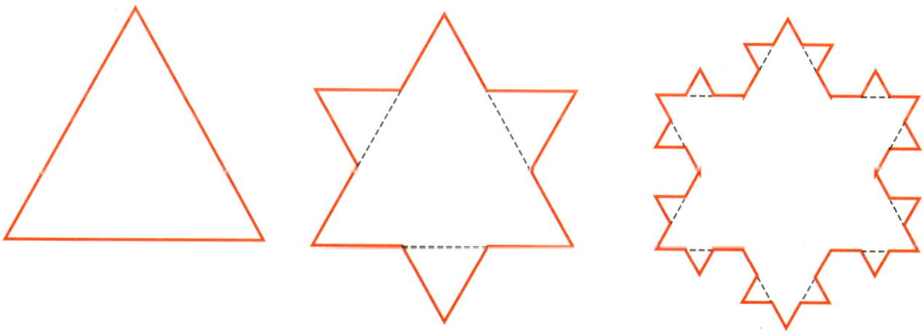

1. Déterminer u_0 u_1 et u_2, ℓ_0 ℓ_1 et ℓ_2

2. a. Montrer que la suite (u_n) est une suite géométrique de raison 4.

b. Montrer que la suite (ℓ_n) est une suite géométrique de raison $\frac{1}{3}$.

3. Soit p_n le périmètre de la figure obtenue à l'étape n.

a. Montrer que (p_n) est une suite géométrique dont on précisera la raison et le premier terme.

b. Que peut-on penser de la limite de p_n quand n tend vers $+\infty$?

On pourra utiliser une calculatrice et donner à n de très grandes valeurs.

4. Existe-t-il des figures géométriques bornées dont le périmètre est aussi grand que l'on veut ?

36 Le gangster repenti Al Katraz veut assurer sa survie.

L'agence de sécurité qu'il a contactée lui propose deux contrats.

La première année le contrat coûte 60 000 € tout compris (voiture blindée, gardes du corps, ...)

Puis, deux choix sont possibles :

- **Contrat 1 :** chaque année le contrat augmente de 5 %.
- **Contrat 2 :** Le contrat augmente de 3 500 € par an, pas un euro de plus pas un euro de moins.

Que peut choisir Al, en tenant compte du fait qu'il espère vivre encore au moins 11 ans ?

1. On note C_n le montant du contrat au début de l'année n et $(1 \leqslant n \leqslant 11)$ et on pose $C_1 = 60\,000$.

Pour chaque contrat :

a. calculer C_n en fonction de n.

On montrera en particulier que la suite (C_n) est géométrique ou arithmétique selon le type de contrat.

b. en déduire C_{11}. On arrondira à l'euro.

2. Pour chaque contrat, calculer la somme totale versée par Al au cours des 10 années à venir.

(On suppose qu'il ne tentera aucune manœuvre d'intimidation sur l'agence !)

3. Conclure.

SE TESTER

1 Réponse b. En effet, $u_{n+1} = 2(n+1)+1 = 2n+3$.

Se reporter au cours « Ne confondez pas $u_n + 1$ et u_{n+1} p. 146 ».

2 Réponse c. C'est évident ! De plus, $u_{n+2} = u_{n+1} + 2$, à ne pas confondre avec $u_n + 1 + 2 = u_n + 3$.

3 Réponses b. et c. Par définition, u_n est une suite arithmétique de raison -1. La raison étant négative, la suite arithmétique est décroissante.

4 Réponse c. Si sa raison est égale à 1, une suite géométrique est constante. Elle n'est monotone qu'à la condition exclusive que sa raison soit positive.
Tous ses termes peuvent être négatifs.

Voici un suite à termes tous négatifs : $u_n = -2^n$ (à ne pas confondre avec $(-2)^n$).

TRAITER UNE QUESTION DE COURS

5 • Soit u_n une suite et a et b deux constantes.
Supposons que, pour tout $n \in \mathbb{N}$, on ait $u_n = an + b$.
Alors $u_{n+1} - u_n = a(n+1) + b - (an+b) = an + a + b - an - b = a$.
On conclut que u_n est une suite arithmétique de raison a.
De plus, $u_0 = b$ ce qui prouve que le premier terme de la suite est le nombre b.
• Réciproquement, considérons une suite arithmétique de raison a.
On a successivement :
$u_1 = u_0 + a, u_2 = u_1 + a = u_0 + 2a, u_3 = u_2 + a = u_0 + 3a, \ldots, u_n = u_0 + na$. (voir 3.B)
Si l'on pose $u_0 = b$, on trouve que $u_n = b + na$.

On vient de voir qu'une suite u_n est arithmétique si et seulement si il existe une fonction affine telle que, pour tout $n \in \mathbb{N}$, $u_n = f(n)$.

6 a. Une suite est arithmétique si et seulement si il existe deux constantes a et b telles que, pour tout $n \in \mathbb{N}$, $u_n = an + b$.
En classe de Seconde, on a vu qu'une fonction affine f (donc de la forme $x \mapsto ax + b$) est strictement croissante si $a > 0$ et strictement décroissante si $a < 0$.

Puisque $an+b=f(n)$, nous avons donc deux cas :

• $\boldsymbol{a<0}$, $n<n+1 \Rightarrow f(n)>f(n+1)$, ce qui est équivalent à $u_n>u_{n+1}$ et qui prouve que la suite u_n est strictement décroissante.

• $\boldsymbol{a>0}$, $n<n+1 \Rightarrow f(n)<f(n+1)$, ce qui est équivalent à $u_n<u_{n+1}$ et qui prouve que la suite u_n est strictement croissante.

b. Une suite arithmétique est constante si et seulement si, pour tout $n\in\mathbb{N}$, $u_{n+1}=u_n$, donc si et seulement si la raison r est nulle, puisque $n\in\mathbb{N}$, $u_{n+1}=u_n+r$.

7 Soit u_n une suite arithmétique de raison r. D'après l'exercice 5, on sait que, pour tous p et $k\in\mathbb{N}$, $u_p=rp+u_0$ et $u_k=rk+u_0$.
En soustrayant membre à membre ces deux égalités, on obtient $u_p-u_k=rp-rk$, ce qui donne $u_p=u_k+(p-k)r$

8 **a.** Soit u_n une suite géométrique de raison q.
Pour tout $n\in\mathbb{N}$, $u_{n+1}-u_n=u_0q^{n+1}-u_0q^n=u_0q^n(q-1)$.
Le signe de $u_{n+1}-u_n$ dépend donc du signe de u_0, q^n et $q-1$.
Ce signe est constant si et seulement si $q>0$.
En effet, si $q<0$, alors le signe de q^n est alternativement positif et négatif, donc non constant.

Le signe de $u_{n+1}-u_n$ est alors celui de $u_0(q-1)$

b. • Dans le cas où $q>0$, u_n est strictement croissante si et seulement si $u_{n+1}-u_n>0$ c'est-à-dire si $u_0(q-1)>0$ donc ($u_0>0$ et $q>1$) ou ($u_0<0$ et $0<q<1$).

• De même, u_n est strictement décroissante si et seulement si $u_0(q-1)<0$ donc si ($u_0<0$ et $q>1$) ou ($u_0>0$ et $0<q<1$).

9 • Soit une suite u_n, a est une constante non nulle et b une constante.
Supposons que, pour tout $n\in\mathbb{N}$, on ait $u_n=ba^n$.
Alors $u_{n+1}=ba^{n+1}=ba^na=u_na$. On en déduit que u_n est une suite géométrique de raison a.
De plus, $u_0=ba^0=b$ donc b est le premier terme.
• Réciproquement, considérons une suite géométrique de raison a. On a successivement :
$u_1=u_0a$, $\quad u_2=au_1=au_0a=u_0a^2$, $\quad u_3=au_2=au_0a^2=u_0a^3,\dots,u_n=u_0a^n$.
(voir 4.B)
Si on pose $u_0=b$, on obtient $u_n=ba^n$.

S'ENTRAÎNER

10 **a.** $u_0 = 1$, $u_1 = \frac{1}{2}$, $u_2 = \frac{1}{3}$, on en déduit $u_1 - u_0 = -\frac{1}{2}$, $u_2 - u_1 = -\frac{1}{6}$ donc $u_2 - u_1 \neq u_1 - u_0$ et la suite (u_n) n'est pas arithmétique.

D'autre part, $\frac{u_1}{u_0} = \frac{1}{2}$; $\frac{u_2}{u_1} = \frac{2}{3}$, $\frac{u_1}{u_0} \neq \frac{u_2}{u_1}$ donc la suite (u_n) n'est pas géométrique.

b. Le terme général est de la forme $u_n = an + b$ avec $a = -2$ et $b = 3$ donc la suite est une suite arithmétique de raison -2, de premier terme 3.

c. $u_n = \frac{2^n}{3} = \frac{1}{3} \times 2^n$ est de la forme $u_n = ba^n$ avec $b = \frac{1}{3}$ et $a = 2$ donc la suite u_n est une suite géométrique de raison 2, de premier terme $\frac{1}{3}$.

11 **a.** Pour tout $n \in \mathbb{N}$, on peut écrire $\frac{u_{n+1}}{u_n} = \frac{\frac{4}{5^{n+1}}}{\frac{4}{5^n}} = \frac{5^n}{5^{n+1}} = \frac{1}{5}$.

Donc $\frac{u_{n+1}}{u_n} < 1$. Puisque $u_n > 0$, on en déduit que $u_{n+1} < u_n$ donc la suite est décroissante.

b. $u_{n+1} - u_n = \frac{n+1}{n+2} - \frac{n}{n+1} = \frac{n^2 + 2n + 1 - n^2 - 2n}{(n+2)(n+1)} = \frac{1}{(n+2)(n+1)} > 0$

donc la suite (u_n) est croissante.

Comme les termes de la suite sont tous positifs, on aurait pu utiliser :

$$\frac{u_{n+1}}{u_n} = \frac{\frac{n+1}{n+2}}{\frac{n}{n+1}} = \frac{n^2 + 2n + 1}{n^2 + 2n} > 1.$$

c. u_n est une suite arithmétique de raison $\frac{1}{2}$ puisque l'on a $u_n = an + b$. Comme la raison est positive, la suite est croissante.

12 **a.** L'expression de u_n est de la forme $an + b$. La suite est donc arithmétique de raison -5, négative. C'est pourquoi elle est décroissante.

b. L'expression de u_n est de la forme ba^n.

La suite u_n est donc géométrique de raison 5, positive. u_n est monotone.

De plus, $u_1 > u_0$ car $10 > 2$, u_n est croissante.

c. u_n est de la forme ba^n. La suite est donc géométrique de raison 5, positive.

La suite u_n est donc monotone.

De plus, $u_1 < u_0$ car $-\frac{10}{3} < -\frac{2}{3}$, donc u_n est décroissante.

d. Puisque, pour tout $n \in \mathbb{N}$, $u_{n+1} - u_n = 2$, la suite u_n est arithmétique de raison 2, positive. Elle est donc croissante.
e. u_n est de la forme ba^n. La suite est donc géométrique de raison $\frac{1}{6}$, positive. La suite u_n est monotone.
De plus, $u_1 < u_0$ car $\frac{3}{6} < 3$ donc u_n est décroissante.

Remarquer que la donnée de u_0 ne change rien au sens de variation de la suite.

13 Le premier multiple de 4 est 0 et $0 = 4 \times (1-1)$;
le deuxième est 4 et $4 = 4 \times (2-1)$;
le troisième est 8 et $8 = 4 \times (3-1)$; etc.
Le 212e est donc $4 \times (212-1)$, c'est-à-dire 844.

14 $2 = 2 \times 1$; $6 = 3 \times 2$; $24 = 4 \times 6$; $120 = 5 \times 24$; $720 = 6 \times 120$.
Le terme suivant sera donc 5 040 (7×720).
En généralisant, pour tout n de $\mathbb{N}^*$, $u_n = n \times u_{n-1}$.
Ainsi, $u_n = n \times (n-1) \times \ldots \times 2 \times 1$.

u_n s'appelle « factorielle n » et se note n !

15 Notons u_n l'altitude maximale en mètres de la balle après le n-ième rebond et avant le $(n+1)$-ième. $u_1 = \frac{1}{2}$; $u_2 = \frac{1}{2}u_1 = \left(\frac{1}{2}\right)^2$.

En généralisant, nous avons $u_n = \left(\frac{1}{2}\right)^n$.
Nous cherchons donc n pour que $\left(\frac{1}{2}\right)^n$ soit inférieur à 0,01.

Un calcul rapide fournit $\left(\frac{1}{2}\right)^6 = 0{,}015\,625$ et $\left(\frac{1}{2}\right)^7 = 0{,}007\,8125$.
Il en résulte que la balle s'élèvera à moins de 1 cm à partir du septième rebond.

16 On peut programmer la fonction $x \mapsto \frac{1}{2}x + 1$.
On calcule alors $f(1)$ (c'est $\frac{3}{2}$) puis on calcule $f\left(\frac{3}{2}\right)$, etc.
On obtient le tableau suivant :

n	1	2	3	4	5
u_n	1,5	1,75	1,88	1,94	1,97
n	6	7	8	9	10
u_n	1,98	1,99	2	2	2

17 La meilleure façon est ici de remplir directement le tableau puisque les termes de la suite sont des entiers.

n	1	2	3	4	5
u_n	1	2	3	5	8
n	6	7	8	9	10
u_n	13	21	34	55	89

Un terme est donc égal à la somme de ses deux prédécesseurs

18 On peut programmer ici deux fonctions. La première calcule $\frac{x+y}{2}$ et la seconde $\sqrt{xy}$ lorsque x et y sont affichés à l'écran.

n	0	1	2	3	4	5
u_n	0,5	0,75	0,73	0,73	0,73	0,73
v_n	1	0,71	0,73	0,73	0,73	0,73

19 **a.** La relation équivaut à $u_{n+1} = u_n - \frac{1}{2}$.

La suite est arithmétique de raison $-\frac{1}{2}$.

b. La suite est arithmétique de raison 3 car u_n est de la forme $an+b$.

20 **a.** Pour tout n de $\mathbb{N}$, $u_n = 10(n-1)$.

Ainsi, $u_n = 10n-10$. Pour tout entier n de $\mathbb{N}$, $u_{n+1} = 10n$ donc $u_{n+1} - u_n = 10$. La suite est arithmétique de raison 10.

Ne pas oublier que 0 est le premier multiple de 10.

b. $u_0 = 1$, $u_1 = 2$, $u_2 = 5$. Puisque $u_1 - u_0 = 1$ et $u_2 - u_1 = 3$, nous constatons que la différence $u_{n+1} - u_n$ n'est pas constante. C'est pourquoi la suite $(u_n)_{\mathbb{N}}$ définie par $u_n = n^2 + 1$ n'est pas arithmétique.

21 $u_1 = 1$, $u_2 = \frac{3}{2}$. Comme $u_1 - u_0 = 1$ et $u_2 - u_1 = \frac{1}{2}$, la différence $u_{n+1} - u_n$ n'est pas constante. Donc la suite $(u_n)_{\mathbb{N}}$ définie par $u_{n+1} = u_n + \frac{1}{n+1}$ n'est pas arithmétique.

22 Utilisons la formule $u_n = u_0 + nr$.

a. Nous avons $\begin{cases} u_{10} = u_0 + 10r \\ u_{30} = u_0 + 30r. \end{cases}$

Par soustraction membre à membre, on obtient $20r = u_{30} - u_{10} = -20$ donc $r = -1$. On trouve alors $u_0 = 20$.

b. Puisque $u_{12} = u_0 + 12r$, on a $0 = 6 + 12r$ qui fournit $r = -\frac{1}{2}$.

Donc $u_{24} = u_0 + 24\left(-\frac{1}{2}\right) = -6$.

23 Le premier multiple de 7 est 0 et $0 = 7 \times 0$; le deuxième est 7 et $7 = 7 \times 1$; le troisième est 14 et $14 = 7 \times 2$; le quatrième est 21 et $21 = 7 \times 3$.
On en déduit que le cinquantième multiple est égal à 7×49.
On doit donc calculer : $7 \times 0 + 7 \times 1 + 7 \times 2 + \ldots + 7 \times 49 = 7 \times (1 + 2 + 3 + \ldots + 49)$.

On trouve $7 \times \frac{(1+49)49}{2}$, c'est-à-dire 8 575.

24 Si a, b et c existent et si r est la raison, on a $\begin{cases} b = a + r \\ b = c - r. \end{cases}$

Soit, en additionnant membre à membre, $2b = a + c$. Les 3 nombres cherchés sont les solutions éventuelles du système $\begin{cases} a - 2b + c = 0 \\ a + b + c = 0 \\ a^2 + b^2 + c^2 = 8. \end{cases}$

Par soustraction, les deux premières équations conduisent à $b = 0$. On en déduit $a = -c$. Remplaçons dans la dernière équation, nous obtenons $2a^2 = 8$ c'est-à-dire $a^2 = 4$. On en déduit $a = 2$ ou $a = -2$
Il y a deux suites $(a\,;b\,;c)$ possibles $(-2\,;0\,;2)$ et $(2\,;0\,;-2)$.

La raison est donc 2 ou – 2.

25 **a.** L'égalité équivaut à $2u_{n+1} = \frac{2}{3}u_n$ donc $u_{n+1} = \frac{1}{3}u_n$.

La suite $(u_n)_{\mathbb{N}}$ est donc une suite géométrique de raison $\frac{1}{3}$.

b. $u_1 = 18$ et $u_2 = 57$ impliquent $\frac{u_1}{u_0} = \frac{18}{5}$ et $\frac{u_2}{u_1} = \frac{57}{18} = \frac{19}{6}$.

Ces deux nombres n'étant pas égaux, le rapport $\frac{u_{n+1}}{u_n}$ n'est pas constant donc la suite n'est pas géométrique.

26 **a.** $u_1 = 2$ et $u_2 = 4$ impliquent $\frac{u_1}{u_0} = 1$ et $\frac{u_2}{u_1} = 2$. Le rapport $\frac{u_{n+1}}{u_n}$ n'étant pas constant, la suite n'est pas géométrique.

b. Pour tout $n \in \mathbb{N}$, $u_n \neq 0$ et $\frac{u_{n+1}}{u_n} = 2$. La suite est donc géométrique de raison 2.

On peut aussi dire que l'expression de u_n est de la forme ba^n avec $b = 1$ et $a = 2$.
On en déduit alors que u_n est une suite géométrique de raison 2.

27 $u_0 = 0$ mais $u_1 = 1$. Il n'existe aucun réel q tel que $u_1 = qu_0$.
La suite n'est pas géométrique.

28 **a.** $\frac{u_{n+1}}{u_n} = \frac{4^{2n+3}}{4^{2n+1}} = 16$. La suite est une suite géométrique de raison 16.
On peut aussi procéder ainsi : $u_n = 4 \times (4^2)^n = 4 \times 16^n$.
L'expression de u_n est de la forme ba^n avec $b = 4$ et $a = 16$.
On en déduit alors que u_n est une suite géométrique de raison 16.

b. $$\frac{u_{n+1}}{u_n} = \frac{\frac{(-3)^{2n+2}}{5^{n+3}}}{\frac{(-3)^{2n}}{5^{n+2}}} = \frac{(-3)^{2n+2}}{5^{n+3}} \times \frac{5^{n+2}}{(-3)^{2n}} = \frac{(-3)^2}{5} = \frac{9}{5}.$$
La suite est une suite géométrique de raison $\frac{9}{5}$.

29 Utilisons dans cet exercice, la formule $u_n = u_0 q^n$.

a. $u_{18} = -\left(-\frac{4}{3}\right)^{18} = -\left(\frac{4}{3}\right)^{18}$.

> L'exposant est pair donc $\left(\frac{-4}{3}\right)^{18} = \left(\frac{4}{3}\right)^{18}$

b. De $u_{25} = u_0 q^{25}$ et $u_{31} = u_0 q^{31}$, nous obtenons $1 = u_0 q^{25}$ et $729 = u_0 q^{31}$, le quotient membre à membre de ces deux égalités conduit à $q^6 = 729$.
Or $729 = 9^3 = 3^6$ donc $q = 3$ ou $q = -3$.

30 On utilise la formule du cours avec $q = 3$.
On trouve $\frac{1-3^{n+1}}{1-3}$, c'est-à-dire $\frac{3^{n+1}-1}{2}$.

31 On trouve, en donnant à n des valeurs de plus en plus grandes, les limites suivantes.

a. $\lim\limits_{n \to +\infty} -\frac{1}{n} = 0$

b. $\lim\limits_{n \to +\infty} \left(\frac{1}{2}\right)^n = 0$

c. $\lim\limits_{n \to +\infty} \left(\frac{3}{2}\right)^n = +\infty$

d. $\lim\limits_{n \to +\infty} \frac{n}{n+1} = 1$

Dans le tableau suivant, sont présentées les valeurs des limites vers lesquelles tendent les trois premières suites, calculs réalisés par un tableur de calculatrice. La variable utilisée est x non n.

x	y1	y2	y3
100.	-.01	8. E-31	4.1 E17
1000.	-.001	...	1. E176
1. E6	-1. E-6	0.	∞
1. E7	-1. E-7	0.	∞
1. E10	...	0.	∞

x = 100.

Les colonnes y_1 ; y_2 et y_3 représentent respectivement $-\frac{1}{x}$; $\left(\frac{1}{2}\right)^x$ et $\left(\frac{3}{2}\right)^x$.

La notation « 4.1E17 » signifie « $4{,}1\times10^{17}$ ».

On remarque que la première suite tend « moins vite vers 0 » que la seconde. En effet, la calculatrice affiche, pour $x=10^6$, $y_2=0$ et $y_1=-10^{-6}$.

32 **a.** Une suite arithmétique de raison 0,1 est de la forme $u_n=0{,}1n+b$ donc on peut dire que $\lim\limits_{n\to+\infty} u_n=+\infty$.

b. Quand n prend des valeurs arbitrairement grandes, u_n prend des valeurs très grandes aussi, donc $\lim\limits_{n\to+\infty} u_n=+\infty$.

c. Lorsque n est impair, u_n est négatif et lorsque n est pair, u_n est positif. De plus, $|u_n|$ devient de plus en plus grand quand n tend vers $+\infty$. Par conséquent, u_n ne tend pas vers $+\infty$ quand n tend vers $+\infty$ ni vers $-\infty$.

La suite (u_n) n'a pas de limite.

33 Le côté du n^e cube est égal à $\left(\frac{1}{2}\right)^{n-1}$.

La hauteur atteinte par la pile composée de n cubes est égale à :

$$1+\frac{1}{2}+\left(\frac{1}{2}\right)^2+\left(\frac{1}{2}\right)^3+\ldots+\left(\frac{1}{2}\right)^{n-1}=\frac{1-\left(\frac{1}{2}\right)^n}{1-\frac{1}{2}}=2\left(1-\left(\frac{1}{2}\right)^n\right).$$

Puisque, pour tout $n\in\mathbb{N}$, $1-\left(\frac{1}{2}\right)^n<1$, la hauteur de la pile sera constamment strictement inférieure à 2.

Par conséquent, la pile, en théorie, ne peut atteindre une hauteur infinie.

OBJECTIF BAC

34 On peut écrire $u_{n+1} = f(u_n)$ avec $f(x) = \frac{4}{5}x - 3$.

On peut donc programmer cette fonction.

1. a. Le tableau suivant résume les calculs.

n	0	1	2	3	4	5
u_n	2	−1,4	−4,1	−6,3	−8,0	−9,4

b. En réalité, $u_2 = -4{,}12$. Nous constatons donc que $u_1 - u_0 \neq u_2 - u_1$ et $\frac{u_1}{u_0} \neq \frac{u_2}{u_1}$.

Nous en concluons que la suite n'est ni arithmétique, ni géométrique.

2. a. Pour tout $n \in \mathbb{N}$, $v_{n+1} = u_{n+1} + 15$ donc :

$$v_{n+1} = \frac{4}{5}u_n - 3 + 15 = \frac{4}{5}(v_n - 15) + 12 = \frac{4}{5}v_n - \frac{60}{5} + 12 = \frac{4}{5}v_n.$$

$u_n = v_n - 15$

b. Puisque $v_0 = u_0 + 15 = 17$, la suite $(v_n)_{\mathbb{N}}$ est une suite géométrique de premier terme 17 et de raison $\frac{4}{5}$.

3. a. Pour tout entier n de $\mathbb{N}$, $v_n = v_0\left(\frac{4}{5}\right)^n$ c'est-à-dire $v_n = 17 \times \left(\frac{4}{5}\right)^n$.

b. Comme $u_n = v_n - 15$, nous avons $u_n = 17 \times \left(\frac{4}{5}\right)^n - 15$.

35 **1.** Par définition $u_0 = 3$.

Chaque côté du triangle fournit quatre fois plus de segments.
C'est pourquoi $u_1 = 4 \times 3 = 12$. De même $u_2 = 4 \times 12 = 48$.
Par définition $\ell_0 = 1$. La longueur de chaque côté du triangle est divisée par 3.

Donc $\ell_1 = \frac{1}{3}$ et $\ell_2 = \frac{1}{3} \times \frac{1}{3} = \frac{1}{9}$.

On peut aussi compter chaque segment si on a le temps !

2. a. D'après les observations précédentes, $u_{n+1} = 4u_n$.

b. On a de même $\ell_{n+1} = \frac{1}{3}\ell_n$

3. a. Puisque $p_{n+1} = u_{n+1} \times \ell_{n+1}$ on a $p_{n+1} = 4u_n \times \frac{1}{3}\ell_n \Rightarrow p_{n+1} = \frac{4}{3}u_n \times \ell_n = \frac{4}{3}p_n$

La suite (p_n) est donc une suite géométrique de raison $\frac{4}{3}$ et de premier terme $p_0 = 3$ car à l'étape 0, le périmètre est égal à 3.

b. En utilisant une calculatrice on peut conjecturer que $\lim\limits_{n \to +\infty} p_n = +\infty$.

4. Oui, il existe des figures géométriques bornées dont le périmètre est aussi grand que l'on veut. Par exemple, la figure obtenue à une étape quelconque est inscrite dans un disque, comme le suggère la figure ci-dessous. On sait que le périmètre de la figure tend vers $+\infty$; son aire est bornée.

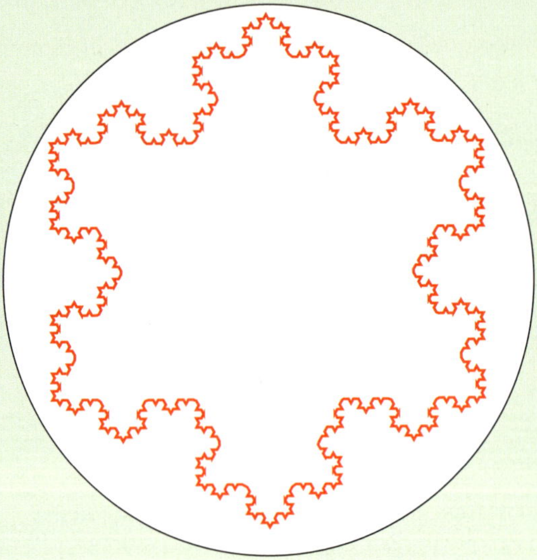

Remarque : L'égalité $p_n = \frac{4}{3}p_{n-1}$ n'est valable que si n est un entier naturel au moins égal à 1.

On aurait pu aussi écrire $p_{n+1} = \frac{4}{3}p_n$, égalité valable pour tout entier naturel n

Attention toutefois : si l'on ne précise pas que $p_0 = 3$ la relation $p_{n+1} = \frac{4}{3}p_n$ peut conduire à une liste différente de celle que l'on a obtenue précédemment.

36 **1. a. • Contrat 1.**

Pour tout $n \in \{1, \cdots, 11\}$: $C_n = C_{n-1} + 0{,}05\,C_{n-1} = 1{,}05\,C_{n-1}$.

La suite (C_n) est donc géométrique de premier terme 60 000 et de raison 1,05.

C'est pourquoi : $C_n = C_1 \times 1{,}05^{n-1}$

• Contrat 2 :

Pour tout $n \in \{1, \cdots, 11\}$: $C_n = C_{n-1} + 3\,500$.
La suite (C_n) est donc arithmétique de premier terme 60 000 et de raison 3 500.
C'est pourquoi : $C_n = C_1 + 3\,500(n-1)$

b. • Contrat 1 :

$C_{11} = 60\,000 \times 1{,}05^{10} \Rightarrow C_{11} \approx 97\,734$

• Contrat 2 :

$C_{11} = 60\,000 + 35\,000 = 95\,000$

2. On cherche $\sum_{k=1}^{11} C_k$

• Contrat 1 :

$$\sum_{k=1}^{11} C_k = \frac{C_1\left(1-1{,}05^{10}\right)}{1-1{,}05} \Rightarrow \sum_{k=1}^{11} C_k \approx 754\,674$$

• Contrat 2 :

$$\sum_{k=1}^{11} C_k = \frac{(C_1 + C_{11}) \times 11}{2} = 852\,500$$

3. On voit donc qu'Al a intérêt à choisir le contrat 2, du moins s'il arrive à vivre encore 10 ans …

Statistiques et probabilités

www.annabac.com

CHAPITRE

6 Statistiques

En statistiques, on travaille en général avec un grand nombre de données qui ne sont pas aisées à manipuler. Pour tirer les conclusions des études réalisées, il faut calculer quelques valeurs qui vont permettre d'analyser les données.

1 Moyenne, variance et écart-type

A Série statistique

■ On appelle **série statistique** la donnée de deux grandeurs, par exemple les notes obtenues à un devoir et le nombre d'élèves ayant obtenu ces différentes notes.
On appelle **série statistique** la donnée des valeurs d'un **caractère étudié** et celle des **effectifs correspondants.**

Exemple
Lorsque l'on relève les notes obtenues à un devoir et le nombre d'élèves ayant obtenu ces différentes notes :
- le caractère étudié est la note obtenue au devoir ;
- les valeurs de ce caractère sont les valeurs des notes ;
- l'effectif de chaque note est le nombre d'élèves ayant obtenu cette note.

■ On présente souvent une série statistique sous forme de tableau.

Valeur du caractère	x_1	x_2	…	x_p
Effectif	n_1	n_2	…	n_p
Fréquence	f_1	f_2	…	f_p

Dans ce tableau, x_i représente les valeurs du caractère étudié (les notes, par exemple), n_i représente l'effectif correspondant à la valeur de x_i (le nombre d'élèves par exemple) et f_i la fréquence ($f_i = \frac{n_i}{N}$ où $N = n_1 + n_2 + \ldots + n_p$ est l'effectif total).

B Moyenne

■ On appelle **moyenne** d'une série statistique le réel noté $\overline{x}$ et défini par :

$$\overline{x} = \frac{n_1x_1 + n_2x_2 + \ldots + n_px_p}{n_1 + n_2 + \ldots + n_p}$$

On note $\sum_{i=1}^{i=p} n_ix_i = n_1x_1 + n_2x_2 + \ldots + n_px_p$ et $n_1 + n_2 + \ldots + n_p = \sum_{i=1}^{i=p} n_i = N$.

La moyenne s'écrit alors :

$$\overline{x} = \frac{\sum_{i=1}^{i=p} n_ix_i}{N}$$

■ On peut encore écrire cette définition en utilisant les fréquences :

$$\overline{x} = f_1x_1 + f_2x_2 + \ldots + f_px_p = \sum_{i=1}^{i=p} f_ix_i$$

Si les valeurs de la série sont regroupées en classes (intervalles), les valeurs de x_i sont remplacées par les centres des classes (voir l'exercice 5).

La moyenne est une **variable de position.**

Les variables de position prennent des valeurs numériques qui « résument » une série statistique en caractérisant l'ordre de grandeur des données. Les variables de position permettent de situer la position de plusieurs séries et de les comparer.

C Variance

Soient $(x_1 ; x_2 ; \ldots ; x_p)$ les valeurs du caractère d'une série statistique dont les effectifs correspondants sont $(n_1 ; n_2 ; \ldots ; n_p)$.

■ On appelle **variance** de cette série le réel positif noté $V(x)$ et défini par :

$$V(x) = \frac{n_1(x_1 - \overline{x})^2 + n_2(x_2 - \overline{x})^2 + \ldots + n_p(x_p - \overline{x})^2}{n_1 + n_2 + \ldots + n_p}$$

Ce qui s'écrit aussi $V(x) = \dfrac{\sum_{i=1}^{i=p} n_i(x_i - \overline{x})^2}{\sum_{i=1}^{i=p} n_i} = \sum_{i=1}^{i=p} f_i(x_i - \overline{x})^2$.

On peut remarquer que la variance est la moyenne arithmétique de

$$\left((x_1-\bar{x})^2\,;(x_2-\bar{x})^2\,;\ldots;(x_p-\bar{x})^2\right)$$

- On peut démontrer que :

$$V(x)=\frac{1}{\sum_{i=1}^{i=p} n_i}\left(\sum_{i=1}^{i=p} n_i x_i^{\,2}\right)-\bar{x}^2$$

Remarque : On peut également donner une autre définition de la variance

$$V(x)=\sum_{i=1}^{i=p} f_i(x_i-\bar{x})^2=\sum_{i=1}^{i=p} f_i x_i^{\,2}-\bar{x}^2$$

D Écart-type

On appelle **écart-type** de la série statistique précédente le réel positif noté σ et défini par :

$$\sigma(x)=\sqrt{V(x)}$$

L'écart-type et la variance sont des **variables de dispersion.** Elles mesurent la **dispersion** des valeurs autour de la moyenne : plus l'écart-type est petit, plus les valeurs du caractère sont rassemblées autour de la moyenne.
V et σ apportent donc des renseignements sur l'« étalement » de la série statistique.

Les calculatrices utilisent la notation σx (TI) et xσ (Casio).

Exemple

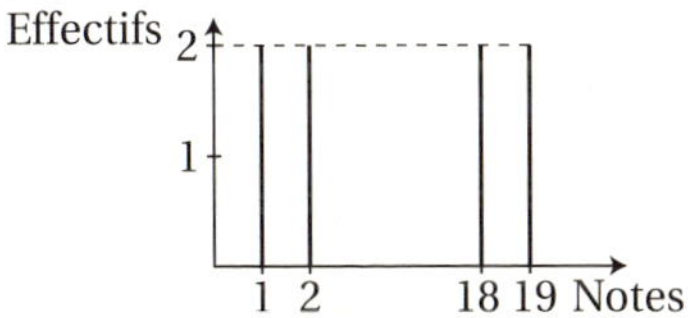

$\bar{x}=10$

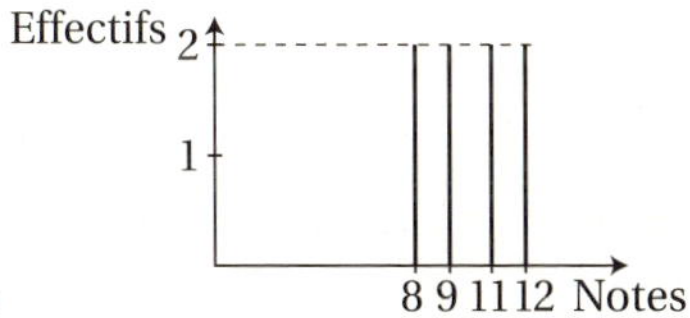

$\bar{x}=10$

Les notes ne sont pas réparties de la même façon.

Les variables de position ne suffisent pas pour « décrire » de façon synthétique une série statistique. On peut rencontrer des courbes $(n_i\,;x_i)$ qui ont des variables de position très proches, mais dont la forme ou la dispersion est très différente. D'où l'intérêt de calculer des variables de dispersion.

2 Médiane et quartiles

A Définitions

On considère une série statistique dont les N valeurs sont rangées dans **l'ordre croissant.**

- **Si N est pair** ($N = 2k$), la **médiane** de la série est la demi-somme des termes de rang k et $k+1$.
- **Si N est impair** ($N = 2k+1$), la **médiane** de la série est la valeur du caractère de rang $k+1$.

La médiane est souvent notée Me.

La médiane est la « valeur » qui est « au milieu » de la série.

Le **premier quartile** noté Q_1 est la plus petite valeur du caractère tel qu'au moins 25 % des données soient inférieures ou égales à ce nombre Q_1.

Le **troisième quartile** noté Q_3 est la plus petite valeur du caractère tel qu'au moins 75% des données soient inférieures ou égales à ce nombre Q_3.

- $Q_3 - Q_1$ est appelé **écart interquartile.**
- $[Q_1 ; Q_3]$ est appelé **intervalle interquartile.**

UTILISER LA CALCULATRICE

On peut calculer tous les paramètres définis dans ce cours en utilisant une calculatrice. Pour cela, il suffit d'entrer les valeurs du caractère de la série étudiée et celles des effectifs.

On efface toujours toutes les données précédentes qui auraient pu être stockées dans les listes avant de démarrer un nouvel exercice, et on vérifie avec la touche « effectif ».

Avec les TI

On se place en STAT puis EDIT (1.edit...) ENTER.
On entre ensuite les x_i dans la liste L1 et les n_i dans la liste L2.
On obtient alors tous les résultats en tapant STAT CALC 1:1 Var Stats.
ENTER L1, L2 ENTER
Tous les résultats s'affichent : moyenne, effectif total, Q_1 ..., écart-type (σx).

Avec les Casio

MENU STAT EXE
On entre les valeurs de x_i dans la liste List1 et les effectifs n_i dans la liste List2.
On tape CALC set pour choisir les listes et 1VAR pour obtenir les résultats.
Tous les résultats s'affichent : moyenne, effectif total, Q_1 ..., écart-type (xσ).

B Diagrammes en boîte à moustaches

Un **diagramme en boîte à moustaches** est une représentation graphique d'une série statistique construit à l'aide de quelques paramètres. Il permet de comparer différentes séries selon leurs variables de position et de dispersion.

Pour cela, on construit un rectangle au-dessus d'un axe gradué et délimité par le premier quartile et le troisième quartile.
On obtient le diagramme en boîte à moustaches en ajoutant le minimum et le maximum de la série.
On joint ensuite Q_1 au minimum et Q_3 au maximum.

Voir la méthode p. 181.

Exemple
Si pour une série statistique, $Q_1 = 2$, $Q_3 = 6$, les valeurs minimale et maximale sont respectivement 1 et 8, on obtient le diagramme en boîte à moustaches suivant.

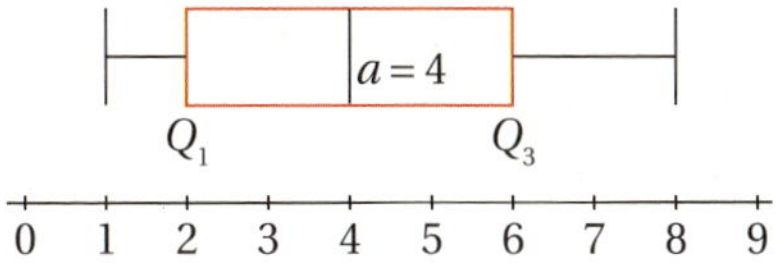

Le réel a qui apparaît est la médiane.

Remarque
La médiane n'est pas toujours au « centre » du rectangle (voir exercice 7).

Calculer la médiane et les quartiles d'une série

ÉNONCÉ

On considère la série des 20 notes obtenues par les élèves d'une classe à un devoir :
9–13–8–8,5–10,5–8,5–8–11–14–15–8,5–12,5–10,5–9–10–11–7–12–7–9.
Déterminer la médiane, le premier et le troisième quartiles de cette série.

MÉTHODE

▶ Pour déterminer la médiane et les quartiles d'une série, on commence par ranger les N valeurs du caractère dans l'ordre croissant.

▶ On les regroupe dans un tableau en faisant apparaître les effectifs correspondant à chaque note et les effectifs cumulés croissants.

▶ On applique ensuite les résultats du cours (paragraphes 2. A et 2. B).

CORRIGÉ

▶ Rangeons les notes dans l'ordre croissant en faisant apparaître les effectifs et les effectifs cumulés croissants :

Notes	7	8	8,5	9	10	10,5	11	12	12,5	13	14	15
Effectif	2	2	3	3	1	2	2	1	1	1	1	1
Eff. cumulés	2	4	7	10	11	13	15	16	17	18	19	20

▶ La série comporte 20 valeurs. 20 est un nombre pair, la médiane est donc la moyenne entre la 10e et la 11e valeur du caractère.
En observant la dernière ligne du tableau, on voit que la 10e valeur du caractère est 9 et la 11e valeur est 10. La médiane est donc :

$$\text{Me} = \frac{9+10}{2} = 9{,}5$$

▶ Pour calculer le premier quartile Q_1, il faut prendre le quart de 20, c'est-à-dire 5. Il faut donc trouver 5 notes qui soient inférieures ou égales à Q_1.
La cinquième note est 8,5 donc $Q_1 = 8{,}5$.

▶ Pour calculer le troisième quartile, il faut prendre les trois quarts de 20, c'est-à-dire 15. Il faut donc trouver 15 notes qui soient inférieures ou égales à Q_3.
La quinzième note est 11 donc $Q_3 = 11$.
On a donc Me $= 9{,}5$, $Q_1 = 8{,}5$ et $Q_3 = 11$.

Construire un diagramme en boîte à moustaches

ÉNONCÉ

Construire le diagramme en boîte de la série précédente :
9–13–8–8,5–10,5–8,5–8–11–14–15–8,5–12,5–10,5–9–10–11–7–12–7–9.

MÉTHODE

▶ On trace un axe gradué sur lequel on peut placer les valeurs maximale et minimale de la série.

▶ On place ensuite les quartiles Q_1 et Q_3.

▶ Puis on trace un rectangle d'extrémités Q_1 et Q_3.

CORRIGÉ

Les quartiles ont été calculés dans la méthode précédente.
Les valeurs maximale et minimale de la série sont 7 et 15.
On gradue donc un axe de 7 à 15 puis on place Q_1 et Q_3.

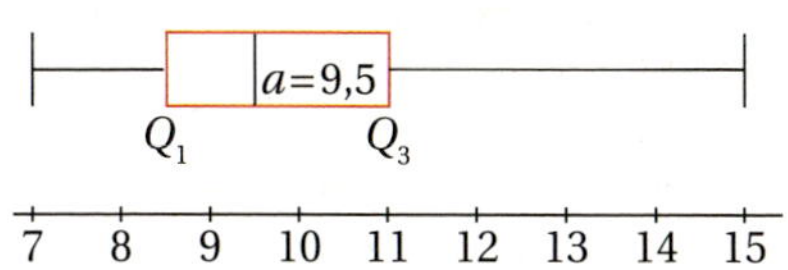

$a = 9{,}5$ représente la médiane.

Lire un algorithme

ÉNONCÉ

Décrire et interpréter l'algorithme suivant.

```
1   VARIABLES
2   i EST_DU_TYPE NOMBRE
3   x EST_DU_TYPE LISTE
4   n EST_DU_TYPE LISTE
5   s EST_DU_TYPE NOMBRE
6   m EST_DU_TYPE NOMBRE
7   effectif EST_DU_TYPE NOMBRE
8   DEBUT_ALGORITHME
9       POUR i ALLANT_DE 1 A 5
10          DEBUT_POUR
11          LIRE x[i]
12          LIRE n[i]
13          FIN_POUR
14      s PREND_LA_VALEUR 0
15      m PREND_LA_VALEUR 0
16      effectif PREND_LA_VALEUR 0
17      POUR i ALLANT_DE 1 A 5
18          DEBUT_POUR
19          s PREND_LA_VALEUR s+n[i]*pow(x[i],2)
20          m PREND_LA_VALEUR m+n[i]*x[i]
21          effectif PREND_LA_VALEUR effectif+n[i]
22          FIN_POUR
23      m PREND_LA_VALEUR m/effectif
24      s PREND_LA_VALEUR s/effectif-pow(m,2)
25      AFFICHER s
26  FIN_ALGORITHME
```

1 De la ligne 16 à la ligne 22, qu'a-t-on calculé ?

2 À la ligne 23, reconnaître la fonction statistique que l'on a calculée.

3 À la ligne 24, reconnaître la fonction statistique que l'on va calculer.

4 À la ligne 23, quelle est la valeur finale de m ?

À la ligne 24, quelle valeur finale de s sera affichée ?

MÉTHODE

Remarquer que le nombre n_i se note n[i].

1 x est la liste des valeurs d'un caractère, n est celle des effectifs.
La première boucle (lignes 10 à 13) sert à saisir la série statistique.
Dans la ligne 16, on initialise la variable effectif à 0, et dans la boucle (lignes 17 à 22), on ajoute à s tous les n[i].

2 Dans la ligne 15, on initialise la variable m à 0, et dans la boucle (lignes 17 à 22), on ajoute à m tous les n[i]×x[i].

Dans la ligne 23, on divise le résultat par l'effectif.

3 Dans la ligne 14, on, initialise la variable s à 0, et dans la boucle (lignes 16 à 21), on ajoute à s tous les $\text{n[i]} \times \text{x[i]}^2$.

CORRIGÉ

1 On a calculé la somme des n_i, c'est-à-dire l'effectif total.

2 Il s'agit du calcul de la moyenne de la série statistique.

3 Le calcul est celui de la somme des $n_i \times x_i^2$, on va sans doute calculer la variance ou l'écart-type de la série.

4 m a pour valeur la moyenne de la série, s est la variance de la série.

SE TESTER QUIZ

1 On considère la série statistique suivante qui donne la répartition des âges d'une classe de 1re S.

Âge	14	15	16	17	18	19
Effectif	1	3	10	14	2	1

1. L'âge médian est :
☐ **a.** 15 ☐ **b.** 16,5 ☐ **c.** 17

2. L'âge moyen est :
☐ **a.** 16 ☐ **b.** 16,5 ☐ **c.** 17,2

3. L'écart interquartile est
☐ **a.** 1 ☐ **b.** 0 ☐ **c.** 2 ☐ **d.** -1

4. L'écart-type arrondi à 10^{-1} près est :
☐ **a.** 1,2 ☐ **b.** 1 ☐ **c.** 2 ☐ **d.** 0

2 On donne la série suivante.

x_i	2	5	8	11	14	17	20
n_i	4	17	37	63	72	30	10

1. La moyenne à 0,01 près est :
☐ **a.** 8 ☐ **b.** 11 ☐ **c.** 12,02 ☐ **d.** 14

2. L'écart-type est à 0,01 près :
☐ **a.** 3 ☐ **b.** 3,91 ☐ **c.** 5,1 ☐ **d.** 15,3

3. La médiane est :
☐ **a.** 36 ☐ **b.** 11 ☐ **c.** 12,02 ☐ **d.** 14

4. L'écart interquartile est :
☐ **a.** 3 ☐ **b.** 3,90 ☐ **c.** 4,5 ☐ **d.** 6

3 On considère la série suivante.

15 – 20 – 22 – 23 – 27 – 29 – 31 – 31 – 35 – 36 – 40

Le troisième quartile de cette série est :
☐ **a.** 35,5 ☐ **b.** 31 ☐ **c.** 35

4 Voici le diagramme en boîte à moustaches d'une série.

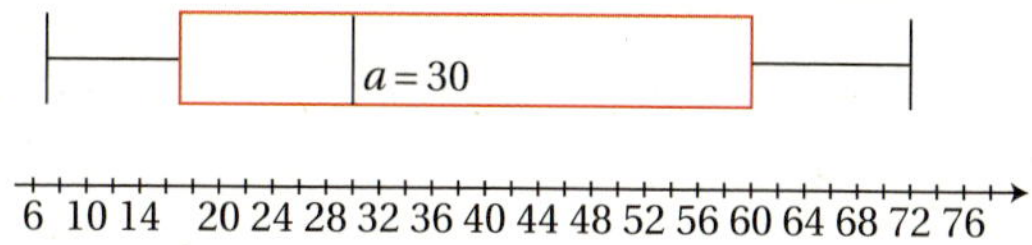

1. Le premier quartile Q_1 de cette série est :

☐ **a.** 7 ☐ **b.** 17 ☐ **c.** 60

2. La médiane de cette série est :

☐ **a.** 17 ☐ **b.** 30 ☐ **c.** 60

3. La valeur maximale est :

☐ **a.** 60 ☐ **b.** 72 ☐ **c.** 78

5 Les données d'une série sont regroupées en classes.

x_i	$[0;5[$	$[5;15[$	$[15;35[$
n_i	9	16	5

L'écart-type arrondi au centième est :

☐ **a.** 5,03 ☐ **b.** 4,86 ☐ **c.** 7,37

Dans les exercices 6 à 9, répondre par vrai ou faux en justifiant la réponse.

6 Les premier et troisième quartiles de la série :

$$4-4-5-6-7-9-12-12-13-13-14-15-20-21-21$$

sont $Q_1 = 6$ et $Q_3 = 15$.

7 Dans un diagramme en boîte, la médiane se situe toujours au milieu de la boîte.

8 Dans un diagramme en boîte, la longueur de la boîte est égale à l'écart interquartile.

9 La variance d'une série est toujours un nombre positif.

S'ENTRAÎNER

10 Voici les précipitations moyennes mensuelles en millimètres dans deux villes des États-Unis, New-York et Portland.

Mois	J	F	M	A	M	J	J	A	S	O	N	D
New-York	80	95	68	64	77	87	127	122	84	88	67	76
Portland	165	149	97	76	55	40	20	20	50	78	157	169

a. Construire le diagramme en boîte de chaque série à partir d'une graduation commune.
b. Étudier la différence de précipitations entre les deux villes à l'aide de leurs diagrammes en boîte.

11 On considère la série statistique donnant le nombre de frères et sœurs pour les 1 240 élèves d'un lycée.

Frères/sœurs	0	1	2	3	4	5	6	7	8
Effectifs	311	586	215	59	31	19	11	6	2

a. Déterminer la médiane et l'intervalle interquartile de cette série.
b. Déterminer la moyenne et l'écart-type de cette série.
c. Quel est, à votre avis, le résumé le plus pertinent de cette série : celui constitué par les valeurs calculées en **a.** ou celui constitué par les valeurs calculées en **b.** ?

12 **a.** On étudie les salaires moyens par catégorie de deux entreprises A et B.

Entreprise	Entreprise A		Entreprise B	
Catégories	Salaire	Effectifs	Salaire	Effectifs
Employés	1 100	400	1 000	200
Cadres	4 000	300	3 000	500

Déterminer le salaire moyen de ces entreprises.
b. On considère maintenant la répartition suivante.

Entreprise	Entreprise A		Entreprise B	
Catégories	Salaire	Effectifs	Salaire	Effectifs
Employés	1 100	400	1 000	400
Cadres	4 000	300	3 000	300

Déterminer les salaires moyens avec cette nouvelle répartition.
Que peut-on en déduire ?

OBJECTIF BAC

13 Deux groupes A et B de 20 élèves ont obtenu les notes sur 10 suivantes, lors d'un même QCM.

Notes	0	1	2	3	4	5	6	7	8	9	10
A	0	1	1	0	1	2	2	3	4	4	2
B	1	1	1	0	1	3	1	1	6	5	0

On demande au professeur quel est son meilleur groupe.

1. Calculer la moyenne m, la médiane Me, l'écart-type σ et l'écart interquartile I de ces deux séries de notes.

2. Donner, dans chaque cas, les critères privilégiés par le professeur et indiquer quel sera son classement s'il considère que le meilleur groupe est :
a. celui dont la moyenne est la plus forte ;
b. celui dont la médiane est la plus élevée ;
c. celui dont l'écart-type est le plus faible ;
d. celui dont l'écart interquartile est le plus grand.

3. Donner et motiver votre classement en comparant :
a. les couples (m, σ) des deux séries ;
b. les couples (Me, I) des deux séries.

14 On s'intéresse au rendement de deux pommiers pendant ces dernières années.
On obtient les résultats suivants en kilogrammes :
- **Pommier 1 :** 200 – 150 – 340 – 260 – 300
- **Pommier 2 :** 280 180 300 240

On souhaite savoir lequel a eu le meilleur rendement.

1. a. Calculer la moyenne, la médiane, l'étendue et la variance des rendements de chacun des deux pommiers.

b. Quelles sont les ressemblances de ces deux séries, quelles sont les différences ?

2. On souhaite maintenant étudier la dispersion des rendements du premier pommier par rapport à une valeur x (la moyenne des rendements des pommiers du champ, par exemple).
a. On veut calculer la moyenne des carrés des écarts de ces rendements et de la valeur x. Montrer que cette moyenne est donnée par :

$$f(x) = \frac{1}{5}\left[(x-200)^2 + (x-150)^2 + (x-340)^2 + (x-260)^2 + (x-300)^2\right]$$

b. Quelle est l'allure de la courbe représentant cette fonction ?
c. Vérifier qu'une expression de $f(x)$ est : $f(x) = x^2 - 500x + 67\,140$.
d. Étudier les variations de la fonction f. En déduire la valeur de x pour laquelle la fonction f est minimale. Que représente cette valeur ?

3. Généralisation

On suppose cette fois que les rendements du second pommier sont des nombres quelconques a, b, c et d.
a. Déterminer l'expression de la fonction g, représentant la moyenne des carrés des écarts entre chaque rendement et x.
b. Simplifier l'expression de $g(x)$.
c. Étudier les variations de la fonction g
d. Déterminer la valeur de x pour laquelle la fonction g est minimale.
Que représente cette valeur ?

15 On s'intéresse aux tailles (en cm) des nouveaux nés dans les deux cliniques d'une ville A et B au cours du mois de mars 2012 .
Sur cette période, la clinique A a enregistré 57 naissances.
Les tailles des nouveaux nés sont données dans le tableau ci dessous :

Taille (cm)	45,5	46	46,5	48	48,5	49	50	50,5	51	53	55
Effectifs	2	9	9	10	2	10	2	4	4	3	2

Pendant la même période, la clinique B a enregistré 51 naissances.
L'analyse statistique a conduit aux résultats suivants :

minimum	maximum	moyenne	médiane	premier quartile	troisième quartile
44	55	50,1	49	46,5	51

1. Calculer la taille moyenne des bébés nés dans la clinique A au cours de cette période.

2. Quelle est la taille médiane des bébés nés dans la clinique A au cours de cette période ?

3. Calculer le premier et le troisième quartile de la taille des bébés nés dans la clinique A au cours de cette période.

4. Construire le diagramme en boîte représentant la taille des bébés nés dans la clinique A au cours de cette période.

5. Sur le même graphique, construire le diagramme en boîte représentant la taille des bébés nés dans la clinique B. Que peut-on en déduire ?

6. À partir de l'ensemble des données fournies précédemment, la ville affirme que la moitié des bébés nés au cours du mois de mars 2012 dans ses deux cliniques sont de taille au moins égale à 49,25 cm. Quelle confusion semble-t-elle faire ?

SE TESTER

1 Pour calculer la médiane et les quartiles, classons les données dans l'ordre et calculons les effectifs cumulés croissants.

Nous obtenons le tableau suivant.

Âge	14	15	16	17	18	19
Effectif	1	3	10	14	2	1
Effectifs cumulés croissants	1	4	14	28	30	31

1. Réponse c. La série comporte 31 valeurs.
31 est un nombre impair, la médiane est donc la valeur du 16ᵉ caractère, celui-ci est dans la colonne où apparaît 28 en effectif cumulé donc la médiane est 17.

2. Réponse b. Calculons la moyenne de cette série.

$$\bar{x} = \frac{1\times14+3\times15+10\times16+14\times17+2\times18+1\times19}{31} = \frac{512}{31} \approx 16{,}5.$$

3. Réponse a. Déterminons Q_1 et Q_3.

- $\frac{31}{4} = 7{,}75$, la valeur du premier quartile est donc la valeur du caractère tel que 8 personnes aient un âge supérieur ou égal à Q_1. La valeur de Q_1 est 16.
- $31 \times \frac{3}{4} = 23{,}25$, la valeur du troisième quartile est donc la valeur du caractère tel que 24 personnes aient un âge supérieur ou égal à Q_3. La valeur de Q_3 est 17.

En effet, classés, les âges sont : 14, 15, 15, 15, 16, 16, 16, **16**, …, 17, 17, …, **17**, …, 18, 18, 19. Il y a 8 valeurs avant **16** et 24 valeurs avant **17**.
L'écart interquartile est donc $17 - 16 = 1$.

4. Réponse b. L'écart-type est donné par la formule $\sqrt{V(X)}$ avec :

$$V(X) = \frac{\sum_{i=1}^{i=p} n_i x_i^2}{\sum_{i=1}^{i=p} n_i} - \bar{x}^2.$$

Les calculs de la moyenne et de l'écart-type auraient pu être faits en utilisant la calculatrice et en entrant les valeurs du caractère « âge » dans la liste 1 et du caractère « effectif » dans la liste 2.

$$V(x) = \frac{1\times14^2+3\times15^2+\ldots+1\times19^2}{31} - \left(\frac{512}{31}\right)^2 = 0{,}986 \text{ à } 10^{-3} \text{ près.}$$

L'écart-type est donc 1 en arrondissant à 10^{-1}.

2 Comme dans l'exercice précédent, classons les valeurs et donnons les effectifs cumulés croissants.

x_i	2	5	8	11	14	17	20
n_i	4	17	37	63	72	30	10
Effectifs cumulés croissants	4	21	58	121	193	223	233

1. Réponse c.

La moyenne de cette série est :

$$\overline{x} = \frac{4\times2+17\times5+\ldots+30\times17+10\times20}{233} = \frac{2\,800}{233} = 12{,}02 \text{ à } 10^{-2} \text{ près.}$$

2. Réponse b.

Déterminons la variance de cette série :

$$V(X) = \frac{4\times2^2+17\times5^2+\ldots+10\times20^2}{233} - \left(\frac{2\,800}{233}\right)^2 = \frac{37\,214}{233} - \left(\frac{2\,800}{233}\right)^2 = \frac{830\,862}{54\,289}$$

$$= 15{,}30 \text{ à } 10^{-2} \text{ près.}$$

Donc l'écart-type est $\sigma(X) = \sqrt{V(X)} = 3{,}91$ à 10^{-2} près.

3. Réponse b. L'effectif total de la série est 233 donc impair ; la médiane est la valeur du caractère de rang 117, soit Me = 11.

4. Réponse a.

- Q_1 est la valeur du caractère tel que 59 personnes aient un caractère inférieur à cette valeur, soit $Q_1 = 11$.
- Q_3 est la valeur du caractère tel que 175 personnes aient un caractère inférieur à cette valeur, donc $Q_3 = 14$.

Et l'écart interquartile est 3.

3 **Réponse c.** Trions toutes ces valeurs pour les ordonner et donnons les effectifs correspondants.

x_i	15	20	22	23	27	29	31	35	36	40
n_i	1	1	1	1	1	1	2	1	1	1
Effectifs cumulés croissants	1	2	3	4	5	6	8	9	10	11

La série comporte 11 valeurs. Q_3 correspond à la valeur de rang $\frac{75\times11}{100}$, soit la 9e valeur de la série, c'est-à-dire 35.

4 **1. Réponse b.** Le premier quartile correspond au début du rectangle, c'est-à-dire à $Q_1 = 17$.
2. Réponse b. La médiane de la série correspond à la valeur de a, soit 30.
3. Réponse b. La valeur maximale correspond à la valeur la plus extrême du diagramme, soit 72.

Voir le paragraphe **2.B.** du cours.

5 **Réponse c.**

x_i	$[0\,;5[$	$[5\,;15[$	$[15\,;35[$
Centre	2,5	10	25
n_i	9	16	5

Ici, les données sont regroupées en classes ; on utilise le centre des classes comme valeur de caractère.

• Commençons par déterminer la moyenne de cette série :

$$\bar{x} = \frac{9\times 2{,}5 + 16\times 10 + 25\times 5}{30} = 10{,}25.$$

• Déterminons la variance de cette série :

$$V(x) = \frac{9\times 2{,}5^2 + 16\times 10^2 + 5\times 25^2}{30} - (10{,}25)^2 = 54{,}3125.$$

• L'écart-type est donc $\sqrt{54{,}3125} = 7{,}37$ au centième.

6 **Vrai.** Comme dans l'exercice 3, ordonnons les valeurs dans l'ordre croissant et déterminons les effectifs cumulés croissants.

x_i	4	5	6	7	9	12	13	14	15	20	21
n_i	2	1	1	1	1	2	2	1	1	1	2
Effectifs cumulés croissants	2	3	4	5	6	8	10	11	12	13	15

La série comporte 15 valeurs. Le premier quartile correspond à la 4e valeur, soit $Q_1 = 6$, et le troisième quartile correspond à la 12e valeur, soit $Q_3 = 15$.

7 **Faux.** Voir l'exercice 3 ou l'exercice 1 dans lequel la médiane est égale à Q_3. Dans ces cas, la médiane est une extrémité de la boîte.

8 **Vrai.** Car les extrémités de la boîte sont les quartiles Q_1 et Q_3.
La longueur de la boîte est donc $Q_3 - Q_1$.

9 **Vrai.** Une variance est une somme de carrés.

S'ENTRAÎNER

> Voir définition du paragraphe **1.C.** du cours.

10 **a.** Pour New-York, les précipitations vont de 64 mm à 127 mm.
Pour Portland, elles s'étalent entre 20 mm et 169 mm.
Pour tracer le diagramme en boîte, choisissons une échelle allant de 20 à 169.
Il nous faut calculer les premier et troisième quartiles des deux séries.
En ordonnant les 12 valeurs, on obtient :

- Pour New-York : 64 – 67 – 68 – 76 – 77 – 80 – 84 – 87 – 88 – 95 – 122 – 127
- Pour Portland : 20 – 20 – 40 – 50 – 55 – 76 – 78 – 97 – 149 – 157 – 165 – 169

Déterminons les quartiles. Les séries comportent 12 valeurs chacune ; les premiers quartiles correspondent alors à la 3e valeur et les troisièmes quartiles à la 9e valeur. On a donc :

- Pour New-York : $Q_1 = 68$ et $Q_3 = 88$.
- Pour Portland : $Q_1 = 40$ et $Q_3 = 149$.

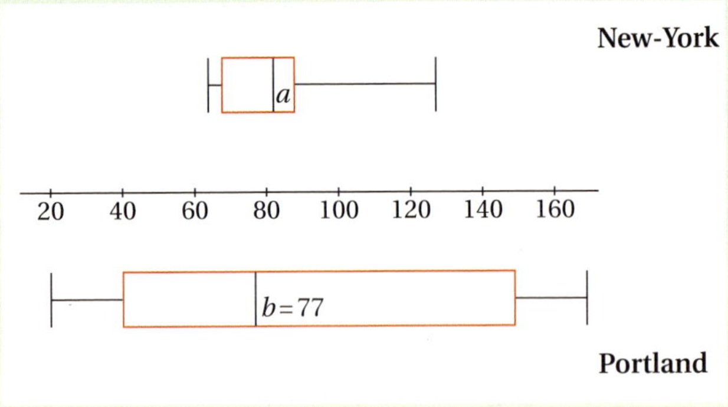

b. Les précipitations varient beaucoup d'un mois à l'autre à Portland (grande dispersion des valeurs).

Elles sont beaucoup plus régulières à New-York.

Le total des précipitations annuelles est pourtant quasiment le même.

(Il pleut autant dans les deux villes en un an.

Les écarts interquartiles sont très différents, celui de Portland est beaucoup plus élevé que celui de New-York, les pluies y sont donc moins régulières).

11 **a.** Calculons la médiane de cette série. Les valeurs sont ordonnées, il nous reste à déterminer les effectifs cumulés croissants.

Frères/sœurs	0	1	2	3	4	5	6	7	8
Effectifs	311	586	215	59	31	19	11	6	2
Effectifs cumulés croissants	311	897	1 112	1 171	1 202	1 221	1 232	1 238	1 240

L'effectif total est pair donc la médiane est la moyenne entre la 620e et 621e valeur, soit $\text{Me} = \frac{1+1}{2} = 1$.

• Le premier quartile Q_1 est la valeur du caractère correspondant à la 310e valeur, soit $Q_1 = 0$.

• Le troisième quartile Q_3 est la valeur du caractère correspondant à la 930e valeur, soit $Q_3 = 2$. L'intervalle interquartile est donc $[0;2]$.

b. La moyenne de cette série est :

$$\bar{x} = \frac{0 \times 311 + \ldots + 2 \times 8}{1\,240} = \frac{1\,536}{1\,240} = 1{,}24 \text{ au centième.}$$

Les valeurs étant assez grandes ici, nous allons utiliser la calculatrice (ou un tableur) pour calculer l'écart-type de cette série.
Le tableur nous donne :

$$\sum_{i=0}^{i=8} n_i x_i^2 = 3\,766$$

donc la variance vaut :

$$V(X) = \frac{3\,766}{1\,240} - 1{,}24^2 = 1{,}50 \text{ à } 10^{-2} \text{ près.}$$

Ainsi l'écart-type est :

$$\sigma(x) = \sqrt{1{,}50} = 1{,}22 \text{ à } 10^{-2} \text{ près.}$$

x[i]	n[i]	n[i]×x[i]^2
0	311	0
1	586	586
2	215	860
3	59	531
4	31	496
5	19	475
6	11	396
7	6	294
8	2	128
	SOMME	3 766

c. Le résumé le plus pertinent semble être celui avec la médiane et l'intervalle interquartile car le plus grand nombre de familles ont entre 0 et deux enfants.

12 **a.** • Le salaire moyen pour l'entreprise A est :

$$\bar{x} = \frac{1110 \times 400 + 4\,000 \times 300}{700} = 2\,342{,}86 \text{ au centime près.}$$

• Pour l'entreprise B, le salaire moyen est :

$$\bar{y} = \frac{1\,000 \times 200 + 3\,000 \times 500}{700} = 2\,428{,}57 \text{ au centime près.}$$

L'entreprise A rémunère mieux ses salariés que l'entreprise B même si le salaire moyen de l'entreprise B est supérieur au salaire moyen de l'entreprise A.

b. Calculons les salaires moyens des entreprises A et B avec cette autre répartition.

• Entreprise A : Le salaire moyen est inchangé.

• Entreprise B : $\bar{y} = \frac{1\,000 \times 400 + 3\,000 \times 500}{700} = 1\,857{,}14$ au centime près.

Nous remarquons ici avec cette nouvelle répartition que le salaire moyen de B est inférieur à celui de A.

On peut donc en déduire que la répartition des salariés joue sur le salaire moyen. En effet à effectif total identique, le fait de remplacer des employés par des cadres augmente la masse salariale donc le salaire moyen.

Si la répartition des cadres et des employés était la même dans les deux entreprises, le salaire moyen de A serait supérieur à celui de B.

OBJECTIF BAC

13 **1.** Déterminons la moyenne des séries A et B :

$$m_A = \frac{0 \times 0 + \ldots + 10 \times 2}{20} = 6{,}9 \quad \text{et} \quad m_B = \frac{0 \times 1 + \ldots + 10 \times 0}{20} = 6{,}4.$$

L'effectif étant pair, la médiane s'obtient en faisant la moyenne des notes de rangs 10 et 11 de la série.

• Dans le groupe A, la note de rang 10 est 7 et celle de rang 11 également, la médiane est donc $\text{Me} = \frac{7+8}{2} = 7{,}5$.

• Dans le groupe B, la note de rang 10 est 8 celle de rang 11 également donc la médiane est 8.

L'écart-type peut se calculer en utilisant la formule du cours, la calculatrice ou même un tableur.

CALCUL DE L'ÉCART-TYPE EN UTILISANT LA CALCULATRICE

Pour cela, il suffit de se placer en mode STAT, de sélectionner une première liste dans laquelle on entre les différentes valeurs de x_i, puis une seconde liste dans laquelle on met les effectifs correspondant. Ces deux listes étant remplies, on se place en mode CALC dans le menu statistiques puis on choisit 1VAR. On valide et on voit apparaître les résultats souhaités.

La calculatrice affiche $\sigma = 2{,}42$ comme écart-type pour le groupe A et $\sigma = 2{,}74$ pour le groupe B.

- Pour la série A, le premier quartile est 5 et le troisième est 9, l'écart interquartile I est donc 4.
- Pour la série B, le premier quartile est 5 et le troisième est 8, l'écart interquartile I est donc 3.

Ces résultats sont directement donnés par la calculatrice à partir du moment où les listes sont données.

2. **a.** Dans ce cas, le meilleur groupe est le groupe A.
b. Dans ce cas, le meilleur groupe est le groupe B.
c. Dans ce cas, le meilleur groupe est le groupe B.
d. Dans ce cas, le meilleur groupe est le groupe A.

3. **a.** Les deux séries ont un écart-type proche donc le meilleur groupe est celui ayant la meilleure moyenne, c'est-à-dire le groupe A.
b. Le groupe A possède 15 élèves dans l'intervalle interquartile, le groupe A est plus homogène que le groupe B.
Cependant la médiane étant confondue avec le troisième quartile, le groupe B est meilleur. (Si la médiane est confondue avec le 3e quartile, cela signifie que la moitié des élèves ont une note supérieure au 3e quartile, le groupe est donc meilleur.)

14 **1.** **a.** Déterminons la moyenne, la médiane et la variance de la série 1 des rendements du premier pommier.
La série 1 écrite dans l'ordre croissant est : 150 – 200 – 260 – 300 – 340.

La moyenne est donnée par : $\overline{x_1} = \dfrac{150+200+260+300+340}{5} = \dfrac{1\,250}{5} = 250$

La série 1 comporte un nombre impair de valeurs, la médiane est donc la valeur du caractère « du milieu » quand les valeurs sont rangées dans l'ordre croissant.

La valeur située au milieu de la série est donc 260, la médiane est donc 260.
L'étendue de la série est $340-150=190$
Déterminons la valeur de la variance.
La variance est donnée par :

$$V_1(x)-\frac{1}{5}\left[(\overline{x_1}-150)^2+(\overline{x_1}-200)^2+(\overline{x_1}-260)^2+(\overline{x_1}-300)^2+(\overline{x_1}-340)^2\right]$$

ce qui donne $V_1(x)=4\,640$
Faisons le calcul de la moyenne, médiane et variance pour la série 2 des rendements du deuxième pommier
La série 2 écrite dans l'ordre croissant est : $180-240-280-300$

La moyenne est donnée par : $\overline{x_2}=\dfrac{180+240+280+300}{4}=\dfrac{1000}{4}=250$

La série 2 comporte un nombre pair de valeurs, la médiane est donc la moyenne des deux valeurs de caractère « du milieu ».

La médiane est donc égale à : $\dfrac{240+280}{2}=260$
L'étendue de la série est $300-180=120$
Déterminons la valeur de la variance.
La variance est donnée par :

$$V_2(x)=\frac{1}{4}\left[(\overline{x_2}-180)^2+(\overline{x_2}-240)^2+(\overline{x_2}-280)+(\overline{x_2}-300)^2\right]$$

ce qui donne $V_2(x)=2\,100$
b. Nous remarquons que les moyennes et les médianes sont les mêmes cependant l'étendue de la série 1est plus grande que celle de série 2.
Les valeurs sont donc plus dispersées dans la série 1.
De même pour la variance. La variance de la série 1 est beaucoup plus grande.
2. a. Le carré de l'écart entre la valeur x et un rendement est égal au carré de la différence entre x et ce rendement.
Pour calculer la moyenne, il suffit donc d'additionner tous ces carrés et de diviser par 5.
On obtient donc :

$$f(x)=\frac{1}{5}\left[(x-200)^2+(x-150)^2+(x-340)^2+(x-260)^2+(x-300)^2\right]$$

b. En choisissant une fenêtre appropriée sur la calculatrice, on s'aperçoit que cette fonction a l'allure d'une parabole.
On choisit x entre 0 et 500 et y entre 0 et 75000, par exemple.

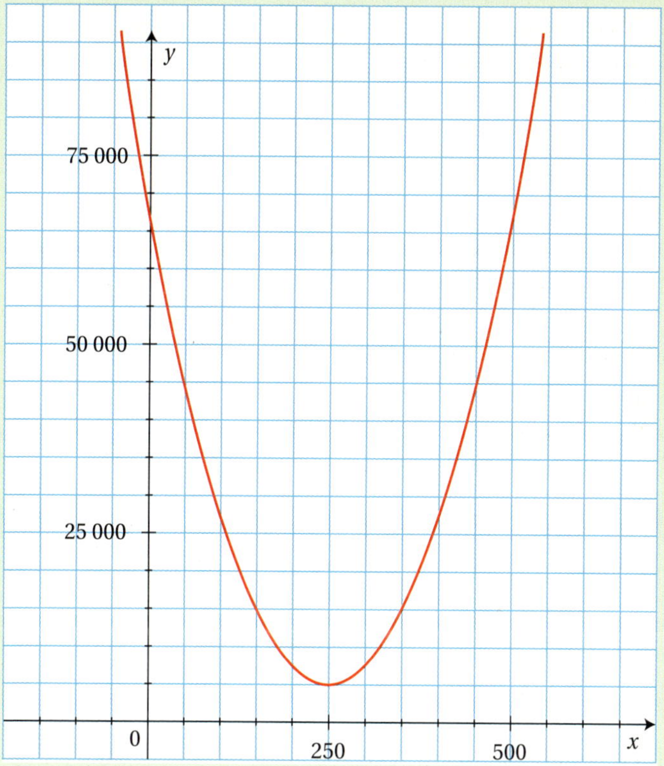

c. Développons l'expression précédente :

$$f(x)=\frac{1}{5}[x^2-400x+40\,000+x^2-300x+22\,500+x^2-680x+115\,600$$
$$+x^2-520x+67\,600+x^2-600x+90\,000]$$

$$f(x)=\frac{1}{5}\left(5x^2-2\,500x+335\,700\right)=x^2-500x+67\,140$$

d. f est une fonction polynôme, elle est donc dérivable sur $\mathbb{R}$ et on a :

$$f(x)=2x-500$$

On en déduit que $f'(x)\geqslant 0$ pour $x\in[\,250\,;+\infty\,]$ et $f'(x)\leqslant 0$ pour $x\in\,]-\infty\,;250\,[$

Cette fonction est minimale pour $x=250$.

Cette valeur x représente la moyenne de la première série, on en déduit que f représente la variance de la série.

On remarque $f(250)=4\,640$ ce nombre représente bien la variance de la série.

3. Généralisation

a. Pour les mêmes raisons que dans l'exemple, la fonction g est donnée par :

$$g(x)=\frac{1}{4}\left((x-a)^2+(x-b)^2+(x-c)^2+(x-d)^2\right)$$

b. Développons $g(x)$, il vient :

$$g(x)=\frac{1}{4}(x^2-2ax+a^2+x^2-2bx+b^2+x^2-2cx+c^2+x^2-2dx+d^2)$$

$$=x^2-\frac{1}{2}(a+b+c+d)x+\frac{1}{4}(a^2+b^2+c^2+d^2)$$

c. g est dérivable sur $\mathbb{R}$ car g est une fonction polynôme.

$$g'(x)=2x-\frac{1}{2}(a+b+c+d)$$

$$g'(x)\leqslant 0 \text{ pour } x\in\left]-\infty;\frac{1}{4}(a+b+c+d)\right[$$

$$g'(x)\geqslant 0 \text{ pour } x\in\left[\frac{1}{4}(a+b+c+d);+\infty\right[$$

d. On s'aperçoit que la valeur de x pour laquelle g est minimale est la moyenne des valeurs a, b, c et d donc g représente donc la variance de la série.

15 **1.** La taille moyenne des nouveaux nés de la clinique de la ville A est :

$$\bar{x}=\frac{45{,}5\times 2+46\times 9+46{,}5\times 9+48\times 10+48{,}5\times 2+49\times 10}{57}$$

$$+\frac{50\times 2+50{,}5\times 4+51\times 4+53\times 3+55\times 2}{57}=48{,}52 \text{ à } 10^{-2} \text{ près.}$$

2. Pour déterminer la médiane dressons le tableau des effectifs cumulés croissants, nous obtenons :

Taille(cm)	45,5	46	46,5	48	48,5	49	50	50,5	51	53	55
effectifs	2	9	9	10	2	10	2	4	4	3	2
Effectifs cumulés croissants	2	11	20	30	32	42	44	48	52	55	57

Le nombre de nouveaux nés étant impair, la médiane est la valeur du caractère du 29e nouveau né soit 48.

3. Le premier quartile correspond à la valeur du caractère du 15e nouveau né soit $Q_1=46{,}5$.

Le troisième quartile correspond à la valeur du caractère du 89e nouveau né soit $Q_3=50$

4. Les deux diagrammes en boîte sont semblables cependant la série correspondant à la clinique B est plus étalée dans les valeurs extrêmes.

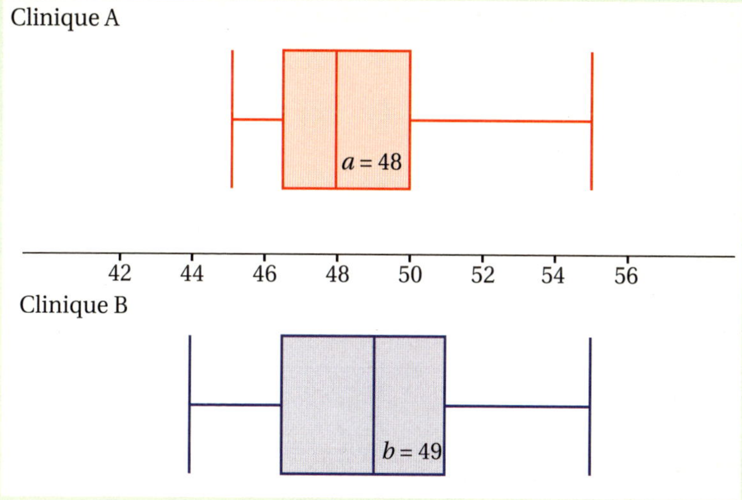

5. On remarque que la moyenne de la série B est 50,1 et celle de la série A est 48,52 donc la moyenne sur l'ensemble des nouveaux nés des deux cliniques est :

$$\frac{57\times 48{,}52+51\times 50{,}1}{108}=49{,}26$$

Il semblerait qu'il y ait confusion entre moyenne et médiane.
En effet, ce résultat signifie que la taille moyenne des nouveaux nés de la ville est 49,26cm mais ceci ne veut pas forcément dire que la moitié des nouveaux nés mesure au moins 49,26 cm.

www.annabac.com

CHAPITRE

7 Probabilités

Quelle chance a-t-on d'obtenir un 3 lors du lancer d'un dé ?
Combien de points un élève peut-il espérer gagner s'il répond au hasard aux questions d'un QCM ?
Ce sont les probabilités qui se cachent dans les réponses à ces questions.

1 Variables aléatoires

A Introduction

Lorsqu'on effectue une expérience aléatoire, il existe plusieurs manières d'en étudier les issues.

Une issue d'une expérience aléatoire est un des résultats possibles de cette expérience.

Exemple

Lorsqu'on jette deux dés, on peut examiner
soit la somme des points marqués,
soit le chiffre le plus élevé sorti ou autre chose encore.

La somme des points, notée S, est un nombre entier compris entre 2 et 12. Le chiffre le plus élevé sorti, noté M, est un nombre entier compris entre 1 et 6. On définit ainsi ce que l'on appelle deux **variables aléatoires**, notées S et M. Elles sont liées au lancer des deux dés.

Interrogeons-nous sur la probabilité que S prenne la valeur k, k étant un entier compris entre 2 et 12, et que M prenne la valeur h, h étant un entier compris entre 1 et 6. On note ces probabilités $p(S=k)$ et $p(M=h)$. On dit alors que l'on cherche la **loi de probabilité** de S et de M.

HASARD, ALÉA, ALÉATOIRE

L'expression variable aléatoire n'est pas très heureuse mais elle est consacrée par l'usage. On devrait dire fonction aléatoire. Le mot aléatoire indique que les valeurs prises par la variable dépendent du hasard (*alea* en latin signifie « jeu de hasard »).

B Définitions. Loi de probabilité

On considère une expérience aléatoire dont l'univers des possibles (ou des issues) est noté Ω.

Définitions

- Une **variable aléatoire** est une application de Ω dans $\mathbb{R}$. On note en abrégé v.a.
- X est une v.a. de Bernoulli signifie que son univers est composé de deux éléments et qu'elle ne prend que les valeurs 1 et 0.

Exemples

1. L'univers lié au lancer de deux dés est formé des couples $(a;b)$ où a est le numéro porté par le premier dé et b le numéro porté par le second. Avec les notations précédentes : $S((2;3))=5$ car $2+3=5$; $S((6;1))=7$ car $6+1=7$ etc.
De même, $M((2;1))=2$ car 2 est plus grand que 1 et $M((3;5))=5$ car 5 est plus grand que 3.

2. On jette une pièce de monnaie. On définit une v.a. de Bernoulli X en associant 1 à « pile » et 0 à « face ». $X(\text{« pile »})=1$ et $X(\text{« face »})=0$.

Définition

La **loi de probabilité** d'une v.a. X est une application f de $\mathbb{R}$ dans $\mathbb{R}$. À tout x de $\mathbb{R}$, elle associe $p(X=x)$.
Donc :

$$f(x)=p(X=x)$$

Exemples

1. Dans le cas du lancer des deux dés, $p(S=3)=\frac{2}{36}=\frac{1}{12}$ car la probabilité que la somme des deux dés soit égale à 3 est la somme des probabilités pour que l'on ait $(1;2)$ ou $(2;1)$, soit $\frac{1}{36}+\frac{1}{36}$.

2. On a également $p(M=3)=\frac{5}{36}$. En effet, l'événement $M=3$ signifie que le chiffre le plus élevé sorti est le 3.
Donc $(M=3)=(1;3)\cup(2;3)\cup(3;3)\cup(3;2)\cup(3;1)$.
Par conséquent, $p(M=3)=5\times\frac{1}{36}$.

Remarque
Pour tout $x\notin\{2;3;4;5;6;\ldots;12\}$, $p(S=x)=0$. En effet, S ne prenant que les valeurs entières de 2 à 12, il est impossible que l'on ait par exemple $S=0{,}2$ ou $S=-3$ ou $S=\sqrt{2}$, etc. De même, $p(M=x)$ est presque toujours égale à 0.

DÉFINIR LA LOI DE PROBABILITÉ D'UNE VARIABLE ALÉATOIRE

Pour définir la loi de probabilité d'une v.a. X, il suffit d'en dresser un tableau de valeurs.

x	x_1	x_2	...	x_n
$p(X=x)$	p_1	p_2	...	p_n

On doit avoir $\sum_{k=1}^{n} p_k = p_1 + p_2 + \ldots + p_n = 1$ et $p_k \geqslant 0$ pour tout $k \in \{0;1;\ldots;n\}$.

Voir aussi la méthode page 212.

Exemple : La loi de probabilité d'une v.a. X de Bernoulli est caractérisée par le tableau suivant où p est un nombre de $[0;1]$:

x	1	0
$p(X=x)$	p	$1-p$

C Espérance, variance et écart-type

1. Définitions

Soit X une v.a. dont les valeurs sont $x_1, x_2, \ldots, x_n$.
Pour tout $k \in \{1;2;\ldots;n\}$, on note $p_k = p(X = x_k)$.

• L'**espérance** de X est le nombre $E(X)$ ainsi défini :

$$E(X) = \sum_{k=1}^{n} x_k p_k = x_1 p_1 + x_2 p_2 + \ldots + x_n p_n$$

• La **variance** de X est le nombre $V(X)$ ainsi défini :

$$V(X) = \sum_{k=1}^{n} (x_k - E(X))^2 p_k = (x_1 - E(X))^2 p_1 + (x_2 - E(X))^2 p_2 + \ldots + (x_n - E(X))^2 p_n.$$

• L'**écart-type** de X est le nombre $\sigma(X)$ (lire « sigma de X ») ainsi défini :

$$\sigma(X) = \sqrt{V(X)}$$

Remarques : **1.** Pour calculer la variance d'une v.a., il est nécessaire d'en avoir calculé l'espérance au préalable.

2. La variance d'une v.a. X est un nombre positif. C'est pourquoi il est toujours possible de calculer l'écart-type de X.

3. On peut démontrer que $V(X) = \sum_{k=1}^{n} x_k^2 p_k - E(X)^2$.

Si on note X^2 la v.a. prenant les valeurs $x_1^2, x_2^2, \ldots, x_n^2$ et si on pose :

$$\sum_{k=1}^{n} x_k^2 p_k = E(X^2)$$

L'égalité de la variance s'écrit alors : $V(X) = E(X^2) - (E(X))^2$

Notez bien que le premier terme est l'espérance du carré de X alors que le second est le carré de l'espérance de X.

Exemple : Si X est une v.a. de Bernoulli alors $E(X) = p$ et $V(X) = pq$ (en posant $q = 1 - p$, c'est facile à retenir), voir l'exercice 7 pour la démonstration.

ESPÉRANCE ET MOYENNE

L'espérance d'une v.a. s'appelle aussi sa moyenne. C'est pourquoi on note parfois $\overline{X}$. (lire « X barre ») l'espérance de X. Cette notation est liée aux statistiques.

2. Propriétés

Théorème : Soient X une v.a., a et b deux réels. Alors :

$$E(aX + b) = aE(X) + b \quad \text{et} \quad V(X) = a^2 V(X)$$

Démonstration : Soient $x_1, x_2, \ldots, x_n$ les valeurs prises par X. Alors la v.a. $Y = aX + b$ prend les valeurs $y_1, y_2, \ldots, y_n$ respectivement égales à $ax_1 + b, ax_2 + b, \ldots, ax_n + b$.

Par conséquent :

$$E(Y) = y_1 q_1 + y_2 q_2 + \ldots + y_n q_n = \sum_{k=1}^{n} y_k q_k$$

où $q_k = p(Y = y_k)$. D'autre part, $p(Y = y_k) = p(X = x_k)$ donc :

$$E(Y) = \sum_{k=1}^{n} (ax_k + b)p_k = \sum_{k=1}^{n} (ax_k p_k + bp_k) = a\sum_{k=1}^{n} x_k p_k + b\sum_{k=1}^{n} p_k = aE(X) + b.$$

En effet, $\sum_{k=1}^{n} p_k = 1$.

Pour la démonstration de la propriété sur la variance, voir l'exercice 8.

Remarque : Puisque $V(aX + b) = a^2 V(X)$, on trouve :

$$\sigma(aX + b) = \sqrt{V(aX + b)} = \sqrt{a^2 V(X)} = |a|\sqrt{V(X)}$$

Donc $\sigma(aX + b) = |a|\sigma(X)$

À NOTER

Si $a \geqslant 0$, alors $\sigma(aX + b) = a\sigma(X)$ et si $a \leqslant 0$, alors $\sigma(aX + b) = -a\sigma(X)$.

2 Loi binomiale

A De quoi s'agit-il?

Une urne contient 6 boules blanches (notées B) et 4 boules noires (notées N). On prélève une boule de l'urne, on note sa couleur, *on la remet dans l'urne*. On effectue un nouveau tirage, on note la couleur de la deuxième boule, *on la remet dans l'urne* etc. On effectue ainsi 25 tirages, appelés tirages *avec remise*.
Soit X la v.a. qui comptabilise le nombre de boules blanches tirées au cours de ces 25 tirages *avec remise*. On cherche à déterminer la loi de probabilité de X. Autrement dit, on veut connaître $p(X=k)$ pour tout $k \in \{0;1;2;3;\ldots;25\}$.

PREMIÈRES OBSERVATIONS

À chaque tirage, la probabilité de tirer une boule blanche est la même, $\frac{6}{10}$.
Si par exemple, on dit $X=12$, cela signifie que l'on a tiré 12 boules blanches ; mais on ne sait pas dans quel ordre on les a tirées.

Pour résoudre ce problème, on a besoin de deux outils : le principe multiplicatif et les coefficients binomiaux.

B Le principe multiplicatif

Énoncé : Considérons une expérience aléatoire à deux issues : succès (S) et échec (E). Supposons que la probabilité du succès soit égale à p. Répétons cette expérience n fois, chacune des répétitions étant indépendantes de chacune des autres.
La probabilité $p(X=k)$ d'obtenir k succès *dans un ordre déterminé* est égale à :

$$p^k(1-p)^{n-k}$$

En effet, la probabilité d'un échec est $1-p$ et s'il y a k succès, il y a $n-k$ échecs.

Remarques : **1.** Cette expérience aléatoire est une succession de n épreuves de Bernoulli identiques et indépendantes.

Voir méthode p 210.

2. On peut généraliser le principe multiplicatif à une répétition d'épreuves identiques et indépendantes à 3 issues et davantage.

Exemple : Dans l'urne contenant 6 boules blanches et 4 boules noires, prélevons, cinq fois au hasard et *avec remise*, une boule et notons sa couleur. La probabilité d'obtenir le tirage BNBBN (Blanc au tirage 1, Noir au tirage 2 etc.) est égale à $0{,}6^3 \times 0{,}4^2$. Ici un succès est l'obtention d'une boule blanche dont la probabilité est égale à $\frac{6}{10}$.

La probabilité d'obtenir le tirage BBBNN est aussi égale à $0{,}6^3 \times 0{,}4^2$, de même que la probabilité d'obtenir un tirage contenant trois boules blanches (et donc deux boules noires) comme BBNNB, NBBBN, etc.

C Les coefficients binomiaux

1. Définition

On dispose de n objets. Le nombre de façons d'en choisir k se note $\binom{n}{k}$ et se lit « k parmi n ». Ce nombre s'appelle un **coefficient binomial.**

Exemple : On dispose de 5 emplacements pour placer des lettres. Le nombre de façons de placer la lettre B à 3 emplacements est égal à $\binom{5}{3}$. En effet, il y a $\binom{5}{3}$ façons de choisir un emplacement parmi les 5 disponibles ; en voici deux :

$\underline{B}$ __ $\underline{B}$ $\underline{B}$ __ et __ $\underline{B}$ __ $\underline{B}$ $\underline{B}$

2. Calcul des coefficients binomiaux

Pour calculer $\binom{n}{k}$, on peut utiliser le triangle de Pascal ci-dessous. Il est fabriqué à partir de la formule de Pascal, valable pour tout entier n et tout entier k :

$$\binom{n+1}{k+1} = \binom{n}{k+1} + \binom{n}{k}$$

La démonstration de cette formule fait l'objet de l'exercice 9.

$k\rightarrow$ $n\downarrow$	0	1	2	3	4	5	6
0	1						
1	1	1					
2	1	2	1				
3	1	3	3	1			
4	1	4	6	4	1		
5	1	5	10	10	5	1	
6	1	6	15	20	15	6	1

Exemple : On obtient $\binom{6}{4}$, qui est $\binom{n+1}{k+1}$ (correspondant à $n+1=6$ et $k+1=4$ donc $n=5$ et $k=3$) en additionnant 5, qui est $\binom{5}{4}$ et 10, qui est $\binom{5}{3}$, soit $10+5=15$.

Remarque : On peut constater que $\binom{n}{k}=\binom{n}{n-k}$. Ainsi $\binom{5}{3}=\binom{5}{2}=10$ (pour la démonstration, voir l'exercice 10).

CONSTRUIRE LE TRIANGLE DE PASCAL
Pour construire le triangle de Pascal, on utilise la formule de Pascal, en commençant par 1 et en finissant par 1. Dès que $k>n$, $\binom{n}{k}=0$. En effet, il y a alors 0 façon de choisir k objets parmi n !

Une seconde façon de calculer un coefficient binomial est d'utiliser sa calculatrice.
- Avec les calculatrices Casio : OPTN (voir le clavier) > PRB > *nCr*.
- Avec les calculatrices TI : MATH (voir le clavier) > PRB > *Combinaison*.

Pour trouver $\binom{6}{4}$, on tape donc 6 *nCr* 4 EXE sur Casio ou *combinaison* (6,4) sur TI.

D Caractéristiques de la loi binomiale

Définition : Effectuons une série de n épreuves identiques et indépendantes les unes des autres. Chaque épreuve n'a que deux issues : succès, avec la probabilité p et échec, avec la probabilité $q=1-p$. Soit X la v.a. comptabilisant le nombre de succès obtenus. La loi de X s'appelle la **loi binomiale de paramètres *n* et *p***, en abrégé $B(n\,;p)$.

Remarque : X prend les valeurs $\{0\,;1\,;2\,;\ldots;n\}$. En effet, il y a au minimum 0 succès et au maximum n.

Théorème : Soit X une v.a. dont la loi est $B(n\,;p)$.
Alors, pour tout $k\in\{0\,;1\,;2\,;\ldots;n\}$:

$$p(X=k)=\binom{n}{k}p^k q^{n-k}$$

De plus,

$$E(X)=np \qquad \text{et} \qquad V(X)=npq$$

Démonstration : D'après le principe multiplicatif, la probabilité de k succès dans un ordre déterminé est égale à $p^k q^{n-k}$. Les k succès peuvent être placés à k places. Il y a $\binom{n}{k}$ façons de choisir ces k places. La probabilité cherchée est donc effectivement égale à $\binom{n}{k}p^k q^{n-k}$.

ILLUSTRATION DE L'ÉGALITÉ $E(X)=np$

Effectuons 100 lancers indépendants d'une pièce de monnaie. Supposons que la probabilité de « pile » soit égale à 0,4. On peut raisonnablement penser qu'on obtiendra environ 40 fois « pile ». D'où $E(X)=0{,}4\times 100=40$ (exactement 40).

E Représentation graphique

Les graphiques ci-dessous montrent, dans l'ordre, les histogrammes de loi $B(6\,;p)$ pour les valeurs de $p=0{,}4$ puis $p=0{,}5$ puis $p=0{,}7$.

Les hauteurs des rectangles sont donc proportionnelles à $\binom{6}{k}p^kq^{6-k}$.

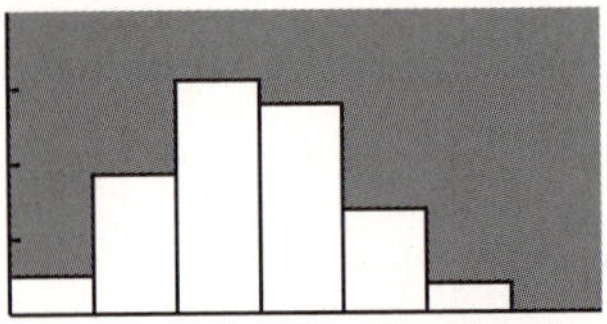

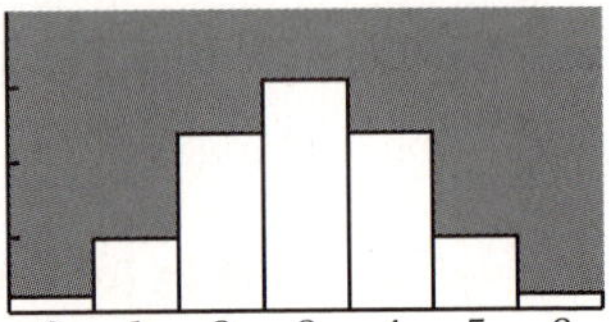

Remarques

1. Dans le cas $p=0{,}5$, on constate que la probabilité de 0 succès est égale à la probabilité de 6 succès, la probabilité de 1 succès est égale à la probabilité de 5 succès etc. Cela s'explique ainsi : $p(X=k)=\binom{6}{k}0{,}5^k0{,}5^{6-k}=\binom{6}{k}0{,}5^6$ d'une part et d'autre part, $\binom{6}{k}=\binom{6}{6-k}$.

Ainsi $p(X=2)=\binom{6}{2}0{,}5^6=\binom{6}{4}0{,}5^6=p(X=4)$.

2. On remarque que les hauteurs sont plus importantes à gauche dans le cas $p=0{,}4$ et plus importantes à droite lorsque $p=0{,}7$. Cela s'explique par le fait qu'il y a plus de chance de rencontrer peu de succès lorsque $p<0{,}5$ et plus de chance de rencontrer beaucoup de succès lorsque $p>0{,}5$.

Lire un algorithme

ÉNONCÉ

1 Décrire les instructions de l'algorithme suivant.

```
Prgm
Input "n?", n
Input "p?", p
For k, 0, n
nCr (n, k)*p^k*(1-p)^(n-k)→ px
Disp px
EndFor
EndPrgm
```

2 En utilisant un tableur, donner les résultats exacts pour $n=5$ et $p=0{,}8$.

3 Parmi les graphiques suivants, lequel correspond aux valeurs de $n=7$ et $p=0{,}45$?

a.
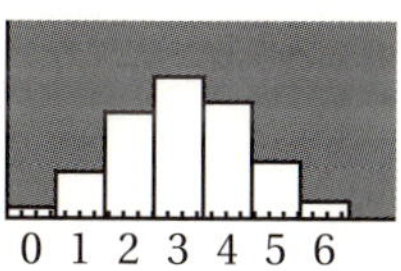

b.
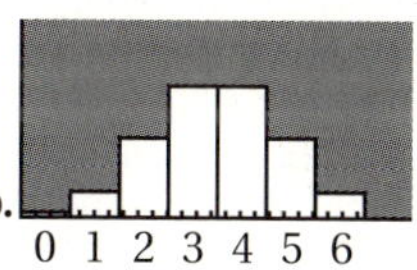

c.
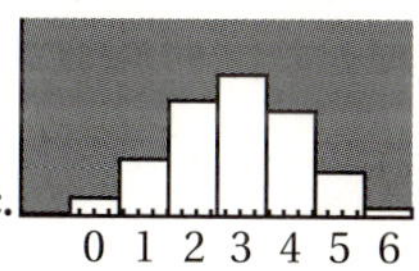

MÉTHODE

1 L'algorithme demande à l'utilisateur de saisir une valeur de n et une valeur de p pour déterminer la loi de probabilité $B(n\,;p)$ d'une v.a. X.

2 Il suffit d'écrire le programme sur sa calculatrice. *Disp* signifie *Display*. Cette instruction affiche le contenu d'une variable (ici *px*).

3 Si $p=0{,}45$, les succès sont moins probables que les échecs !

CORRIGÉ

1 Lançons le programme. On entre une valeur de n puis une valeur de p.

Le programme exécute alors une boucle « For » (ou « Pour ») qui fournit $\binom{n}{k}p^k(1-p)^{n-k}$ pour k variant de 0 à n (ou encore : For $k=0$ to n).

2 Le programme affiche :

```
3.2E-4
.0064
.0512
.2048
.4096
.32768
```

On lit par exemple $p(X=2)=0{,}051\,2$.

3 L'histogramme **b.** correspond à $p=0{,}5$: il y a autant de chance d'avoir un succès qu'un échec.
Examinons l'histogramme **c.**
Les probabilités d'avoir beaucoup de succès (5, 6 ou 7) sont plus grandes que dans le **b.** Par conséquent, $p>0{,}5$.

C'est pourquoi c'est l'histogramme **a** qui correspond à $p=0{,}45$.

Utiliser un arbre pour représenter une expérience avec des épreuves répétées

ÉNONCÉ

Une urne contient 20 % de boules noires (N), 50 % de boules blanches (B) et 30 % de boules jaunes (J).
On effectue quatre tirages indépendants *avec remise* de la boule dont on note la couleur.

1 **a.** À chaque tirage, la composition de l'urne change-t-elle ? Pourquoi ?
b. Qu'en déduit-on sur la probabilité d'obtenir une boule de couleur donnée à chaque tirage ?

2 En quoi l'arbre ci-après permet-il de trouver la probabilité d'obtenir le tirage BJJN ?

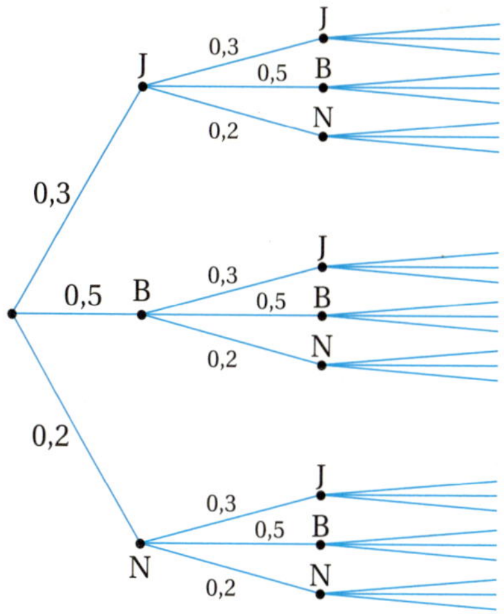

3 Quelle est la probabilité d'obtenir deux boules jaunes aux tirages 2 et 3 ?

MÉTHODE

1 Après chaque tirage, la boule tirée est remise dans l'urne…

2 On peut compléter les branches de l'arbre selon la logique commencée.

3 La question revient à trouver la probabilité d'obtenir un tirage comportant deux boules jaunes à des places déterminées, sans se préoccuper des couleurs aux places 1 et 4.

CORRIGÉ

1 **a.** Puisque l'on remet la boule après avoir noté sa couleur, la composition de l'urne est la même à chaque tirage.
b. La probabilité de tirer une boule blanche est donc la même à chaque tirage. Le même raisonnement vaut pour les boules noires et les boules jaunes.

2 Pour trouver la probabilité du tirage BJJN, on suit le chemin BJJ sur l'arbre et on ajoute la branche de J à N. Selon le principe multiplicatif, la probabilité cherchée est égale à $0{,}5 \times 0{,}3 \times 0{,}3 \times 0{,}2$ c'est-à-dire 0,009.

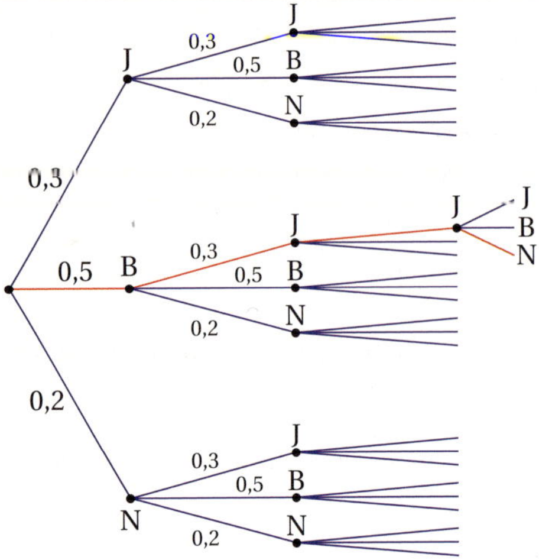

On trouve la même probabilité pour tous les chemins permettant d'obtenir deux boules jaunes, une boule blanche et une boule noire.

3 On cherche la probabilité d'obtenir deux boules jaunes à des places déterminées. Peu importe la couleur des boules placées en 1 et 4.
Le principe multiplicatif montre qu'elle est égale à $0{,}3 \times 0{,}3$ c'est-à-dire 0,09.

La probabilité d'obtenir deux boules jaunes, aux tirages 1 et 4 par exemple, est, elle aussi, égale à 0,09.

Calculer l'espérance et la variance d'une variable aléatoire

ÉNONCÉ

Un joueur habile lance des fléchettes sur une cible qu'il touche à tous les coups. La cible comporte quatre zones : une à 10 points que le joueur atteint 15 fois sur cent, une autre à 5 points qu'il atteint 33 fois sur cent, une zone à 1 point, atteinte 45 fois sur cent et une zone à 0 point.

1 Quelle est la probabilité pour que le joueur atteigne la zone à 0 point ?

2 Le joueur lance une fléchette. Soit X la v.a. égale au nombre de points obtenus. Calculer l'espérance et la variance de X ainsi que son écart-type.

3 Le joueur lance 4 fléchettes. Il gagne 2 € à chaque fois qu'il atteint le 10 et rien sinon. Combien peut-il espérer gagner sachant que ses lancers sont indépendants ?

MÉTHODE

1 Ne pas oublier que le joueur atteint la cible 100 fois sur 100.

2 Il faut d'abord déterminer la loi de probabilité de X.

3 Penser à une loi binomiale.

CORRIGÉ

1 Puisque le joueur atteint la cible à tous les coups la probabilité cherchée est égale à $1-(0{,}15+0{,}33+0{,}45)$, c'est-à-dire 0,07.

2 Les valeurs prises par X sont $\{0;1;5;10\}$. Le tableau suivant résume la loi de probabilité de X.

x	0	1	5	10
$p(X=x)$	0,07	0,45	0,33	0,15

L'espérance est égale à $E(X)=0\times0{,}07+1\times0{,}45+5\times0{,}33+10\times0{,}15=3{,}6$.
Calculons $V(X)$ de deux façons.

- $V(X)=(0-3{,}6)^2\times0{,}07+(1-3{,}6)^2\times0{,}45+(5-3{,}6)^2\times0{,}33+(10-3{,}6)^2\times0{,}15$
  $=10{,}74$ d'où $\sigma(X)=\sqrt{10{,}74}$ soit $\sigma(X)\approx3{,}3$.
- Dressons le tableau de la loi de probabilité de X^2.

x^2	0	1	25	100
$p(X=x^2)$	0,07	0,45	0,33	0,15

$V(X)=E(X^2)-(E(X))^2=0\times0{,}07+1\times0{,}45+25\times0{,}33+100\times0{,}15-3{,}6^2$

$V(X)=10{,}74$, on retrouve la valeur précédente et donc le même écart-type.

3 Tout se passe comme si le joueur tirait une boule avec remise dans une urne contenant 15 % de boules blanches et 85 % de boules noires. Il a en effet 15 % de chance de gagner 2 € à chaque lancer, donc à chaque tirage d'une boule blanche.
Le nombre de boules blanches étant une v.a. de loi $B(4;0{,}15)$, son espérance est égale à $4\times0{,}15=0{,}6$.
Le joueur peut espérer gagner $0{,}6\times2$ c'est-à-dire 1,2 €.

SE TESTER QUIZ

Dans les exercices 1 à 6, choisir la bonne réponse en justifiant ses choix.

1 J'ai 10 billes de couleurs différentes. Le nombre de façons d'en choisir 4 simultanément est égal à $\binom{10}{6}$.

- ☐ **a.** Vrai.
- ☐ **b.** Faux.

2 $\binom{10}{3}+\binom{10}{2}=\ldots$ (sans calculatrice !).

- ☐ **a.** $\binom{11}{3}$
- ☐ **b.** $\binom{10}{4}$
- ☐ **c.** $\binom{11}{2}$

3 Il est possible qu'une v.a. différente de 0 ait une espérance égale à 0.

- ☐ **a.** Vrai.
- ☐ **b.** Faux.

4 Il est possible qu'une v.a. ait une variance strictement négative.

- ☐ **a.** Vrai.
- ☐ **b.** Faux.

5 Il est toujours possible de calculer l'écart-type d'une v.a.

- ☐ **a.** Vrai.
- ☐ **b.** Faux.

6 Soit X une v.a. de Bernoulli. Il est possible que $E(X)=V(X)$.

- ☐ **a.** Vrai.
- ☐ **b.** Faux.

TRAITER UNE QUESTION DE COURS

7 Soit X une v.a. de Bernoulli. Démontrer que $E(X)=p$ et $V(X)=pq$.

8 Soit X une v.a., a et b deux réels. Démontrer que $V(aX+b)=a^2V(X)$.

9 Démontrer que, pour tout entier n et tout entier k :

$$\binom{n+1}{k+1}=\binom{n}{k+1}+\binom{n}{k}$$

> On comptera le nombre de façons de choisir simultanément $k+1$ objets de deux manières différentes. Pour l'une des deux, on choisira un objet a et on comptera les façons de choisir $k+1$ objets contenant a et $k+1$ objets ne le contenant pas.

10 Démontrer que, pour tout entier n et tout entier k :

$$\binom{n}{n-k}=\binom{n}{k}$$

S'ENTRAÎNER

Variables aléatoires

11 Une pièce peut être éclairée par sept ampoules. De combien de façons peut-on l'éclairer avec exactement quatre ampoules allumées ?

12 On considère une variable aléatoire X prenant les valeurs -3, -1, 2 et 4 et sa loi de probabilité :

x	-3	-1	2	4
$p(X=x)$	0,2	0,35	0,15	0,3

Quelle est son espérance ?

13 Dix individus jettent chacun une pièce non truquée. Les jets sont indépendants deux à deux. Le vainqueur est l'individu qui obtient le contraire de tous les autres. Quelle est la probabilité qu'il y ait un gagnant ?

14 Soit X une v.a. dont la loi de probabilité est donnée par le tableau ci-dessous. Déterminer p_2 et p_4 sachant que les événements $(X=2)$ et $(X=4)$ sont équiprobables.

x_i	1	2	3	4	5
$p(X=x_i)$	0,25	p_2	0,16	p_4	0,37

15 On lance un dé blanc (B) et un dé noir (N). Trouver la loi de probabilité de la variable aléatoire comptant la différence B – N des points obtenus.

16 On jette un dé cubique honnête. On envisage deux situations.
a. On perd 1 euros si le résultat est inférieur ou égal à 3, et on gagne 2 euros si le résultat est supérieur ou égal à 4.
b. On gagne 2 euros si le résultat est impair, et on perd 1 euro si le résultat est pair.
Quelles sont les espérances de gain (algébrique) relatives à chaque cas ?
Quel est le cas le plus avantageux ?

17 Quelle est la particularité d'une variable aléatoire X de variance nulle ?

18 Une variable aléatoire X prend trois valeurs a, 0 et 1 avec $p(X=0)=0{,}3$ et $p(X=1)=0{,}5$.

a. Trouver a sachant que $E(X)=-1$.
b. Calculer alors $V(X)$.

19 On lance une pièce de monnaie truquée de telle sorte que la probabilité d'obtenir « pile » soit de 0,6 et celle d'obtenir « face » soit de 0,4. On jette la pièce 10 fois. Quelle est la probabilité d'obtenir au moins deux fois « pile » ?

On pourra penser à l'événement contraire.

Loi de probabilité

Dans les exercices 20 à 24, trouver la loi de probabilité de la variable aléatoire X.

20 On jette deux dés non pipés. X est la somme des nombres portés par les faces.

21 À la pizzeria du coin, on peut choisir entre deux entrées à 2,4 ou 3 €, entre deux pizzas à 5 ou 5,6 € et entre deux boissons à 0,8 ou 1,4 € . On décide de prendre au hasard une entrée, une pizza et une boisson. X est le prix du plateau.

On pourra utiliser un arbre.

22 Une urne contient 2 bb (boules blanches), 3 bn (boules noires) et 5 bv (boules vertes). On tire trois boules simultanément. X est la variable aléatoire prenant la valeur -1 si le tirage est unicolore, 0 si le tirage est bicolore et 1 si le tirage est tricolore.

Le plus simple est de calculer le nombre de tigaes unis, puis tricolores.

23 Une cible circulaire est composée de trois zones qui rapportent respectivement 1, 2 ou 3 points avec les probabilités respectives $\frac{1}{2}, \frac{1}{3}, \frac{1}{6}$. On tire deux fois dans la cible, les tirs étant indépendants. X est la somme des points obtenus.

24 Un dé cubique honnête porte un nombre sur chacune de ses faces : -2 sur trois faces, 1 sur deux faces, 4 sur une face. On lance le dé deux fois de suite. X est la somme des points obtenus.

Espérance et écart-type

25 Soit X une v.a. prenant les valeurs -1, 0, x, 2 avec les probabilités respectives 0,1 ; 0,3 ; 0,2 et p. Trouver p et x pour que l'espérance de X soit égale à 1.

26 Calculer les espérances et les écarts types des variables aléatoires des exercices 20 à 24. (Vérifier leurs lois de probabilité dans les corrigés.)

Loi binomiale

27 Dans une forêt, il y a autant de papillons mâles que de papillons femelles. On capture huit papillons. Quelle est la probabilité que l'on ait capturé autant de mâles que de femelles ?
On admet qu'il y a suffisamment de papillons dans la forêt pour que les captures soient deux à deux indépendantes.

> Combien a-t-on capturé de mâles ?

28 Lorsqu'un tireur vise une cible, il a une chance sur cinq de l'atteindre. Il fait une série de sept tirs indépendants.
Quelle est la probabilité qu'il atteigne au moins deux fois la cible ?

29 Dans une urne, il y a 4 bb (boules blanches) et 6 bn (boules noires). On effectue quatre tirages, indépendants deux à deux, en remettant à chaque fois la boule tirée dans l'urne. Quelle est la probabilité d'obtenir au plus trois boules blanches ?

> Penser à l'événement contraire.

30 Si, en lançant six fois une pièce de monnaie, la probabilité d'obtenir deux « pile » est égale à la probabilité d'obtenir quatre « pile », peut-on en déduire que la pièce n'est pas truquée ?

31 En lançant une pièce de monnaie 6 fois, les jets étant indépendants deux à deux, la probabilité d'avoir autant de « pile » que de « face » est égale à 0,3125. La pièce est-elle truquée ?

32 Un élève répond au hasard à chacune des dix questions d'un QCM. Les réponses possibles sont « Vrai » ou « Faux ». Une réponse juste rapporte 1 point et une réponse fausse retire 0,5 point.
Combien l'élève peut-il espérer gagner de points ?

33 La fabrication de pièces détachées produit 3 % de pièces défectueuses.
On prend un échantillon aléatoire de 20 pièces.
a. Quelle est la probabilité qu'il y en ait plus d'une qui soit défectueuse ?
b. Quelle est la probabilité qu'il y en ait moins de 3 défectueuses ?
c. Les résultats trouvés vous semblent-ils plausibles ? Pourquoi ?

> On peut supposer que les choix des pièces sont deux à deux indépendants.

34 Une entreprise d'ambulances dispose de 5 voitures et de 5 chauffeurs. Un jour donné, la probabilité pour qu'une ambulance soit en panne est égale à 0,04 et la probabilité pour qu'un chauffeur soit absent est égale à 0,06. Les causes de panne sont deux à deux indépendantes, de même que les causes d'absence. Quelle est la probabilité pour que, un jour donné, l'entreprise dispose :

a. d'au moins 4 ambulances ?

b. de moins de 4 chauffeurs ?

c. Les résultats trouvés vous semblent-ils plausibles ? Pourquoi ?

35 Une enquête a révélé que la probabilité qu'un bus soit en retard de moins de 6 minutes à une station S est égale à 0,85. On donnera les résultats à 10^{-3} près par excès.

a. Un lycéen prend le bus cinq fois par semaine à la station S. On désigne par X la v.a. égale au nombre de jours où il a attendu moins de 6 minutes. Donner la loi de probabilité de X, son espérance et son écart-type.

b. Soit Y le rang du jour où le lycéen attend *pour la première fois* plus de six minutes. S'il n'attend jamais plus de six minutes, alors $Y = 0$.
Déterminer la loi de probabilité de Y puis calculer son espérance.

Pour la question **b**, on pourra penser au principe multiplicatif.

OBJECTIF BAC

36 Monsieur M dispose de quatre motos identiques qu'il loue à la journée. Il reçoit entre 0 et 6 demandes par jour selon les probabilités suivantes.

Nbe de demandes	0	1	2	3	4	5	6
Probabilité	0,1	0,2	0,35	0,2	0,1	0,04	0,01

1. Soit X le nombre de motos louées par jour. Déterminer la loi de probabilité de X et calculer son espérance.

2. Le prix tout compris de la location d'une moto est de 150 €. Les frais généraux quotidiens de Monsieur M sont de 30 € par moto, louée ou non, et de 15 € par moto louée. Soit B le bénéfice quotidien de Monsieur M.

a. Exprimer B en fonction de X et en déduire la loi de probabilité de B.

b. Calculer $E(B)$ et interpréter le résultat obtenu.

Le bénéfice se calcule en soustrayant les frais aux entrées d'argent.

37 Deux ordinateurs A et B sont équipés des mêmes puces.
On a pu voir statistiquement que la probabilité pour qu'une puce tombe en panne est égale à p où p est un nombre compris entre 0 et 1.
L'ordinateur A est équipé de deux puces et l'ordinateur B en possède quatre.
Chaque ordinateur « plante » si plus de la moitié des puces tombent en panne.
On admet que les puces tombent en panne indépendamment les unes des autres.
Le but du problème est de discuter, suivant les valeurs de p, comment choisir l'ordinateur le plus fiable.

1. Calculer les probabilités de « plantage » de chaque ordinateur en fonction de p, notées respectivement a et b.

2. Démontrer que $a-b=p^2(p-1)(3p-1)$.

3. Conclure.

> On pourra penser à la loi binomiale

38 Un professeur interroge ses élèves en posant une liste de vingt questions. Pour chaque question, il y a trois réponses possibles, une seule étant la bonne réponse.
On suppose que la probabilité pour que l'élève A réponde juste à une question est $\frac{11}{15}$.
Soit X la variable aléatoire égale au nombre de réponses exactes données par l'élève A aux vingt questions.

1. Reconnaître la loi de X.
On donnera les valeurs prises par X et, pour chacune de ces valeurs k, la probabilité $p(X=k)$.

2. Donner $E(X)$ et $V(X)$, l'espérance et la variance de X.

3. Pour sanctionner les choix faits au hasard, le professeur décide d'accorder un point par réponse exacte et de retirer deux points par réponse fausse.
Soit N la variable aléatoire égale à la note obtenue par l'élève A.
a. Justifier l'égalité : $N=3X-40$.
b. En déduire l'espérance de N ainsi que sa variance.

> Pour tous réels a et b, on a : $V(aX+b)=a^2V(X)$

SE TESTER

1 Réponse a. Par définition, il y a $\binom{10}{4}$ façons de choisir 4 objets parmi 10.

De plus $\binom{10}{4} = \binom{10}{6}$.

2 Réponse a. C'est la formule de Pascal avec $n = 10$ et $k = 2$.

3 Réponse a. Il suffit de choisir une v.a. prenant les valeurs -1 et 1 avec la probabilité 0,5.

4 Réponse b. La variance d'une v.a. est un nombre positif.

5 Réponse a. En effet, la variance d'une v.a. étant un nombre positif, on peut toujours en calculer la racine carrée, donc son écart-type.

6 Réponse b. Dans le seul cas où $p = 0$.

En effet, $E(X) = V(X)$ s'écrit $p = pq$ soit $p(1-q) = 0$ donc $p^2 = 0$, c'est-à-dire $p = 0$.

L'espérance d'une v.a de Bernoulli est égale à p et sa variance à pq ($q = 1 - p$).

TRAITER UNE QUESTION DE COURS

7 La loi de probabilité d'une v.a. X de Bernoulli est donnée par le tableau suivant

k	0	1
$p(X=k)$	$1-p$	p

Donc $E(X) = 0 \times (1-p) + 1 \times p = p$.
D'autre part,
$V(X) = (0-p)^2(1-p) + (1-p)^2 \times p = p^2q + q^2p = pq(p+q) = pq$ car $p + q = 1$.

8 Notons $x_1, x_2, \ldots, x_n$ les valeurs prises par X et $p_1, p_2, \ldots, p_n$ les probabilités correspondantes.
Alors les valeurs prises par $aX + b$ sont $ax_1 + b$, $ax_2 + b, \ldots, ax_n + b$.

On sait que : $E(aX+b) = aE(X) +$

Donc :

$$V(aX+b)=\sum_{k=1}^{n}((ax_k+b)-E(aX+b))^2\,p_k$$

$$V(aX+b)=\sum_{k=1}^{n}(ax_k+b-aE(X)-b)^2\,p_k.$$

Après simplification dans la parenthèse :

$$V(aX+b)=\sum_{k=1}^{n}(ax_k-aE(X))^2\,p_k=\sum_{k=1}^{n}a^2(x_k-E(X))^2 p_k$$

$$=a^2\sum_{k=1}^{n}(x_k-E(X))^2\,p_k,$$ après simplification dans les parenthèses.

Donc $V(aX+b)=a^2V(X)$.

9 Considérons $n+1$ objets.
Comptons le nombre de façons d'en choisir $k+1$ simultanément.

Première façon

Il y a par définition $\binom{n+1}{k+1}$ façons de les choisir.

Deuxième façon

Choisissons un objet a.
Dans les paquets de $k+1$ objets choisis parmi les $n+1$, il y a ceux qui contiennent a et ceux qui ne le contiennent pas.

- Pour faire un paquet de $k+1$ objets contenant a, on doit choisir k objets (différents de a) parmi n objets (tous sauf a).

Par définition, il y a $\binom{n}{k}$ façons de le faire.

- Pour faire un paquet de $k+1$ objets ne contenant pas a, on doit choisir $k+1$ objets parmi n objets (tous sauf a).

Il y a $\binom{n}{k+1}$ manières de le faire.

Au total, il y a donc $\binom{n}{k}+\binom{n}{k+1}$ manières de choisir des paquets de $k+1$ objets parmi $n+1$.
C'est ce qu'il fallait démontrer car alors $\binom{n+1}{k+1}=\binom{n}{k}+\binom{n}{k+1}$.

10 Lorsqu'on choisit k objets parmi n, on fait un paquet de k objets. Il en reste $n-k$.
Donc, il y a autant de façons de choisir k objets parmi n que de façons de choisir $n-k$ objets parmi n.

S'ENTRAÎNER

11 Il suffit de choisir 4 ampoules parmi 7. Il y a $\binom{7}{4}$ façons de le faire, soit 35 façons.

12 $E(X)=-3\times 0{,}2+(-1)\times 0{,}35+2\times 0{,}15+4\times 0{,}3-0{,}55.$

13 Il y a un gagnant s'il y a 1 « pile » et 9 « face » ou 9 « pile » et 1 « face ».
Soit X le nombre de «pile» obtenus au cours des 10 lancers.

La loi de X est la loi binomiale de paramètres 10 et $\frac{1}{2}$.
On cherche $p(X=1)+p(X=9)$, soit :

$$\binom{10}{1}\left(\frac{1}{2}\right)^1\times\left(\frac{1}{2}\right)^9+\binom{10}{9}\times\left(\frac{1}{2}\right)^9\times\left(\frac{1}{2}\right)^1=10\times\left(\frac{1}{2}\right)^{10}+10\times\left(\frac{1}{2}\right)^{10}=20\times\frac{1}{2^{10}}=\frac{5}{2^8}.$$

14 On sait que $\sum_{k=1}^{5} p_k=1$. De plus, par hypothèse, $p_2=p_4$.

Donc $2p_2+0{,}78=1$ soit $p_2=p_4=0{,}11$.

15 Cherchons d'abord toutes les valeurs possibles de B – N. Ce sont tous les entiers consécutifs de – 5 à 5 inclus. Ensuite, k étant un entier naturel, nous constatons que $p(\mathrm{B}-\mathrm{N}=k)=p(\mathrm{B}-\mathrm{N}=-k)$. Il y a 36 résultats possibles et nous dénombrons « à la main » les résultats égaux à une valeur donnée de B – N.
Le tableau suivant, qui en résulte, résume la loi cherchée.

x	-5	-4	-3	-2	-1	0	1	2	3	4	5
$p(X=x)$	$\frac{1}{36}$	$\frac{2}{36}$	$\frac{3}{36}$	$\frac{4}{36}$	$\frac{5}{36}$	$\frac{6}{36}$	$\frac{5}{36}$	$\frac{4}{36}$	$\frac{3}{36}$	$\frac{2}{36}$	$\frac{1}{36}$

16 **a.** Vous gagnez – 4 euros si vous obtenez 1, 2 ou 3 et vous gagnez 2 euros si vous obtenez 4, 5 ou 6.
L'espérance de gain algébrique est ici
$\frac{1}{2}\times(-4)+\frac{1}{2}\times 2=-2+1=-1.$
b. Vous gagnez 2 euros si vous obtenez 1, 3 ou 5 et vous gagnez – 1 euro si vous obtenez 2, 4 ou 6.
L'espérance de gain algébrique vaut :
$\frac{1}{2}\times(2)+\frac{1}{2}\times(-1)=1-\frac{1}{2}=\frac{1}{2}.$
C'est le deuxième cas qui est le plus avantageux.

Le dé étant honnête, la probabilité de gagner est égale à celle de perdre, toutes deux égales à $\frac{1}{2}$.

17 La variance d'une variable aléatoire X est une somme de nombres positifs. Cette somme est nulle si et seulement si chacun des termes de la somme est nul. Alors, en notant $x_1, x_2, \ldots, x_n$ les valeurs prises par X et $E(X)$ son espérance, nous avons $p(X = x_i)\times(x_i - E(X))^2 = 0$ pour tout i appartenant à $\{1;2;\ldots;n\}$. Finalement, $x_i = E(X)$ pour tout i, ce qui prouve que la variable X est constante.
Réciproquement, toute variable aléatoire constante a une variance nulle.

18 **a.** $E(X) = a\times p(X=a) + 0\times p(X=0) + 1\times p(X=1)$.

Or $p(X=a) = 0{,}2$ puisque $p(X=a)+p(X=0)+p(X=1)=1$.

On obtient l'équation $0{,}2\times a + 0{,}5 = -1$, d'où nous tirons $a = -7{,}5$.
b. On a alors :

$$V(X) = (a-(-1))^2\,p(X=a) + (0-(-1))^2\,p(X=0) + (1-(-1))^2\,p(X=1)$$
$$= 42{,}25\times 0{,}2 + 1\times 0{,}3 + 4\times 0{,}5.$$

Donc $V(X) = 10{,}75$.

19 Notons X le nombre d'apparitions de la face « pile ».
La loi de X est la loi binominale de paramètres 10 $(=n)$ et 0,6 $(=p)$. L'événement considéré a pour contraire « pile » est apparu 0 fois ou une fois.
La probabilité cherchée, $p(X \geqslant 2)$, est égale à $1 - p(X=0) - p(X=1)$.

Or $p(X=k) = \binom{n}{k}\times p^k \times (1-p)^{n-k}$.

En conséquence, $p(X \geqslant 2) = 1 - \binom{10}{0}\times 0{,}6^0 \times 0{,}4^{10} - \binom{10}{1}\times 0{,}6^1\times 0{,}4^9$.

Nous trouvons $1 - 0{,}0017$ environ, soit 0,998 3.

20 Le tableau ci-dessous symbolise les différentes possibilités d'avoir une somme donnée.

dé 2 \ dé 1	1	2	3	4	5	6
1	2	3	4	5	6	7
2	3	4	5	6	7	8
3	4	5	6	7	8	9
4	5	6	7	8	9	10
5	6	7	8	9	10	11
6	7	8	9	10	11	12

Les valeurs prises par X sont $\{2;3;4;5;6;7;8;9;10;11;12\}$. Une face d'un dé a la probabilité $\frac{1}{6}$ d'apparaître ; chaque jet de 2 dés a la probabilité $\frac{1}{36}$ d'apparaître. La loi de probabilité est donnée par le tableau suivant.

x	2	3	4	5	6	7	8	9	10	11	12
$p(X=x)$	$\frac{1}{36}$	$\frac{2}{36}$	$\frac{3}{36}$	$\frac{4}{36}$	$\frac{5}{36}$	$\frac{6}{36}$	$\frac{5}{36}$	$\frac{4}{36}$	$\frac{3}{36}$	$\frac{2}{36}$	$\frac{1}{36}$

21 Symbolisons les valeurs prises par X par un arbre.

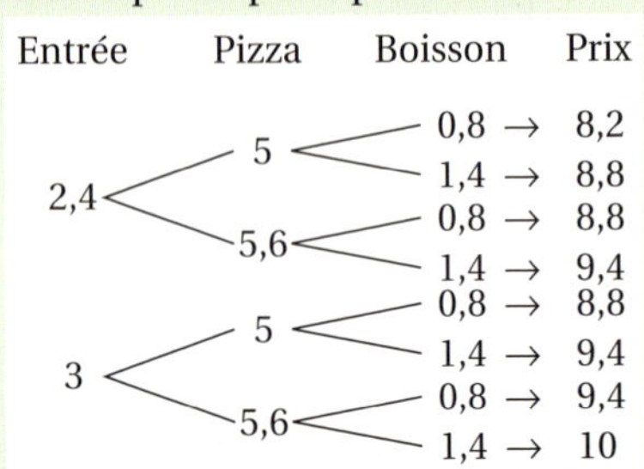

Les valeurs prises par X sont donc 8,2 ; 8,8 ; 9,4 et 10. Il y a une chance sur deux de prendre un élément donné du plateau, chaque plateau a donc la probabilité $\frac{1}{8}$; la loi de probabilité de X en résulte par application du principe multiplicatif.

x	8,2	8,8	9,4	10
$p(X=x)$	$\frac{1}{8}$	$\frac{3}{8}$	$\frac{3}{8}$	$\frac{1}{8}$

22 Un tirage est le choix de trois boules parmi 10. Il y a donc $\binom{10}{3}$ c'est-à-dire 120 tirages possibles.

- Nombre de tirages unicolores : $\binom{3}{3}+\binom{5}{3}=11$ (trois bn choisies parmi 3 ou 3 bv choisies parmi 5).
- Nombre de tirages tricolores : $2\times3\times5=30$ (une bb choisie parmi 2, une bn parmi 3 et une bv parmi 5).
- Nombre de tirages bicolores : $120-(11+30)=79$.

La loi de probabilité de X en résulte.

x	-1	0	1
$p(X=x)$	$\frac{11}{120}$	$\frac{79}{120}$	$\frac{30}{120}$

23 Les valeurs prises par X sont 2, 3, 4, 5, 6, obtenues respectivement par les sommes $1+1$, $1+2$, $2+2$ ou $1+3$, $2+3$, $3+3$. La loi de probabilité de X en résulte par le principe multiplicatif.

$$p(X=2)=\frac{1}{2}\times\frac{1}{2}=\frac{1}{4}$$

$$p(X=3)=\frac{1}{2}\times\frac{1}{3}+\frac{1}{3}\times\frac{1}{2}=\frac{1}{3}$$

$$p(X=4)=\frac{1}{3}\times\frac{1}{3}+\frac{1}{2}\times\frac{1}{6}+\frac{1}{6}\times\frac{1}{2}=\frac{5}{18}$$

$$p(X=5)=\frac{1}{3}\times\frac{1}{6}+\frac{1}{6}\times\frac{1}{3}=\frac{1}{9}$$

$$p(X=6)=\frac{1}{6}\times\frac{1}{6}=\frac{1}{36}$$

On tient compte de l'ordre : 1 point puis 2 points ou 2 points puis 1 point.

D'où le tableau récapitulatif :

x	2	3	4	5	6
$p(X=x)$	$\frac{1}{4}$	$\frac{1}{3}$	$\frac{5}{18}$	$\frac{1}{9}$	$\frac{1}{36}$

24 Les valeurs prises par X sont -4, -1, 2, 5, 8.
Le tableau suivant récapitule la façon de les obtenir :

	-2	1	4
-2	-4	-1	2
1	-1	2	5
4	2	5	8

Par application du principe multiplicatif, on trouve :

$$p(X=-4)=\frac{3}{6}\times\frac{3}{6}=\frac{1}{4}$$

$$p(X=-1)=\frac{3}{6}\times\frac{2}{6}+\frac{2}{6}\times\frac{3}{6}=\frac{1}{3}$$

$$p(X=2)=\frac{3}{6}\times\frac{1}{6}+\frac{2}{6}\times\frac{2}{6}+\frac{1}{6}\times\frac{3}{6}=\frac{5}{18}$$

$$p(X=5)=\frac{2}{6}\times\frac{1}{6}+\frac{1}{6}\times\frac{2}{6}=\frac{1}{9}$$

$$p(X=8)=\frac{1}{6}\times\frac{1}{6}=\frac{1}{36}$$

On tient compte de l'ordre d'apparition des faces.

Récapitulons :

x	-4	-1	2	5	8
$p(X=x)$	$\frac{1}{4}$	$\frac{1}{3}$	$\frac{5}{18}$	$\frac{1}{9}$	$\frac{1}{36}$

25 La somme des probabilités devant être égale à 1, nous devons avoir $p=0{,}4$.

Comme $\overline{X}=(-1)\times 0{,}1+0\times 0{,}3+x\times 0{,}2+2\times 0{,}4=1$, on trouve $x=1{,}5$.

Se reporter à « Espérance et moyenne » p. 204

26 Nous vous donnons les résultats seulement.
Pour $\sigma(X)$, vous pouvez également utiliser l'une des deux formules :

$$\sqrt{\sum_{i=1}^{n} p(X=x_i)(x_i-E(X))^2} \quad \text{ou} \quad \sqrt{\sum_{i=1}^{n} p(X=x_i)x_i^2-E(X)^2}$$

N°	$E(X)^2$	$\sigma(X)$
20	7	$\frac{35}{6}$
21	45,5	$\sqrt{6{,}75}$
22	$\frac{19}{120}$	$\sqrt{\frac{4\,559}{14\,400}}$
23	$\frac{10}{3}$	$\frac{\sqrt{10}}{3}$
24	0	$\sqrt{10}$

On rappelle que dans les exercice 27 à 30, la probabilité de k succès au cours de n épreuves indépendantes est égale à $\binom{n}{k}p^k(1-p)^{n-k}$, où p est la probabilité d'un succès au cours d'une seule épreuve.

27 Nous pouvons supposer que, dans la forêt, il y a suffisamment de papillons pour que les captures soient deux à deux indépendantes. Le nombre de papillons capturés mâles est une variable aléatoire X prenant les valeurs $\{0;1;\ldots;8\}$ et dont la loi est $B\left(8;\frac{1}{2}\right)$.

S'il y a autant de mâles que de femelles capturées, il y a 4 mâles.

La probabilité cherchée est égale à $\binom{8}{4}\times\left(\frac{1}{2}\right)^4\times\left(\frac{1}{2}\right)^{8-4}$ soit $\frac{35}{128}$.

28 Il s'agit de calculer la probabilité de deux succès au moins sur sept tentatives. L'événement contraire est 0 succès ou un succès.
La probabilité cherchée vaut :

$$1-\binom{7}{0}\times\left(\frac{1}{5}\right)^0\times\left(\frac{4}{5}\right)^7-\binom{7}{1}\times\left(\frac{1}{5}\right)^1\times\left(\frac{4}{5}\right)^6=0,423\,283\,2.$$

29 L'événement contraire est d'obtenir quatre boules blanches (bb) sur quatre tirages. Soit X le nombre de bb tirées. Nous avons donc :

$$p(X\leq 3)=1-p(X=4)=1-\binom{4}{4}\times\left(\frac{4}{10}\right)^4\times\left(\frac{6}{10}\right)^0$$

$$=1-0,025\,6=0,974\,4.$$

30 Appelons succès « pile ».
Soit p la probabilité d'avoir « pile » en un jet ; nous avons par hypothèse :

$$\binom{6}{2}p^2(1-p)^4=\binom{6}{4}p^4(1-p)^2$$

Or $\binom{6}{2}=\binom{6}{4}$.

L'hypothèse équivaut donc à $(1-p^2)=p^2$,
ce qui implique $1-p=p=\frac{1}{2}$.
La pièce n'est donc pas truquée.

> Nécessairement $p\neq 0$, sin on on obtiendrait uniquement des «face».

31 Soit p la probabilité d'obtenir « pile » à un jet. Soit X le nombre de « pile » apparus. La loi de X est la loi binomiale de paramètres 6 et p.

D'où $p(X=3)=\binom{6}{3}p^3(1-p)^{6-3}=0,312\,5$

> $\binom{6}{3}=20$

donc $[p(1-p)]^3=0,015\,625\Rightarrow p(1-p)=0,25$
car $\sqrt{0,015\,625}=0,25$.

D'où $p^2-p+0,25=0$ donc $p=\frac{1}{2}$, donc la pièce n'est pas truquée.

> Calculer Δ !

32 La probabilité d'avoir la bonne réponse à une question est égale à $\frac{1}{2}$. Le nombre de bonnes réponses est une variable aléatoire dont la loi est $B\left(10\,;\frac{1}{2}\right)$. Son espérance est égale à $10\times\frac{1}{2}=5$. L'élève peut espérer gagner 5 points diminués des 2,5 points de ses mauvaises réponses, donc 2,5 points au total.

33 Le nombre de pièces défectueuses de l'échantillon est une v.a. N dont la loi est $B(20\,;0{,}03)$. En effet, puisqu'on a supposé le choix des pièces indépendant, compter le nombre de pièces défectueuses dans le lot revient à compter les boules blanches lorsqu'on effectue 20 tirages dans une urne contenant 3 % de boules blanches.

a. $p(N>2)=1-p(N\leqslant 1)=1-(p(N=0)+p(N=1))$

$$=1-\left(\binom{20}{0}0{,}03^0\times 0{,}97^{20}+\binom{20}{1}0{,}03^1\times 0{,}97^{19}\right)\approx 0{,}12.$$

b. On cherche $p(N=0)+p(N=1)+p(N=2)$ car s'il y a moins de trois pièces défectueuses, cela signifie qu'il y en a soit zéro, soit une, soit deux.
On obtient :

$$\binom{20}{0}0{,}03^0\times 0{,}97^{20}+\binom{20}{1}0{,}03^1\times 0{,}97^{19}+\left(\binom{20}{2}0{,}03^2\times 0{,}97^{18}\right)\approx 0{,}98.$$

c. Dans un échantillon de 20 pièces, il y a peu de chance (12 %)qu'on trouve plus d'une pièce défectueuse puisqu'elles sont rares. On est presque certain (à 98 %) qu'il y aura moins de trois pièces défectueuses pour la même raison. Les résultats trouvés sont plausibles.

34 **a.** Dire qu'il y a au moins 4 ambulances en état de marche signifie qu'il y en a moins d'une en panne. Soit A le nombre d'ambulances en panne un jour donné. A est une v.a. dont la loi est $B(5\,;0{,}04)$. On cherche :

$$p(A\leqslant 1)=p(A=0)+p(A=1)=\binom{5}{0}0{,}04^0\times 0{,}96^5+\binom{5}{1}0{,}04^1\times 0{,}96^4.$$

On trouve 0,985 environ.

b. Dire qu'il y a moins de 4 chauffeurs disponibles signifie qu'il y en a au moins deux absents. Soit C le nombre chauffeurs absents un jour donné.
C'est une v.a. dont la loi est $B(5\,;0{,}06)$. On cherche :

$$p(C\geqslant 2)=1-p(C\leqslant 1)=1-(p(C=0)+p(C=1))$$

$$=1-\left(\binom{5}{0}0{,}06^0\times 0{,}94^5+\binom{5}{1}0{,}06^1\times 0{,}94^4\right)\approx 0{,}031.$$

c. Il y a peu de chance qu'une ambulance tombe en panne et donc il est presque certain (98,5 %) qu'il y en a au moins quatre sur cinq en état de marche un jour donné. De même, il y a peu de chance qu'un chauffeur soit absent un jour donné ; il est donc improbable (3,1 %) qu'il y en ait moins de 4 (sur 5) un jour donné.
Les résultats trouvés sont plausibles.

35 a. La loi de X est $B(5\,;0{,}85)$ et donc $E(X)=5\times0{,}85=4{,}25$.

De plus, $V(X)=5\times0{,}85\times0{,}15=0{,}6375$.

Par conséquent, $\sigma(X)\approx0{,}8$.

> Le lycéen attend en moyenne 4,25 min. par semaine.

b. On sait que $Y=0$ signifie que le bus est arrivé avec un retard de moins de six minutes 5 fois sur 5.
Donc $p(Y=0)=0{,}85^5\approx0{,}444$.
Or $p(Y=1)=0{,}15$ et, si $2\leqslant k\leqslant5$,
$p(Y=k)=0{,}85^{k-1}\times0{,}15$ selon le principe multiplicatif.
En effet, le bus est arrivé avec un retard de moins de 6 minutes les $k-1$ jours avant le jour k.
La loi de Y est résumée ci-dessous.

> La probabilité pour que le bus soit en retard de plus de 6 min. est $1-0{,}85=0{,}15$

> On vérifie que $\sum_{k=0}^{5} p(Y=k)=1$.

k	0	1	2	3	4	5
$p(Y=k)$	0,444	0,15	0,128	0,108	0,092	0,078

Calculons l'espérance, $E(Y)=0\times0{,}444+1\times0{,}15+\ldots+5\times0{,}078=1{,}488$.
En général, le bus arrive en retard le 1er ou le 2e jour.

OBJECTIF BAC

36 1. Monsieur M ne peut fournir que 4 motos au maximum, qu'il ait 4, 5 ou 6 appels. Donc $p(X=4)=0{,}1+0{,}04+0{,}01=0{,}15$.
On en déduit la loi de probabilité de X.

k	0	1	2	3	4
$p(X=k)$	0,1	0,2	0,35	0,2	0,15

Par conséquent, $E(X)=0\times01+1\times0{,}2+\cdots+4\times0{,}15=2{,}1$.

> Monsieur M loue donc 2 motos par jour en moyenne.

2. a. On a donc $B=150X-4\times30-15X=135X-120$.
D'où la loi de B :

k	-120	15	150	285	420
$p(B=k)$	0,1	0,2	0,35	0,2	0,15

Si a et b sont deux nombres, $E(aX+b)=aE(X)+b$.

Par exemple, pour obtenir 150, on effectue $135\times2-120$
b. On sait que $E(B)=E(135X-120)=135E(X)-120=163{,}5$.
En moyenne, Monsieur M gagnera donc 163,50 € par jour.

On peut vérifier en calculant directement $E[B]$ par le tableau de la loi de B.

37 **1.** Soit A la variable aléatoire comptant le nombre de puces en panne dans l'ordinateur A et B celle comptant le nombre de puces en panne dans l'ordinateur B.
La loi de A est $\mathcal{B}(2,p)$. De même la loi de B est $\mathcal{B}(4,p)$.
L'ordinateur A « plante » si et seulement si les deux puces tombent en panne.
La probabilité pour que l'ordinateur A « plante » est donc égale à :

$$\binom{2}{2}p^2(1-p)^0=p^2\ =a$$

B « plante » si et seulement si trois ou quatre puces tombent en panne.
La probabilité pour que B « plante » est donc égale à :

$$\binom{4}{3}p^3(1-p)^1+\binom{4}{4}p^4(1-p)^0=4p^3(1-p)+p^4=4p^3-3p^4=p^2(4p-3p^2)=b$$

2. On trouve : $a-b=p^2\left(1-4p+3p^2\right)$

Comme $(p-1)(3p-1)=3p^2-4p+1$

l'égalité demandée en résulte.

3. L'ordinateur à choisir est celui qui a le moins de chance de « planter ». Cherchons le signe de $a-b$.
Le polynôme du second degré $3p^2-4p+1$ a pour racines 1 et $\frac{1}{3}$. Le tableau suivant résume donc le signe de $a-b$

Si $a>b$ on choisit l'ordinateur B et si $a<b$ on choisit l'ordinateur A.

p	0		$\frac{1}{3}$		1
$a-b$	0	+	0	−	0

En conclusion si le risque de panne d'une puce est inférieur à $\frac{1}{3}$ il est préférable de choisir l'ordinateur B car alors $a-b>0$ donc $a>b$, et donc le risque de « plantage » de l'ordinateur A est plus grand que celui de l'ordinateur B. Si $p\in\left]\frac{1}{3};1\right]$ on choisit l'ordinateur A et si $p=\frac{1}{3}$ on choisit selon son humeur car les risques de plantage sont égaux.

38 **1.** La probabilité que l'élève A réponde juste à une question donnée est égale à $\frac{11}{15}$. Les 20 questions étant mutuellement indépendantes, le nombre de réponses exactes suit la loi binomiale de paramètres 20 et $\frac{11}{15}$.

Pour tout $k\in[\![0;20]\!]$, $P(X=k)=\binom{20}{k}\left(\frac{11}{15}\right)^k\left(\frac{4}{15}\right)^{20-k}$

2. On sait que $E(X)=20\times\frac{11}{15}=\frac{44}{3}$ et $V(X)=\frac{44}{3}\times\frac{4}{15}=\frac{176}{45}$.

3. **a.** Compte tenu de la règle de notation :

$N=X-2(20-X)\Rightarrow N=3X-40$

b. $E(N)=3E(X)-40\Rightarrow E(N)=4$.

$V(N)=V(3X-40)=3^2V(X)\Rightarrow V(N)=9\times\frac{176}{45}=\frac{176}{5}$

Pour le **3.** : Si l'élève répond juste à X questions, il répond faux aux $20-X$ questions restantes.

www.annabac.com

CHAPITRE

8 Modélisation et échantillonnages

Lors d'un sondage, on n'interroge le plus souvent qu'une partie de la population (on parle d'« échantillon »).
Dans quelle mesure, peut-on faire confiance aux résultats obtenus à partir d'un ou plusieurs échantillons d'une même population ?

1 Échantillon

- Dans une population contenant un grand nombre N d'individus, un pourcentage p de ces individus présente une certaine propriété (P).

Exemple
D'après l'Insee, chaque année, 40 % des Français ne partent pas en vacances. Dans ce cas, N est le nombre de Français, $p = 40\,\%$ et la propriété (P) est « ne part pas en vacances ».

- Pour trouver p, on pourrait en théorie étudier chaque individu et compter ceux qui ont la propriété (P). Connaissant le nombre total d'individus ayant cette propriété, on en déduirait immédiatement le pourcentage p cherché.
Dans la pratique, on ne considère qu'**une partie de la population** contenant n individus ($n < N$). Pour cette partie, on calcule alors le pourcentage f d'individus ayant cette propriété (P). On dit que la partie considérée de n individus est un **échantillon** de taille n.

- Si l'échantillon choisi est représentatif de la population, le pourcentage p relatif à toute la population est voisin de f.
Mais l'échantillon choisi peut ne pas être représentatif de la population. C'est la raison pour laquelle on étudie plusieurs échantillons de même taille n. Chaque échantillon peut donner un résultat différent. C'est ce que l'on appelle la **fluctuation d'échantillonnage.**

- **Définition :** Un **échantillon de taille** n est constitué des résultats de n répétitions indépendantes de la même expérience.

n est nettement inférieur à N.

Exemples

• On prend 30 élèves d'un lycée en contenant 2 000 pour étudier la proportion d'élèves ayant les yeux bleus.

• Une usine fabrique des pièces en grande quantité. Pour étudier la proportion de pièces défectueuses, on en prélève 25.

2 Intervalle de fluctuation

▮ Après avoir prélevé un échantillon de taille n dans une population et avoir déterminé f, on veut savoir si la proportion p inconnue et estimée est remise en cause ou non.

On remet la proportion p en cause lorsque f est trop éloignée de p.

▮ Supposons que la taille de l'échantillon n est « petite » et que cet échantillon est choisi parmi une grande population.

On note X la variable aléatoire prenant pour valeurs le nombre d'éléments d'un échantillon de taille n présentant la propriété (P).

On admet que X suit la loi binomiale $B(n\,;\,p)$.

En pratique, on suppose que la taille de l'échantillon n est inférieure à 30.

X prend les valeurs $0,1,2,3,\ldots,n-1,n$.

On cherche alors deux entiers N_1 et N_2 avec $N_1 < N_2$ tels que X prenne ses valeurs dans $[0\,;N_1]$ et $[N_2\,;N]$ avec une proportion proche de 0,025, sans dépasser cette valeur.

• Si X prend ses valeurs dans $[0\,;N_1]$, on doit avoir $p(X < N_1) > 0{,}025$ c'est-à-dire que N_1 est le plus petit entier tel que $p(X \leqslant N_1) \geqslant 0{,}025$.

• Si X prend ses valeurs dans $[N_2\,;N]$, on doit avoir $p(X \geqslant N_2) < 0{,}025$ c'est-à-dire que N_2 est le plus petit entier tel que $p(X \geqslant N_2) \leqslant 0{,}025$.

On en déduit la définition suivante (le pourcentage est de 95 %, on a donc une erreur de 5 %, soit $2 \times 2{,}5\,\%$)

▮ **Définition :** Si f se situe dans l'intervalle $\left[\dfrac{N_1}{n}\,;\dfrac{N_2}{n}\right]$, l'hypothèse selon laquelle la proportion est p dans la population n'est pas remise en cause.

Cet intervalle est appelé **intervalle de fluctuation à 95 %.**

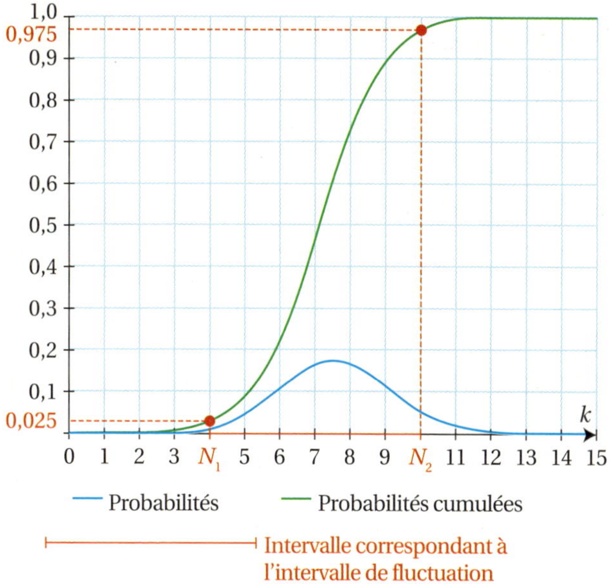

Exemple : On lance une pièce de monnaie un grand nombre de fois et on veut vérifier que la pièce est bien équilibrée.

On réalise l'expérience 20 fois et on obtient 11 fois « pile ».

Pour savoir si on peut affirmer à 95 % que la probabilité annoncée est correcte, on calcule l'intervalle de fluctuation à 95 %, qui dans ce cas est $[0{,}3\,;0{,}7]$.

On calcule alors le pourcentage f de pièces lancées ayant la propriété « l'issue du lancer est « pile » » :

$f = \frac{11}{20} = 0{,}55 = 55\,\%$.

Dire que la pièce est bien équilibrée revient à dire que la probabilité de voir apparaître la face « pile » est 0,5.

Pour déterminer cet intervalle, voir la méthode p. 236.

Or $0{,}55 \in [0{,}3\,;0{,}7]$, donc f se situe dans l'intervalle de fluctuation à 95 %.

La probabilité annoncée 0,5 est donc correcte : la pièce est bien équilibrée.

En classe de Seconde, on a vu que l'intervalle de fluctuation pour une proportion p telle que $0{,}2 < p < 0{,}8$ était $\left[p-\frac{1}{\sqrt{n}}\,;p+\frac{1}{\sqrt{n}}\right]$, où n est la taille de l'échantillon prélevé quand $n > 30$.

Déterminer un intervalle de fluctuation

ÉNONCÉ

Soit X la variable aléatoire prenant pour valeur le nombre de « pile » obtenus au cours de 20 lancers d'une pièce de monnaie.
Déterminer l'intervalle de fluctuation sachant que la probabilité de voir apparaître la face « pile » est 0,5.

MÉTHODE

▶ **1re étape.** On détermine la loi de probabilité de X suivant la loi binomiale $B(n\,;\,p)$ de paramètres n et p.

▶ **2e étape.** On cherche les probabilités des événements $(X \leqslant 1),(X \leqslant 2),\ldots,(X \leqslant n)$ et on les présente dans un tableau.

▶ **3e étape.** À l'aide de ce tableau, on détermine les deux valeurs N_1 et N_2 de X telles que N_1 vérifie $p(X \leqslant N_1) \geqslant 0{,}025$ et N_2 vérifie $p(X \leqslant N_2) \geqslant 0{,}975$.

4e étape. On en déduit l'intervalle de fluctuation cherché :

$$\left[\frac{N_1}{n}\,;\frac{N_2}{n}\right]$$

CORRIGÉ

▶ **1re étape.** La variable aléatoire X suit la loi binomiale $B(20\,;0{,}5)$.

X est la variable aléatoire prenant pour valeur le nombre de « pile » obtenus.
Il y a 20 lancers donc $n = 20$ et la probabilité p est 0,5.

Déterminons la loi de probabilité de X. Pour cela, on utilise la formule :

Voir le chapitre 7.

$$p(X = k) = \binom{n}{k}(0{,}5)^k\,(0{,}5)^{20-k}$$

▶ **2e étape.** On cherche les probabilités des événements :

$$(X \leqslant 1),(X \leqslant 2),\ldots,(X \leqslant 20)$$

$$p(X \leqslant k) = \sum_{i=1}^{k} p(X = i$$

À l'aide d'un tableur, on obtient les résultats suivants.

k	$p(k)=p(X=k)$	$p(x \leqslant k)$
0	0,0000009536743164	0,0000009536743164
1	0,0000190734863281	0,0000200271606445
2	0,0001811981201172	0,0002012252807617
3	0,0010871887207031	0,0012884140014648
4	0,0046205520629883	0,0059089660644531
5	0,0147857666015625	0,0206947326660156
6	0,0369644165039062	0,0576591491699219
7	0,0739288330078125	0,131587982177734
8	0,120134353637695	0,25172233581543
9	0,160179138183594	0,411901473999023
10	0,176197052001953	0,588098526000977
11	0,160179138183594	0,74827766418457
12	0,120134353637695	0,868412017822266
13	0,0739288330078125	0,942340850830078
14	0,0369644165039062	0,979305267333984
15	0,147857666015625	0,994091033935547
16	0,0046205520629883	0,998711585998535
17	0,0010871887207031	0,999798774719238
18	0,00081811981201172	0,999979972839355
19	0,0000190734863281	0,999999046325684
20	0,0000009536743164	1

▶ **3e étape.** Dans la dernière colonne du tableau, on voit que la somme des probabilités devient supérieure à 0,025 à partir de $N=6$, donc $N_1=6$.
De même, la somme des probabilités devient supérieure à 0,975 pour $N=14$. Donc $N_2=14$.

▶ **4e étape.** Ainsi l'intervalle de fluctuation est $\left[\frac{6}{20};\frac{14}{20}\right]$.

On retrouve l'intervalle donné dans l'exemple du cours car $\left[\frac{6}{20};\frac{14}{20}\right]=[0,3;0,7]$.

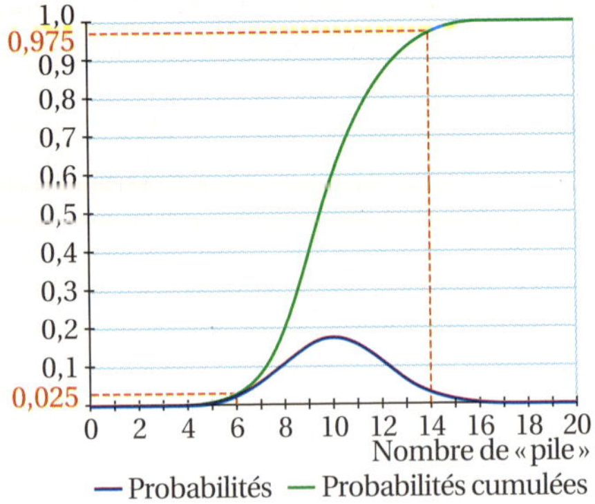

On a fait apparaître en rouge l'intervalle de fluctuation $\left[\frac{6}{20}\,;\frac{14}{20}\right]$ qui se visualise bien sur la courbe des probabilités cumulées.

Écrire un algorithme

ÉNONCÉ

Une entreprise fabrique des pièces pour un client.
Dans le contrat, il est stipulé que le client tolère 3 % de pièces défectueuses. Périodiquement, le fabriquant prélève 20 pièces fabriquées et détermine le nombre de pièces non conformes.
On donne l'intervalle de fluctuation de $[0\,;0{,}1]$.
Écrire un programme qui, lorsque la proportion de pièces défectueuses se trouve dans l'intervalle de fluctuation, annonce que le lot est conforme et qui, dans le cas contraire, informe l'utilisateur que l'échantillon prélevé n'est pas conforme au taux de confiance de 95 %.

> Voir l'exercice 6 pour le calcul de cet intervalle, ici considéré comme une donnée.

MÉTHODE

▶ À partir du problème, identifier les variables et les entrées qui vont servir au traitement des données.
Ici, en entrée, on attend le nombre de pièces défectueuses trouvées dans l'échantillon prélevé.
Une autre variable à calculer est la proportion de pièces défectueuses dans un échantillon.

> Il faut bien penser à déclarer les variables dans un algorithme.

▶ Pour savoir si le client est satisfait, il suffit de vérifier que la proportion de pièces défectueuses dans son lot appartient à l'intervalle de fluctuation donné. Pour le vérifier, on utilise une instruction conditionnelle SI… ALORS… SINON…

> Pour vérifier qu'un nombre X appartient à un intervalle $[a\,;b]$, on vérifie que $X \leqslant b$ et que $X \geqslant a$.

Afficher les messages correspondant selon les cas. Il y a deux possibilités : l'échantillon est conforme ou l'échantillon est non conforme aux attentes du client.

CORRIGÉ

La variable NBRE représente le nombre de pièces défectueuses trouvées dans l'échantillon prélevé.
La variable PROBA est la proportion de pièces défectueuses dans cet échantillon.

- L'algorithme commence par la déclaration des variables NBRE et PROBA.

```
VARIABLES
NBRE EST_DU_TYPE NOMBRE
PROBA EST_DU_TYPE NOMBRE
```

- Puis, en entrée, on demande à l'utilisateur de saisir la variable NBRE.

```
DEBUT_ALGORITHME
AFFICHER «Combien de pièces défectueuses ?»
LIRE NBRE
```

- Avec cette valeur, on calcule alors la proportion de pièces défectueuses dans un échantillon.

```
PROBA PREND_LA_VALEUR NBRE/20
```

l'intervalle de fluctuation est donné.

```
SI (PROBA<=0,1 ET PROBA>=0) ALORS
DEBUT_SI
AFFICHER «L'échantillon est conforme aux attentes.»
FIN_SI
```

Dans le cas contraire, on informe l'utilisateur que l'échantillon prélevé n'est pas conforme et on termine le programme.

```
SINON
DEBUT_SINON
AFFICHER «L'échantillon n'est pas conforme aux attentes »
FIN_SINON
FIN_ALGORITHME
```

Voici l'algorithme dans son ensemble.

```
VARIABLES
NBRE EST_DU_TYPE NOMBRE
PROBA EST_DU_TYPE NOMBRE
DEBUT_ALGORITHME
AFFICHER «Combien de pièces défectueuses ?»
LIRE NBRE
PROBA PREND_LA_VALEUR NBRE/20
SI (PROBA<=0,1 ET PROBA>=0) ALORS
DEBUT_SI
AFFICHER «L'échantillon est conforme aux attentes.»
FIN_SI
SINON
        DEBUT_SINON
        AFFICHER «L'échantillon n'est pas conforme aux attentes»
        FIN_SINON
FIN_ALGORITHME
```

SE TESTER QUIZ

1 Pour étudier une propriété sur une population, on interroge :
- ☐ **a.** tous les individus de la population.
- ☐ **b.** un échantillon.
- ☐ **c.** plusieurs échantillons de même taille.

2 Un échantillon de taille n est formé :
- ☐ **a.** des résultats de n répétitions indépendantes de la même expérience.
- ☐ **b.** de n individus pris au hasard dans la population.

3 Une association décide d'organiser une tombola. Elle annonce que 20 % de ses billets sont gagnants. Un lot de 30 billets est vendu aux élèves d'une classe d'un lycée. À l'issue du tirage, deux élèves ont gagné. On donne l'intervalle de fluctuation $\left[\frac{1}{3};\frac{2}{3}\right]$.
L'annonce de l'association est-elle honnête?
- ☐ **a.** Oui
- ☐ **b.** Non

4 Soit X une variable aléatoire suivant la loi binomiale de paramètres n et p.
La probabilité de l'événement $(X \leqslant k)$ avec $0 \leqslant k \leqslant n$ est égale à :
- ☐ **a.** $1-p(X>k)$
- ☐ **b.** $p(X=0)+p(X=1)+\ldots+p(X=k-1)$
- ☐ **c.** $1-p(X \geqslant k)$

S'ENTRAÎNER

5 Dans un atelier, on fabrique des pièces métalliques. D'après le constructeur, le pourcentage de pièces défectueuses à la sortie de l'atelier est 5 %. Si un lot en contient plus, il est renvoyé à l'usine.
À la sortie de l'atelier, on prélève au hasard, *avec remise*, 15 pièces dans la production totale.
a. Déterminer l'intervalle de fluctuation de cette expérience. (On utilisera la méthode du cours.)
b. Un client a commandé un lot de 15 pièces, il en a trouvé deux défectueuses. Va-t-il renvoyer son lot ?

6 On reprend l'exercice 6 et on suppose connues les probabilités des événements $p(X=k)$ pour k variant de 0 à 15 (c'est-à-dire la loi de probabilité de X).
On souhaite réaliser un algorithme permettant de déterminer l'intervalle de fluctuation à partir de la loi de probabilité binomiale d'une variable aléatoire. La taille de l'échantillon est de 15. Le cahier des charges est le suivant.

• On sommera les probabilités (selon la méthode habituelle) dans une variable appelée SIGMA.
• La borne inférieure de l'intervalle sera appelée MINIMUM et la borne supérieure MAXIMUM.
• Le compteur sera nommé I.

a. Faire saisir à l'utilisateur la loi de probabilité sous la forme d'une suite dont le terme U[n] est égal à $p(X=n)$, par exemple à l'aide d'une boucle POUR I ALLANT DE … A …

b. À l'aide d'une boucle TANT QUE… FAIRE…, faire additionner successivement les $p(X=n)$, à partir de $n=0$. Le test d'arrêt sera le dépassement du seuil de 0,025 par cette somme, ce qui permettra de déterminer la borne inférieure de d'intervalle.

Ne pas oublier d'incrémenter le compteur à chaque passage.

c. À l'aide d'une seconde boucle TANT QUE… FAIRE…, poursuivre l'addition des probabilités jusqu'au dépassement du seuil de 0,975 et déterminer la borne supérieure.

d. Faire afficher l'intervalle de fluctuation accompagné d'un message explicatif.

7 Monsieur Stat décide de se présenter à des élections au sein de sa commune. Il affirme que 57 % des électeurs lui font confiance. On sonde 30 personnes prises au hasard sur leurs intentions de vote.

a. Déterminer l'intervalle de fluctuation.

b. Expliquer comment on rejette ou non l'hypothèse faite par Monsieur Stat.

c. Sur les 30 personnes interrogées, 11 étaient favorables à l'élection de Monsieur Stat. Peut-on considérer l'affirmation de Monsieur Stat exacte ?

8 Une entreprise fabrique des pièces pour un client. Dans le contrat, il est stipulé que le client tolère 3 % de pièces défectueuses.
Périodiquement, le constructeur prélève 20 pièces fabriquées et détermine le nombre de pièces non conformes. S'il en trouve 3, peut-il affirmer que, à 95 %, la production satisfera le client ?

9 Lors de sa production, une pièce a la probabilité $p=0{,}05$ d'être défectueuse.
On cherche à déterminer la taille n de l'échantillon qui permettra d'avoir au moins 5 bonnes pièces, avec une probabilité d'au moins 0,95.
Soit X le nombre de bonne pièces de l'échantillon. On admettra que X suit la loi binomiale $B(n\,;0{,}95)$.

On cherche à déterminer n pour que $p(X \geqslant 5) \geqslant 0{,}95$; ce qui est équivalent à $p(X<5) \leqslant 0{,}05$.

a. Calculer $p(X=4)$ pour $n=6$, $n=7$ et $n=8$. En déduire que n est au moins égal à 7.
b. Pour $n=7$, calculer $p(X \leqslant 5)$.
c. Répondre à la question posée.

10 Dans une population de truites de rivière, la proportion de mâles et de femelles est de 0,5 pour chaque sexe. Certaines pollutions, par des produits pharmaceutiques, modifient cette proportion en augmentant le nombre de femelles.
On fait régulièrement des prélèvements de 15 truites de cette rivière.
a. Déterminer les limites à partir desquelles on peut dire qu'il y a pollution.
b. Sur le dernier prélèvement effectué, on a trouvé 10 femelles.
Peut-on considérer que l'eau de cette rivière est polluée ?

11 On lance un dé cubique à 6 faces et on s'intéresse à l'apparition d'une face dont le numéro est un multiple de 3. On lance 25 fois le dé et on obtient 15 fois une face multiple de 3.
Le dé est-il truqué ? (On pourra déterminer l'intervalle de fluctuation à 95 % pour conclure.)

OBJECTIF BAC

12 L'organisme de santé mondiale indique qu'il y a une épidémie de grippe en France. (On dit qu'il y a épidémie lorsque 5 % des personnes sont atteintes de la maladie.)
a. On choisit au hasard 25 personnes de la population et on les examine. Déterminer l'intervalle de fluctuation à 95 %.
b. Dans un cabinet médical, un médecin reçoit 25 patients. Sur ces 25 patients, 2 sont effectivement atteints par la grippe. Peut-on dire que l'épidémie est déclarée en France ?

13 Un sondage a été réalisé sur l'achat des produits de marque. Ce sondage révèle que 48 % des consommateurs achètent des produits de marque.
Un observateur se place à la sortie d'une salle de cinéma et interroge un échantillon de 50 personnes. On admet que les réponses successives correspondent à un schéma de Bernoulli.
On note N le nombre de personnes interrogées qui déclarent acheter des produits de marque.

1. Expliquer pourquoi N suit une loi binomiale et donner les paramètres de cette loi.
2. Quelle est la probabilité pour que 10 personnes exactement sur les 100 personnes interrogées déclarent acheter des produits de marque.
On donnera une valeur approchée du résultat à 10^{-3} près.
3. Quelle est la probabilité pour que 45 personnes exactement déclarent acheter des produits de marque ?
On donnera une valeur approchée du résultat à 10^{-3} près.
4. À l'aide d'un tableur écrire la loi de probabilité de N.
5. En utilisant le tableur, déterminer la valeur a telle que $p(N \leqslant a) > 0{,}025$.
6. En utilisant le tableur, déterminer la valeur b telle que $p(N \leqslant b) > 0{,}975$.
7. Justifier que $p(a \leqslant N \leqslant b) \geqslant 0{,}95$
8. Donner l'intervalle de fluctuation au seuil de 95 % lorsqu'on interroge 50 personnes à propos de leur achat de produits de marque.

SE TESTER

1 Réponse c. On interroge plusieurs échantillons de même taille (voir le cours page 233).

2 Réponse a. Voir définition du cours page 233.

La réponse **b.** donne le nombre d'individus interrogés c'est-à-dire la taille de l'échantillon.

3 Réponse b. Pour savoir si l'annonce est honnête, il suffit de vérifier si la proportion de billets gagnants obtenue dans l'échantillon est dans l'intervalle de fluctuation.
2 billets sont gagnants sur 30 billets achetés, la proportion de billets gagnants dans l'échantillon est donc $\frac{2}{30} = 0{,}067$ à 10^{-3} près.
Or $\frac{2}{30}$ n'est pas dans l'intervalle de fluctuation, on peut donc dire que l'annonce faite par l'association n'est pas honnête à 5 % près.

4 Réponse a. L'événement $(X \leqslant k)$ est l'événement pour lequel X prend toutes les valeurs allant de 0 jusqu'à k inclus. C'est donc l'événement contraire de $(X > k)$. On a donc $p(X \leqslant k) = 1 - p(X > k)$.

Remarques

- La réponse **b.** ne convient pas car il manque la probabilité de l'événement $p(\mathrm{X} = k)$.
- La réponse **c.** ne convient pas non plus car l'événement $(X = k)$ fait déjà partie de l'événement $(X \leqslant k)$.

S'ENTRAÎNER

5 a. Pour déterminer l'intervalle de fluctuation, on cherche la loi de probabilité de X.

X suit une loi binomiale de paramètre $n = 15$ et $p = 0{,}05$ car la taille de l'échantillon est « petite » et celui-ci est choisi parmi une grande population de pièces.

En utilisant un tableur, on obtient les résultats suivants.

k	$p(k)=p(X=k)$	$p(X \leqslant k)$
0	0,46329123016	0,46329123016
1	0,365756234337	0,829047464496
2	0,134752296861	0,963799761357
3	0,030732979986	0,994532741343
4	0,004852575787	0,99938531713
5	0,000561877196	0,999947194327
6	0,000049287473	0,9999964818
7	0,000003335243	0,999999817043
8	0,000000175539	0,999999992582
9	0,000000007186	0,999999999768
10	0,000000000227	0,999999999994
11	$5,4287 \times 10^{-12}$	1
12	$9,52406 \times 10^{-14}$	1
13	$1,15677 \times 10^{-15}$	1
14	$8,69751 \times 10^{-18}$	1
15	$3,05176 \times 10^{-20}$	1

On cherche alors la valeur N_1 de X pour laquelle $p(X < N_1) \geqslant 0,025$ et la valeur N_2 de X pour laquelle $p(X < N_2) \geqslant 0,975$.

En lisant la dernière colonne du tableau, on voit que $N_1 = 0$ et $N_2 = 3$.

L'intervalle de fluctuation est donc $\left[0\,;\frac{3}{15}\right]$, soit $\left[0\,;\frac{1}{5}\right]$.

b. Sur les 15 pièces, deux étaient défectueuses donc la proportion de pièces défectueuses dans le lot est $\frac{2}{15}$. La valeur $\frac{2}{15}$ se trouve dans l'intervalle de fluctuation, le client ne renverra donc pas son lot.

6

```
VARIABLES
U EST_DU_TYPE LISTE
SIGMA EST_DU_TYPE NOMBRE
MINIMUM EST_DU_TYPE NOMBRE
MAXIMUM EST_DU_TYPE NOMBRE
I EST_DU_TYPE NOMBRE
```

```
DEBUT_ALGORITHME
POUR I ALLANT_DE 0 A 15
DEBUT_POUR
LIRE U[I]
FIN_POUR
SIGMA PREND_LA_VALEUR 0
I PREND_LA_VALEUR 0
TANT_QUE (SIGMA<0.025) FAIRE
DEBUT_TANT_QUE
SIGMA PREND_LA_VALEUR SIGMA+U[I]
I PREND_LA_VALEUR I+1
FIN_TANT_QUE
MINIMUM PREND_LA_VALEUR (I-1)/15
TANT_QUE (SIGMA<0.975) FAIRE
DEBUT_TANT_QUE
SIGMA PREND_LA_VALEUR SIGMA+U[I]
I PREND_LA_VALEUR I+1
FIN_TANT_QUE
MAXIMUM PREND_LA_VALEUR (I-1)/15
AFFICHER "L'INTERVALLE DE FLUCTUATION EST : ["
AFFICHER MINIMUM
AFFICHER ","
AFFICHER MAXIMUM
AFFICHER "]."
FIN_ALGORITHME
```

7 **a.** La population considérée est suffisamment grande pour que l'on puisse assimiler le choix des 30 personnes comme un tirage *avec remise*.
On appelle X le nombre de personnes ayant l'intention de voter pour Monsieur Stat, X suit la loi binomiale de paramètres $n=30$ et $p=0{,}57$.
Déterminons la loi de probabilité de X ainsi que la somme des probabilités obtenues pour définir l'intervalle de fluctuation.

k	$p(k)=p(X=k)$	$p(X \leqslant k)$
0	$1{,}00938\times10^{-11}$	$1{,}00938\times10^{-11}$
1	0,0000000004014037	0,0000000004114974
2	0,0000000077153516	0,0000000081268491
3	0,0000000951550482	0,0000001035818973

k	$p(k)=p(X=k)$	$p(X \leqslant k)$
4	0,0000008541006928	0,0000009576825901
5	0,0000058873359386	0,0000068450185287
6	0,0000325172624516	0,0000393622809804
7	0,0001477860964579	0,0001871483774383
8	0,000563219687373	0,0007503680648113
9	0,0018250064288521	0,0025753744936634
10	0,0050803085938046	0,007655683087468
11	0,0122442955537785	0,0198999786412466
12	0,0256987831099654	0,045598761751212
13	0,047168070609704	0,092766832360916
14	0,0759233561807361	0,168690188541652
15	0,107352094320669	0,276042282862321
16	0,133409942796761	0,409452225659082
17	0,14563766669195	0,555089892351032
18	0,139428308809735	0,694518201160767
19	0,116730677143034	0,811248878303801
20	0,0851048076380027	0,89635368954804
21	0,0537206426950848	0,950074328636889
22	0,0291318072965946	0,979206135933484
23	0,0134318545270446	0,992637990460528
24	0,0051931298026074	0,997831120263136
25	0,0016521398999923	0,999483260163128
26	0,0004211626757583	0,999904422838886
27	0,0000827089492445	0,999987131788131
28	0,0000117468690372	0,999998878657168
29	0,0000010738917965	0,999999952548964
30	0,000000474510329	0,999999999999997

En lisant la dernière colonne du tableau, on s'aperçoit que $p(X < N_1) \geqslant 0{,}025$ est obtenue pour $N_1 = 12$ et $p(X < N_2) \geqslant 0{,}0975$ est obtenue pour $N_2 = 22$.
On en déduit donc que l'intervalle de fluctuation est $\left[\frac{12}{30};\frac{22}{30}\right]$, soit $\left[\frac{2}{5};\frac{11}{15}\right]$.

On peut également obtenir l'intervalle de fluctuation en traçant le graphique des probabilités cumulées. Il apparaît en rouge $\left[\frac{12}{30};\frac{22}{30}\right]$.

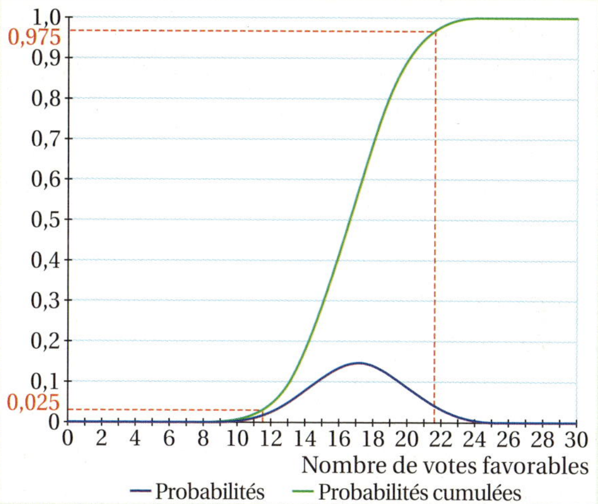

b. Si la fréquence obtenue sur l'échantillon appartient à l'intervalle précédent, l'hypothèse $p=0{,}57$ est acceptable sinon elle est rejetée au risque d'erreur de 5 %.

c. Sur les 30 personnes sondées, 11 sont favorables à Monsieur Stat, c'est-à-dire une proportion de $\frac{11}{30}$.

$\frac{11}{30}$ ne se trouve pas dans l'intervalle de fluctuation, on peut donc considérer que Monsieur Stat est un peu optimiste. L'affirmation est rejetée avec un risque d'erreur de 5 %.

8 Pour savoir si le client est satisfait, il suffit de vérifier si la proportion de pièces défectueuses dans son lot appartient à l'intervalle de fluctuation. Nous allons donc déterminer cet intervalle.

Pour cela, appelons X la variable aléatoire égale au nombre de pièces défectueuses. X suit la loi binomiale $B(20\,;0{,}03)$.

Déterminons la loi de probabilité de X.

k	$p(k)=p(X=k)$	$p(X\leqslant k)$
0	0,5437943429	0,5437943429
1	0,336376348	0,880161977

k	$p(k) = p(X = k)$	$p(X \leqslant k)$
2	0,0988296659	0,9789916436
3	0,0183395256	0,9973311693
4	0,0024106078	0,999741777
5	0,0002385756	0,9999803526
6	0,0000184466	0,9999987992
7	0,000001141	0,9999999402
8	0,0000000573	0,9999999976
9	0,0000000024	0,9999999999
10	$8,04504 \times 10^{-11}$	1
11	$2,26196 \times 10^{-12}$	1
12	$5,24682 \times 10^{-14}$	1
13	$9,98602 \times 10^{-16}$	1
14	$1,54423 \times 10^{-17}$	1
15	$1,91039 \times 10^{-19}$	1
16	$1,84638 \times 10^{-21}$	1
17	$1,34364 \times 10^{-23}$	1
18	$2,25479 \times 10^{-26}$	1
19	$2,25479 \times 10^{-28}$	1
20	$3,48678 \times 10^{-31}$	1

D'après la lecture des résultats obtenus dans le tableau, dans la dernière colonne, on regarde à partir de quelles valeurs de k la probabilité est inférieure à 0,025 et supérieure à 0,975. On obtient $k = 0$ et $k = 2$ donc les bornes de l'intervalle s'obtiennent en divisant k par l'effectif total (c'est-à-dire 20), on peut dire que l'intervalle de fluctuation est $[0\,;0,1]$.
Le client a trouvé 3 pièces défectueuses sur 20, soit une proportion de $\frac{3}{20}$.
Cette proportion n'appartient pas à l'intervalle de fluctuation, le client ne sera donc pas satisfait de son lot de pièces.

9 On suppose que le stock dans lequel on prélève l'échantillon est suffisamment grand pour que X suive la loi binomiale de paramètre n et $p = 0,95$.

a. • Pour $n = 6$, $p(X = 4) = \binom{6}{4}(0,95)^4\, 0,05^2 = 0,03$.

• Pour $n = 7$, $p(X = 4) = \binom{7}{4}(0,95)^4\, 0,05^3 = 0,003$

• Pour $n=8$, $p(X=4)=\binom{8}{4}(0{,}95)^4\,0{,}05^4=3{,}5\times10^{-4}$

Pour que $p(X<5)$ soit inférieure à 0,05, n doit être au moins égal à 7.

b. Pour $n=7$, $p(X<5)=p(X=0)+p(X=1)+p(X=2)+p(X=3)+p(X=4)$.
Déterminons chacune de ces probabilités.

$p(X=0)=0{,}05^7=7{,}8\times10^{-10}$

$p(X=1)=\binom{7}{1}(0{,}95)\times0{,}05^6=1{,}04\times10^{-7}$

$p(X=2)=\binom{7}{2}(0{,}95)^2\times0{,}05^5=5{,}9\times10^{\ 6}$

$p(X=3)=\binom{7}{3}(0{,}95)^3\,0{,}05^4=1{,}875\times10^{-4}$

$p(X=4)=\binom{7}{4}(0{,}95)^4\,0{,}05^3=0{,}003$

Ainsi pour $n=7$, $p(X\leqslant5)=0{,}0031934$

n doit être au moins égal à 7 et $p(X\geqslant5)=0{,}09968$ pour $n=7$.

c. La taille minimale de l'échantillon est donc $n=7$.

10 a. Déterminer les limites à partir desquelles il y a pollution revient à déterminer l'intervalle de fluctuation. Le nombre de truites femelles suit une loi binomiale de paramètres $n=15$ et $p=0{,}5$. La loi de probabilité de X est donnée cidessous.

k	$p(k)=p(X=k)$	$p(X\leqslant k)$
0	0,000030517781	0,0000305175781
1	0,004577636719	0,00048828125
2	0,0032043457031	0,0036926269531
3	0,0138854980469	0,017578125
4	0,0416564941406	0,0592346191406
5	0,0913442871094	0,15087890625
6	0,1527404785156	0,3036193847656
7	0,1963806152344	0,5
8	0,1963806152344	0,6963806152344
9	0,1527404785156	0,84912109375
10	0,0916442871094	0,9407623808594
11	0,0416564941406	0,982421875
12	0,0138854980469	0,9963073730469

k	$p(k)=p(X=k)$	$p(X \leqslant k)$
13	0,0032043457031	0,99951171875
14	0,0004577636719	0,9999694824219
15	0,0000305175781	1

D'après le tableau, on voit que l'intervalle de fluctuation est $\left[\frac{4}{15};\frac{11}{15}\right]$.

Si la proportion de femelles se trouve dans l'intervalle précédent, on pourra dire qu'il n'y a pas pollution.

b. La proportion de femelles est de $\frac{10}{15}$, cette proportion est dans l'intervalle de fluctuation, on peut donc en déduire qu'il n'y a pas pollution.
Si on compare avec l'intervalle de fluctuation vu en classe de Seconde $\left[p-\frac{1}{\sqrt{n}};p+\frac{1}{\sqrt{n}}\right]=[0,2418\,;0,7582]$ qui est sensiblement le même, on s'aperçoit que les résultats concordent. La comparaison est possible car $0,2<p<0,8$. Dans ce cas, la conclusion aurait été la même : il n' y a pas pollution.

11 Soit X la variable aléatoire égale au nombre de faces multiples de trois obtenues. X suit la loi binomiale $B\left(25;\frac{1}{3}\right)$.

Déterminons la loi de probabilité de X.

k	$p(k)=p(X=k)$	$p(X \leqslant k)$
0	0,0000396021280424	0,0000396021280424
1	0,0004950266005296	0,0006346287285719
2	0,0029701596031775	0,0035047883317494
3	0,0113856118121802	0,148904001439296
4	0,0313104324834957	0,462008326274253
5	0,0657519082153409	0,111952740842766
6	0,109586513692235	0,221539254535001
7	0,148724554296604	0,370263808831605
8	0,16731512358368	0,537578932415285
9	0,158019838940142	0,695598771355427
10	0,126415871152114	0,822014642507541
11	0,0861926394218957	0,908207281929437

k	$p(k)=p(X=k)$	$p(X \leqslant k)$
12	0,0502790396627725	0,958486321592209
13	0,0251395198313862	0,983625841423596
14	0,010774079927737	0,994399921351332
15	0,0039504969735036	0,998350417324836
16	0,0012345299917199	0,999584947316556
17	0,0003267873507494	0,999911734667305
18	0,0000726194112776	0,999984354078583
19	0,0000133772599722	0,999997731338555
20	0,0000020065889958	0,999999737927551
21	0,0000002388796424	0,999999976807193
22	0,0000000217163311	0,999999998532525
23	0,0000000014162825	0,999999999939807
24	$5{,}90118 \times 10^{-11}$	0,999999999998819
25	$1{,}18024 \times 10^{-12}$	0,999999999999999

On lit alors l'intervalle de fluctuation $\left[\frac{4}{25};\frac{12}{25}\right]$.

On a obtenu 15 fois une face multiple de 3 sur 25, la proportion est donc $\frac{15}{25}=\frac{3}{5}$ qui ne se trouve pas dans l'intervalle de fluctuation.

On peut donc penser à 95 % que le dé est truqué.

Si on compare aux résultats obtenus en Seconde où l'intervalle de fluctuation est $\left[\frac{1}{3}-\frac{1}{\sqrt{25}};\frac{1}{3}+\frac{1}{\sqrt{25}}\right]=\left[\frac{2}{15};\frac{8}{15}\right]$, on retrouve la même conclusion bien que n ne soit pas supérieur à 30 (cette comparaison est possible puisque $0{,}2<p<0{,}8$).

OBJECTIF BAC

12 **a.** Appelons X la variable aléatoire égale au nombre de malades.
X suit la loi binomiale de paramètre $n=25$ et $p=0{,}05$.
Déterminons la loi de probabilité de X.

k	$p(k) = p(X = k)$	$p(X \leqslant k)$
0	0,277389573121834	0,277369573121834
1	0,364986280423466	0,642375853545299
2	0,230517650793768	0,872893504339067
3	0,0930158941799414	0,965909396519008
4	0,0269256535784041	0,992835052097412
5	0,00595198658048933	0,998787038677902
6	0,00104420817201567	0,999831246849917
7	0,00014917259600224	0,99998041944592
8	0,00001766517584237	0,999998084621762
9	0,00000175618707205	0,999999840808834
10	0,00000014788943765	0,999999988688272
11	0,00000001061407447	0,999999999312346
12	0,00000000065174141	0,999999999964088
13	$3{,}43022 \times 10^{-11}$	0,99999999999839
14	$1{,}54747 \times 10^{-12}$	0,999999999999937
15	$5{,}97268 \times 10^{-14}$	0,999999999999997
16	$1{,}9647 \times 10^{-15}$	0,999999999999999
17	$5{,}47439 \times 10^{-17}$	0,999999999999999
18	$1{,}28056 \times 10^{-18}$	0,999999999999999
19	$2{,}48308 \times 10^{-20}$	0,999999999999999
20	$3{,}92065 \times 10^{-22}$	0,999999999999999
21	$4{,}91309 \times 10^{-24}$	0,999999999999999
22	$4{,}70152 \times 10^{-26}$	0,999999999999999
23	$3{,}22759 \times 10^{-28}$	0,999999999999999
24	$1{,}41561 \times 10^{-30}$	0,999999999999999
25	$2{,}96023 \times 10^{-33}$	0,999999999999999

L'intervalle de fluctuation est $\left[0\,;\,\dfrac{4}{25}\right]$.

b. Au cours de ses visites, le médecin a rencontré 2 malades.

La proportion de malades est donc $\dfrac{2}{25}$ qui appartient à l'intervalle de fluctuation.

On peut donc affirmer à un taux de certitude de 95 % qu'il y a bien une épidémie de grippe en France.

13 **1.** Chaque réponse suit un schéma de Bernoulli car il n'y a que deux issues possibles : « acheter un produit de marque » ou « ne pas acheter un produit de marque ». Cette succession de réponses suit donc une loi binomiale.
Les paramètres de cette loi sont : $N = 50$ et $p = 48\,\% = 0{,}48$.

2. Déterminons la probabilité pour que 10 personnes exactement achètent des produits de marque.

Cette probabilité est donnée par : $p(N=10) = \binom{50}{10} p^{10}(1-p)^{50-10} = 2{,}912 \times 10^{-5}$

3. Déterminons la probabilité pour que 45 personnes exactement achètent des produits de marque.

Cette probabilité est donnée par : $p(N=45) = \binom{50}{45} p^{45}(1-p)^{50-45} = 3{,}647 \times 10^{-10}$

4. On obtient le tableau suivant :

k	$p(N=k)$	somme des $p(N=k)$
0	$6{,}312 \times 10^{-15}$	$6{,}312 \times 10^{-15}$
1	$2{,}91323 \times 10^{-13}$	$2{,}97635 \times 10^{-13}$
2	$6{,}58839 \times 10^{-12}$	$6{,}88602 \times 10^{-12}$
3	$9{,}73054 \times 10^{-11}$	0,00000000010419141976 3501
4	0,00000000105538931912997	0,00000000115958073889347
5	0,00000000896269083322679	0,00000001012227157212 03
6	0,0000000620493980761855	0,0000000721716696483058
7	0,000000360022881145 34	0,000000432194550793646
8	0,00000178626737183649	0,00000221846192263014
9	0,00000769469021714182	0,00000991315213977196
10	0,0000291214429756444	0,0000390345951154164
11	0,0000977502981000652	0,000136784893215482
12	0,000293250894300196	0,000430035787515677
13	0,000791256850892835	0,00122129263840851
14	0,00193031891096933	0,00315161154937785
15	0,00427639881814745	0,00742801036752529
16	0,00863503607510542	0,0160630464426307
17	0,0159416050617331	0,0320046515043638
18	0,0269781008737021	0,0589827523780659
19	0,0419416628967677	0,100924415274834

k	$p(N=k)$	somme des $p(N=k)$
20	0,0600088407599907	0,160933256034824
21	0,0791325372659218	0,240065793300746
22	0,0962871432466461	0,336352936547392
23	0,108202274685194	0,444555211232587
24	0,112363900634625	0,556919111867211
25	0,10786934460924	0,664788456476451
26	0,0957420218425206	0,760530478318972
27	0,0785575563836066	0,839088034702578
28	0,0595656196754819	0,89865365437806
29	0,0417117336719555	0,940365388050016
30	0,026952197141879	0,967317585191895
31	0,0160509362631537	0,983368521455048
32	0,00879714775961309	0,992165669214661
33	0,00442933313770729	0,996595002352369
34	0,00204430760201875	0,998639309954388
35	0,000862652878214505	0,999501962832602
36	0,000331789568544041	0,999833752401146
37	0,000115884922069436	0,999949637323216
38	0,000036595238548243	0,999986232561764
39	0,0000103939139071933	0,999996626475671
40	0,00000263845506874906	0,99999926493074
41	0,000000594023655253072	0,999999858954395
42	0,000000117499184555553	0,99999997645358
43	0,0000000201787508360162	0,999999996632331
44	0,00000000296331305983455	0,999999999595644
45	0,000000000364715453518098	0,999999999960359
46	$3,65935 \times 10^{-11}$	0,999999999996953
47	$2,87478 \times 10^{-12}$	0,999999999999827
48	$1,65853 \times 10^{-13}$	0,999999999999993
49	$6,24876 \times 10^{-15}$	0,999999999999999
50	$1,15362 \times 10^{-16}$	1

5. D'après le tableau on voit que, $p(N \leqslant a) \geqslant 0{,}025$ pour $k = a = 17$

6. De même, d'après le tableau on voit que, $p(N \leqslant b) \geqslant 0{,}975$ pour $k = b = 31$

7. On remarque que :

$$p(a \leqslant N \leqslant b) = p(17 \leqslant N \leqslant 31) = p(N \leqslant 31) - p(N \leqslant a)$$

$$= 0{,}983\,368\,52 - 0{,}032\,004\,65 = 0{,}951\,368\,87 \text{ à } 10^{-8} \text{ près}$$

8. L'intervalle de fluctuations à 95 % lorsqu'on interroge 50 personnes à propos de leur achat de marque est: $\left[p - \frac{1}{\sqrt{n}} ; p + \frac{1}{\sqrt{n}}\right]$ avec $p = 0{,}48$ et $n = 50$ d'où

$p - \frac{1}{\sqrt{n}} = 0{,}339$ et $p + \frac{1}{\sqrt{n}} = 0{,}621$

D'après la question précédente $p(17 \leqslant N \leqslant 31) \geqslant 95\,\%$

Sur 50 personnes interrogées, 17 correspondent à une fréquence de $\frac{17}{50} = 0{,}34$.

Sur 50 personnes interrogées 31 correspondent à une fréquence de $\frac{31}{50} = 0{,}62$.

Dans 95 % au moins des cas, la fréquence d'achat de produits de marques est dans l'intervalle $[0{,}31 ; 0{,}62]$

Donc l'intervalle de fluctuation au seuil de 95 % confirme bien l'estimation obtenue par l'étude faite.

Géométrie

CHAPITRE

9 Vecteurs et droites

Le calcul vectoriel trouve son application en sciences physiques et a de nombreuses utilisations possibles en mathématiques.
Dans ce chapitre, deux utilisations principales sont présentées : la condition d'alignement de trois points et la condition de parallélisme de deux droites.

1 Vecteurs dans un repère

A Rappels de la classe de Seconde

On a vu en classe de Seconde qu'un repère du plan est un triplet formé par un point donné et deux vecteurs non colinéaires. Il est commode de choisir deux vecteurs dont l'origine est le point donné.

Exemples

1. La donnée de trois points non alignés O, I et J permet de définir un repère $\left(O\,;\overrightarrow{OI},\overrightarrow{OJ}\right)$.

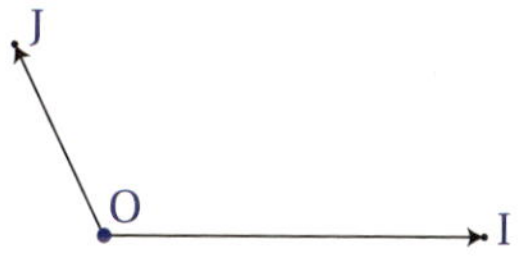

2. Dans un parallélogramme ABCD, les points A, B et D permettent de définir le repère $\left(A\,;\overrightarrow{AB},\overrightarrow{AD}\right)$.

L'ordre des vecteurs formant le repère est important. Le repère $\left(O\,;\overrightarrow{OI},\overrightarrow{OJ}\right)$ est différent du repère $\left(O\,;\overrightarrow{OJ}\,;\overrightarrow{OI}\right)$.

B Coordonnées d'un vecteur dans un repère

Théorème et définition : On considère un repère $(O\,;\,\vec{i}\,,\,\vec{j})$. Pour tout vecteur $\vec{u}$, il existe un unique couple de nombres $(x\,;y)$ tels que :

$$\vec{u} = x\vec{i} + y\vec{j}$$

x s'appelle l'**abscisse** de $\vec{u}$ et y son **ordonnée**.

Démonstration : Considérons le repère $(O\,;\,\vec{i}\,,\vec{j})$. Pour tout vecteur $\vec{u}$, il existe un point M tel que, $\overrightarrow{OM} = \vec{u}$.
On obtient le point M_1 en traçant la parallèle à l'axe des ordonnées passant par M. On obtient le point M_2 en traçant la parallèle à l'axe des abscisses passant par M.

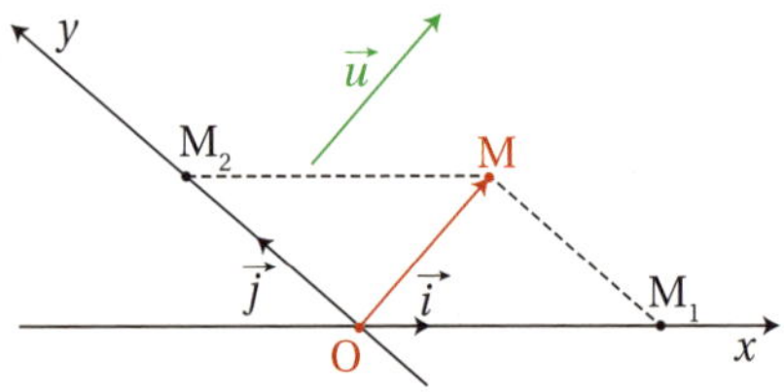

On sait que, dans le parallélogramme OM_1MM_2, $\overrightarrow{OM} = \overrightarrow{OM_1} + \overrightarrow{OM_2}$.
Or, puisque, $\overrightarrow{OM_1}$ et $\vec{i}$, d'une part, $\overrightarrow{OM_2}$ et $\vec{j}$ d'autre part sont colinéaires, il existe un unique nombre x et un unique nombre y tels que $\overrightarrow{OM_1} = x\vec{i}$ et $\overrightarrow{OM_2} = y\vec{j}$.
C'est ce qu'il fallait démontrer.

Exemple : Dans le repère $(A\,;\,\overrightarrow{AB}, \overrightarrow{AD})$ lié au parallélogramme dessiné plus haut, les coordonnées du vecteur $\overrightarrow{AC}$ sont $(1\,;1)$ car $\overrightarrow{AC} = \overrightarrow{AB} + \overrightarrow{AD}$.

2 Colinéarité et applications

Dans la suite, on se place dans un repère $(O\,;\,\vec{i}\,,\vec{j})$.

RAPPEL : Le vecteur nul, noté $\vec{0}$, est colinéaire à tout vecteur.

A Condition analytique de colinéarité

Théorème : Deux vecteurs $\vec{u}$ et $\vec{u}'$ de coordonnées respectives $(x\,;y)$ et $(x'\,;y')$ sont colinéaires si et seulement si :

$$xy' - x'y = 0$$

L'expression « si et seulement si » signifie que le théorème comporte une affirmation et sa réciproque.
Affirmation : Si les vecteurs $\vec{u}$ et $\vec{u}'$ sont colinéaires, alors $xy'-x'y=0$.
Réciproque : Si $xy'-x'y=0$, alors les vecteurs $\vec{u}$ et $\vec{u}'$ sont colinéaires.

Démonstration

• Démontrons l'affirmation. Si les deux vecteurs sont différents de $\vec{0}$ alors il existe un réel k tel que $\vec{u}'=k\vec{u}$.

On a donc $\begin{cases} x'=kx \\ y'=ky \end{cases}$. Par conséquent, $x'y-xy'=kxy-xky=0$.

Si l'un des deux vecteurs est égal à $\vec{0}$, par exemple $\vec{u}'$, $x'=y'=0$.
Par conséquent, $x'y-xy'=0$.

• Démontrons la réciproque. Supposons que l'on ait $xy'-x'y=0$.
– Si les quatre nombres sont égaux à 0, cela signifie que, $\vec{u}=\vec{u}'=\vec{0}$.
Dans ce cas, $\vec{u}$ et $\vec{u}'$ sont colinéaires.
– Si l'un des quatre nombres est différent de 0,
par exemple x. Alors, $y'=\dfrac{x'}{x}y$.

Et d'autre part, $x'=\dfrac{x'}{x}x$.

$\dfrac{x}{x}=1$

Posons $\dfrac{x'}{x}=k$. On a $y'=ky$ et $x'=kx$, ce qui prouve que $\vec{u}'=k\vec{u}$.
Les vecteurs $\vec{u}$ et $\vec{u}'$ sont donc colinéaires.

B Condition vectorielle d'alignement

Théorème : Trois points A, B et C sont alignés si et seulement si les vecteurs $\overrightarrow{AB}$ et $\overrightarrow{AC}$ sont **colinéaires**.

Démonstration

• Supposons les points A, B et C alignés.
– S'ils sont tous distincts, alors C appartient à la droite (AB), ce qui prouve que les trois points sont alignés.
– Si deux d'entre eux sont confondus, par exemple A et B, alors $\overrightarrow{AB}=\vec{0}$ et donc $\overrightarrow{AB}$ et $\overrightarrow{AC}$ sont colinéaires.
• Réciproquement, supposons que les vecteurs $\overrightarrow{AB}$ et $\overrightarrow{AC}$ sont colinéaires.
– Si aucun des deux n'est le vecteur nul, alors les droites (AB) et (AC) sont parallèles. Comme elles ont un point en commun, c'est le point A, elles sont confondues ; c'est pourquoi les points A, B et C sont alignés.
– Si l'un des deux vecteurs $\overrightarrow{AB}$ ou $\overrightarrow{AC}$ est égal au vecteur nul, par exemple $\overrightarrow{AB}$, alors A = B et les points A, B et C sont donc alignés.

3 Caractérisation analytique de droites

On se place dans un repère $(O ; \vec{i}, \vec{j})$.

A Présentation du problème

Un **vecteur directeur** d'une droite est un vecteur qui est parallèle à cette droite. Étant donné un point A et un vecteur $\vec{u}$, il existe une droite d unique passant par ce point et dont $\vec{u}$ est un vecteur directeur.

Il existe une infinité de vecteurs directeurs d'une droite d ; si $\vec{u}$ en est un, tout vecteur non nul colinéaire à $\vec{u}$ est encore un vecteur directeur de d.

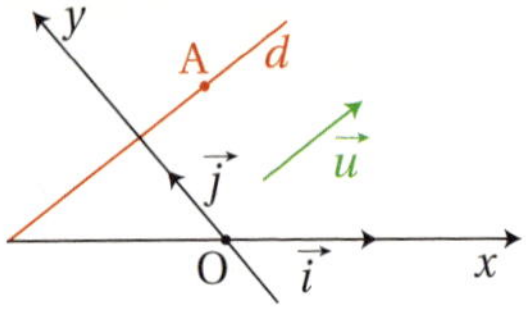

Les points de la droite d, et seulement eux, ont des coordonnées $(x ; y)$ qui satisfont une certaine équation qu'il va falloir trouver.
D'autre part, une fois cette équation établie, comment trouver les coordonnées d'un vecteur directeur de d ?

B Équations cartésiennes de droites

■ Notons $(x_A ; y_A)$ les coordonnées de A et $(\alpha ; \beta)$ celles de $\vec{u}$. Soit $M(x ; y)$ un point. Les coordonnées du vecteur $\overrightarrow{AM}$ sont donc $(x - x_A ; y - y_A)$.

Le point M appartient à d si et seulement si les vecteurs $\overrightarrow{AM}$ et $\vec{u}$ sont colinéaires, c'est-à-dire, selon la condition analytique de colinéarité, si et seulement si $(x - x_A)\beta - (y - y_A)\alpha = 0$.

En développant, on trouve $\beta x - \alpha y - \beta x_A + \alpha y_A = 0$.

Puisque α, β, x_A et y_A sont des constantes, cette équation s'écrit sous la forme $ax + by + c = 0$ où a, b et c sont des constantes.

Remarques : **1.** Une telle équation s'appelle une équation cartésienne en hommage à René Descartes, mathématicien français (1596-1650).

2. La méthode présentée ci-dessus est celle que l'on utilise pour établir l'équation cartésienne d'une droite passant par un point et dont on connaît un vecteur directeur.

Voir la méthode p. 269 pour d'autres façons de déterminer l'équation d'une droite.

■ **Théorème** : Toute droite du plan a une équation de la forme :

$$ax + by + c = 0$$

Dans cette équation, a, b et c sont des constantes et a et b ne sont pas simultanément nuls. Un vecteur directeur de la droite a pour coordonnées $(-b ; a)$.

Considérons la droite d dont une équation est $2x-y+3=0$. Cette équation nous permet de :

- Savoir si un point donné appartient ou non à d.

Ainsi $A(-1;1)\in d$ car $2\times(-1)-1+3=0$ et $B(0;1)\notin d$ car $2\times 0-1+3\neq 0$.

- Connaître un vecteur directeur de d. Le vecteur $\vec{u}(1;2)$ est un vecteur directeur de d.

Remarque : Une droite a une infinité d'équations cartésiennes.

Par exemple, la droite d ci-dessus a aussi pour équation $4x-2y+6=0$, $-2x+y-3=0$, $20x-10y+30=0$ et plus généralement, pour tout nombre $k\neq 0$, $2kx-ky+3k=0$.

C Équations particulières

Théorèmes : **1.** Une droite est parallèle à l'axe des abscisses si et seulement si elle a une équation de la forme $y=k$ où k est une constante.

2. Une droite est parallèle à l'axe des ordonnées si et seulement si elle a une équation de la forme $x=h$ où h est une constante.

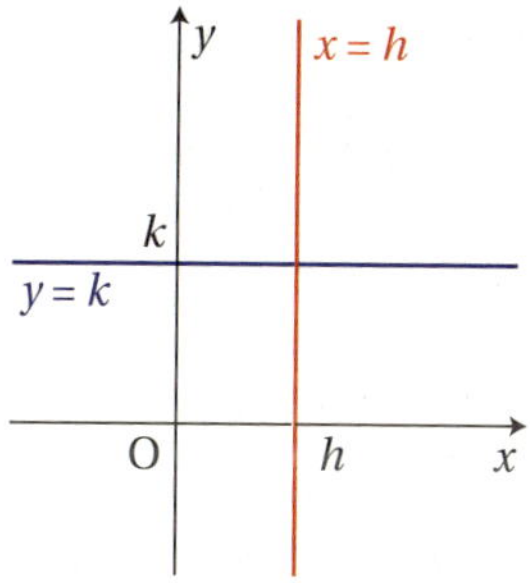

Démonstration : Voir les exercices 8 et 9.

Remarque : On parle aussi de droites « horizontales » et « verticales » lorsque le repère est orthogonal.

Théorème : Toute droite d non parallèle à l'axe des ordonnées a une équation de la forme $y=mx+p$. Cette équation s'appelle l'équation réduite de d. Un des vecteurs directeurs de d a pour coordonnées $(1;m)$.

Démonstration : Une droite a pour équation cartésienne $ax+by+c=0$ et un vecteur directeur de coordonnées $(-b;a)$. Puisque la droite n'est pas parallèle à l'axe des ordonnées, $b\neq 0$.

Un vecteur est parallèle à l'axe des ordonnées si et seulement s'il a pour coordonnées $(0;k)$, k étant un nombre quelconque.

Par conséquent, $ax+by+c=0$ équivaut à $by=-ax-c$ soit à $y=-\dfrac{a}{b}x-\dfrac{c}{b}$.

Cette équation est bien de la forme annoncée si on pose $m=-\dfrac{a}{b}$ et $p=-\dfrac{c}{b}$.

Par ailleurs, $y=mx+p$ équivaut à $mx-y+p=0$. Un vecteur directeur de la droite ayant cette équation a pour coordonnées $(1;m)$ comme annoncé.

Remarques

1. On a vu, en classe de Seconde, que m s'appelle le coefficient directeur de la droite. On voit, en Première, le lien qu'il y a entre le coefficient directeur et le vecteur directeur de coordonnées $(1;m)$.

2. Une droite a une infinité d'équations cartésiennes. Elle n'a qu'une seule équation réduite, quand celle-ci existe.

3. Le point de coordonnées $(0;p)$ appartient à la droite d'équation $y=mx+p$. C'est pourquoi p s'appelle l'ordonnée à l'origine de la droite.

D Condition de parallélisme de deux droites

Théorème : Deux droites d'équations respectives $ax+by+c=0$ et $a'x+b'y+c'=0$ sont parallèles si et seulement si :

$$ab'-a'b=0$$

Démonstration

Des vecteurs directeurs des deux droites ont respectivement pour coordonnées $(-b;a)$ et $(-b';a')$. Les deux droites sont parallèles si et seulement si ces deux vecteurs sont colinéaires, donc si et seulement si $-ba'+ab'=0$.

On voit donc que deux droites d'équations respectives $ax+by+c=0$ et $a'x+b'y+c'=0$ sont sécantes si et seulement si $ab'-a'b\neq 0$.

Remarques

1. Dans le cas où les deux droites d et d' ne sont pas parallèles à l'axe des ordonnées, elles sont parallèles si et seulement si elles ont le même coefficient directeur. Si leurs équations sont respectivement $y=mx+p$ et $y=m'x+p'$, d et d' sont parallèles si et seulement si $m=m'$.

2. Deux droites parallèles à l'axe des ordonnées sont évidemment parallèles !

Lire un algorithme

ÉNONCÉ

Décrire et interpréter l'algorithme suivant.

```
DEBUT ALGORITHME
    LIRE a1
    LIRE b1
    LIRE a2
    LIRE b2
        SI (b1=0) ALORS
        DEBUT SI
        AFFICHER "d1 est parallèle à l'axe des ordonnées"
        FIN SI
        SINON
          DEBUT SINON
          m1 PREND_LA_VALEUR –a1/b1
          AFFICHER "Coefficient directeur de d1 : m1"
          FIN SINON
        SI (b2=0) ALORS
        DEBUT SI
        AFFICHER "d2 est parallèle à l'axe des ordonnées"
        FIN SI
        SINON
          DEBUT SINON
          m2 PREND_LA_VALEUR –a2/b2
          AFFICHER "Coefficient directeur de d2 : m2"
          FIN SINON
        SI (a1*b2–a2*b1=0) ALORS
        DEBUT SI
        AFFICHER "d1 et d2 sont parallèles»
        FIN SI
        SINON
          DEBUT SINON
          AFFICHER "d1 et d2 sont sécantes"
          FIN SINON
FIN ALGORITHME
```

MÉTHODE

Penser à la condition de parallélisme de deux droites.

CORRIGÉ

▶ L'algorithme analyse les équations de deux droites d_1 et d_2 qui sont respectivement $a_1x+b_1y+c_1=0$ et $a_2x+b_2y+c_2=0$ (seuls a_1, b_1, a_2, b_2 sont saisis par l'utilisateur).

▶ Le programme signale si les droites sont parallèles à l'axe des ordonnées, c'est le cas si $b=0$. Sinon, il fournit le coefficient directeur m égal à $-\frac{a}{b}$.

▶ Il effectue ensuite le test de parallélisme des droites, c'est-à-dire qu'il calcule la différence $ab'-a'b$ et rend son verdict. Si cette différence est égale à 0, les droites sont parallèles ; sinon elles sont sécantes.

Caractériser l'alignement de trois points

ÉNONCÉ

1 On considère un nombre m et trois points A, B, et C de coordonnées $(-3;7)$, $(m^2;-2)$ et $(4;-5)$. Existe-t-il des valeurs de m pour lesquelles les points A, B, et C sont alignés ? Combien existe-t-il alors de positions pour le point B ?

2 Lorsque les trois points ne sont pas alignés, est-il possible de trouver des valeurs de m pour que le quadrilatère ABCO soit un parallélogramme ?

MÉTHODE

1 Pour démontrer que A, B et C sont alignés, on peut utiliser deux méthodes.

a. La condition vectorielle d'alignement des vecteurs $\overrightarrow{AB}$ et $\overrightarrow{AC}$ par exemple.

b. La détermination d'une équation de la droite (AC) et de vérifier si $B \in (AC)$ ou non.

2 Il suffit de se demander si les vecteurs $\overrightarrow{AB}$ et $\overrightarrow{OC}$ peuvent être égaux.

CORRIGÉ

1 **a.** Les vecteurs $\overrightarrow{AB}$ et $\overrightarrow{AC}$ ont respectivement pour coordonnées $(m^2+3;-9)$ et $(7;-12)$. Ils sont colinéaires si et seulement si $-12(m^2+3)+63=0$, soit si $12m^2-27=0$, d'où $m^2=2,25$.

On en déduit que $m = -1{,}5$ ou $m = 1{,}5$. Pour ces deux valeurs de m, il n'existe qu'une seule position pour point B en $(2{,}25\,;-2)$.

C'est le point nommé B_1 sur la figure.

b. • Déterminons une équation de la droite (AC).
Un point $M(x\,;y) \in (AC)$ si et seulement si les vecteurs $\overrightarrow{AM}$ et $\overrightarrow{AC}$ sont colinéaires. Ceux-ci ont pour coordonnées respectives $(x+3\,;y-7)$ et $(7\,;-12)$. Donc $\overrightarrow{AM}$ et $\overrightarrow{AC}$ sont colinéaires si et seulement si $-12(x+3)-7(y-7)=0$, ce qui équivaut à $-12x-7y+13=0$.

• Voyons s'il est possible que le point B appartienne à (AC).
Pour cela, remplaçons x et y dans l'équation trouvée $-12m^2-7(-2)+13=0$ équivalent à $-12m^2+27=0$ donc $m^2 = \dfrac{27}{12} = 2{,}25$.
On retrouve les valeurs possibles de m déterminées à la question **a.** $-1{,}5$ et $1{,}5$.

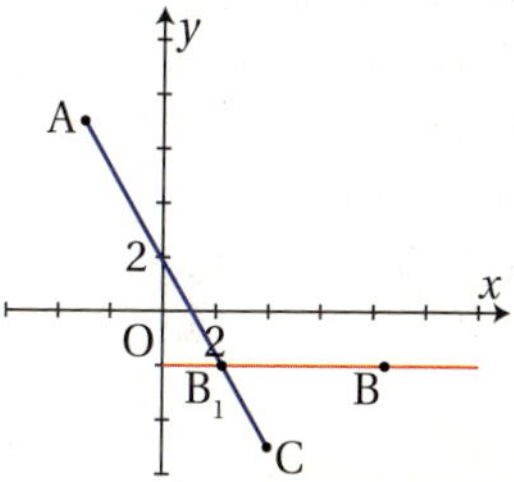

2 Le vecteur $\overrightarrow{OC}$ a pour coordonnées $(4\,;-5)$. Donc, quelle que soit la valeur de m, $\overrightarrow{AB} \neq \overrightarrow{OC}$ car l'ordonnée de $\overrightarrow{AB}(m^2+3\,;-9)$ est égale à -9 alors que celle de $\overrightarrow{OC}$ est égale à -5.
Il n'est donc pas possible de trouver une valeur de m pour laquelle ABCO est un parallélogramme.

Sur la figure, on voit que le point B se situe sur une demi-droite car son abscisse m^2+3 est positive.

Déterminer l'équation d'une droite

ÉNONCÉ

1 Déterminer une équation cartésienne de la droite d passant par les points $A(1\,;-2)$ et $B(-3\,;4)$.

2 Comment faut-il choisir le nombre m pour que la droite (AB) soit parallèle à la droite Δ d'équation $y = mx + 1$?

3 Tracer alors les deux droites.

MÉTHODE

1 Un point M$(x\,;y)$ appartient à (AB) si et seulement si $\overrightarrow{AM}$ et $\overrightarrow{AB}$ sont colinéaires.

2 Pour montrer le parallélisme de (AB) et Δ, on peut utiliser deux méthodes.

a. On écrit que les coefficients directeurs des deux droites sont égaux.

b. On écrit l'équation de Δ sous la forme $ax+by+c=0$ et on utilise la condition de parallélisme de deux droites.

3 On choisit deux points de Δ avant de la tracer.

CORRIGÉ

1 Les coordonnées des vecteurs $\overrightarrow{AM}$ et $\overrightarrow{AB}$ sont respectivement $(x-1\,;y+2)$ et $(-4{,}6)$. Un point M$(x\,;y)$ appartient à (AB) si et seulement si $(x-1)(6)+4(y+2)=0$ c'est-à-dire $6x+4y+2=0$ (équivalent à $3x+2y+1=0$ après division par 2). C'est une équation cartésienne de d.

2 **a.** L'équation réduite de d s'écrit $2y=-3x-1$ donc $y=-\dfrac{3}{2}x-\dfrac{1}{2}$.

Le coefficient directeur de d est donc $-\dfrac{3}{2}$.

Par conséquent, Δ et d sont parallèles si et seulement si $m=-\dfrac{3}{2}$.

b. L'équation réduite de Δ est $mx-y+1=0$. Δ est parallèle à d si et seulement si $ab'-a'b=0$ donc si et seulement si $3(-1)-2m=0$, équivalent à $m=-\dfrac{3}{2}$. On retrouve évidemment le résultat précédent.

3 Pour tracer Δ, choisissons les points C$(0\,;1)$ et D$(-2\,;4)$.

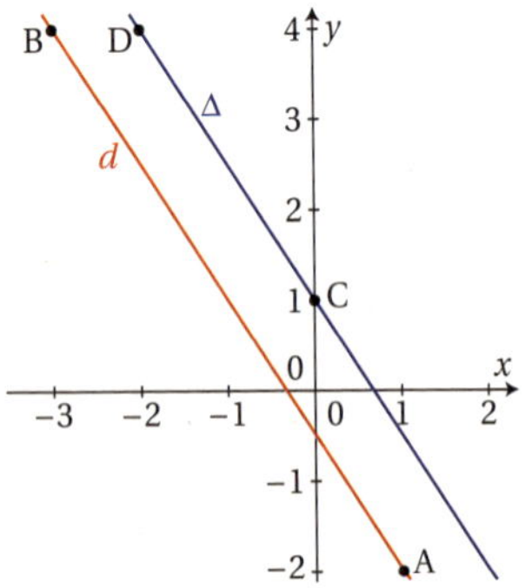

SE TESTER QUIZ

On se place dans un repère $(O\,;\vec{i},\vec{j})$.

1 Soit m un nombre. Les vecteurs $\vec{u}(2\,;m)$ et $\vec{v}(0\,;1)$ ne sont colinéaires pour aucune valeur de m.

☐ **a.** Vrai ☐ **b.** Faux

2 La droite d d'équation $x=5$ n'a pas de vecteur directeur.

☐ **a.** Vrai ☐ **b.** Faux

3 Deux droites qui ont des vecteurs directeurs distincts sont sécantes.

☐ **a.** Vrai ☐ **b.** Faux

4 Toute droite a pour équation $y=mx+p$.

☐ **a.** Vrai ☐ **b.** Faux

5 Toute droite a un coefficient directeur.

☐ **a.** Vrai ☐ **b.** Faux

6 Les droites d'équations respectives $13x-12y+0{,}3=0$ et $14{,}3x-13{,}2y+0{,}86=0$ sont parallèles.

☐ **a.** Vrai ☐ **b.** Faux

7 Un vecteur directeur de la droite d'équation $-x+3y-7=0$ a pour coordonnées :

☐ **a.** $(-1\,;3)$ ☐ **b.** $(-3\,;-7)$ ☐ **c.** $(3\,;1)$

☐ **d.** $(7\,;-3)$ ☐ **e.** Aucune des réponses précédentes

TRAITER UNE QUESTION DE COURS

8 Démontrer que l'équation d'une droite parallèle à l'axe des ordonnées est de la forme $x=k$, k étant une constante.

9 Démontrer que l'équation d'une droite parallèle à l'axe des abscisses est de la forme $y=h$, h étant une constante.

S'ENTRAÎNER

Vecteurs

10 On considère les points $A(3,4)$, $B(-2;-4)$, $C(-9;-5)$, $D(-4;3)$.

a. Les vecteurs $\overrightarrow{AB}$ et $\overrightarrow{CD}$ sont-ils colinéaires ?

b. Les vecteurs $\overrightarrow{AD}$ et $\overrightarrow{CB}$ sont-ils colinéaires ?

11 Les points $A(2;3)$, $B(5;7)$, $C(-7;-8)$ sont-ils alignés ?

12 On donne un triangle ABC et les vecteurs $\vec{u}$ et $\vec{v}$ définis par les égalités $\vec{u}=2\overrightarrow{AB}+(1-\sqrt{5})\overrightarrow{BC}$ et $\vec{v}=(\sqrt{5}+1)\overrightarrow{AB}-2\overrightarrow{BC}$.
$\vec{u}$ et $\vec{v}$ sont-ils colinéaires ?

13 On donne les points A, B, et C de coordonnées respectives $(0;2)$, $(-1;1,5)$ et $(2;-2,5)$.
Calculer les coordonnées du point M défini par $\overrightarrow{AM}=3\overrightarrow{AB}-2\overrightarrow{AC}$.

14 Soit $\vec{u}$ le vecteur de coordonnées $(-2;3)$. Trouver x, si possible, pour que le vecteur $\vec{v}$ soit colinéaire à $\vec{u}$ dans chaque cas suivant.

a. $\vec{v}(x;1)$ **b.** $\vec{v}(0;x)$ **c.** $\vec{v}(-4;x)$

15 Soient A, B, C et D quatre points tels que $5\overrightarrow{AD}=3\overrightarrow{AB}+2\overrightarrow{AC}$.
Montrer que B, C et D sont alignés.

> Comparer les vecteurs $\overrightarrow{BC}$ et $\overrightarrow{BD}$ en utilisant la relation de Chasles.

16 On considère un parallélogramme ABCD et les points E et F définis par :

$$\overrightarrow{BE}=\frac{1}{2}\overrightarrow{AB} \quad \text{et} \quad \overrightarrow{AF}=3\overrightarrow{AD}$$

Montrer que les points C, E et F sont alignés.

> Dans les exercices 16 à 18, il sera utile de se placer dans un repère.

17 On considère un parallélogramme ABCD,
I est le milieu de [AB] et E le point tel que $\overrightarrow{IE}=\frac{1}{3}\overrightarrow{ID}$.

Montrer que les points A, E et C sont alignés.

18 Soit un triangle ABC, I est le milieu de [BC] et M le point tel que ABIM soit un parallélogramme.
Déterminer trois réels a, b et c pour que l'on ait :

$$a\overrightarrow{MA}+b\overrightarrow{MB}+c\overrightarrow{MC}=\vec{0}$$

Droites

19 **a.** Soit α et β deux réels non nuls.
On considère une droite d coupant les axes du repère en $A(\alpha\,;0)$ et $B(0\,;\beta)$.
Démontrer qu'une équation de d est $\frac{x}{\alpha}+\frac{y}{\beta}=1$.

b. Application. Déterminer une équation de la droite d représentée ci-dessous.

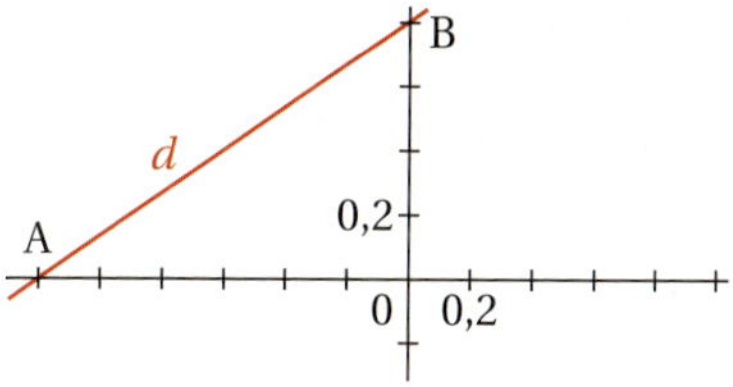

20 On donne les points $A(7\,;2)$, $B(3\,;-3)$, $C(0\,;2)$. Déterminer le nombre m pour que le point $D(8\,;m)$ appartienne à la droite Δ parallèle à la droite (AB) passant par C.

21 Pour quelle(s) valeurs de m les droites d et d' d'équations respectives $y=mx-2$ et $2x-3y=0$ sont-elles parallèles ?

22 Dans chaque cas déterminer, si possible, le (ou les) point(s) d'abscisse -1 de la droite définie ci-dessous.

a. $y=2x+6$ **b.** $2x=-2$ **c.** $y=0$
d. $-x+4y-3=0$ **e.** $x=3$ **f.** $x=3y+5$

23 Dans chaque cas déterminer, si possible, le (ou les) point(s) d'ordonnée 3 de la droite définie ci-dessous.

a. $x=-2y+5$ **b.** $2y-6$ **c.** $x=0$
d. $2x-y=1$ **e.** $y=3$ **f.** $y=-2x+1$

Dans les exercices 24 à 28, déterminer un vecteur directeur de la droite dont on fournit une équation, puis, si possible, le coefficient directeur.

24 **a.** $y=x$ **b.** $y=-x+3$

25 **a.** $2x-y-2=0$ **b.** $-x+3y=1$

26 **a.** $x-5=7y$ **b.** $y=2$

27 **a.** $-3x=2-5y$ **b.** $x=-3$

> Un vecteur directeur de la droite d'équation $ax+by+c=0$ est $(-b\,;a)$.
> Le coefficient directeur de la droite d'équation $y=mx+p$ est m.

28 a. $\frac{x}{2}+\frac{y}{-6}=1$ b. $\frac{x}{3}=\frac{y}{2}+\frac{7}{6}$

Dans les exercices 29 à 38, déterminer une équation cartésienne de la droite définie par un point A et un vecteur directeur $\vec{u}$ ou par deux points A et B ou par un point et son coefficient directeur m.

Certains vecteurs directeurs peuvent être remplacés par des vecteurs colinéaires de coordonnées plus simples.

29 a. $A(2;1)$, $\vec{u}(-1;0)$ b. $A(-1;0)$, $\vec{u}(0;1)$

30 a. $A\left(3;\frac{1}{2}\right)$, $\vec{u}(2;-1)$ b. $A\left(-\frac{1}{2};3\right)$, $\vec{u}(4;-5)$

31 a. $A(0;10)$, $\vec{u}(1;4)$ b. $A\left(0;-\frac{5}{6}\right)$, $\vec{u}(1;3)$

32 a. $A(0;0)$, $\vec{u}(1\,000;2\,000)$ b. $A(5;-4)$, $\vec{u}(499;-499)$

33 a. $A(0;15)$, $\vec{u}(1;523)$ b. $A(1\,407;-1)$, $\vec{u}(0;-1\,789)$

$\overrightarrow{AM}(x-x_A\,;y-y_A)$ et $\vec{u}(\alpha;\beta)$.
$\overrightarrow{AM}$ et $\vec{u}$ colinéaires équivaut à $(x-x_A)\beta-\alpha(y-y_A)=0$

34 a. $A(3;-1)$, $B(7;2)$ b. $A(-2;1)$, $B(3;-4)$

35 a. $A(0;428)$, $B(0;-857)$ b. $A(-314;0)$, $B(1\,247;0)$

36 a. $A(555;0)$, $B(555;-23)$ b. $A(-41;-633)$, $B(2\,010;-633)$

37 a. $A(0;0)$, $m=-2$ b. $A(0;6)$, $m=\frac{2}{3}$

38 a. $A\left(-4;\frac{1}{2}\right)$, $m=0$ b. $A(1;-1)$, $m=1$

Dans les exercices 39 à 42, construire l'ensemble des points $M(x\,;y)$ dont les coordonnées sont les solutions de l'équation proposée.

39 $(x-y+4)(2x+y-1)=0$

Pour qu'un produit de facteurs soit nul …

40 $x^2-y^2=0$

41 $(x+y-3)^2-(x+2y-1)^2=0$

42 Dans le repère $(O\,;\vec{i},\vec{j})$, on considère les trois points $A(-1\,;2)$, $B(3\,;-2)$ et $C(0\,;4)$.

Déterminer les équations des médianes du triangle ABC dans le repère $(O\,;\vec{i},\vec{j})$.

OBJECTIF BAC

43 On donne un triangle IJK, A est le symétrique de K par rapport à J, B le symétrique de I par rapport à K, C le symétrique de J par rapport à I.

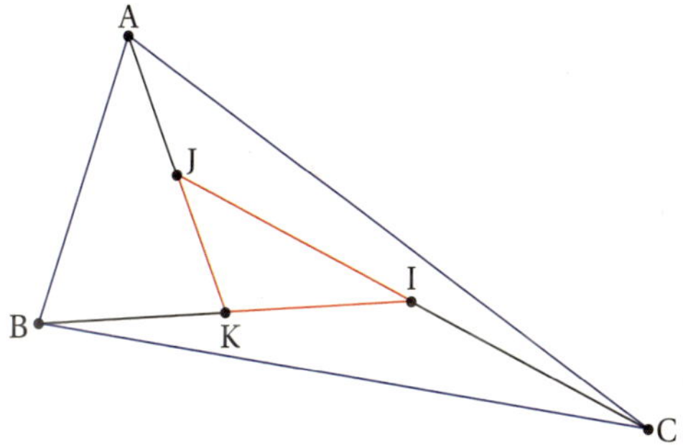

1. Déterminer les coordonnées de K dans le repère $(A\,;\overrightarrow{AB},\overrightarrow{AC})$.

Pour cela, on exprimera $\overrightarrow{AK}$ en fonction de $\overrightarrow{AB}$ et $\overrightarrow{AI}$ puis $\overrightarrow{AI}$ en fonction de $\overrightarrow{AJ}$ et $\overrightarrow{AC}$ et enfin $\overrightarrow{AJ}$ en fonction de $\overrightarrow{AK}$.

2. Soit P le point tel que $\overrightarrow{BP}=\frac{1}{3}\overrightarrow{BC}$. Exprimer $\overrightarrow{AP}$ en fonction de $\overrightarrow{AB}$ et $\overrightarrow{AC}$.

3. a. Déduire des questions précédentes que les points A, K, J et P sont alignés.

b. On considère les points Q et R respectivement définis par $\overrightarrow{CQ}=\frac{1}{3}\overrightarrow{CA}$ et $\overrightarrow{AR}=\frac{1}{3}\overrightarrow{AB}$.

Sans démonstration, que peut-on dire des points C, I, J et R d'une part et des points B, K, I et Q d'autre part ?

4. On donne un triangle ABC. Comment construire un triangle IJK de telle sorte que I, J, et K soient les milieux respectifs de [CJ], [AK], [BI] ?
(On pourra déterminer les équations des droites (AK), (BI), (CJ) dans le repère $\left(A ; \overrightarrow{AB}, \overrightarrow{AC}\right)$.

44 Soit m un réel différent de 0, $-\frac{2}{3}$ et $\frac{2}{3}$.

On considère les points $A(0;2)$, $B(3;0)$, $C(-3;0)$.

Une droite variable Δ de coefficient directeur m passe par l'origine et coupe les droites (AB) et (AC) respectivement en M et N.

1. a. Déterminer une équation de chacune des droites Δ, (AB) et (AC).
b. Calculer les coordonnées de M et N.

2. a. Déterminer une équation de chacune des droites (MC) et (NB).
b. Calculer les coordonnées du point d'intersection P de ces deux droites.

3. Lorsque m varie, le point P reste sur un ensemble fixe. Lequel ?

Pour former l'équation des droites (AB) et (AC) on peut se reporter à l'exercice 19.

45 L'objectif du problème est de trouver, de deux façons, les coordonnées du centre de gravité G du triangle A, B C sachant que les points A, B et C ont pour coordonnées respectives $(1;4)$, $(-3;-2)$ et $(2;-5)$ dans un repère $\left(O ; \vec{i}, \vec{j}\right)$.

1. Utilisation des droites
a. Faire une figure puis calculer les coordonnées des milieux D et E des segments [AB] et [AC].
b. En déduire des équations des médianes issues de C et B.
c. Déterminer les coordonnées de G.

2. Utilisation du calcul vectoriel
a. Démontrer que $\overrightarrow{GA}+\overrightarrow{GB}+\overrightarrow{GC}=\vec{0}$.
b. En déduire que $\overrightarrow{OG}=\frac{1}{3}\left(\overrightarrow{OA}+\overrightarrow{OB}+\overrightarrow{OC}\right)$.
c. En déduire les coordonnées de G.

SE TESTER

1 **Vrai.** En effet, $\vec{v}$ est parallèle à l'axe des ordonnées alors que $\vec{u}$ ne peut l'être pour aucune valeur de m.

2 **Faux.** La droite d a pour vecteur directeur $\vec{j}$ car elle est parallèle à l'axe des ordonnées.
En revanche, elle n'a pas de coefficient directeur.

3 **Faux.** Les droites d'équations respectives $y=1$ et $y=2$ ont des vecteurs directeurs colinéaires à $\vec{i}$, par exemple $5\vec{i}$ et $3\vec{i}$, distincts, mais sont parallèles.

4 **Faux.** Seules les droites non parallèles à l'axe des ordonnées ont des équations de ce type.

5 **Faux.** Seules les droites non parallèles à l'axe des ordonnées ont un coefficient directeur.
C'est le nombre m de l'équation $y=mx+p$.

6 **Vrai.** En effet, $13\times(-13{,}2)+12\times14{,}3=0$.

7 **Réponse c.** En effet, les vecteurs $\vec{u}(3;1)$ et $\vec{u}'(-3;-1)$ sont colinéaires car $\vec{u}=-\vec{u}'$.

Les coordonnées d'un vecteur directeur de la droite d'équation $ax+by+c=0$ sont $(-b;a)$.

TRAITER UNE QUESTION DE COURS

8 Une droite parallèle à l'axe des ordonnées a pour vecteur directeur le vecteur $\vec{j}$ dont les coordonnées sont $(0;1)$.
Son équation est donc de la forme $-1x+0y+c=0$, donc $x=c$.
C'est ce qu'il fallait démontrer.

9 Une droite parallèle à l'axe des abscisses a pour vecteur directeur le vecteur $\vec{i}$ dont les coordonnées sont $(1;0)$.
Son équation est donc de la forme $0x+(-1)y+c=0$, donc $y=c$.
C'est ce qu'il fallait démontrer.

S'ENTRAÎNER

10 **a.** Les vecteurs $\overrightarrow{AB}$ et $\overrightarrow{CD}$ ont pour coordonnées respectives $(-5;-8)$ et $(5;8)$. Ces deux vecteurs sont colinéaires car $\overrightarrow{AB}=-\overrightarrow{CD}$.

b. Les vecteurs $\overrightarrow{AD}$ et $\overrightarrow{CB}$ ont pour coordonnées respectives $(-7,-1)$ et $(7;1)$. Ces deux vecteurs sont colinéaires car $\overrightarrow{AD}=-\overrightarrow{CB}$.

11 Les vecteurs $\overrightarrow{AB}$ et $\overrightarrow{AC}$ ont pour coordonnées respectives $(3;4)$ et $(-9;-11)$. Ces deux vecteurs ne sont pas colinéaires car $3\times(-11)-4(-9)\neq 0$. Il en résulte que les points A, B et C ne sont pas alignés.

12 Plaçons-nous dans le repère $\left(B;\overrightarrow{BA},\overrightarrow{BC}\right)$.
Les coordonnées de $\vec{u}$ et $\vec{v}$ sont respectivement $\left(-2;1-\sqrt{5}\right)$ et $\left(-\left(\sqrt{5}+1\right);-2\right)$.
Puisque $-2\times(-2)-\left(1-\sqrt{5}\right)\left(-\left(\sqrt{5}+1\right)\right)=4+\left(1^2-\left(\sqrt{5}\right)^2\right)=0$, les deux vecteurs sont colinéaires.

> Attention d'exprimer $\vec{u}$ et $\vec{v}$ à l'aide de $\overrightarrow{BA}$ (et non $\overrightarrow{AB}$) car c'est le premier vecteur du repère choisi.

13 Le vecteur $3\overrightarrow{AB}-2\overrightarrow{AC}$ a pour abscisse $3(-1-0)-2(2-0)=-7$.
Il a pour ordonnée $3(1{,}5-2)-2(-2{,}5-2)=7{,}5$.
Appelons x et y les coordonnées de M. Les coordonnées de $\overrightarrow{AM}$ sont $(x-0;y-2)$. Donc l'égalité $\overrightarrow{AM}=3\overrightarrow{AB}-2\overrightarrow{AC}$ équivaut à $\begin{cases}x=-7\\ y-2=7{,}5\end{cases}$.
Les coordonnées de M sont donc $(-7;9{,}5)$.

14 **a.** $\vec{u}$ et $\vec{v}$ sont colinéaires si et seulement si $-2(1)-3x=0$ donc si et seulement si $x=-\dfrac{2}{3}$.

b. $\vec{u}$ et $\vec{v}$ sont colinéaires si et seulement si $-2x-3(0)=0$ donc si et seulement si $x=0$. $\vec{v}$ est le vecteur nul.

c. $\vec{u}$ et $\vec{v}$ sont colinéaires si et seulement si $-2x-3(-4)=0$ donc si et seulement si $x=6$.

> On utilise ici la condition analytique de colinéarité $xy'-x'y=0$

15 L'égalité proposée équivaut à $5\left(\overrightarrow{AB}+\overrightarrow{BD}\right)=3\overrightarrow{AB}+2\left(\overrightarrow{AB}+\overrightarrow{BC}\right)$, donc à $5\overrightarrow{AB}+5\overrightarrow{BD}=5\overrightarrow{AB}+2\overrightarrow{BC}$, équivalent à $\overrightarrow{BD}=\dfrac{2}{5}\overrightarrow{BC}$. Il en résulte que les vecteurs $\overrightarrow{BD}$ et $\overrightarrow{BC}$ sont colinéaires. Conclusion : les points B, C et D sont alignés.

Pour les exercices 16 à 18, utilisons le repère $\left(A\,;\,\overrightarrow{AB},\overrightarrow{AD}\right)$.

16 Les coordonnées de A, B, C et D sont respectivement $(0;0)$, $(1;0)$, $(1;1)$, $(0;1)$.

- De $\overrightarrow{BE}=\frac{1}{2}\overrightarrow{AB}$, on tire $x_E-1=\frac{1}{2}$ et $y_E-0=0$ donc $x_E=\frac{3}{2}$ et $y_E=0$.
- De $\overrightarrow{AF}=3\overrightarrow{AD}$, on tire $x_F-0=0$ et $y_F-0=3$ donc $x_F=0$ et $y_F=3$.

On en déduit que les coordonnées de $\overrightarrow{CE}$ sont $(0{,}5;-1)$ et celles de $\overrightarrow{CF}(-1;2)$. Puisque $\overrightarrow{CE}=-0{,}5\overrightarrow{CF}$, les points C, E et F sont alignés.

17 Les coordonnées de A, B, C et D sont respectivement $(0;0)$, $(1;0)$, $(1;1)$, $(0;1)$. Celles de I sont $\left(\frac{1}{2};0\right)$ et celles de E vérifient $x_E-\frac{1}{2}=\frac{1}{3}\left(0-\frac{1}{2}\right)$ et $y_E-0=\frac{1}{3}(1-0)$, donc $x_E=\frac{1}{3}=\frac{1}{3}x_C$ et $y_E=\frac{1}{3}=\frac{1}{3}y_C$. On en déduit que $\overrightarrow{AE}=\frac{1}{3}\overrightarrow{AC}$, ce qui prouve que les points A, E et C sont alignés.

18 Les coordonnées de A, B et C sont respectivement $(0;0)$, $(1;0)$, $(0;1)$; celles de I sont $\left(\frac{1}{2};\frac{1}{2}\right)$. Puisque $\overrightarrow{IM}=\overrightarrow{BA}$, on a $x_M-\frac{1}{2}=-1$ et $y_M-\frac{1}{2}=0$, ce qui implique que $x_M=-\frac{1}{2}$ et $y_M=\frac{1}{2}$. La relation vectorielle proposée équivaut à $a(x_M-0)+b(x_M-1)+c(x_M-0)=0$ et $a(y_M-0)+b(y_M-0)+c(y_M-1)=0$. Ce qui équivaut à :

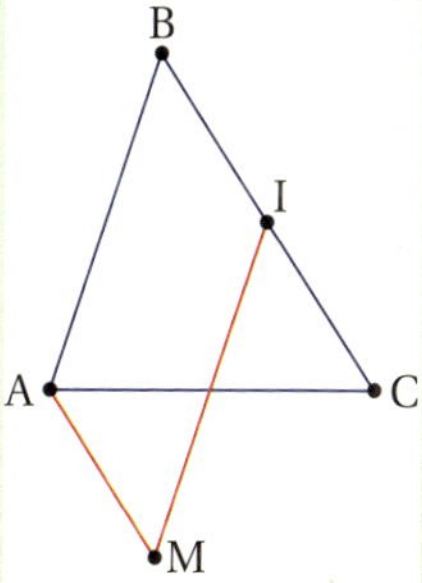

$$a\left(-\frac{1}{2}\right)+b\left(-\frac{3}{2}\right)+c\left(-\frac{1}{2}\right)=0 \text{ et } a\left(\frac{1}{2}\right)+b\left(\frac{1}{2}\right)+c\left(-\frac{1}{2}\right)=0.$$

On trouve $a+3b+c=0$ et $a+b-c=0$ équivalent à $a+c=-3b$ et $a-c=-b$.
Par addition, on trouve $a=-2b$ et, par soustraction, $c=-b$. Il suffit par conséquent de choisir $a=2$, $b=-1$, $c=1$.

Tout triplet de la forme $(2b\,;-b\,;\,b)$ convient.

19 **a.** $A\in d$ car $\frac{\alpha}{\alpha}+\frac{0}{\beta}=1$. De même, $B\in d$ puisque $\frac{0}{\alpha}+\frac{\beta}{\beta}=1$. On en conclut que la droite dont une équation $\frac{x}{\alpha}+\frac{y}{\beta}=1$ est bien la droite d.

b. Une équation de la droite dessinée est $\frac{x}{-1{,}2}+\frac{y}{0{,}8}=1$.
On peut l'écrire aussi $8x-12y+9{,}6=0$ après une multiplication par $-9{,}6$.

20 Le vecteur $\overrightarrow{AB}$ ayant pour coordonnées $(-4;-5)$, une équation de toute droite Δ parallèle à (AB) est de la forme $-5x+4y+c=0$.
Le point C appartenant à Δ, on a $-5\times 0+4\times 2+c=0$ donc $c=-8$.
Le point D appartient à Δ si et seulement si $-5\times 8+4m-8=0$ donc $m=12$.

Un vecteur directeur d'une droite d'équation $ax+by+c=0$ a pour coordonnées $(-b;a)$.

21 La droite d' a pour équation réduite $y=\frac{2}{3}x$.
Donc d est parallèle à d' si et seulement si $m=\frac{2}{3}$.

22 **a.** $y=2\times(-1)+6$ donc $y=4$.
b. Puisque l'équation de la droite est $x=-1$, toute valeur de y convient.
c. Seul le point de coordonnées $(-1;0)$ convient.
d. $4y=x+3$ fournit $y=\frac{1}{2}$.
e. Tout point de la droite ayant pour abscisse 3, il n'existe pas de point répondant à la question.
f. Puisque $-1=3y+5$, on trouve $y=-2$.

On cherche s'il est possible de trouver y pour que le point de coordonnées $(-1;y)$ appartienne à la droite donnée.

23 **a.** $x=-2\times 3+5$ donc $x=-1$.
b. Puisque l'équation de la droite est $y=3$, toute valeur de x convient.
c. Seul le point de coordonnées $(0;3)$ convient.
d. $2x=1+y$ conduit à $x=2$.
e. Toute valeur de x convient.
f. Puisque $2x=1-y$, on trouve $x=-1$.

On cherche s'il est possible de trouver x pour que le point de coordonnées $(x;3)$ appartienne à la droite donnée

Pour les exercices 24 à 28, le coefficient directeur m existe si et seulement si la droite n'est pas parallèle à l'axe des ordonnées et se lit quand l'équation est de la forme $y=mx+p$.

	Équation habituelle / réduite		Vecteur directeur	Coefficient directeur
24	**a.** $x-y=0$	$y=x$	$(1;1)$	1
	b. $x+y-3=0$	$y=-x+3$	$(-1;1)$	-1
25	**a.** $2x-y-2=0$	$y=2x-2$	$(1;2)$	2
	b. $-x+3y-1=0$	$y=\frac{1}{3}x+\frac{1}{3}$	$(-3;-1)$	$\frac{1}{3}$

	Équation habituelle / réduite		Vecteur directeur	Coefficient directeur
26	**a.** $x-7y-5=0$	$y=\frac{1}{7}x-\frac{5}{7}$	$(7\,;1)$	$\frac{1}{7}$
	b. $y-2=0$	$y=2$	$(-1\,;0)$	0
27	**a.** $3x-5y+2=0$	$y=\frac{3}{5}x+\frac{2}{5}$	$(5\,;3)$	$\frac{3}{5}$
	b. $x+3=0$	N'existe pas	$(0\,;1)$	N'existe pas
28	**a.** $\frac{x}{2}+\frac{y}{-6}-1=0$	$y=3x-6$	$\left(\frac{1}{6}\,;\frac{1}{2}\right)$	3
	b. $\frac{x}{3}-\frac{y}{2}-\frac{7}{6}=0$	$y=\frac{2}{3}x-\frac{7}{3}$	$\left(\frac{1}{2}\,;\frac{1}{3}\right)$	$\frac{2}{3}$

Pour les exercices 29 à 38, un point $\text{M}(x\,;y)$ appartient à la droite d de vecteur directeur $\vec{u}$ si et seulement si les vecteurs $\overrightarrow{\text{AM}}$ et $\vec{u}$ sont colinéaires. On utilise alors la condition analytique de colinéarité.

	Coordonnées de $\overrightarrow{\text{AM}}$	Coordonnées de $\vec{u}$ ou $\vec{v}$ colinéaire à $\vec{u}$ ou $\overrightarrow{\text{AB}}$	Équation
29	**a.** $(x-2\,;\,y-1)$		$y-1=0$
	b. $(x+1\,;y)$		$x+1=0$
30	**a.** $\left(x-3\,;y-\frac{1}{2}\right)$		$x+2y-4=0$
	b. $\left(x+\frac{1}{2}\,;y-3\right)$		$5x+4y-\frac{19}{2}=0$
31	**a.** $(x\,;\,y-10)$		$4x-y+10=0$
	b. $\left(x\,;y+\frac{5}{6}\right)$		$3x-y-\frac{5}{6}=0$
32	**a.** $(x\,;y)$	$\vec{v}(1\,;2)$	$y=2x$
	b. $(x-5\,;y+4)$	$\vec{v}(1\,;-1)$	$x+y-1=0$

	Coordonnées de $\overrightarrow{AM}$	Coordonnées de $\vec{u}$ ou $\vec{v}$ colinéaire à $\vec{u}$ ou $\overrightarrow{AB}$	Équation
33	**a.** $(x\,;y-15)$		$523x-y+15=0$
	b. $(x-1\,407\,;y+1)$	$\vec{v}(0\,;1)$	$x=1\,407$
34	**a.** $(x-3\,;y+1)$	$\overrightarrow{AB}(4\,;3)$	$3x-4y-13=0$
	b. $(x+2\,;y-1)$	$\overrightarrow{AB}(5\,;-5)$	$x+y+1=0$
35	**a.** Inutile de les calculer	$\overrightarrow{AB}$ colinéaire à $\vec{j}\,(1\,;0)$	$x=0$
	b. Inutile de les calculer	$\overrightarrow{AB}$ colinéaire à $\vec{i}\,(1\,;0)$	$y=0$
36	**a.** Inutile de les calculer	$\overrightarrow{AB}$ colinéaire à $\vec{j}\,(1\,;0)$	$x=555$
	b. Inutile de les calculer	$\overrightarrow{AB}$ colinéaire à $\vec{i}\,(1\,;0)$	$y=-633$
37	**a.** Inutile de les calculer	Inutile de calculer	$y=-2x$
	b. Inutile de les calculer	Inutile de calculer	$y=\frac{2}{3}x+6$*
38	**a.** Inutile de les calculer	Inutile de calculer	$y=\frac{1}{2}$
	b. $(x-1\,;\,y+1)$	$(1\,;1)$ car un vecteur directeur a pour coordonnées $(1\,;m)$	$x-y-2=0$
*L'ordonnée à l'origine est égale à 6			

39 L'équation proposée équivaut à $x-y+4=0$ ou $2x+y-1=0$.
L'ensemble cherché est donc l'union de ces deux droites.
On choisit les points $(0\,;4)$ et $(-4\,;0)$ pour tracer la première droite ;
$(0\,;1)$ et $(1\,;-1)$ pour tracer la seconde.

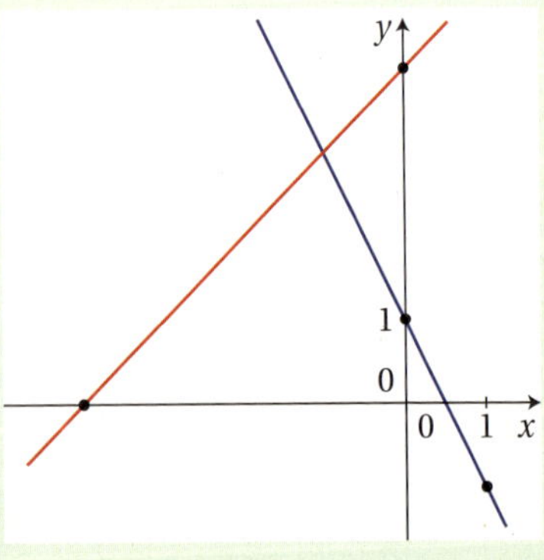

40 L'équation proposée équivaut à $x - y = 0$ ou $x + y = 0$. L'ensemble cherché est donc l'union de ces deux droites. On choisit les points $(0;0)$ et $(1;1)$ pour tracer la première droite ; $(0;0)$ et $(1;-1)$ pour tracer la seconde.

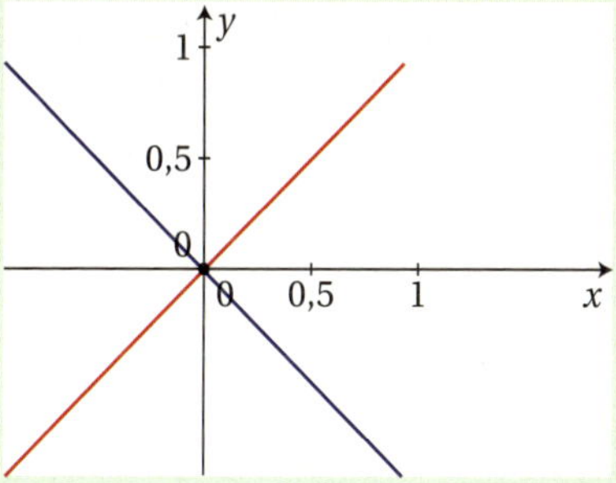

Remarquer l'identité remarquable $a^2 - b^2$.

41 L'équation proposée équivaut à :

$$((x+y-3)+(x+2y-1))((x+y-3)-(x+2y-1))=0$$

Cette équation est équivalente à $2x+3y-4=0$ ou $-y-2=0$. L'ensemble cherché est donc l'union de ces deux droites.
On choisit les points $(2;0)$ et $(-1;2)$ pour tracer la première droite ; $(0;-2)$ et $(1;-2)$ pour tracer la seconde.

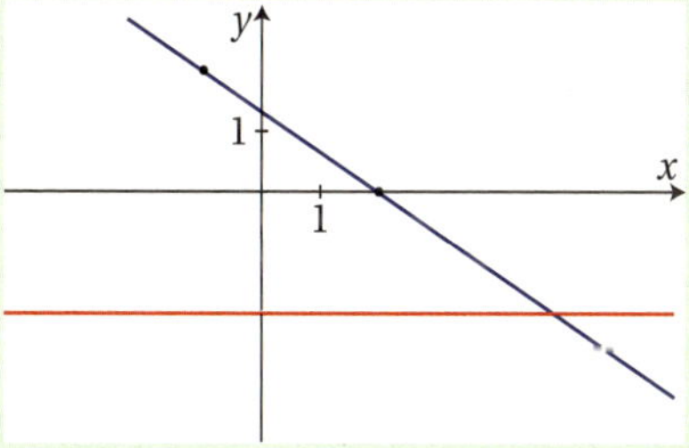

Une médiane d'un triangle est une droite passant par un sommet et le milieu du côté opposé.

42 Soient I, J et K les milieux respectifs des côtés [BC], [CA], [AB].

Leurs coordonnées sont respectivement $\left(\frac{3}{2};1\right)$, $\left(-\frac{1}{2};3\right)$ et $(1;0)$.

Déterminons l'équation de la médiane (AI).

Un point $M(x\,;y)$ appartient à (AI) si et seulement $\overrightarrow{AM}(x+1\,;y-2)$ et $\overrightarrow{AI}\left(\frac{5}{2};-1\right)$ sont colinéaires, c'est-à-dire si $-(x+1)-\frac{5}{2}(y-2)=0$ équivalent à $2x+5y-8=0$.

On trouve de même l'équation de (BJ), $10x+7y-16=0$, et celle de (CK), $4x+y-4=0$.

OBJECTIF BAC

43 **1.** On sait que $\overrightarrow{AK}=\frac{1}{2}\left(\overrightarrow{AB}+\overrightarrow{AI}\right)$, $\overrightarrow{AI}=\frac{1}{2}\left(\overrightarrow{AJ}+\overrightarrow{AC}\right)$ et $\overrightarrow{AJ}=\frac{1}{2}\overrightarrow{AK}$. On en déduit que :

$$\overrightarrow{AK}=\frac{1}{2}\left(\overrightarrow{AB}+\frac{1}{2}\left(\overrightarrow{AJ}+\overrightarrow{AC}\right)\right)=\frac{1}{2}\left(\overrightarrow{AB}+\frac{1}{2}\left(\frac{1}{2}\overrightarrow{AK}+\overrightarrow{AC}\right)\right)$$
$$=\frac{1}{2}\left(\overrightarrow{AB}+\frac{1}{4}\overrightarrow{AK}+\frac{1}{2}\overrightarrow{AC}\right).$$

Si I est le milieu de [AB] alors, pour tout point M, $\overrightarrow{MA}+\overrightarrow{MB}=2\overrightarrow{MI}$.

Donc $\overrightarrow{AK}=\frac{1}{2}\overrightarrow{AB}+\frac{1}{8}\overrightarrow{AK}+\frac{1}{4}\overrightarrow{AC}\Rightarrow\frac{7}{8}\overrightarrow{AK}=\frac{1}{2}\overrightarrow{AB}+\frac{1}{4}\overrightarrow{AC}\Rightarrow\overrightarrow{AK}=\frac{4}{7}\overrightarrow{AB}+\frac{2}{7}\overrightarrow{AC}$.

Les coordonnées de K dans le repère $\left(A\,;\overrightarrow{AB},\overrightarrow{AC}\right)$ sont $\left(\frac{4}{7};\frac{2}{7}\right)$.

2. Dans le repère $\left(A\,;\overrightarrow{AB},\overrightarrow{AC}\right)$, les coordonnées de A, B, C et P sont respectivement $(0\,;0)$, $(1\,;0)$, $(0\,;1)$, $(x_P\,;y_P)$. Celles de $\overrightarrow{BC}$ sont $(-1\,;1)$.

$\overrightarrow{BP}=\frac{1}{3}\overrightarrow{BC}$ soit $x_P-1=-\frac{1}{3}$ et $y_P-0=\frac{1}{3}$ donc $x_P=\frac{2}{3}$ et $y_P=\frac{1}{3}$.

Il en résulte que $\overrightarrow{AP}=\frac{2}{3}\overrightarrow{AB}+\frac{1}{3}\overrightarrow{AC}$.

3. a. Les coordonnées de $\overrightarrow{AK}$ sont $\left(\frac{4}{7};\frac{2}{7}\right)$ et celles de $\overrightarrow{AP}$ sont $\left(\frac{2}{3};\frac{1}{3}\right)$.

Puisque $\frac{4}{7}\times\frac{1}{3}-\frac{2}{3}\times\frac{2}{7}=0$, les vecteurs $\overrightarrow{AK}$ et $\overrightarrow{AP}$ sont colinéaires.

Donc les points A, K et P sont alignés, et donc les points A, K, J et P également puisque $J\in(AK)$.

b. Les points C, I, J et R sont alignés ainsi que les points B, K, I et Q.

4. Construisons les points P, Q et R tels que $\overrightarrow{BP}=\frac{1}{3}\overrightarrow{BC}$, $\overrightarrow{CQ}=\frac{1}{3}\overrightarrow{CA}$ et $\overrightarrow{AR}=\frac{1}{3}\overrightarrow{AB}$.
Construisons les droites (AP), (BQ), (CR).

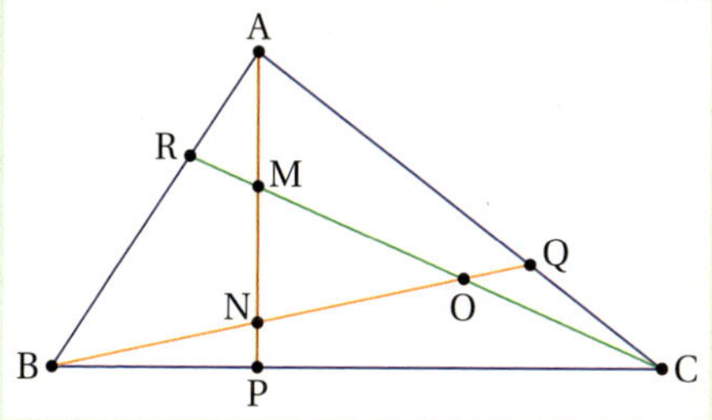

Elles se coupent aux points attendus. Pour le vérifier, déterminons leurs équations dans le repère $\left(A\,;\overrightarrow{AB},\overrightarrow{AC}\right)$.

Les coordonnées de P, Q et R sont respectivement $\left(\frac{2}{3};\frac{1}{3}\right)\left(0;\frac{2}{3}\right)\left(\frac{1}{3};0\right)$.

- L'équation de (AP) est $y=\frac{1}{2}x$ puisqu'elle passe par l'origine du repère et que $y_P=\frac{1}{2}x_P$.
- Celle de (BQ) est $\frac{x}{1}+\frac{y}{\frac{2}{3}}=1$ donc $y=-\frac{2}{3}x+\frac{2}{3}$.
- Celle de (CR) est $\frac{x}{\frac{1}{3}}+\frac{y}{1}=1$ donc $y=-3x+1$.

> Pour déterminer les équations de (BQ) et (CR), on a utilisé l'exercice 19.

L'intersection de (AP) et (CR) est le point M dont les coordonnées vérifient le système $\begin{cases} y=\frac{1}{2}x \\ y=-3x+1 \end{cases}$ qui conduit à $x_M=\frac{2}{7}$ et $y_M=\frac{1}{7}$.

On obtiendrait de même $x_N=\frac{4}{7}$ et $y_N=\frac{2}{7}$ puis $x_O=\frac{1}{7}$ et $y_O=\frac{4}{7}$.

> Coordonnées du milieu de [CM] :
> $\frac{x_C+x_M}{2}$ et $\frac{y_C+y_M}{2}$

On vérifie que O est le milieu de [CM], M est le milieu de [AN] et N le milieu de [BO]. Ainsi J = M, I = O et K = N.

44 **1. a.** La droite Δ a pour équation $y = mx$.

La droite (AB) a pour équation $\frac{x}{3}+\frac{y}{2}=1$ donc $2x+3y-6=0$ après multiplication par 6. De même la droite (AC) a pour équation $2x-3y+6=0$.

b. Les coordonnées de M sont solutions du système $\begin{cases} y = mx \\ 2x+3y=6 \end{cases}$

On trouve $2x+3mx=6$ et donc $x=\frac{6}{2+3m}$ alors $y=\frac{6m}{2+3m}$ car $y=mx$.

Donc M a pour coordonnées $\left(\frac{6}{2+3m};\frac{6m}{2+3m}\right)$

On sait que $2+3m \neq 0$ car $m \neq -\frac{2}{3}$

Les coordonnées de N sont solutions du système

$\begin{cases} y = mx \\ 2x-3y=-6 \end{cases}$

On trouve $2x-3mx=-6$ et donc $x=\frac{6}{3m-2}$

On sait que $3m-2 \neq 0$ car $m \neq \frac{2}{3}$

alors $y=\frac{6m}{3m-2}$ car $y=mx$.

Donc N a pour coordonnées $\left(\frac{6}{3m-2};\frac{6m}{3m-2}\right)$

2. a. Le vecteur $\overrightarrow{MC}$ a pour coordonnées $\left(-3-\frac{6}{2+3m};-\frac{6m}{2+3m}\right)$.

Un point $Q(x;y)$ appartient à la droite (MC) si et seulement si $\overrightarrow{CQ}$ et $\overrightarrow{MC}$ sont colinéaires. Comme $\overrightarrow{CQ}$ a pour coordonnées $(x+3;y)$ on trouve :

$y\left(-3-\frac{6}{2+3m}\right)+\frac{6m}{2+3m}(x+3)=0$, équivalent à $y(-12-9m)+6mx+18m=0$

après multiplication par $2+3m$ et « nettoyage ».
Cette équation est celle de la droite (MC).

Le vecteur $\overrightarrow{NB}$ a pour coordonnées $\left(3-\frac{6}{3m-2};\frac{-6m}{3m-2}\right)$

Un point $Q(x;y)$ appartient à la droite (NB) si et seulement si $\overrightarrow{BQ}$ et $\overrightarrow{NB}$ sont colinéaires. Comme $\overrightarrow{BQ}$ a pour coordonnées $(x-3;y)$ on trouve :

$y\left(3-\frac{6}{3m-2}\right)+\frac{6m}{3m-2}(x-3)=0$, équivalent à $y(9m-12)+6mx-18m=0$

après multiplication par $2+3m$ et « nettoyage ».
Cette équation est celle de la droite (NB).

b. Les coordonnées de P sont solutions du système

$$\begin{cases} y(-12-9m)+6mx+18m=0 \\ y(9m-12)+6mx-18m=0 \end{cases}$$

Par soustraction on obtient $y(-18m)+36m=0 \Leftrightarrow y=2$

En remplaçant dans la première équation on trouve $-24-18m+6mx+18m=0$

donc $x=\dfrac{4}{m}$.

On a $m \neq 0$

3. Lorsque m varie, le point P reste sur la droite d'équation $y=2$ car son ordonnée est constamment égale à 2.

45 **1. a.** On sait que $x_D=\frac{1}{2}(x_A+x_B)$ et $y_D=\frac{1}{2}(y_A+y_B)$

et on trouve $x_D=-1$ et $y_D=1$.

On trouve, de même, $x_E=\frac{3}{2}$ et $y_E=-\frac{1}{2}$.

b. Un point $M(x\,;y)$ appartient à la médiane (BE) issue de B si et seulement si $\overrightarrow{BM}$ et $\overrightarrow{BE}$ sont colinéaires.

Les coordonnées de $\overrightarrow{BM}$ et $\overrightarrow{BE}$ étant respectivement $(x+3\,;y+2)$ et $\left(\frac{9}{2},\frac{3}{2}\right)$ et, la condition de colinéarité fournit une équation de (BE) soit

$$\frac{9}{2}(y+2)-\frac{3}{2}(x+3)=0 \text{ c'est-à-dire } x-3y-3=0$$

En traduisant la colinéarité des vecteurs $\overrightarrow{CD}$ et $\overrightarrow{CM}$ on trouve une équation de (CD) : $2x+y+1=0$:

c. Le point G est l'intersection des deux médianes précédentes.
C'est pourquoi ses coordonnées sont solutions de chaque équation du système

$$\begin{cases} x-3y=3 \\ 2x+y+1=0 \end{cases}$$

De la première équation on tire $x=3y+3$ qui fournit $2(3y+3)+y+1=0$ et donc $y=-1$.

En reportant dans une équation on trouve $x=0$.
On a donc $x_G=0$ et $y_G=-1$.

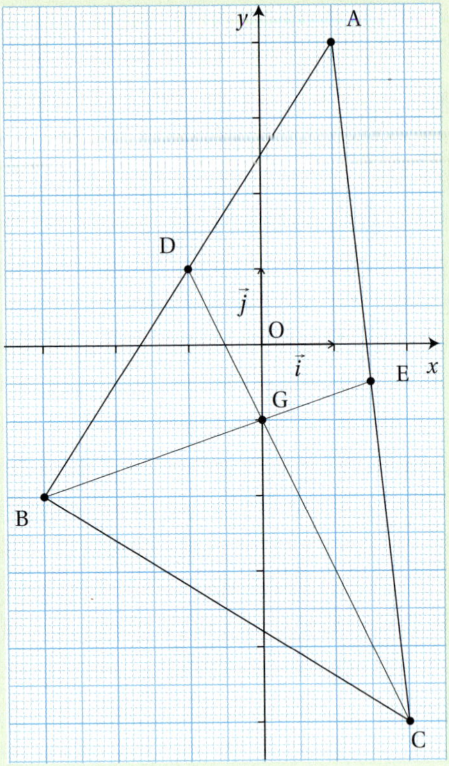

2. a. D'après la définition de la somme vectorielle : $\overrightarrow{GA}+\overrightarrow{GC}=2\overrightarrow{GE}$.

D'après la position de G sur la médiane (BE), on a $\overrightarrow{GB}=-2\overrightarrow{GE}$

on a donc bien $\overrightarrow{GA}+\overrightarrow{GB}+\overrightarrow{GC}=\vec{0}$.

b. Par la relation de Chasles : $\overrightarrow{GO}+\overrightarrow{OA}+\overrightarrow{GO}+\overrightarrow{OB}+\overrightarrow{GO}+\overrightarrow{OC}=\vec{0}$ et donc :

$$3\overrightarrow{GO}=-\left(\overrightarrow{OA}+\overrightarrow{OB}+\overrightarrow{OC}\right)\Rightarrow\overrightarrow{OG}=\frac{1}{3}\left(\overrightarrow{OA}+\overrightarrow{OB}+\overrightarrow{OC}\right)$$

ce qu'il fallait démontrer .

c. On en déduit $x_G=\frac{1}{3}(x_A+x_B+x_C)\Rightarrow x_G=0$ et $y_G=\frac{1}{3}(y_A+y_B+y_C)\Rightarrow y_G=-1$.

www.annabac.com

CHAPITRE

10 Produit scalaire

Le produit scalaire est une opération qui fournit un nombre à partir de deux vecteurs. Son usage est apparu vers le milieu du XIXe siècle et des mathématiciens lui donnaient le nom de « produit intérieur ». On l'utilise notamment en physique pour calculer le travail d'une force.

1 Définition du produit scalaire de deux vecteurs

A Préliminaires

- Dans la suite, on considère deux vecteurs $\vec{u}$ et $\vec{v}$ de coordonnées respectives $(x\,;y)$ et $(x'\,;y')$ dans un repère $\left(O\,;\vec{i},\vec{j}\right)$.
- D'autre part, une unité de longueur est choisie une fois pour toutes.
- Enfin, on note $\|\vec{u}\|$ (prononcer « norme de u ») la longueur du vecteur $\vec{u}$; ainsi $\left\|\overrightarrow{AB}\right\| = AB$

Si $\vec{u}$ est un vecteur non nul alors le vecteur $\dfrac{\vec{u}}{\|\vec{u}\|}$ a pour norme 1. C'est donc un vecteur unitaire. De même si $A \neq B$, $\dfrac{\overrightarrow{AB}}{\left\|\overrightarrow{AB}\right\|}$ est un vecteur unitaire.

B Cas de deux vecteurs colinéaires

Définition : Lorsque $\vec{u}$ et $\vec{v}$ sont colinéaires, le **produit scalaire** de $\vec{u}$ et $\vec{v}$ est le nombre que l'on note $\vec{u}\cdot\vec{v}$ ou $\vec{v}\cdot\vec{u}$ et qui est égal à :

1. 0 si l'un des deux vecteurs est égal à $\vec{0}$.

2. $\|\vec{u}\|\|\vec{v}\|$ si $\vec{u}$ et $\vec{v}$ sont de même sens.

3. $-\|\vec{u}\|\|\vec{v}\|$ si $\vec{u}$ et $\vec{v}$ sont de sens contraires.

Le produit scalaire de deux vecteurs colinéaires est un nombre, et non un vecteur, d'où le qualificatif « scalaire » par opposition à « vectoriel ».

C Cas de deux vecteurs non colinéaires

Posons $\vec{u} = \overrightarrow{AB}$ et $\vec{v} = \overrightarrow{AC}$. Soit H la projection orthogonale de C sur (AB).

Définition : Le produit scalaire $\vec{u} \cdot \vec{v}$ est égal au produit scalaire $\overrightarrow{AB} \cdot \overrightarrow{AH}$.

Plusieurs configurations existent : $\overrightarrow{AB} \cdot \overrightarrow{AC} > 0$, $\overrightarrow{AB} \cdot \overrightarrow{AC} < 0$ et $\overrightarrow{AB} \cdot \overrightarrow{AC} = 0$.

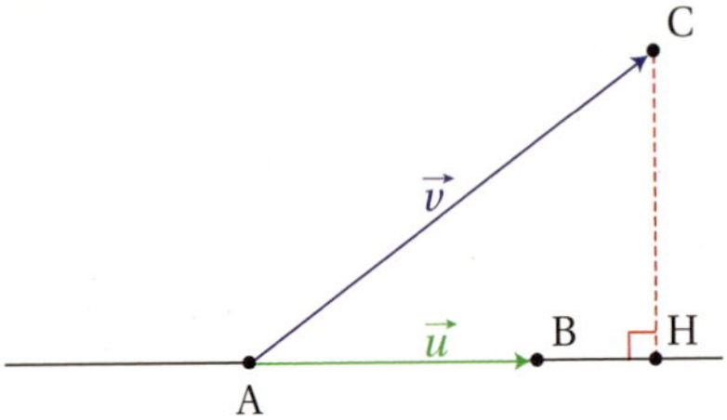

FIGURE 1

$\overrightarrow{\mathbf{AB}} \cdot \overrightarrow{\mathbf{AC}} > 0$

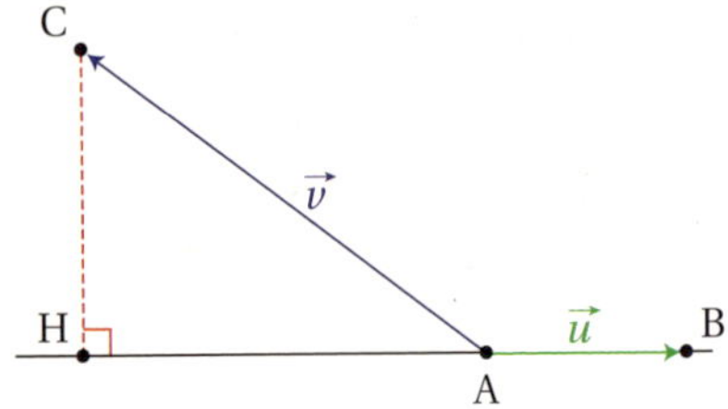

FIGURE 2

$\overrightarrow{\mathbf{AB}} \cdot \overrightarrow{\mathbf{AC}} < 0$

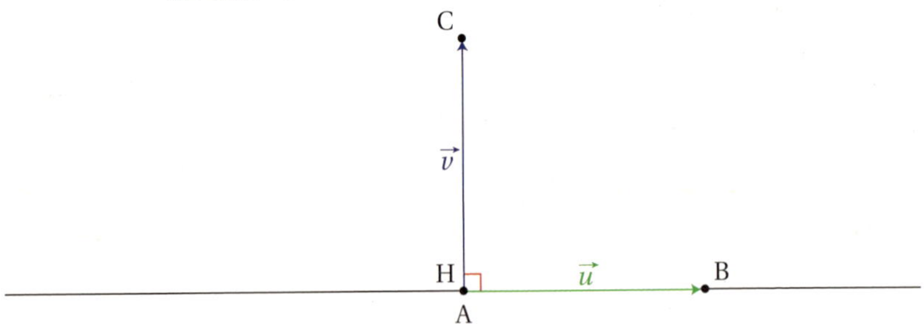

FIGURE 3

$(AC) \perp (AB)$ donc $\overrightarrow{AH} = \vec{0}$ et $\overrightarrow{\mathbf{AB}} \cdot \overrightarrow{\mathbf{AC}} = 0$

Remarques : **1.** Cette définition repose sur le fait que les vecteurs $\overrightarrow{AB}$ et $\overrightarrow{AH}$ sont colinéaires.

2. Il est toujours possible de choisir deux représentants de $\vec{u}$ et $\vec{v}$ ayant la même origine. On démontre que, quelle que soit cette origine, la valeur du produit scalaire ne change pas.

3. On a vu que $\vec{u} \cdot \vec{v} = \vec{v} \cdot \vec{u}$.

MISE EN GARDE

On voit donc que $\vec{u} \cdot \vec{v} = 0$ si et seulement si $\vec{u}$ et $\vec{v}$ sont perpendiculaires. Pour que $\vec{u} \cdot \vec{v} = 0$, il n'est donc pas nécessaire que l'on ait $\vec{u} = \vec{0}$ ou $\vec{v} = \vec{0}$; c'est juste suffisant.

D Expression du produit scalaire avec le cosinus

Théorème : Soient $\vec{u}$ et $\vec{v}$ deux vecteurs non nuls. Posons $\vec{u} = \overrightarrow{AB}$ et $\vec{v} = \overrightarrow{AC}$.

Alors $\vec{u} \cdot \vec{v} = \|\vec{u}\| \|\vec{v}\| \cos \widehat{BAC}$

Démonstration

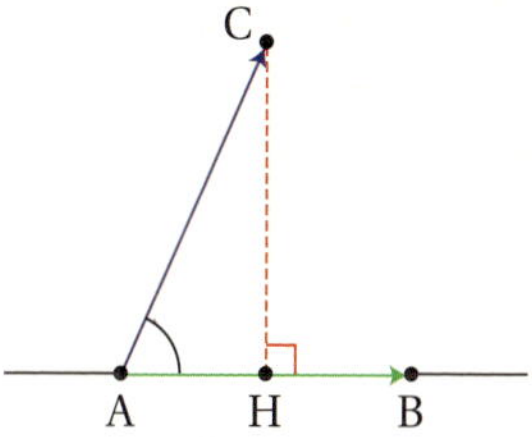

• Dans le cas où l'angle $\widehat{BAC}$ est aigu, on sait que $AH = AC \cos \widehat{BAC}$ et donc :

$\vec{u} \cdot \vec{v} = \overrightarrow{AB} \cdot \overrightarrow{AH} = AB \times AH = AB \times AC \cos \widehat{BAC}$

$= \|\vec{u}\| \|\vec{v}\| \cos \widehat{BAC}$.

C'est ce qu'il fallait démontrer.

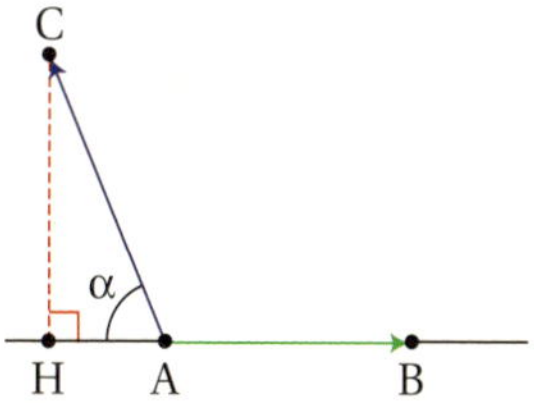

• Dans le cas où l'angle $\widehat{BAC}$ est obtus, on raisonne de la même façon sachant que l'angle α marqué sur la figure est égal à $\pi - \widehat{BAC}$ ($\widehat{BAC}$ étant exprimé en radians). On trouve que

$\vec{u} \cdot \vec{v} = -\overrightarrow{AB} \cdot \overrightarrow{AH} = -AB \times AC \cos \alpha$

$= AB \times AH \cos\left(\pi - \widehat{BAC}\right)$.

C'est ce qu'il fallait démontrer.

Pour tout angle x, $\cos(\pi - x) = -\cos x$.

• Dans le cas où $\widehat{BAC} = 90°$, on sait que $\cos \widehat{BAC} = 0$ donc on a encore $\vec{u} \cdot \vec{v} = 0 = \|\vec{u}\| \|\vec{v}\| \cos \widehat{BAC}$.

E Cas général

Nous traitons ici du cas où les représentants de deux vecteurs n'ont pas la même origine. Pour cela, on admet le théorème suivant.

Théorème : La valeur du produit scalaire de deux vecteurs ne dépend pas du choix de leurs représentants.

Exemples : **1.** Sur la figure ci-contre, $\overrightarrow{AC} = \overrightarrow{DE}$.

On en déduit que $\overrightarrow{AB} \cdot \overrightarrow{AC} = \overrightarrow{AB} \cdot \overrightarrow{DE}$ et donc $\overrightarrow{AB} \cdot \overrightarrow{AH} = \overrightarrow{AB} \cdot \overrightarrow{KL}$.

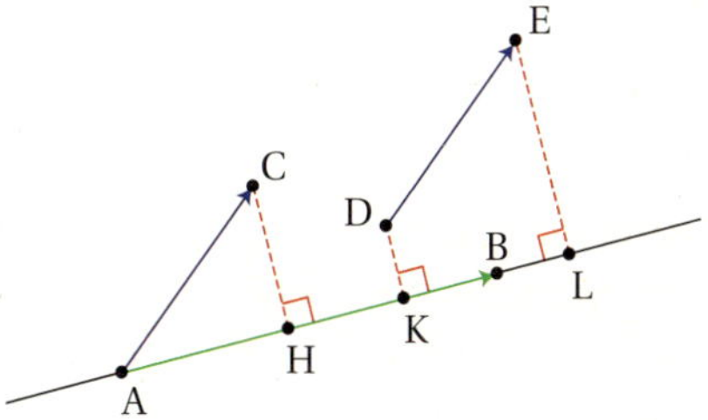

Pour une démonstration, voir l'exercice 26.

2. Sur la figure ci-contre,
$\overrightarrow{CD} = \overrightarrow{EG}$ et $\overrightarrow{AB} = \overrightarrow{EF}$.
On en déduit que :
$\overrightarrow{AB} \cdot \overrightarrow{CD} = \overrightarrow{EF} \cdot \overrightarrow{EG} = AB \times CD \cos\theta$.

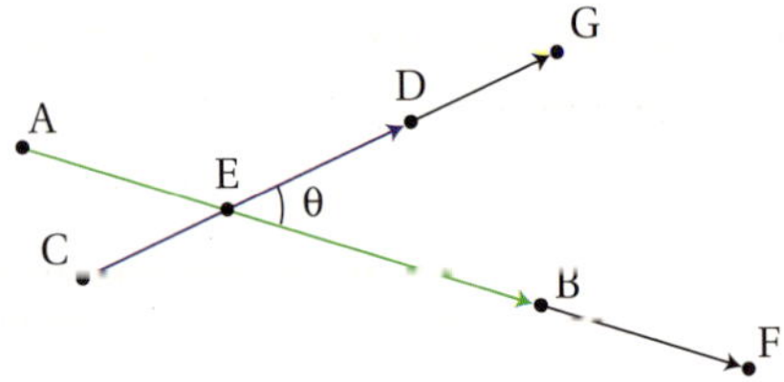

2 Propriétés du produit scalaire

A Produit scalaire et opérations

Théorème : Pour tous vecteurs $\vec{u}$, $\vec{v}$, $\vec{w}$, $\vec{t}$ et tout réel α, on a :

1. $\vec{u} \cdot \left(\vec{v} + \vec{w}\right) = \vec{u} \cdot \vec{v} + \vec{u} \cdot \vec{w}$

2. $\vec{u} \cdot (\alpha\vec{v}) = \alpha(\vec{u} \cdot \vec{v})$

3. $(\vec{u} + \vec{v}) \cdot \left(\vec{w} + \vec{t}\right) = \vec{u} \cdot \vec{w} + \vec{u} \cdot \vec{t} + \vec{v} \cdot \vec{w} + \vec{v} \cdot \vec{t}$

Remarquer l'analogie avec la distribution dans $\mathbb{R}$.

Démonstration

Posons $\vec{u} = \overrightarrow{AB}$, $\vec{v} = \overrightarrow{AC}$, $\vec{w} = \overrightarrow{AD}$ et $\vec{v} + \vec{w} = \overrightarrow{AS}$.

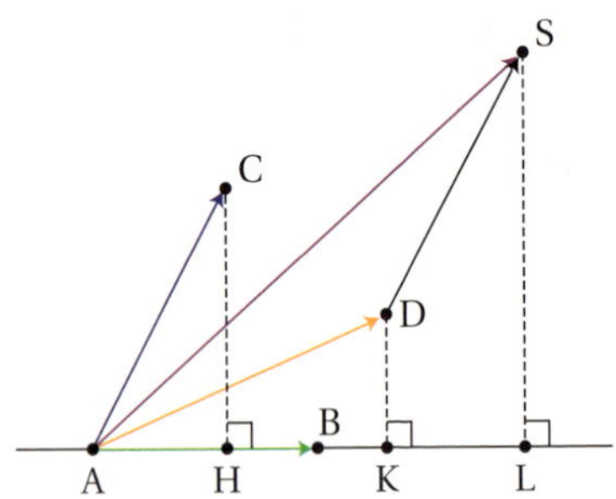

• Démontrons la première égalité dans le cas où les angles $\widehat{BAC}$ et $\widehat{BAD}$ sont aigus.
Dans ce cas,
$\vec{u} \cdot \left(\vec{v} + \vec{w}\right) = \overrightarrow{AB} \cdot \overrightarrow{AS} = AB \times AL$.
D'autre part, $\vec{u} \cdot \vec{v} = AB \times AH = AB \times KL$ (car $\overrightarrow{DS} = \overrightarrow{AC}$) et $\vec{u} \cdot \vec{w} = AB \times AK$.
Donc $\vec{u} \cdot \vec{w} + \vec{u} \cdot \vec{w} = AB \times (KL + AK) = AB \times AL$.
C'est ce qu'il fallait démontrer.
On démontrerait de même cette égalité dans les autres cas de figure.
• Admettons la seconde égalité (voir une démonstration dans l'exercice 10).
• La troisième égalité résulte de la première appliquée deux fois.

On déduit des égalités précédentes que le produit scalaire se comporte comme une multiplication. En particulier, $(\alpha\vec{u} - \vec{v}) \cdot \vec{w} = \alpha\vec{u} \cdot \vec{w} - \vec{v} \cdot \vec{w}$.

C'est pourquoi on se dispense souvent du « point » et on écrit simplement :

$$(\alpha\vec{u} - \vec{v})\vec{w} = \alpha\vec{u}\vec{w} - \vec{v}\vec{w}$$

Remarque : $\overrightarrow{AB} \cdot \overrightarrow{AC} = -\overrightarrow{BA} \cdot \overrightarrow{AC}$. En effet, $\overrightarrow{AB} = -\overrightarrow{BA}$.

B Expression analytique du produit scalaire

Théorème : On considère deux vecteurs $\vec{u}$ et $\vec{v}$ de coordonnées respectives $(x\,;y)$ et $(x'\,;y')$ dans un repère orthonormé $(\mathrm{O}\,;\vec{i},\vec{j})$. Alors :

$$\vec{u}\cdot\vec{v}=xx'+yy'$$

En particulier, $\vec{u}\cdot\vec{u}=\|\vec{u}\|^2=x^2+y^2$.

Démonstration : On sait que $\vec{u}=x\vec{i}+y\vec{j}$ et $\vec{v}=x'\vec{i}+y'\vec{j}$. Donc :
$\vec{u}\cdot\vec{v}=\left(x\vec{i}+y\vec{j}\right)\cdot\left(x'\vec{i}+y'\vec{j}\right)=xx'\vec{i}\cdot\vec{i}+xy'\vec{i}\cdot\vec{j}+yx'\vec{j}\cdot\vec{i}+yy'\vec{j}\cdot\vec{j}$.
Or $\vec{i}\cdot\vec{i}=1=\vec{j}\cdot\vec{j}$ puisque les vecteurs $\vec{i}$ et $\vec{j}$ sont unitaires et $\vec{i}\cdot\vec{j}=\vec{j}\cdot\vec{i}=0$ puisque les vecteurs $\vec{i}$ et $\vec{j}$ sont orthogonaux. Donc $\vec{u}\cdot\vec{v}=xx'+yy'$.
C'est ce qu'il fallait démontrer.

Exemple : Posons $\vec{i}=\overrightarrow{\mathrm{OI}}$ et $\vec{j}=\overrightarrow{\mathrm{OJ}}$. Soit K le point tel que OIKJ est un carré ; alors $\overrightarrow{\mathrm{OI}}\cdot\overrightarrow{\mathrm{OK}}=2$ car les coordonnées de K sont alors $(1\,;1)$.

Remarques : **1.** La formule n'est valide que dans un repère orthonormé.

2. Si on pose $\vec{u}=\overrightarrow{\mathrm{AB}}$ alors $x=x_{\mathrm{B}}-x_{\mathrm{A}}$ et $y=y_{\mathrm{B}}-y_{\mathrm{A}}$. On retrouve alors la formule vue en classe de Seconde : $\|\vec{u}\|^2=\mathrm{AB}^2=(x_{\mathrm{B}}-x_{\mathrm{A}})^2+(y_{\mathrm{B}}-y_{\mathrm{A}})^2$.

D'après la formule précédente, $\vec{u}\cdot\vec{i}=x$ et $\vec{u}\cdot\vec{j}=y$ car les coordonnées de $\vec{i}$ et $\vec{j}$ sont respectivement $(1\,;0)$ et $(0\,;1)$. Donc $\vec{u}=\left(\vec{u}\cdot\vec{i}\right)\vec{i}+\left(\vec{u}\cdot\vec{j}\right)\vec{j}$.

C Expression du produit scalaire avec des normes

Théorème : On considère deux vecteurs $\vec{u}$ et $\vec{v}$ dans un repère $(\mathrm{O}\,;\vec{i},\vec{j})$. Alors :

$$\vec{u}\cdot\vec{v}=\frac{1}{4}\left(\|\vec{u}+\vec{v}\|^2-\|\vec{u}-\vec{v}\|^2\right)$$

Démonstration : On sait que :
$\|\vec{u}+\vec{v}\|^2=(\vec{u}+\vec{v})\cdot(\vec{u}+\vec{v})=\vec{u}\cdot\vec{u}+\vec{u}\cdot\vec{v}+\vec{v}\cdot\vec{u}+\vec{v}\cdot\vec{v}=\|\vec{u}\|^2+2\vec{u}\cdot\vec{v}+\|\vec{v}\|^2$.

On trouve de même que : $\|\vec{u}-\vec{v}\|^2=\|\vec{u}\|^2-2\vec{u}\cdot\vec{v}+\|\vec{v}\|^2$.

Donc $\|\vec{u}+\vec{v}\|^2-\|\vec{u}-\vec{v}\|^2=4\vec{u}\cdot\vec{v}$. C'est ce qu'il fallait démontrer.

Remarque : Il y a d'autres expressions du produit scalaire à l'aide de normes. Voir pour cela l'exercice 11.

Lire un algorithme

ÉNONCÉ

Interpréter l'algorithme suivant.

```
DEBUT_ALGORITHME
        LIRE x
        LIRE y
        LIRE x1
        LIRE y1
        ps PREND_LA_VALEUR x*x1 + y*y1
        SI (ps = 0) ALORS
                DEBUT_SI
                AFFICHER "Le produit scalaire u.u1 est égal à "ps"
                u et u1 sont orthogonaux"
                FIN_SI
                SINON
                        DEBUT_SINON
                        AFFICHER "Le produit scalaire u.u1 est égal à" ps
                        FIN_SINON
FIN_ALGORITHME
```

MÉTHODE

Il suffit de penser à l'expression analytique du produit scalaire.

CORRIGÉ

▶ L'algorithme demande de saisir les coordonnées $(x\,;y)$ et $(x_1\,;y_1)$ de deux vecteurs $\vec{u}$ et $\vec{u}_1$.
▶ Le programme associé calcule le produit scalaire (noté ps) de ces deux vecteurs (le repère sous-jacent est donc supposé orthonormé) et fournit un affichage qui dépend de la valeur de ps.
▶ S'il est égal à 0 alors le programme affiche 0 et « les vecteurs $\vec{u}$ et $\vec{u}_1$ sont orthogonaux » puis s'arrête.
▶ S'il n'est pas égal à 0 alors le programme affiche « le produit scalaire est égal à … » où … désigne la valeur du produit scalaire et s'arrête.

Choisir une expression adaptée du produit scalaire

ÉNONCÉ

Une unité de longueur est choisie.

1 On considère un parallélogramme ABCD dont les côtés mesurent 3 et 5.
a. Calculer $AC^2 + BD^2$.

b. On suppose de plus que $\widehat{BAD} = 60°$, calculer $\overrightarrow{AB} \cdot \overrightarrow{AD}$.

2 **a.** On suppose désormais que ABCD est un rectangle avec $AB = 5$.
Calculer $\overrightarrow{AB} \cdot \overrightarrow{AC}$.

b. On suppose de plus que $AD = 3$, calculer $\overrightarrow{BD} \cdot \overrightarrow{AC}$.

MÉTHODE

1 **a.** Remarquer que $\overrightarrow{AC} = \overrightarrow{AD} + \overrightarrow{AB}$ et $\overrightarrow{BD} = \overrightarrow{AD} - \overrightarrow{AB}$.
b. La formule avec le cosinus s'impose.

2 **a.** Penser à la projection orthogonale de C sur (AB).

b. Choisir un repère orthonormé judicieux pour appliquer « $xx' + yy'$ ».

CORRIGÉ

1 **a.** Posons $\vec{u} = \overrightarrow{AB}$ et $\vec{v} = \overrightarrow{AD}$.
Alors $AC^2 = \|\vec{u} + \vec{v}\|^2 = \|\vec{u}\|^2 + \|\vec{v}\|^2 + 2\vec{u} \cdot \vec{v}$
et $BD^2 - \|\vec{v} - \vec{u}\|^2 - \|\vec{u}\|^2 + \|v\|^2 - 2\vec{u} \cdot \vec{v}$
On en déduit par addition que :

$$\begin{aligned} AC^2 + BD^2 &= 2\left(\|\vec{u}\|^2 + \|\vec{v}\|^2\right) \\ &= 2\left(AB^2 + AD^2\right) \\ &= 68. \end{aligned}$$

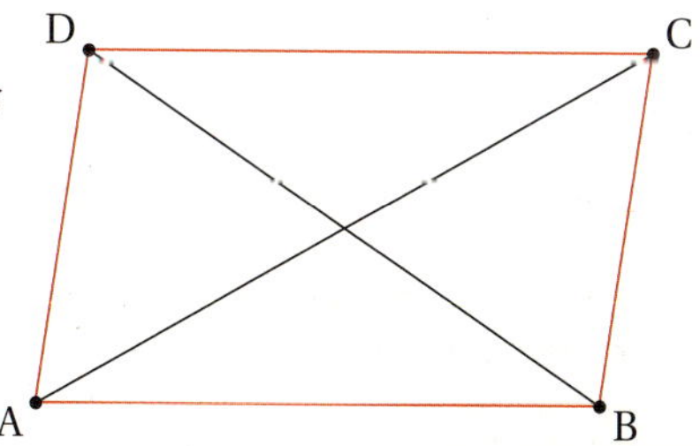

Il est inutile de savoir quels côtés mesurent 5 et 3 !

b. On sait que $\overrightarrow{AB} \cdot \overrightarrow{AD} = AB \times AD \cos \widehat{BAD} = \dfrac{15}{2}$.

2 **a.** La projection orthogonale de C sur (AB) est le point B. Donc, par définition, $\overrightarrow{AC}\cdot\overrightarrow{AB} = AB \times AB = 25$.

La longueur de AC n'intervient pas dans le calcul.

b. Posons $\vec{u} = \dfrac{\overrightarrow{AB}}{\|\overrightarrow{AB}\|}$ et $\vec{v} = \dfrac{\overrightarrow{AD}}{\|\overrightarrow{AD}\|}$.

Le repère $(A\,;\vec{u},\vec{v})$ est un repère orthonormé et les coordonnées des vecteurs $\overrightarrow{BD}$ et $\overrightarrow{AC}$ sont respectivement $(-5\,;3)$ et $(5\,;3)$.

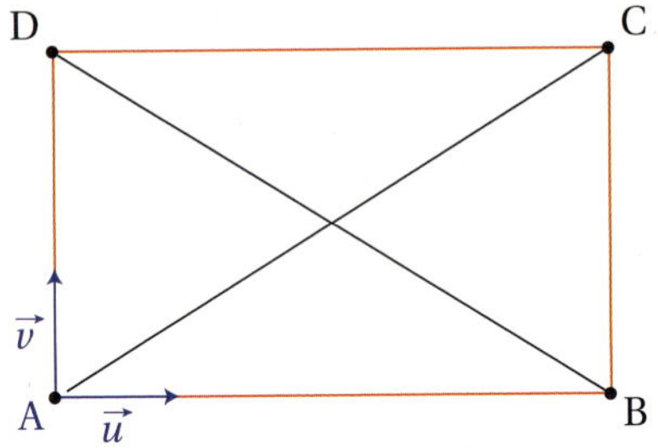

Par conséquent :
$\overrightarrow{BD}\cdot\overrightarrow{AC} = -25+9 = -16$.

SE TESTER QUIZ

Dans toute la suite, on se place dans un repère $\left(O;\vec{i},\vec{j}\right)$.

1 Si $\vec{u}\cdot\vec{v}=0$ alors $\vec{u}=\vec{0}$ ou $\vec{v}=\vec{0}$

- [ ] **a.** Vrai
- [x] **b.** Faux

2 Si $\vec{u}\cdot\vec{v}=\vec{u}\cdot\vec{w}$ alors $\vec{u}=\vec{v}$.

- [ ] **a.** Vrai
- [x] **b.** Faux

3 Si $\overrightarrow{AB}\cdot\overrightarrow{AC}<0$ alors l'angle $\widehat{BAC}$ est obtus.

- [x] **a.** Vrai
- [ ] **b.** Faux

4 Si $\overrightarrow{EF}\cdot\overrightarrow{EG}>0$ alors $EF>EG$.

- [ ] **a.** Vrai
- [x] **b.** Faux

5 Si $\|\vec{u}\|>\|\vec{v}\|$ alors $\vec{u}\cdot\vec{v}>0$.

- [ ] **a.** Vrai
- [x] **b.** Faux

6 Si les points A, B et C sont alignés alors $\overrightarrow{AB}\cdot\overrightarrow{AC}>0$.

- [ ] **a.** Vrai
- [x] **b.** Faux

7 Si $\overrightarrow{AB}\cdot\overrightarrow{AC}>0$ et A, B et C sont alignés alors $\overrightarrow{AB}$ et $\overrightarrow{AC}$ sont de même sens.

- [x] **a.** Vrai
- [ ] **b.** Faux

8 On a à la fois $MA^2-MB^2=(MA+MB)(MA-MB)$

et $MA^2-MB^2=\left(\overrightarrow{MA}+\overrightarrow{MB}\right)\cdot\left(\overrightarrow{MA}-\overrightarrow{MB}\right)$.

- [x] **a.** Vrai
- [ ] **b.** Faux

TRAITER UNE QUESTION DE COURS

9 Sachant que pour tout vecteur $\vec{w}$, $\overrightarrow{\|w\|}^2=\vec{w}\cdot\vec{w}$, et en utilisant la distributivité du produit scalaire, exprimer $\|\vec{u}+\vec{v}\|^2-\|\vec{u}-\vec{v}\|^2$ en fonction de $\vec{u}\cdot\vec{v}$.

10 **a.** Dans le cas où le nombre α est positif, montrer que :

$$\overrightarrow{AB}\cdot\left(\alpha\overrightarrow{AC}\right)=\alpha\left(\overrightarrow{AB}\cdot\overrightarrow{AC}\right)$$

b. Examiner le cas $\alpha<0$.

c. En déduire l'égalité 2 du théorème 2. A.

11 Montrer que, pour tous vecteurs $\vec{u}$ et $\vec{v}$:

$$\vec{u}\cdot\vec{v}=\frac{1}{2}\left(\|\vec{u}+\vec{v}\|^2-\|\vec{u}\|^2-\|\vec{v}\|^2\right)=\frac{1}{2}\left(\|\vec{u}\|^2+\|\vec{v}\|^2-\|\vec{u}-\vec{v}\|^2\right)$$

12 Dans un repère orthonormé $(\mathrm{O}\,;\vec{i},\vec{j})$, on considère deux vecteurs non nuls $\vec{u}(x\,;y)$ et $\vec{v}(x'\,;y')$. On note θ l'angle formé par ces deux vecteurs.

Montrer que $\cos\theta=\dfrac{xx'+yy'}{\sqrt{x^2+y^2}\,\sqrt{x'^2+y'^2}}$

S'ENTRAÎNER

Dans les exercices suivants, et sauf mention contraire, on se place dans un repère orthonormé $(\mathrm{O}\,;\vec{i},\vec{j})$.

Utiliser la grille.

13 Déterminer les produits scalaires suivants à l'aide de la figure.

a. $\overrightarrow{AB}\cdot\overrightarrow{AC}$
b. $\overrightarrow{AB}\cdot\overrightarrow{AD}$
c. $\overrightarrow{AB}\cdot\overrightarrow{AE}$
d. $\overrightarrow{AD}\cdot\overrightarrow{AC}$

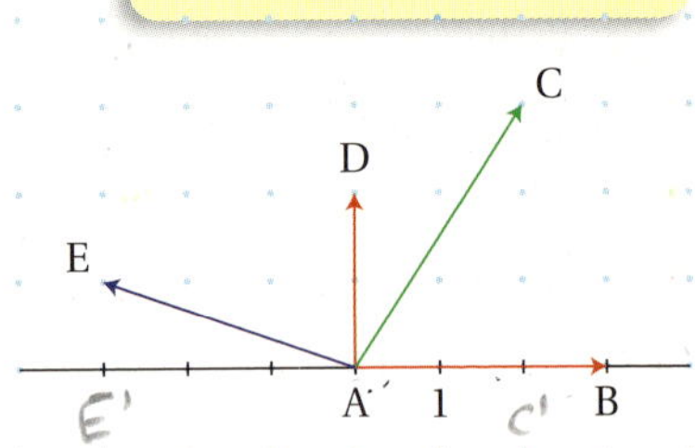

14 Calculer le produit scalaire $\vec{u}\cdot\vec{v}$ sachant que $\|\vec{u}\|=5$, $\|\vec{v}\|=3$ et $(\vec{u},\vec{v})=\dfrac{\pi}{4}$.

15 ABCD est un parallélogramme.

En utilisant les données de la figure ci-dessous, calculer $\overrightarrow{AB}\cdot\overrightarrow{AD}$.

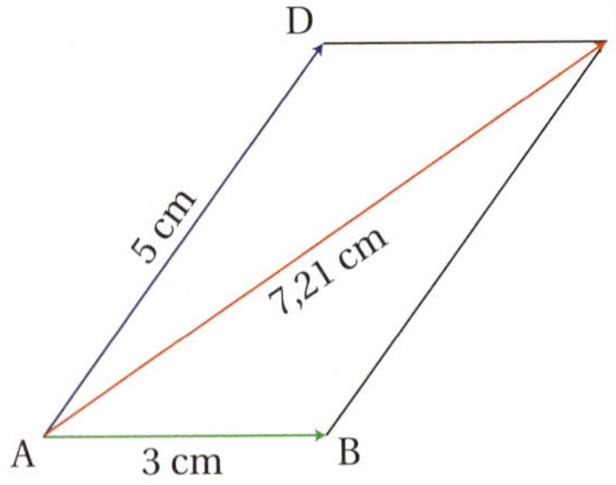

Utiliser l'exercice 11.

16 Le plan est muni d'un repère orthonormal $(O\,;\,\vec{i},\vec{j})$. Soient $\vec{u}(4\,;1)$ et $\vec{v}(2\,;3)$ deux vecteurs.

a. Calculer $\vec{u}\cdot\vec{v}$.

b. En déduire une valeur approchée à 1 degré de l'angle $(\vec{u},\vec{v})$.

17 À l'aide du quadrillage ci-contre, calculer les produits scalaires demandés, l'unité étant un carreau.

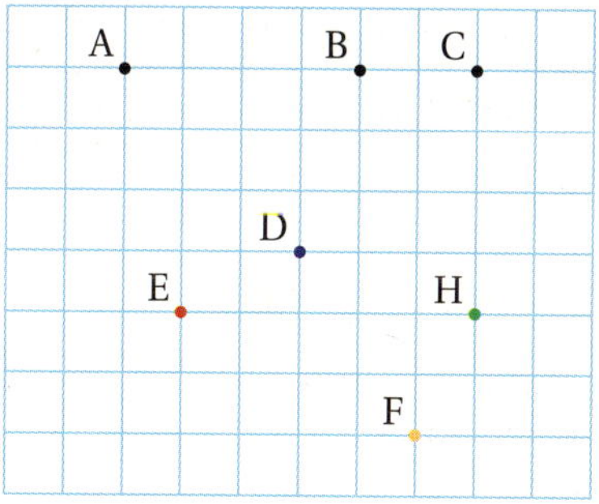

a. $\overrightarrow{AB}\cdot\overrightarrow{AD}$

b. $\overrightarrow{BC}\cdot\overrightarrow{BE}$

c. $\overrightarrow{CF}\cdot\overrightarrow{AB}$

d. $\overrightarrow{BC}\cdot\overrightarrow{BA}$

e. $\overrightarrow{BC}\cdot\overrightarrow{CH}$

18 Considérons le triangle ABC rectangle en A avec $AB = 5$ et $AC = 7$.
Calculer les produits scalaires suivants :

a. $\overrightarrow{AB}\cdot\overrightarrow{AC}$ **b.** $\overrightarrow{AB}\cdot\overrightarrow{BC}$ **c.** $\overrightarrow{CA}\cdot\overrightarrow{BC}$

19 Soit ABC un triangle équilatéral de côté a et de centre O.
Calculer le produit scalaire $\overrightarrow{OA}\cdot\overrightarrow{OB}$ en fonction de a.

20 Soit ABCD un carré de côté a, de centre O et I le milieu de [AB].
Exprimer le produit scalaire $\overrightarrow{AC}\cdot\overrightarrow{OI}$ en fonction de a.

21 Soit ABCD un parallélogramme tel que $AB = 1$, $AD = 3$. Exprimer les vecteurs $\overrightarrow{AC}$ et $\overrightarrow{BD}$ en fonction de $\overrightarrow{AB}$ et $\overrightarrow{AD}$ puis calculer le produit scalaire $\overrightarrow{AC}\cdot\overrightarrow{BD}$.

22 Soit ABC un triangle dont l'orthocentre est H. Démontrer que :

$$BC^2 - BA^2 = HC^2 - HA^2$$

23 Démontrer que si les vecteurs $\overrightarrow{AC}$ et $\overrightarrow{BD}$ sont orthogonaux, alors $\overrightarrow{AB}\cdot\overrightarrow{CD} = \overrightarrow{AD}\cdot\overrightarrow{CB}$.

24 Soit ABCD un rectangle de centre O. Montrer que, pour tout point M, $MA^2 + MC^2 = MB^2 + MD^2$.

Utiliser la relation de Chasles en employant le point O.

25 On donne un point A sur l'axe des abscisses, un point M quelconque et on appelle M′ le symétrique de M par rapport à l'axe des abscisses.

Montrer que $\overrightarrow{AM'} = \overrightarrow{MA} + 2\left(\overrightarrow{AM} \cdot \vec{i}\right)\vec{i}$.

26 Sur la figure suivante, on suppose que $\overrightarrow{AC} = \overrightarrow{DS}$.

Montrer que $\overrightarrow{AB} \cdot \overrightarrow{AC} = AB \times KL$.

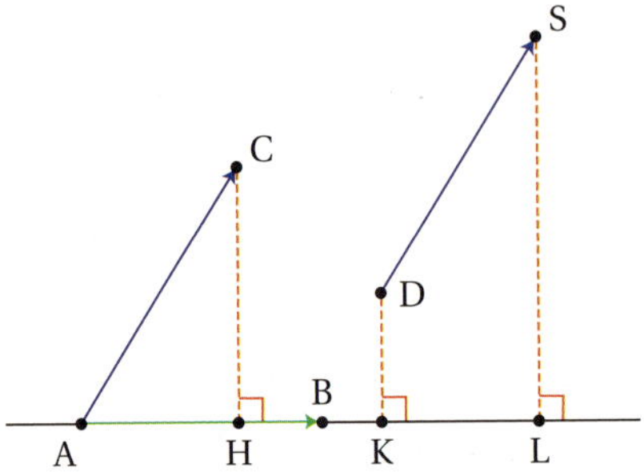

27 Classer les produits scalaires $\overrightarrow{AB} \cdot \overrightarrow{AC}$, $\overrightarrow{AB} \cdot \overrightarrow{AD}$ et $\overrightarrow{AB} \cdot \overrightarrow{AE}$ dans l'ordre croissant, sachant que les points B, C, D, et E sont sur le même cercle de centre A.

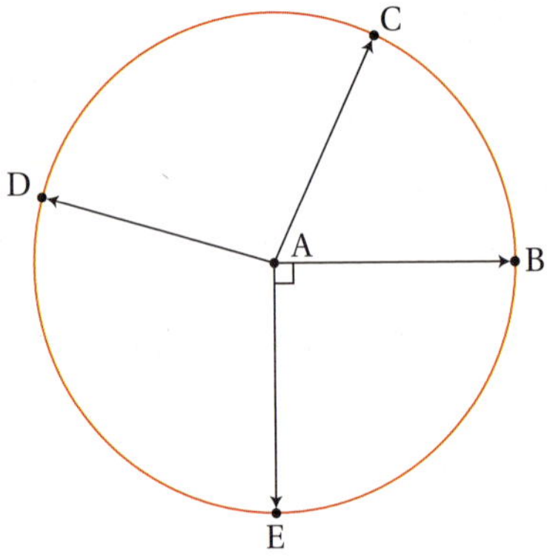

28 Le point Q appartenant au cercle de centre O et de diamètre [PR], comparer les produits scalaires $\overrightarrow{MP} \cdot \overrightarrow{MQ}$ et $\overrightarrow{MP} \cdot \overrightarrow{MR}$.

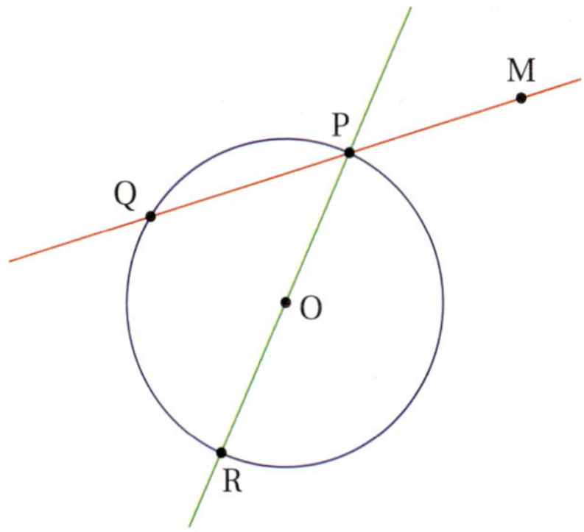

29 Montrer que le parallélogramme ABCD est un losange si et seulement si :

$$\left(\overrightarrow{AB}+\overrightarrow{AD}\right) \cdot \left(\overrightarrow{AB}-\overrightarrow{AD}\right)=0$$

30 Dans un parallélogramme, montrer que la somme des carrés des deux diagonales est égale à la somme des carrés des quatre côtés.

Dans les exercices 31 et 32, on pourra introduire le milieu I de [AB] et utiliser la relation $\overrightarrow{MA}+\overrightarrow{MB}=2\overrightarrow{MI}$.

31 On donne deux points A et B tels que $AB = 2$. Quel est ensemble des points M du plan tels que $MA^2 + MB^2 = 8$?

32 On donne deux points A et B tels que $AB = 2$.
Quel est l'ensemble des points M du plan tels quc $MA^2 \quad MB^2 = \quad 1$?

Construire la perpendiculaire à (AB) passant par A.

33 On donne le triangle ABC et I le milieu de [BC], avec $AI = 3$, $IB = IC = 2$.
De plus, $\widehat{BIA} = 60°$.

Calculer :

a. $\overrightarrow{AB} \cdot \overrightarrow{AC}$

b. $AB^2 + AC^2$

c. $AB^2 - AC^2$

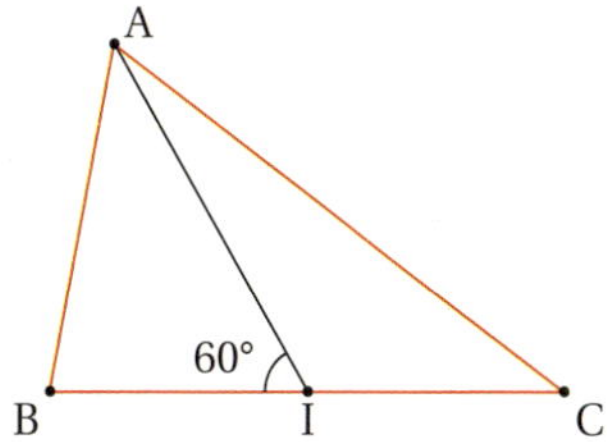

On pourra penser très fort au regretté Michel Chasles (1793-1880).

34 On donne un triangle rectangle ABC et son cercle circonscrit. Une droite passant par C coupe la hauteur (AH) en M et recoupe le cercle en N.

Montrer que $\overrightarrow{CM} \cdot \overrightarrow{CN}$ est constant, c'est-à-dire indépendant de la droite passant par C considérée.

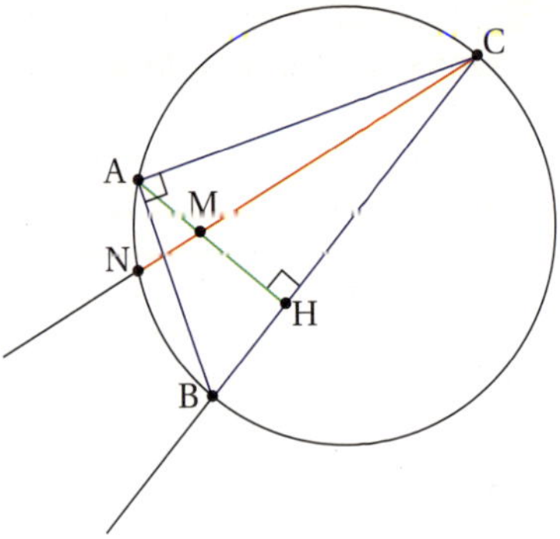

Pour cela, on pourra démontrer d'abord que $\overrightarrow{CM} \cdot \overrightarrow{CN} = \overrightarrow{CM} \cdot \overrightarrow{CB}$ pour aboutir à $\overrightarrow{CM} \cdot \overrightarrow{CN} = CA^2$.

35 On considère un carré ABCD. On construit un rectangle APQR de telle sorte que $P \in [AB]$, $R \in [AD]$ et $AP = DR$.

a. Montrer que $\overrightarrow{CQ} \cdot \overrightarrow{PR} = \overrightarrow{CQ} \cdot \overrightarrow{AR} - \overrightarrow{CQ} \cdot \overrightarrow{AP}$.

b. En déduire que les droites (CQ) et (PR) sont perpendiculaires.

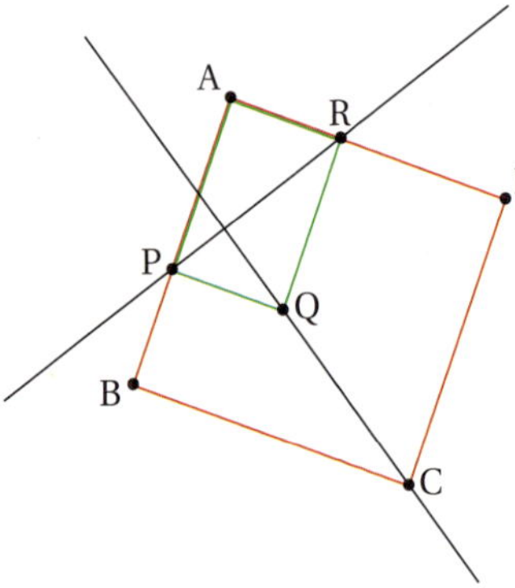

On pourra utiliser les projetés orthogonaux de $\overrightarrow{CQ}$ sur (AR) et sur (AP).

OBJECTIF BAC

36 On considère un triangle ABC d'orthocentre H. Le but du problème est de caractériser vectoriellement H.

1. Montrer que $\overrightarrow{HA} \cdot \overrightarrow{HB} = \overrightarrow{HB} \cdot \overrightarrow{HC} = \overrightarrow{HC} \cdot \overrightarrow{HA}$.

2. Réciproquement, soit M un point tel que $\overrightarrow{MA} \cdot \overrightarrow{MB} = \overrightarrow{MB} \cdot \overrightarrow{MC} = \overrightarrow{MC} \cdot \overrightarrow{MA}$.

a. Calculer les produits scalaires $\overrightarrow{MA} \cdot \overrightarrow{BC}$, $\overrightarrow{MB} \cdot \overrightarrow{CA}$ et $\overrightarrow{MC} \cdot \overrightarrow{AB}$.

b. En déduire que $M = H$.

3. Conclure.

37 On considère un rectangle ABCD de dimensions 6 et 4, M un point de [AB] tel que AM = 3 et P le point d'intersection de (AC) et (DM).

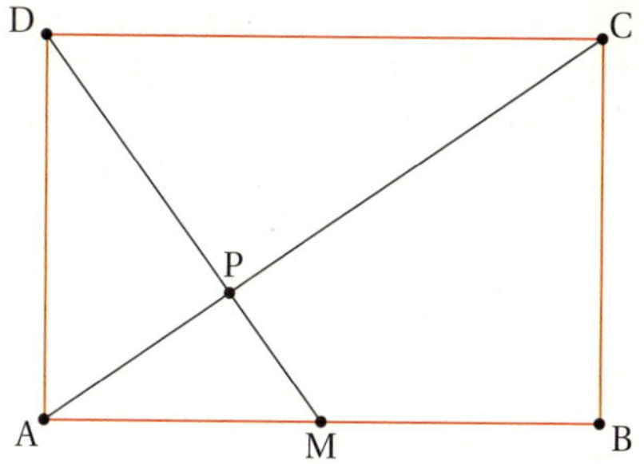

a. Calculer AC et DM.

b. Calculer $\overrightarrow{AC}\cdot\overrightarrow{DM}$.

c. En déduire une valeur de l'angle $\widehat{MPC}$ à 10^{-3} près en degrés.

38 On donne deux points A et B tels que AB = 1.

On cherche l'ensemble Δ des points M du plan tels que $\overrightarrow{AB}\cdot\overrightarrow{AM} = 2{,}5$.

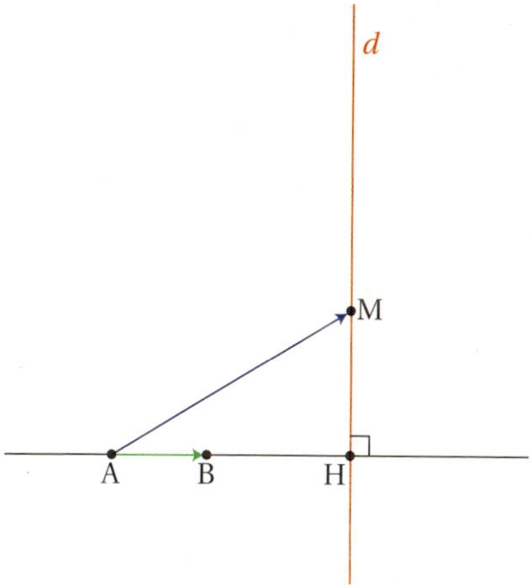

1. a. Soit H le point tel que $\overrightarrow{AH} = 2{,}5\overrightarrow{AB}$ et d la droite perpendiculaire à (AB) passant par H. Montrer que tout point de Δ est un point de d.

b. Montrer que $\Delta = d$.

On suppose désormais que AB = 6.

2. Quel est l'ensemble des points M tels que :

a. $\overrightarrow{AM}\cdot\overrightarrow{AB} = -72$?

b. $\overrightarrow{AM}\cdot\overrightarrow{AB} > 6$?

c. $\overrightarrow{AM}\cdot\overrightarrow{AB} \leqslant -18$?

Utiliser la question 1.

39 On considère un carré ABCD de côté 1, un triangle équilatéral ABE et un carré EBGF comme sur la figure suivante.
Le but du problème est de démontrer que les points D, E et G sont alignés.

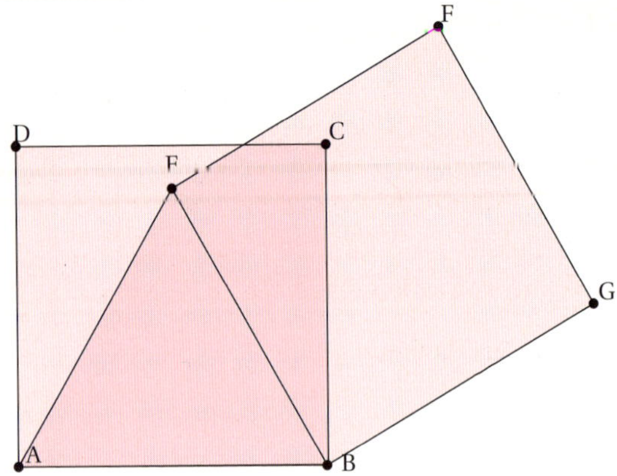

1. Calculer les produits scalaires $\overrightarrow{BC} \cdot \overrightarrow{BE}$, $\overrightarrow{DA} \cdot \overrightarrow{BE}$ et $\overrightarrow{EA} \cdot \overrightarrow{EB}$

2. a. Montrer que le triangle BCG est équilatéral.

b. En déduire les produits scalaires $\overrightarrow{BC} \cdot \overrightarrow{BG}$ et $\overrightarrow{DA} \cdot \overrightarrow{EF}$

3. Calculer $\overrightarrow{AE} \cdot \overrightarrow{EF}$

4. En utilisant les résultats précédents, calculer $\overrightarrow{DE} \cdot \overrightarrow{BF}$

5. Conclure.

40 On considère un rectangle ABCD avec $AB = 10$ et $AD = 6$ et et I le milieu de [AB].

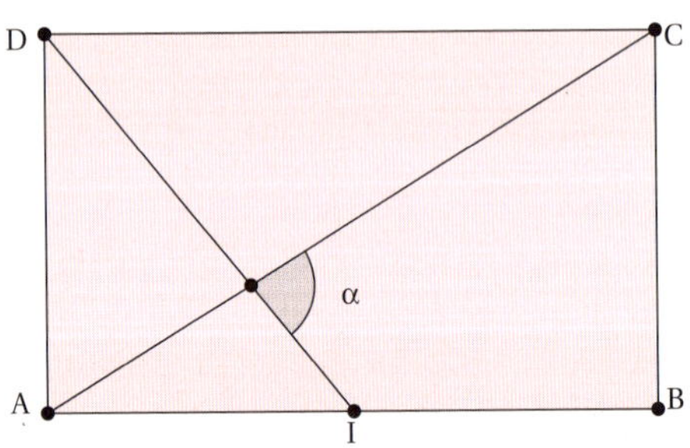

1. Calculer AC et DI .

2. Exprimer les vecteurs $\overrightarrow{AC}$ et $\overrightarrow{DI}$ en fonction de $\overrightarrow{AB}$ et $\overrightarrow{AD}$ puis calculer le produit scalaire $\overrightarrow{AC} \cdot \overrightarrow{DI}$

3. En déduire une mesure en degrés à 0,1 près de l'angle $\alpha = (\overrightarrow{DI}, \overrightarrow{AC})$

SE TESTER

1 Faux. En effet, l'égalité est vraie si $\vec{u}$ et $\vec{v}$ sont perpendiculaires et non nuls.

2 Faux. Il suffit de choisir $\vec{v}$ et $\vec{w}$ distincts et tous les deux perpendiculaires à $\vec{u}$. Alors on a $\vec{u}\cdot\vec{v}=\vec{u}\cdot\vec{w}=0$ et $\vec{v}\neq\vec{w}$.

3 Vrai. En effet, $\cos\widehat{BAC}$ est alors négatif.

4 Faux. Voir la figure.

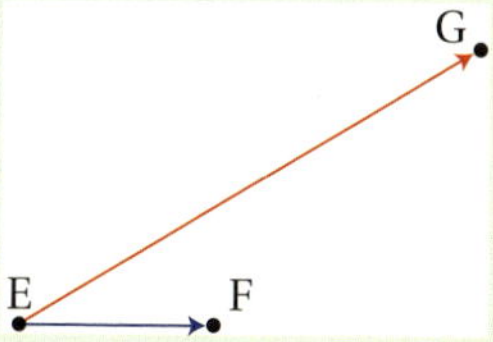

$\overrightarrow{EF}\cdot\overrightarrow{EG}>0$ car l'angle $\widehat{FEG}$ est aigu.

5 Faux. Voir la figure où $\vec{u}\cdot\vec{v}<0$ car l'angle $(\vec{u},\vec{v})$ est obtus.

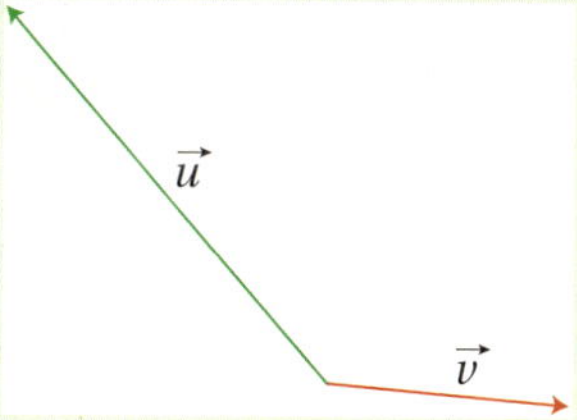

6 Faux. Voir la figure où $\overrightarrow{AB}\cdot\overrightarrow{AC}=-AB\times AC$.

7 Vrai. Cela découle de la définition même du produit scalaire lorsque les vecteurs sont colinéaires.

8 Vrai. Car on peut interpréter MA^2 comme étant égal au carré d'un nombre (en l'occurence MA) ou au carré scalaire de $\overrightarrow{MA}$ (c'est-à-dire $\overrightarrow{MA}\cdot\overrightarrow{MA}$).

TRAITER UNE QUESTION DE COURS

9 On a vu dans le paragraphe 2. C du cours que $\|\vec{u}+\vec{v}\|^2-\|\vec{u}-\vec{v}\|^2=4\vec{u}\cdot\vec{v}$.

10 **a.** Notons H la projection de B sur la droite (AC).

- Alors $\overrightarrow{AB}\cdot\left(\alpha\overrightarrow{AC}\right)=\overrightarrow{AH}\cdot\left(\alpha\overrightarrow{AC}\right)=AH\times(\alpha AC)=\alpha AH\times AC$.
- D'autre part $\overrightarrow{AB}\cdot\overrightarrow{AC}=\overrightarrow{AH}\cdot\overrightarrow{AC}=AH\times AC$ donc $\alpha\left(\overrightarrow{AB}\cdot\overrightarrow{AC}\right)=\alpha AH\times AC$.

C'est ce qu'il fallait démontrer.

b. Dans le cas où $\alpha<0$, on obtient, en utilisant le **a.**,
$\overrightarrow{AB}\cdot\left(\alpha\overrightarrow{AC}\right)=\overrightarrow{AB}\cdot\left(-\alpha\overrightarrow{CA}\right)=(-\alpha)\,\overrightarrow{AB}\cdot\overrightarrow{CA}$ car $-\alpha>0$.

Donc $\overrightarrow{AB}\left(\alpha\overrightarrow{AC}\right)=(-\alpha)\left(-\overrightarrow{AB}\cdot\overrightarrow{AC}\right)=(-\alpha)(-1)\overrightarrow{AB}\cdot\overrightarrow{AC}=\alpha\overrightarrow{AB}\cdot\overrightarrow{AC}$.
C'est ce qu'il fallait démontrer.

c. Si $\alpha=0$, l'égalité proposée est évidente, donc, pour tout $\alpha\in\mathbb{R}$, on a bien $\overrightarrow{AB}\cdot\left(\alpha\overrightarrow{AC}\right)=\alpha\left(\overrightarrow{AB}\cdot\overrightarrow{AC}\right)$.

11 On a vu dans le cours au paragraphe 2. C que $\|\vec{u}+\vec{v}\|^2=\|\vec{u}\|^2+\|\vec{v}\|^2+2\vec{u}\cdot\vec{v}$ et $\|\vec{u}-\vec{v}\|^2=\|\vec{u}\|^2+\|\vec{v}\|^2-2\vec{u}\cdot\vec{v}$.
On a donc bien les deux égalités demandées.

12 On sait que $\vec{u}\cdot\vec{v}=\|\vec{u}\|\|\vec{v}\|\cos\theta$. De plus :

$\|\vec{u}\|=\sqrt{x^2+y^2}$, $\|\vec{v}\|=\sqrt{x'^2+y'^2}$ et $\vec{u}\cdot\vec{v}=xx'+yy'$.

Donc $xx'+yy'=\sqrt{x^2+y^2}\sqrt{x'^2+y'^2}\cos\theta$.
C'est ce qu'il fallait démontrer.

S'ENTRAÎNER

13 **a.** En appelant C′ le projeté orthogonal de C sur (AB) :

$\overrightarrow{AB}\cdot\overrightarrow{AC}=AB\times AC'=3\times2=6$.

b. Les vecteurs $\overrightarrow{AB}$ et $\overrightarrow{AD}$ sont orthogonaux donc $\overrightarrow{AB}\cdot\overrightarrow{AD}=0$.

c. En appelant E′ le projeté orthogonal de E sur (AB) :

$\overrightarrow{AB}\cdot\overrightarrow{AE}=-AB\times AE'=-3\times3=-9$.

d. En appelant C″ le projeté orthogonal de C sur (AD) :

$\overrightarrow{AD}\cdot\overrightarrow{AC}=AD\times AC''=2\times3=6$.

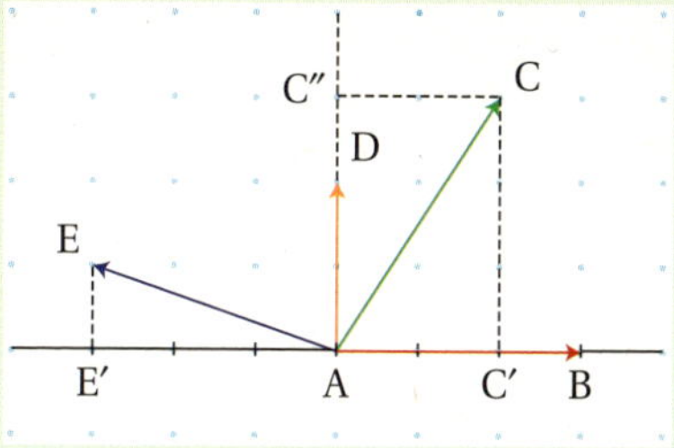

14 $\vec{u}\cdot\vec{v} = \|\vec{u}\|\times\|\vec{v}\|\times\cos(\vec{u},\vec{v}) = 15\times\cos\frac{\pi}{4} = \frac{15\sqrt{2}}{2}$.

15 Puisque $\left\|\overrightarrow{AB}+\overrightarrow{AD}\right\|^2 = \left\|\overrightarrow{AB}\right\|^2 + \left\|\overrightarrow{AD}\right\|^2 + 2\overrightarrow{AB}\cdot\overrightarrow{AD}$, on a :

$\overrightarrow{AB}\cdot\overrightarrow{AD} = \frac{1}{2}\left[\left\|\overrightarrow{AB}+\overrightarrow{AD}\right\|^2 - \left\|\overrightarrow{AB}\right\|^2 - \left\|\overrightarrow{AD}\right\|^2\right]$

$\overrightarrow{AB}\cdot\overrightarrow{AD} = \frac{1}{2}\left[AC^2 - AB^2 - AD^2\right] = \frac{1}{2}\left(7{,}21^2 - 3^2 - 5^2\right) = 8{,}992\,05$.

16 **a.** $\vec{u}\cdot\vec{v} = xx' + yy' = 8 + 3 = 11$.

b. Notons θ l'angle de $\vec{u}$ et $\vec{v}$. On a $\vec{u}\cdot\vec{v} = \|\vec{u}\|\|\vec{v}\|\cos\theta$.

$\|\vec{u}\| = \sqrt{4^2+1^2} = \sqrt{17}$, $\|\vec{v}\| = \sqrt{2^2+3^2} = \sqrt{13}$ et $\cos\theta = \frac{\vec{u}\cdot\vec{v}}{\|\vec{u}\|\|\vec{v}\|} = \frac{11}{\sqrt{17}\times\sqrt{13}}$.

À l'aide de la fonction $\cos^{-1}$ (ou A cos) de la calculatrice, on obtient $\theta \approx 42°$.

17 **a.** Projetons D en D′ sur la droite (AB) orientée de A vers B :

$\overrightarrow{AB}\cdot\overrightarrow{AD} = \overrightarrow{AB}\cdot\overrightarrow{AD'} = 3\times 4 = 12$.

b. Projetons E en E′ sur la droite (AB):

$\overrightarrow{BC}\cdot\overrightarrow{BE} = \overrightarrow{BC}\cdot\overrightarrow{BE'} = -2\times 3 = -6$.

c. Projetons F en F′ sur la droite (AB):

$\overrightarrow{CF}\cdot\overrightarrow{AB} = \overrightarrow{CF'}\cdot\overrightarrow{AB} = -1\times 4 = -4$.

d. $\overrightarrow{BC}\cdot\overrightarrow{BA} = -(2\times 4) = -8$.

e. $\overrightarrow{BC}\cdot\overrightarrow{CH} = 0$

($\overrightarrow{BC}$ et $\overrightarrow{CH}$ sont orthogonaux).

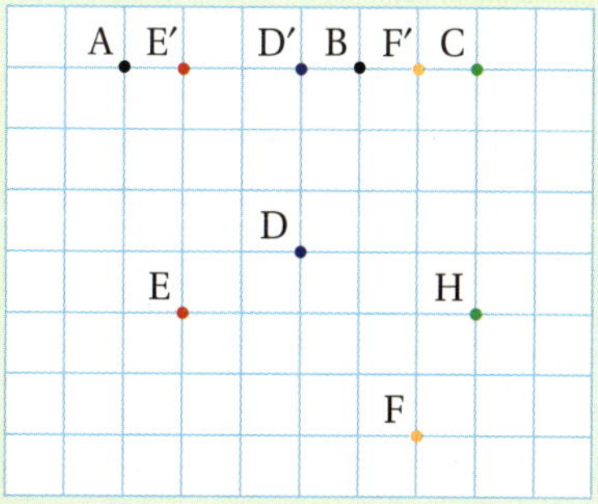

18 Les vecteurs $\overrightarrow{AB}$ et $\overrightarrow{AC}$ sont orthogonaux.

a. $\overrightarrow{AB}\cdot\overrightarrow{AC}=0$.

b. C se projette en A sur (AB) donc :

$\overrightarrow{AB}\cdot\overrightarrow{BC}=-\overrightarrow{BA}\cdot\overrightarrow{BC}=-BA^2$ donc $\overrightarrow{AB}\cdot\overrightarrow{AC}=-25$.

c. B se projette en A sur (AC) :

$\overrightarrow{CA}\cdot\overrightarrow{BC}=-\overrightarrow{CA}\cdot\overrightarrow{CB}=-\overrightarrow{CA}^2$ donc $\overrightarrow{CA}\cdot\overrightarrow{BC}=-49$.

19 L'angle non orienté entre les deux vecteurs $\overrightarrow{OA}$ et $\overrightarrow{OB}$ mesurant 120°, $\overrightarrow{OA}\cdot\overrightarrow{OB}=OA\times OB\times\cos 120°$.

De plus, $OA=OB=\dfrac{2}{3}a\dfrac{\sqrt{3}}{2}=\dfrac{a\sqrt{3}}{3}$. En effet, O est le centre de gravité de ABC donc $OA=\dfrac{2}{3}AA'$; [AA′] est une hauteur de ABC donc $AA'=\dfrac{a\sqrt{3}}{2}$.

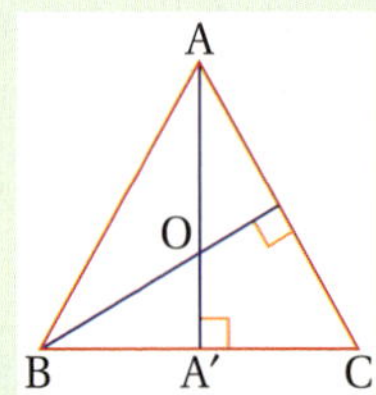

Comme $\cos 120°=-\cos 60°=-\dfrac{1}{2}$, nous obtenons $\overrightarrow{OA}\cdot\overrightarrow{OB}=\dfrac{-3a^2}{9}\times\dfrac{1}{2}=-\dfrac{1}{6}a^2$.

20 La diagonale [AC] du carré mesure $a\sqrt{2}$; nous avons de plus $OI=\dfrac{1}{2}a$.

L'angle non orienté entre les deux vecteurs $\overrightarrow{AC}$ et $\overrightarrow{OI}$ mesurant 135° (90° + 45°),

$\overrightarrow{AC}\cdot\overrightarrow{OI}=AC\times OI\times\cos 135°$.

$\cos 135°=\cos(180°-45°)=-\dfrac{\sqrt{2}}{2}$

donc $\overrightarrow{AC}\cdot\overrightarrow{OI}=a\sqrt{2}\left(\dfrac{1}{2}a\right)\left(-\dfrac{\sqrt{2}}{2}\right)=-\dfrac{1}{2}a^2$.

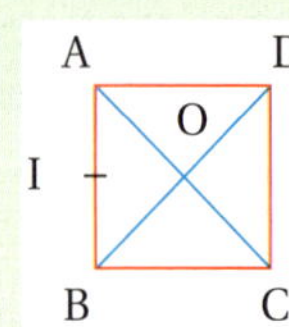

21 Dans le parallélogramme ABCD,

$\overrightarrow{AC}=\overrightarrow{AB}+\overrightarrow{AD}$ et $\overrightarrow{BD}=\overrightarrow{BA}+\overrightarrow{BC}=-\overrightarrow{AB}+\overrightarrow{AD}$.

$\overrightarrow{AC}\cdot\overrightarrow{BD}=\left(\overrightarrow{AB}+\overrightarrow{AD}\right)\cdot\left(-\overrightarrow{AB}+\overrightarrow{AD}\right)$.

Nous reconnaissons une « identité remarquable » qui se développe en AD^2-AB^2.

Ainsi $\overrightarrow{AC}\cdot\overrightarrow{BD}=9-1=8$.

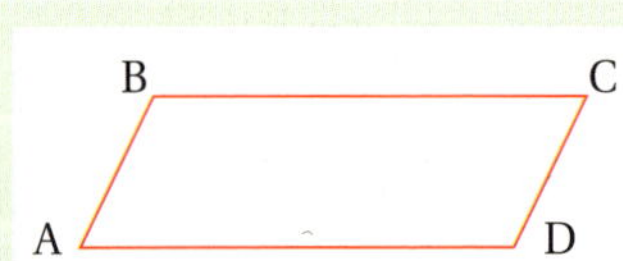

22 • $BC^2 - BA^2 = (\overrightarrow{BC} - \overrightarrow{BA}) \cdot (\overrightarrow{BC} + \overrightarrow{BA}) = \overrightarrow{AC} \cdot (\overrightarrow{BC} + \overrightarrow{BA})$.

• $HC^2 - HA^2 = (\overrightarrow{HC} - \overrightarrow{HA}) \cdot (\overrightarrow{HC} + \overrightarrow{HA}) = \overrightarrow{AC} \cdot (\overrightarrow{HC} + \overrightarrow{HA})$.

Transformons $\overrightarrow{BC} + \overrightarrow{BA}$ en introduisant le point H, on obtient $\overrightarrow{BH} + \overrightarrow{HC} + \overrightarrow{BH} + \overrightarrow{HA} = 2\overrightarrow{BH} + \overrightarrow{HC} + \overrightarrow{HA}$

Alors par distributivité, $BC^2 - BA^2 = \overrightarrow{AC} \cdot (2\overrightarrow{BH} + \overrightarrow{HC} + \overrightarrow{HA})$

$$= 2\overrightarrow{AC} \cdot \overrightarrow{BH} + \overrightarrow{AC} \cdot (\overrightarrow{HC} + \overrightarrow{HA}).$$

H étant l'orthocentre du triangle, $\overrightarrow{AC} \cdot \overrightarrow{BH} = 0$ (orthogonalité) et l'égalité demandée en résulte.

23 L'hypothèse se traduit par $\overrightarrow{AC} \cdot \overrightarrow{BD} = 0$.

Calculons $\overrightarrow{AB} \cdot \overrightarrow{CD} - \overrightarrow{AD} \cdot \overrightarrow{CB} = (\overrightarrow{AD} + \overrightarrow{DB}) \cdot \overrightarrow{CD} - \overrightarrow{AD} \cdot \overrightarrow{CB}$

$$= \overrightarrow{AD} \cdot (\overrightarrow{CD} - \overrightarrow{CB}) + \overrightarrow{DB} \cdot \overrightarrow{CD}$$

$$= \overrightarrow{AD} \cdot \overrightarrow{BD} + \overrightarrow{DB} \cdot \overrightarrow{CD}$$

$$= \overrightarrow{AD} \cdot \overrightarrow{BD} - \overrightarrow{BD} \cdot \overrightarrow{CD}$$

$$= \overrightarrow{BD} \cdot (\overrightarrow{AD} - \overrightarrow{CD}) = \overrightarrow{BD} \cdot \overrightarrow{AC} = 0$$

C'est ce qu'il fallait démontrer.

24 On sait que

$MA^2 = (\overrightarrow{MO} + \overrightarrow{OA}) \cdot (\overrightarrow{MO} + \overrightarrow{OA}) = MO^2 + 2\overrightarrow{MO} \cdot \overrightarrow{OA} + OA^2$.

De même $MC^2 = MO^2 + 2\overrightarrow{MO} \cdot \overrightarrow{OC} + OC^2$.

Par conséquent, $MA^2 + MC^2 = 2(MO^2 + OA^2) + 2\overrightarrow{MO} \cdot (\overrightarrow{OA} + \overrightarrow{OC})$.

Donc $MA^2 + MC^2 = 2(MO^2 + OA^2)$. De même, $MB^2 + MD^2 = 2(MO^2 + OB^2)$.

Or les diagonales d'un rectangle ont même longueur, donc $OB = OA$.

C'est ce qu'il fallait démontrer.

O est le milieu de [AC] et de [BD], donc $\overrightarrow{OA} + \overrightarrow{OC} = \vec{0}$.

25 • **Première méthode.** Soit K la projection orthogonale de M sur l'axe des abscisses. On a $\overrightarrow{AM} + \overrightarrow{AM'} = 2\overrightarrow{AK}$.

Or $\overrightarrow{AK} = (\vec{i} \cdot \overrightarrow{AM})\vec{i}$ car $\vec{i} \cdot \overrightarrow{AM}$ est l'abscisse de M dans le repère orthonormé $(O; \vec{i}, \vec{j})$.

Donc $\overrightarrow{AM'} = \overrightarrow{MA} + 2(\vec{i} \cdot \overrightarrow{AM})\vec{i}$.

C'est ce qu'il fallait démontrer.

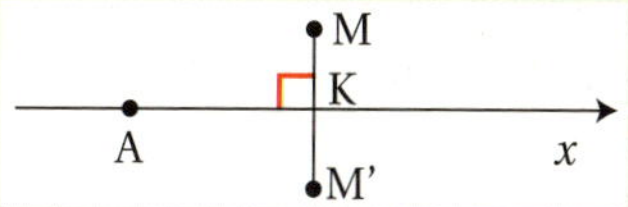

• **Deuxième méthode.** Dans le repère orthonormé $\left(O;\vec{i},\vec{j}\right)$, les coordonnées de A, M, M′ et $\vec{i}$ sont respectivement $(x_A\,;0)$, $(x\,;y)$, $(x\,;-y)$, $(1\,;0)$.

Les coordonnées de $\overrightarrow{AM'}$ sont donc $(x-x_A\,;-y)$ et celles de $\overrightarrow{MA}\,(x_A-x\,;-y)$. On a de plus $\vec{i}\cdot\overrightarrow{AM}=x-x_A$, donc les coordonnées de $\left(\vec{i}\cdot\overrightarrow{AM}\right)\vec{i}$ sont $(x-x_A\,;0)$. Par conséquent, $\overrightarrow{MA}+2\left(\vec{i}\cdot\overrightarrow{AM}\right)\vec{i}$ a pour coordonnées $(x-x_A\,;-y)$ et c'est pourquoi $\overrightarrow{AM'}=\overrightarrow{MA}+2\left(\vec{i}\cdot\overrightarrow{AM}\right)\vec{i}$.

26 Compte tenu de l'orthogonalité des vecteurs $\overrightarrow{AB}$ et $\overrightarrow{DK}$ d'une part et $\overrightarrow{AB}$ et $\overrightarrow{LS}$ d'autre part, on écrit :

$$\overrightarrow{AB}\cdot\overrightarrow{AC}=\overrightarrow{AB}\cdot\overrightarrow{DS}=\overrightarrow{AB}\cdot\left(\overrightarrow{DK}+\overrightarrow{KL}+\overrightarrow{LS}\right)=\overrightarrow{AB}\cdot\overrightarrow{DK}+\overrightarrow{AB}\cdot\overrightarrow{KL}+\overrightarrow{AB}\cdot\overrightarrow{LS}=\overrightarrow{AB}\cdot\overrightarrow{KL}$$
$$=AB\times KL.$$

27 Les vecteurs ont tous la même norme, notée n. Donc les produits scalaires proposés sont tous égaux à $n^2\cos\theta$ où θ est l'angle géométrique entre deux vecteurs. Le classement des produits scalaires est donc celui de $\cos\theta$.

Puisque $\cos\widehat{BAC}>0$, $\cos\widehat{BAD}<0$ et $\cos\widehat{BAE}=0$, on a le classement suivant :

$$\overrightarrow{AB}\cdot\overrightarrow{AD}<\overrightarrow{AB}\cdot\overrightarrow{AE}<\overrightarrow{AB}\cdot\overrightarrow{AC}$$

28 Puisque [PR] est un diamètre du cercle, l'angle $\widehat{PQR}$ est droit.

D'autre part, $\overrightarrow{MR}=\overrightarrow{MQ}+\overrightarrow{QR}$.

Donc $\overrightarrow{MP}\cdot\overrightarrow{MR}=\overrightarrow{MP}\cdot\left(\overrightarrow{MQ}+\overrightarrow{QR}\right)=\overrightarrow{MP}\cdot\overrightarrow{MQ}+\overrightarrow{MP}\cdot\overrightarrow{QR}=\overrightarrow{MP}\cdot\overrightarrow{MQ}$

car les vecteurs $\overrightarrow{MP}$ et $\overrightarrow{QR}$ sont orthogonaux.

Les deux produits scalaires sont donc égaux.

29 Dans le parallélogramme ABCD, on a $\overrightarrow{AB}+\overrightarrow{AD}=\overrightarrow{AC}$ et $\overrightarrow{AB}-\overrightarrow{AD}=\overrightarrow{DB}$.

Supposons que $\left(\overrightarrow{AB}+\overrightarrow{AD}\right)\cdot\left(\overrightarrow{AB}-\overrightarrow{AD}\right)=0$.

Alors $\overrightarrow{AC}\cdot\overrightarrow{DB}=0$, ce qui signifie que (AC) est perpendiculaire à (BD). Les diagonales du parallélogramme sont donc perpendiculaires ; c'est un losange.

Réciproquement, supposons que ABCD soit un losange. Alors ses diagonales sont perpendiculaires et donc $\left(\overrightarrow{AB}+\overrightarrow{AD}\right)\cdot\left(\overrightarrow{AB}-\overrightarrow{AD}\right)=0$.

C'est ce qu'il fallait démontrer.

30 Dans le parallélogramme ABCD, on sait que :
$\overrightarrow{AC} = \overrightarrow{AB} + \overrightarrow{AD}$ et $\overrightarrow{BD} = \overrightarrow{BC} + \overrightarrow{CD} = \overrightarrow{AD} - \overrightarrow{AB}$.
Donc :
$$\begin{aligned} AC^2 + BD^2 &= \left(\overrightarrow{AB} + \overrightarrow{AD}\right)\cdot\left(\overrightarrow{AB} + \overrightarrow{AD}\right) + \left(\overrightarrow{AD} - \overrightarrow{AB}\right)\cdot\left(\overrightarrow{AD} - \overrightarrow{AB}\right) \\ &= AB^2 + 2\overrightarrow{AB}\cdot\overrightarrow{AD} + AD^2 + AD^2 - 2\overrightarrow{AD}\cdot\overrightarrow{AB} + AB^2 \\ &= 2AB^2 + 2AD^2. \end{aligned}$$
C'est ce qu'il fallait démontrer.

31 Pour tout point M, $MA^2 = \left\|\overrightarrow{MI} + \overrightarrow{IA}\right\|^2 = MI^2 + IA^2 + 2\overrightarrow{MI}\cdot\overrightarrow{IA}$.

De même, $MB^2 = \left\|\overrightarrow{MI} + \overrightarrow{IB}\right\|^2 = MI^2 + IB^2 + 2\overrightarrow{MI}\cdot\overrightarrow{IB}$.

Donc $MA^2 + MB^2 = 2MI^2 + IA^2 + IB^2 + 2\overrightarrow{MI}\cdot\left(\overrightarrow{IA} + \overrightarrow{IB}\right) = 2\left(MI^2 + IA^2\right)$.

En effet, $IA = IB$ et $\overrightarrow{IA} + \overrightarrow{IB} = \vec{0}$. De plus, $IA = 1$.

En conséquence, $MA^2 + MB^2 = 8$ équivaut à $MI^2 + 1 = 4$ et donc $MI^2 = 3$, soit $MI = \sqrt{3}$.

En conclusion, l'ensemble cherché est le cercle de centre I et de rayon $\sqrt{3}$.

32 Pour tout point M,
$MA^2 - MB^2 = \left(\overrightarrow{MA} + \overrightarrow{MB}\right)\cdot\left(\overrightarrow{MA} - \overrightarrow{MB}\right) = 2\overrightarrow{MI}\cdot\overrightarrow{BA}$.

Par conséquent, $MA^2 - MB^2 = -4$ équivaut à $\overrightarrow{MI}\cdot\overrightarrow{BA} = -2$ ou $\overrightarrow{IA}\cdot\overrightarrow{IM} = 1$ car $\overrightarrow{BA} = 2\overrightarrow{IA}$.

Soit Δ la perpendiculaire à (AB) passant par A. Tout point M de Δ a pour projeté orthogonal sur (AB) le point A et donc, dans ce cas, $\overrightarrow{IA}\cdot\overrightarrow{IM} = IA^2 = 1$.

Réciproquement, si $M \notin \Delta$, soit H sa projection orthogonale sur (AB), $\overrightarrow{IA}\cdot\overrightarrow{IM} = \overrightarrow{IA}\cdot\overrightarrow{IH}$. Or $\overrightarrow{IA}\cdot\overrightarrow{IH} \neq 1$ donc $M \notin \Delta$.

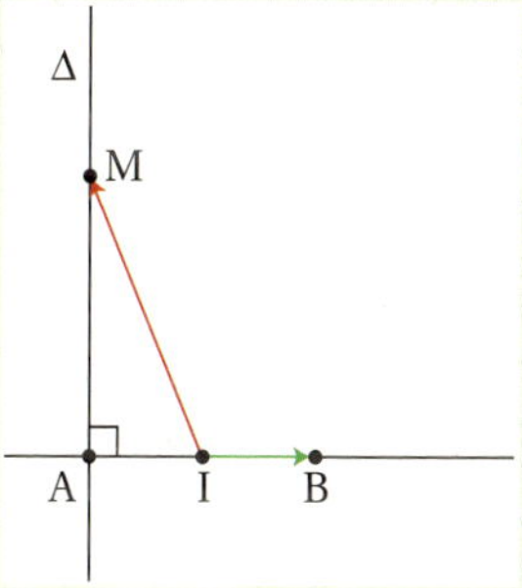

En conclusion, l'ensemble cherché est la droite Δ.

Sur la figure, en utilisant le théorème de Pythagore dans le triangle rectangle ABM, on voit que $MA^2 - MB^2 = -AB^2$ donc $MA^2 - MB^2 = -4$.

33 **a.** $\overrightarrow{AB}\cdot\overrightarrow{AC} = \left(\overrightarrow{AI} + \overrightarrow{IB}\right)\cdot\left(\overrightarrow{AI} + \overrightarrow{IC}\right) = AI^2 + \overrightarrow{AI}\cdot\left(\overrightarrow{IB} + \overrightarrow{IC}\right) + \overrightarrow{IB}\cdot\overrightarrow{IC} = AI^2 - IB^2$
$= 3^2 - 2\times 2 \Leftrightarrow \overrightarrow{AB}\cdot\overrightarrow{AC} = 5$. En effet, $\overrightarrow{IB} + \overrightarrow{IC} = \vec{0}$.

$\overrightarrow{IB} = -\overrightarrow{IC}$

b. $AB^2+AC^2=(\overrightarrow{AI}+\overrightarrow{IB})\cdot(\overrightarrow{AI}+\overrightarrow{IB})+(\overrightarrow{AI}+\overrightarrow{IC})\cdot(\overrightarrow{AI}+\overrightarrow{IC})$.

$=AI^2+2\overrightarrow{AI}\cdot\overrightarrow{IB}+IB^2+AI^2+2\overrightarrow{AI}\cdot\overrightarrow{IC}+IC^2$

$=2AI^2+IB^2+IC^2+2\overrightarrow{AI}\cdot(\overrightarrow{IB}+\overrightarrow{IC})=2AI^2+2IB^2$

car $\overrightarrow{IB}+\overrightarrow{IC}=\vec{0}$ et $IB=IC$.

Donc $AB^2+AC^2=2\times3^2+2\times2^2=26$.

c. $AB^2-AC^2=(\overrightarrow{AB}+\overrightarrow{AC})\cdot(\overrightarrow{AB}-\overrightarrow{AC})=2\overrightarrow{AI}\cdot\overrightarrow{CB}=-2\overrightarrow{CB}\cdot\overrightarrow{IA}$

$=-2\times4\times3\times\cos 60°=-12$

Donc $AB^2-AC^2=-12\sqrt{3}$.

$\cos 60°=\frac{1}{2}$

34 On a $\overrightarrow{CM}\cdot\overrightarrow{CB}=\overrightarrow{CM}\cdot(\overrightarrow{CN}+\overrightarrow{NB})=\overrightarrow{CM}\cdot\overrightarrow{CN}+\overrightarrow{CM}\cdot\overrightarrow{NB}=\overrightarrow{CM}\cdot\overrightarrow{CN}$

car (CM) est perpendiculaire à (NB) puisque le triangle CNB est rectangle en N. D'autre part,

$\overrightarrow{CM}\cdot\overrightarrow{CB}=\overrightarrow{CH}\cdot\overrightarrow{CB}=\overrightarrow{CA}\cdot\overrightarrow{CB}=\overrightarrow{CA}\cdot(\overrightarrow{CA}+\overrightarrow{AB})=CA^2+\overrightarrow{CA}\cdot\overrightarrow{AB}=CA^2$.

C'est ce qu'il fallait démontrer.

$\overrightarrow{CM}\cdot\overrightarrow{CB}=\overrightarrow{CH}\cdot\overrightarrow{CB}=\overrightarrow{CA}\cdot\overrightarrow{CB}$ se justifient en utilisant la projection orthogonale de A et M sur (BC), c'est H. De plus, $\overrightarrow{CA}\cdot\overrightarrow{AB}=0$ car (CA) est perpendiculaire à (AB).

35 **a.** $\overrightarrow{PR}=\overrightarrow{AR}-\overrightarrow{AP}$, $\overrightarrow{CQ}\cdot\overrightarrow{PR}=\overrightarrow{CQ}\cdot(\overrightarrow{AR}-\overrightarrow{AP})=\overrightarrow{CQ}\cdot\overrightarrow{AR}-\overrightarrow{CQ}\cdot\overrightarrow{AP}$.

b. • En projetant $\overrightarrow{CQ}$ sur (AR), on écrit $\overrightarrow{CQ}\cdot\overrightarrow{AR}=\overrightarrow{AR}\cdot\overrightarrow{DR}=-AR\times DR$.

• En projetant $\overrightarrow{CQ}$ sur (AP), on obtient $\overrightarrow{CQ}\cdot\overrightarrow{AP}=\overrightarrow{AP}\cdot\overrightarrow{BP}=-AP\times BP$.

Compte tenu des hypothèses, $\overrightarrow{CQ}\cdot\overrightarrow{AR}=\overrightarrow{CQ}\cdot\overrightarrow{AP}$, ce qui prouve que $\overrightarrow{CQ}\cdot\overrightarrow{PR}=0$ et par conséquent, (CQ) est perpendiculaire à (PR).

OBJECTIF BAC

36 **1.** On a $\overrightarrow{HA}\cdot\overrightarrow{HB}=\left(\overrightarrow{HC}+\overrightarrow{CA}\right)\cdot\overrightarrow{HB}=\overrightarrow{HC}\cdot\overrightarrow{HB}+\overrightarrow{CA}\cdot\overrightarrow{HB}$ Or $\overrightarrow{CA}\cdot\overrightarrow{HB}=0$ car (HB) est perpendiculaire à (CA) ; donc $\overrightarrow{HA}\cdot\overrightarrow{HB}=\overrightarrow{HC}\cdot\overrightarrow{HB}$.

On a de même $\overrightarrow{HB}\cdot\overrightarrow{HC}=\overrightarrow{HC}\cdot\overrightarrow{HA}$. C'est ce qu'il fallait démontrer.

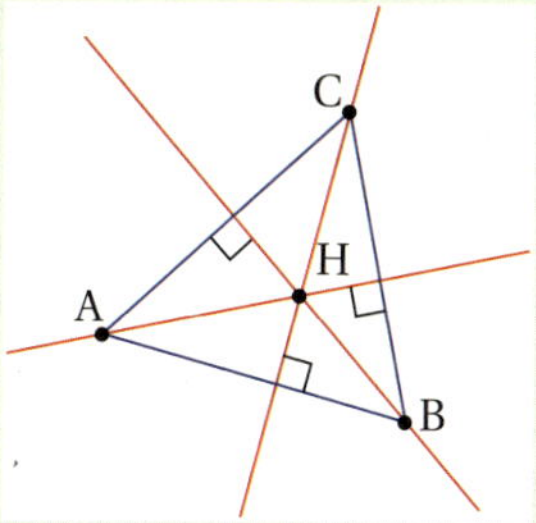

2. a. On a $\overrightarrow{MA}\cdot\overrightarrow{BC}=\overrightarrow{MA}\cdot\left(\overrightarrow{BM}+\overrightarrow{MC}\right)$

$=\overrightarrow{MA}\cdot\overrightarrow{BM}+\overrightarrow{MA}\cdot\overrightarrow{MC}=-\overrightarrow{MA}\cdot\overrightarrow{MB}+\overrightarrow{MA}\cdot\overrightarrow{MC}=0.$

De même, $\overrightarrow{MB}\cdot\overrightarrow{CA}=\overrightarrow{MC}\cdot\overrightarrow{AB}=0$.

b. Des égalités précédentes, on déduit que :

- $(MA)\perp(BC)$ donc (MA) est la hauteur issue de A.
- $(MB)\perp(CA)$ donc (MB) est la hauteur issue de B.

Par conséquent, le point M est l'orthocentre de ABC puisque c'est le point de concours de deux hauteurs et $M=H$.

3. L'orthocentre d'un triangle ABC est donc l'unique point M tel que :

$$\overrightarrow{MA}\cdot\overrightarrow{MB}=\overrightarrow{MB}\cdot\overrightarrow{MC}=\overrightarrow{MC}\cdot\overrightarrow{MA}$$

37 **a.** Le théorème de Pythagore appliqué dans les triangles rectangles ABC et ADM montre que $AC=\sqrt{52}=2\sqrt{13}$ et $DM=5$.

b. $\overrightarrow{AC}\cdot\overrightarrow{DM}=\left(\overrightarrow{AB}+\overrightarrow{BC}\right)\cdot\left(\overrightarrow{DA}+\overrightarrow{AM}\right)=\overrightarrow{AB}\cdot\overrightarrow{DA}+\overrightarrow{AB}\cdot\overrightarrow{AM}+\overrightarrow{BC}\cdot\overrightarrow{DA}+\overrightarrow{BC}\cdot\overrightarrow{AM}$

$=0+3\times6-4\times4+0=2.$

c. Puisque $\overrightarrow{AC}\cdot\overrightarrow{DM}=AC\times DM\times\cos\widehat{MPC}$, on a :

$2=2\sqrt{13}\times5\times\cos\widehat{MPC}$ donc $\cos\widehat{MPC}=\dfrac{1}{5\sqrt{13}}$.

On trouve donc $\widehat{MPC}\approx86{,}820°$ en utilisant la fonction $\cos^{-1}$.

38 **1.** **a.** Soit M un point de Δ.

Soit K sa projection orthogonale sur la droite (AB). Alors $\overrightarrow{AB} \cdot \overrightarrow{AM} = \overrightarrow{AB} \cdot \overrightarrow{AK} = 2{,}5$.

D'autre part, $\overrightarrow{AB} \cdot \overrightarrow{AH} = 2{,}5\overrightarrow{AB}^2 = 2{,}5$ car $AB = 1$,

donc $\overrightarrow{AB} \cdot \left(\overrightarrow{AK} - \overrightarrow{AH}\right) = 0 \Leftrightarrow \overrightarrow{AB} \cdot \overrightarrow{HK} = 0$.

Cela implique que H = K car les points A, B, H et K sont alignés.
On en déduit que tout point M de Δ appartient à d.
b. Réciproquement, soit M un point de d.
Sa projection orthogonale sur (AB) étant le point H, on a $\overrightarrow{AM} \cdot \overrightarrow{AB} = \overrightarrow{AB} \cdot \overrightarrow{AH} = 2{,}5$

donc $M \in \Delta$.
Avec la réponse **a.**, on conclut que $\Delta = d$.

2. **a.** Soit H le point de (AB) tel que $\overrightarrow{AB} \cdot \overrightarrow{AH} = -72$.
Les vecteurs $\overrightarrow{AB}$ et $\overrightarrow{AH}$ étant colinéaires, il existe un nombre x tel que $\overrightarrow{AH} = x\overrightarrow{AB}$.

Alors $\overrightarrow{AB} \cdot \overrightarrow{AH} = x\left\|\overrightarrow{AB}\right\|^2 = 36x$.

On en déduit que $36x = -72$, donc $x = -2$.
En conclusion, $\overrightarrow{AH} = -2\overrightarrow{AB}$.
De l'étude de la question **1.** **a.**, on en déduit que l'ensemble des points M cherché est la droite perpendiculaire d à (AB) passant par H.

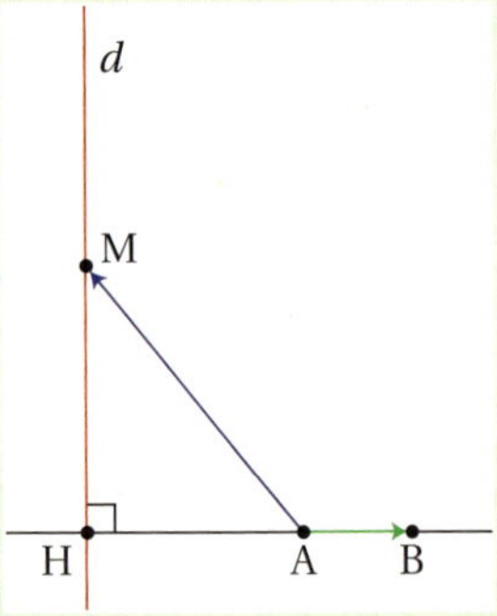

b. Soit K le point de (AB) tel que $\overrightarrow{AK}\cdot\overrightarrow{AB}=6$. En raisonnant comme dans le **a.**, on trouve que $\overrightarrow{AK}=\frac{1}{6}\overrightarrow{AB}$.

Notons N la projection orthogonale d'un point M sur (AB). Alors $\overrightarrow{AM}\cdot\overrightarrow{AB}>6$ équivaut à $\overrightarrow{AN}\cdot\overrightarrow{AB}>\overrightarrow{AK}\cdot\overrightarrow{AB}$ donc $\overrightarrow{AB}\cdot\left(\overrightarrow{AN}-\overrightarrow{AK}\right)>0$ c'est-à-dire $\overrightarrow{AB}\cdot\overrightarrow{KN}>0$.

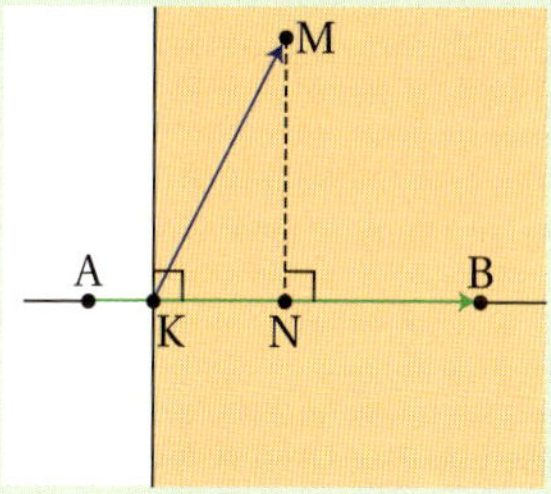

Les points A, B, N et K étant alignés, cela signifie que les vecteurs $\overrightarrow{AB}$ et $\overrightarrow{KN}$ sont de même sens, donc que le point N est « à droite » de K selon la disposition des points sur la figure ; les points M correspondant sont dans le demi-plan colorié sur la figure, frontière exclue. Réciproquement, tout point de la zone coloriée convient.
C'est donc l'ensemble cherché.

c. Soit L le point de (AB) tel que $\overrightarrow{AL}\cdot\overrightarrow{AB}=-18$. En raisonnant comme dans le **a.**, on trouve que $\overrightarrow{AL}=-\frac{1}{2}\overrightarrow{AB}$.

Notons N la projection orthogonale d'un point M sur (AB). Alors $\overrightarrow{AM}\cdot\overrightarrow{AB}\leqslant-18$ équivaut à $\overrightarrow{AN}\cdot\overrightarrow{AB}\leqslant\overrightarrow{AL}\cdot\overrightarrow{AB}$ donc $\overrightarrow{AB}\cdot\left(\overrightarrow{AN}-\overrightarrow{AL}\right)\leqslant 0$ c'est-à-dire $\overrightarrow{AB}\cdot\overrightarrow{LN}\leqslant 0$.
Les points A, B, N et L étant alignés, cela signifie que les vecteurs $\overrightarrow{AB}$ et $\overrightarrow{LN}$ sont de sens contraires, donc que le point N est « à gauche » de L selon la disposition des points sur la figure ; les points M correspondant sont dans le demi-plan colorié sur la figure, frontière incluse.
Réciproquement, tout point de la zone coloriée convient. C'est donc l'ensemble cherché.

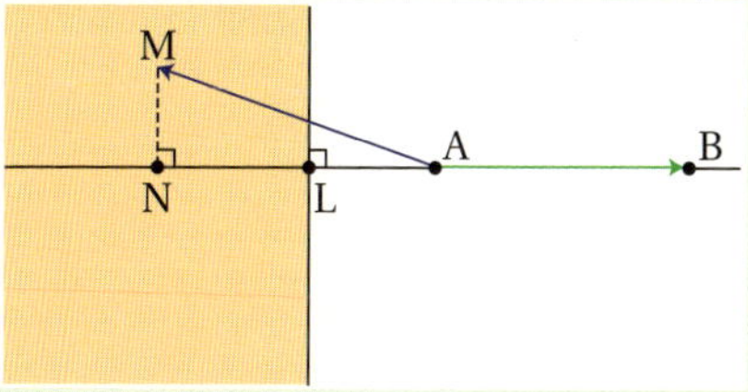

39 **1.** Puisque $\widehat{ABE} = 60°$ alors $\widehat{EBC} = 30°$.

Par conséquent $\overrightarrow{BC} \cdot \overrightarrow{BE} = BC \times BE \times \cos \widehat{EBC} = \dfrac{\sqrt{3}}{2}$

Comme $\overrightarrow{DA} = -\overrightarrow{BC}$ on a $\overrightarrow{DA} \cdot \overrightarrow{BE} = -\overrightarrow{BC} \cdot \overrightarrow{BE} = -\dfrac{\sqrt{3}}{2}$

Puisque $\widehat{AEB} = 60°$ on a $\overrightarrow{EA} \cdot \overrightarrow{EB} = EA \times EB \times \cos \widehat{AEB} = \dfrac{1}{2}$

On a $BC = BE = 1$ et $\cos 30° = \dfrac{\sqrt{3}}{2}$

2. a. On a : $BC = BG = 1$.

D'autre part $\widehat{CBG} = \widehat{EBG} - \widehat{CBG} = 60°$.
Le triangle BCG est isocèle et il a un angle au sommet de 60°.
C'est pourquoi il est équilatéral.

b. $\overrightarrow{BC} \cdot \overrightarrow{BG} = BC \times BG \times \cos \widehat{BCG} = \dfrac{1}{2}$ et $\overrightarrow{DA} \cdot \overrightarrow{EF} = -\overrightarrow{BC} \cdot \overrightarrow{BG} = -\dfrac{1}{2}$

3. $\overrightarrow{AE} \cdot \overrightarrow{EF} = -\overrightarrow{EA} \cdot \overrightarrow{EF} = -AE \times EF \cos \widehat{AEF}$

$= -\cos 150° = \cos 30° = \dfrac{\sqrt{3}}{2}$

$\cos(180° - x) = -\cos$

4. En utilisant la relation de Chasles :

$$\overrightarrow{DE} \cdot \overrightarrow{BF} = \left(\overrightarrow{DA} + \overrightarrow{AE}\right) \cdot \left(\overrightarrow{BE} + \overrightarrow{EF}\right)$$

$$= \overrightarrow{DA} \cdot \overrightarrow{BE} + \overrightarrow{DA} \cdot \overrightarrow{EF} + \overrightarrow{AE} \cdot \overrightarrow{BE} + \overrightarrow{AE} \cdot \overrightarrow{EF}$$

$$= -\frac{\sqrt{3}}{2} - \frac{1}{2} + \frac{1}{2} + \frac{\sqrt{3}}{2} = 0$$

5. L'égalité précédente montre que la droite (DE) est perpendiculaire à la droite (BF).

Or la droite (EG) est aussi perpendiculaire à la droite (BF) car les deux diagonales d'un carré sont perpendiculaires.

Il existe une seule perpendiculaire à (BF) passant par E.

On en déduit que les droites (DE) et (EG) sont confondues.
Il en résulte que les points D, E et G sont alignés, ce qu'il fallait démontrer.

Voir tout cours de ... 6e !

40 **1.** Le théorème de Pythagore appliqué aux triangles rectangles ABC et ADI fournit :

$AC^2 = AB^2 + BC^2 \Rightarrow AC = 2\sqrt{34}$

$DI^2 = AI^2 + AD^2 \Rightarrow DI = 2\sqrt{15,25}$

2. On a $\overrightarrow{AC} = \overrightarrow{AB} + \overrightarrow{AD}$ et $\overrightarrow{DI} = \frac{1}{2}\overrightarrow{AB} - \overrightarrow{AD}$. D'autre part $\overrightarrow{AB} \cdot \overrightarrow{AD} = 0$ puisque (AB) et (AD) sont perpendiculaires.

Donc :

$$\overrightarrow{AC} \cdot \overrightarrow{DI} = \left(\overrightarrow{AB} + \overrightarrow{AD}\right) \cdot \left(\frac{1}{2}\overrightarrow{AB} - \overrightarrow{AD}\right)$$

$$= \frac{1}{2}AB^2 - \overrightarrow{AB} \cdot \overrightarrow{AD} + \frac{1}{2}\overrightarrow{AB} \cdot \overrightarrow{AD} - AD^2$$

$$= \frac{1}{2}AB^2 - AD^2$$

Finalement : $\overrightarrow{AD} \cdot \overrightarrow{DI} = 14$

3. On sait que

$$\overrightarrow{AC} \cdot \overrightarrow{DI} = AC \times DI \cos\alpha \Rightarrow \cos\alpha = \frac{\overrightarrow{AC} \cdot \overrightarrow{DI}}{AC \times DI}$$

$$\Rightarrow \cos\alpha = \frac{14}{4\sqrt{34} \times \sqrt{15,25}} \approx 0,1537 \Rightarrow \alpha \approx 81,2°$$

www.annabac.com

CHAPITRE

11 Applications du produit scalaire

En raison de son lien étroit avec le cosinus d'un angle, le produit scalaire fournit un bon moyen d'établir des formules de trigonométrie. Plus surprenant est son lien avec l'orthogonalité.
Par ailleurs, son application conduit à une généralisation du théorème de Pythagore en utilisant les relations établies par le mathématicien perse Al-Kashi.

Dans toute la suite, on se place dans un repère orthonormé $\left(O ; \vec{i}, \vec{j}\right)$.

1 Équations cartésiennes de droites et de cercles

A Équations de droites

On sait qu'une droite a pour équation $ax+by+c=0$, a, b et c étant trois constantes telles que $(a ; b) \neq (0 ; 0)$.
On sait aussi qu'un vecteur directeur de la droite associée à cette équation a pour coordonnées $(-b ; a)$.
Ici, on va voir que l'on peut donner à a et à b une autre signification.

Définition : Un **vecteur normal** à une droite est un vecteur perpendiculaire à cette droite.

• Considérons une droite Δ dont un vecteur normal est $\vec{n}(a ; b)$.

Un point $M(x ; y) \in \Delta$ si et seulement si AM est perpendiculaire à $\vec{n}$ donc si et seulement si $\overrightarrow{AM} \cdot \vec{n} = 0$.

Les coordonnées de $\overrightarrow{AM}$ étant $(x - x_A ; y - y_A)$, on obtient l'égalité :

$$a(x - x_A) + b(y - y_A) = 0$$

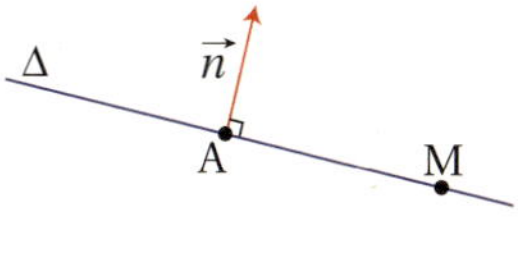

équivalente à $ax + by - ax_A - by_A = 0$.

Cette équation est de la forme $ax + by + c = 0$.

• Réciproquement, soient a, b et c trois constantes telles que $(a;b) \neq (0;0)$. Considérons la droite d d'équation $ax+by+c=0$. Un vecteur directeur $\vec{u}$ de cette droite a pour coordonnées $(-b;a)$.
Le vecteur $\vec{n}(a;\ b)$ est perpendiculaire à $\vec{u}$ car $(-b)a+ab=0$, et c'est donc un vecteur normal à d.
On en déduit le théorème suivant.

Théorème : Soient $\vec{n}(a;\ b)$ un vecteur non nul. Toute droite dont un vecteur normal est $\vec{n}$ a une équation de la forme $ax+by+c=0$.
Réciproquement, soient a, b et c trois constantes telles que $(a;b) \neq (0;0)$.
La droite d'équation $ax+by+c=0$ a un vecteur normal de coordonnées $(a;b)$.

Exemples : **1.** La droite passant par l'origine du repère et dont un vecteur normal $\vec{n}$ a pour coordonnées $(1;1)$ a pour équation $x+y=0$.

2. La droite d'équation $2x+y=0$ est la droite passant par l'origine et dont un vecteur normal $\vec{n}'$ a pour coordonnées $(2;1)$.

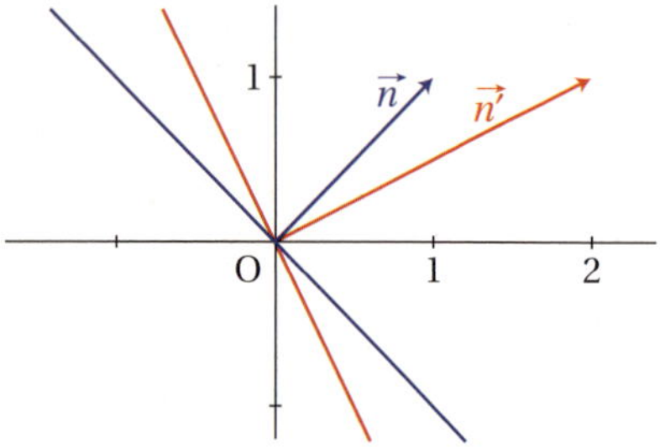

B Orthogonalité de deux droites

Théorèmes : **1.** Deux droites d et d' d'équations respectives $ax+by+c=0$ et $a'x+b'y+c'=0$ sont perpendiculaires si et seulement si $aa'+bb'=0$

2. Deux droites d et d' d'équations réduites respectives $y=mx+p$ et $y'=m'x+p'$ sont perpendiculaires si et seulement si $mm'=-1$

Démonstration :

1. Les deux droites d et d' sont perpendiculaires si et seulement si leurs vecteurs normaux de coordonnées respectives $(a;b)$ et $(a';b')$ le sont, donc si et seulement si $aa'+bb'=0$.

2. Les vecteurs directeurs des droites d et d' ont respectivement pour coordonnées $(1;m)$ et $(1;m')$. Les deux droites sont perpendiculaires si et seulement si leurs vecteurs directeurs le sont, donc si et seulement si $1+mm'=0$.
C'est ce qu'il fallait démontrer.

Deux droites sont perpendiculaires si et seulement si leurs vecteurs normaux le sont ou si et seulement si leurs vecteurs directeurs le sont.

Remarques :

1. La condition d'orthogonalité de deux droites est à rapprocher de la condition de leur parallélisme. D'un côté, $aa' + bb' = 0$ (orthogonalité) et de l'autre, $ab' - a'b = 0$ (parallélisme).

2. Les deux droites d et d' sont perpendiculaires si et seulement si leurs vecteurs directeurs (de coordonnées respectives $(-b\,;a)$ et $(-b'\,;a')$, sont orthogonaux, donc si et seulement $(-b)(-b') + aa' = 0$.
On retrouve la condition du théorème.

C Équations cartésiennes d'un cercle

On donne un cercle de centre $\mathrm{A}(x_\mathrm{A}\,;y_\mathrm{A})$, un nombre positif R et on cherche à trouver une équation du cercle de centre A et de rayon R. Cela signifie qu'on cherche une équation faisant intervenir les coordonnées d'un point $\mathrm{M}(x\,;y)$. Celle-ci nous fournira deux types d'indications.

1. Si les coordonnées de M sont solutions de cette équation alors le point M appartient au cercle.

2. Si les coordonnées de M ne sont pas solutions de cette équation alors le point M n'appartient pas au cercle.
Revenons en classe de1re S, on a les équivalences suivantes :

> On sait depuis la classe de 6e qu'un point M appartient au cercle de centre A et de rayon R si et seulement si $\mathrm{AM} = R$.

$$\mathrm{AM} = R \Leftrightarrow \mathrm{AM}^2 = R^2 \Leftrightarrow (x - x_\mathrm{A})^2 + (y - y_\mathrm{A})^2 = R^2$$
$$\Leftrightarrow x^2 + y^2 - 2x_\mathrm{A}x - 2y_\mathrm{A}y + x_\mathrm{A}^2 + y_\mathrm{A}^2 - R^2 = 0.$$

Cette équation est de la forme $x^2 + y^2 - 2ax - 2by + c = 0$ où a, b et c sont trois constantes dépendant de A et de R : $a = x_\mathrm{A}$, $b = y_\mathrm{A}$ et $c = x_\mathrm{A}^2 + y_\mathrm{A}^2 - R^2$. D'où le théorème.

Théorème : Tout cercle de centre $\mathrm{A}(a\,;b)$ a pour équation :

$$(x - a)^2 + (y - b)^2 = R^2$$

que l'on peut écrire sous la forme $x^2 + y^2 - 2ax - 2by + c = 0$ où c est une constante dépendant de a, b et R.

> $c = a^2 + b^2 - R^2 \Leftrightarrow R^2 = a^2 + b^2 - c$.

Remarques

1. Le cercle de centre O et de rayon 1 a pour équation : $x^2 + y^2 - 1 = 0$. En effet, $\mathrm{OM}^2 = 1 \Leftrightarrow x^2 + y^2 = 1$.

> Ce cercle s'appelle le cercle unité.

2. Un cercle de centre donné a une infinité d'équations.

Si $x^2+y^2-2ax-2by+c=0$ est l'une d'elles alors toute équation de la forme $k(x^2+y^2-2ax-2by+c)=0$, k étant un nombre non nul, en est une autre.

Considérons trois constantes *a*, *b* et *c*. L'ensemble des points M dont les coordonnées $(x\,;y)$ vérifient l'équation $x^2+y^2-2ax-2by+c=0$ n'est pas nécessairement un cercle ! Ce peut être l'ensemble vide. Voir la méthode 2 et l'exercice 20.

Théorème : Soient A et B deux points. Un point M appartient au cercle de diamètre [AB] si et seulement si

$$\overrightarrow{MA}\cdot\overrightarrow{MB}=0$$

Démonstration : Il suffit de se souvenir de son cours de 4e ! En effet, un point M appartient au cercle de diamètre [AB] si et seulement si l'angle $\widehat{AMB}$ est droit, donc si et seulement si (MA) et (MB) sont perpendiculaires, équivalent à $\overrightarrow{MA}\cdot\overrightarrow{MB}=0$. C'est ce qu'il fallait démontrer.

En utilisant la traduction analytique (c'est-à-dire avec les coordonnées) de l'égalité $\overrightarrow{MA}\cdot\overrightarrow{MB}=0$, on trouve une équation de la forme attendue, c'est-à-dire :

$$x^2+y^2-2ax-2by+c=0.$$

2 Relations métriques dans un triangle

A Théorème de la médiane

Théorème : Considérons un segment [AB] et I son milieu. Alors, pour tout point M, on a :

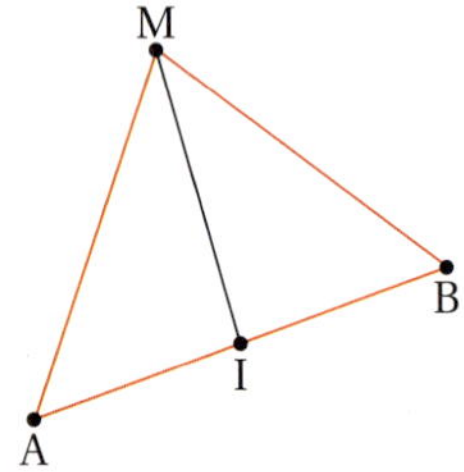

1. $MA^2+MB^2=\frac{1}{2}AB^2+2MI^2$

2. $MA^2-MB^2=2\overrightarrow{IM}\cdot\overrightarrow{AB}$

3. $\overrightarrow{MA}\cdot\overrightarrow{MB}=MI^2-\frac{1}{4}AB^2$

Démonstration : **1.** On sait que :

$$MA^2=\left(\overrightarrow{MI}+\overrightarrow{IA}\right)\cdot\left(\overrightarrow{MI}+\overrightarrow{IA}\right)=MI^2+2\overrightarrow{MI}\cdot\overrightarrow{IA}+IA^2$$

$$MB^2=\left(\overrightarrow{MI}+\overrightarrow{IB}\right)\cdot\left(\overrightarrow{MI}+\overrightarrow{IB}\right)=MI^2+2\overrightarrow{MI}\cdot\overrightarrow{IB}+IB^2.$$

$$MA^2+MB^2=2MI^2+IA^2+IB^2+2\overrightarrow{MI}\cdot\left(\overrightarrow{IA}+\overrightarrow{IB}\right)$$

$$=2MI^2+\left(\frac{1}{2}AB\right)^2+\left(\frac{1}{2}AB\right)^2.$$

On sait que $\overrightarrow{IA}+\overrightarrow{IB}=\vec{0}$ car I est le milieu de [AB].

D'où le résultat.

2. En utilisant la démonstration précédente, on trouve l'égalité demandée car
$\text{MA}^2 - \text{MB}^2 = 2\overrightarrow{\text{IM}} \cdot \left(\overrightarrow{\text{AI}} + \overrightarrow{\text{IB}}\right)$.

3. Enfin,

$$\overrightarrow{\text{MA}} \cdot \overrightarrow{\text{MB}} = \left(\overrightarrow{\text{MI}} + \overrightarrow{\text{IA}}\right) \cdot \left(\overrightarrow{\text{MI}} + \overrightarrow{\text{IB}}\right) = \text{MI}^2 + \overrightarrow{\text{MI}} \cdot \left(\overrightarrow{\text{IA}} + \overrightarrow{\text{IB}}\right) + \overrightarrow{\text{IA}} \cdot \overrightarrow{\text{IB}}$$

$$= \text{MI}^2 - \left(\frac{1}{2}\text{AB}\right)^2.$$

C'est ce qu'il fallait démontrer.

Plus que ces résultats, qu'il n'est pas interdit de retenir, c'est la méthode de démonstration qu'il faut connaître.

B Formules d'Al-Kashi

Les formules qui vont suivre sont des généralisations du théorème de Pythagore dans le cas d'un triangle quelconque.
Par exemple, si le triangle est rectangle en C, $\cos\widehat{\text{C}} = 0$ et on retrouve le résultat connu $c^2 = a^2 + b^2$.

Théorème

Soit ABC un triangle.
On note $\text{AB} = c$, $\text{BC} = a$, $\text{CA} = b$. Alors :

$a^2 = b^2 + c^2 - 2bc\cos\widehat{\text{A}}$

$b^2 = c^2 + a^2 - 2ca\cos\widehat{\text{B}}$

$c^2 = a^2 + b^2 - 2ab\cos\widehat{\text{C}}$.

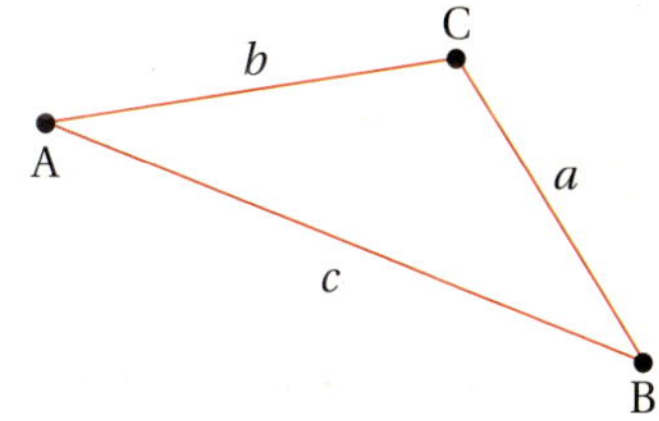

Démonstration

Démontrons la première égalité.
$\text{BC}^2 = \overrightarrow{\text{BC}} \cdot \overrightarrow{\text{BC}} = \left(\overrightarrow{\text{BA}} + \overrightarrow{\text{AC}}\right) \cdot \left(\overrightarrow{\text{BA}} + \overrightarrow{\text{AC}}\right)$.

Donc $\text{BC}^2 = \text{BA}^2 + \text{AC}^2 + 2\overrightarrow{\text{BA}} \cdot \overrightarrow{\text{AC}} \Rightarrow a^2 = c^2 + b^2 - 2\overrightarrow{\text{AB}} \cdot \overrightarrow{\text{AC}} = c^2 + b^2 - 2bc\cos\widehat{\text{A}}$.
C'est ce qu'il fallait démontrer.
On procède de même pour les deux autres égalités.

Remarque : Une fois la première égalité mémorisée, on obtient la seconde par permutation circulaire, c'est-à-dire en remplaçant *a* par *b*, *b* par *c* et *c* par *a*. On opère de même pour la troisième.

Remarquer que le nom des côtés est la lettre minuscule de leur sommet opposé.

Lire un algorithme

ÉNONCÉ

Interpréter l'algorithme suivant.

```
DEBUT_ALGORITHME
        LIRE a
        LIRE b
        LIRE c
        r2 PREND_LA_VALEUR a*a + b*b – c
        SI (r2 >= 0) ALORS
                DEBUT_SI
                r PREND_LA_VALEUR sqrt(r2)
                AFFICHER "Cercle de centre ("a" , " b") et de rayon " r
                a PREND_LA_VALEUR 2*a
                b PREND_LA_VALEUR 2*b
                AFFICHER "Équation : x²+y²-" a"x-" b"y + "c"=0"
                SI (r = 0) ALORS
                DEBUT_SI
                AFFICHER "Le cercle est un point (rayon nul)"
                FIN_SI
        FIN_SI
        SINON
        DEBUT_SINON
        AFFICHER "Ensemble vide"
        FIN_SINON
FIN_ALGORITHME
```

MÉTHODE

Se rappeler que la commande *sqrt* signifie *racine carrée* et que les guillemets définissent des zones de texte.

CORRIGÉ

▶ Le programme lié à l'algorithme demande à l'utilisateur de saisir les constantes a, b et c dans l'objectif d'examiner l'équation $x^2 + y^2 - 2ax - 2by + c = 0$
.

▶ Existe-t-il des points $M(x;y)$ dont les coordonnées vérifient cette équation ? Pour cela, un test est exécuté : le nombre a^2+b^2-c (rangé dans la variable nommée $r2$) est-il positif ou nul ?

• Si oui, alors l'ensemble d'équation $x^2+y^2-2ax-2by+c=0$ est le cercle dont le centre a pour coordonnées $(a;b)$ et dont le rayon est égal à $\sqrt{a^2+b^2-c}$, éventuellement réduit à un point si le rayon est égal à 0.

Le programme affiche alors ce résultat.

• Sinon, alors l'ensemble dont l'équation est donnée ne contient aucun point.

Caractériser un ensemble de points

ÉNONCÉ

Dans un repère orthonormé $\left(O;\vec{i},\vec{j}\right)$, on considère trois ensembles de points $M(x\,;y)$ notés E_1, E_2, E_3 dont les coordonnées vérifient les équations suivantes :

1 $x^2+y^2-2x-2y-7=0$

2 $x^2+y^2-6x+2y+10=0$

3 $x^2+y^2+2x-4y+6=0$

Que sont ces ensembles ?

MÉTHODE

Pour examiner les ensembles de points dont les équations sont de la forme $x^2+y^2-2ax-2by+c=0$, on peut choisir l'une des deux méthodes suivantes.

Méthode par cœur	Méthode avec des calculs
Le centre du cercle a pour coordonnées $(a;b)$ et $c=a^2+b^2-R^2$, donc $R^2=a^2+b^2-c$ s'il est positif.	Tenter de retrouver l'équation $(x-a)^2+(y-b)^2=R^2$ en utilisant des identités remarquables.

CORRIGÉ

▶ **Méthode par cœur**

On calcule a^2+b^2-c. Si ce nombre est négatif alors l'ensemble considéré est vide. Sinon, c'est un cercle de rayon $\sqrt{a^2+b^2-c}$ car alors $R^2=a^2+b^2-c$.

	a	b	c	a^2+b^2-c	Conclusion
1	1	1	−7	9	E_1 est le cercle de centre $I(1;1)$ et de rayon 3.
2	3	−1	10	0	E_2 est le cercle de centre $I(3;-1)$ et de rayon 0. Donc $E_2=\{I\}$.
3	−1	2	6	−1	$E_3=\varnothing$.

▶ **Méthode avec des calculs**

1 $x^2+y^2-2x-2y-7 = x^2-2x+\underbrace{1-1}_{astuce}+y^2-2y+\underbrace{1-1}_{astuce}-7$

$$= (x^2-2x+1)+(y^2-2y+1)-1-1-7$$

$$= (x-1)^2+(y-1)^2-9.$$

Donc $x^2+y^2-2x-2y-7=0 \Leftrightarrow (x-1)^2+(y-1)^2=9$.
Considérons le point $\mathrm{I}(1\,;1)$. L'égalité précédente équivaut à $\mathrm{IM}^2=3^2$.
L'ensemble cherché E_1 est donc le cercle de centre I et de rayon 3.

2 $x^2+y^2-6x+2y+10 = x^2-6x+\underbrace{9-9}_{astuce}+y^2+2y+\underbrace{1-1}_{astuce}+10$

$$= (x^2-6x+9)+(y^2+2y+1)-9-1+10$$

$$= (x-3)^2+(y+1)^2.$$

Donc $x^2+y^2-6x+2y+10=0 \Leftrightarrow (x-3)^2+(y+1)^2=0$.
Considérons le point $\mathrm{I}(3\,;-1)$. L'égalité précédente équivaut à $\mathrm{IM}^2=0$.
E_2 est donc le point I.

3 Par le même procédé, on trouve :

$x^2+y^2+2x-4y+6=0 \Leftrightarrow (x+1)^2+(y-2)^2=-1$.
La somme de deux carrés étant positive, on ne peut pas trouver de nombres x et y vérifiant l'égalité proposée donc $E_3=\varnothing$.

Trouver une équation d'une tangente à un cercle

ÉNONCÉ

Dans un repère orthonormé $(O;\vec{i},\vec{j})$, on donne un cercle $\mathscr{C}$ et un point A de ce cercle. Il s'agit de trouver une équation de la tangente (T) au cercle passant par A.

1 Le cercle a pour équation $x^2+y^2=1$ et le point A a pour coordonnées $(-1;0)$.

2 Le cercle $\mathscr{C}$ a pour centre $I(1;2)$ et le point A a pour coordonnées $(-1;3)$.

MÉTHODE

Dans tous les cas, il suffit de trouver un vecteur normal à la tangente. Il s'agit de tout vecteur colinéaire à $\overrightarrow{IA}$.

Le vecteur $\overrightarrow{AM}$ a pour coordonnées $(x-x_A;y-y_A)$

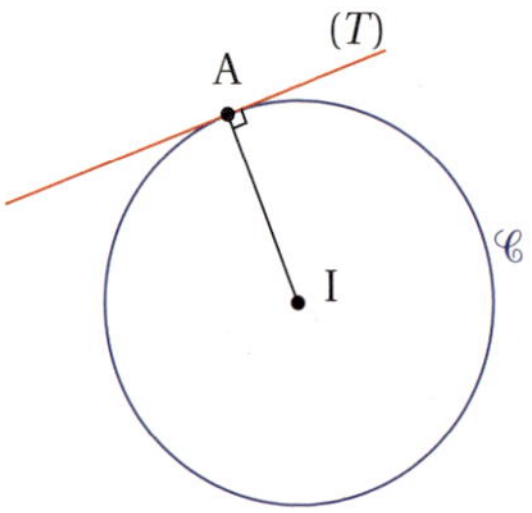

CORRIGÉ

1 Il s'agit du cercle unité, donc de centre O et de rayon 1. Les coordonnées de $\overrightarrow{OA}$ sont $(-1;0)$ et c'est un vecteur normal à la tangente.

Son équation est de la forme $-1x+0y+c=0$, donc $x=c$.
Puisque $A(-1;0)\in(T)$, $c=-1$. L'équation de (T) cherchée est $x=-1$.

2 Un point $M(x;y)\in(T)$ si et seulement si $\overrightarrow{AI}\cdot\overrightarrow{AM}=0$. Le vecteur $\overrightarrow{AI}$ ayant pour coordonnées $(2;-1)$, pour l'équation de (T) on trouve $(x+1)\times2+(y-3)\times(-1)=0$, c'est-à-dire $2x-y+5=0$.

À NOTER
Dans la question 2, on voit non seulement qu'il est inutile de connaître une équation du cercle mais aussi qu'il n'est pas utile de connaître son rayon (qui est égal à IA).

Dans toute la suite, on se place dans un repère orthonormé $\left(O;\vec{i},\vec{j}\right)$.

SE TESTER QUIZ

1 Un vecteur normal à la droite d'équation $y=-2$ est $(0;2)$.

☐ **a.** Vrai ☐ **b.** Faux

2 Un vecteur normal à la droite d'équation $y=3x-1$ a pour coordonnées $(1;3)$.

☐ **a.** Vrai ☐ **b.** Faux

3 Les droites d'équations respectives $x=3$ et $y=3$ sont perpendiculaires.

☐ **a.** Vrai ☐ **b.** Faux

4 Soit A un point fixe. L'ensemble des points M tels que $AM^2=3$ est un cercle.

☐ **a.** Vrai ☐ **b.** Faux

5 Soient A, B et C trois points non alignés et distincts. L'ensemble des points M tels que $\overrightarrow{AM}\cdot\overrightarrow{BC}=0$ est une droite.

☐ **a.** Vrai ☐ **b.** Faux

6 Soient A et B deux points. L'ensemble des points M tels que $\overrightarrow{AM}\cdot\overrightarrow{BM}=0$ est une droite.

☐ **a.** Vrai ☐ **b.** Faux

7 L'équation $x^2+y^2+1=0$ est l'équation du cercle unité.

☐ **a.** Vrai ☐ **b.** Faux

8 Soit R un nombre positif. Une équation de la forme $x^2+y^2=R^2$ est toujours celle d'un cercle de centre O et de rayon R.

☐ **a.** Vrai ☐ **b.** Faux

9 D'après le théorème de la médiane, $MA^2+MB^2=2\left(AI^2+MI^2\right)$.

☐ **a.** Vrai ☐ **b.** Faux

10 D'après les formules d'Al-Kashi, $a^2=b^2+c^2-2bc\cos\left(\pi-\widehat{B}-\widehat{C}\right)$, $\widehat{B}$ et $\widehat{C}$ étant exprimés en radians.

☐ **a.** Vrai ☐ **b.** Faux

Dans les exercices 11 à 15, on se réfère à la figure ci-dessous.
Choisir la (les) bonne(s) réponse(s) parmi les trois proposées.

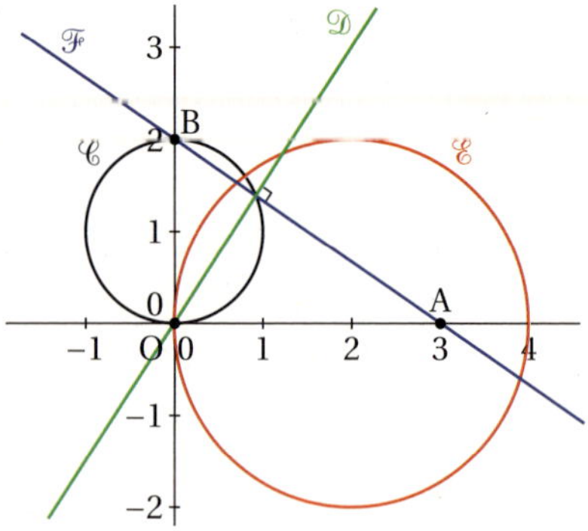

		a	b	c
11	Une équation de la droite $\mathscr{F}$ est	$3x-2y=3$	$y=-2x+3$	$2x+3y=6$
12	Une équation de la perpendiculaire $\mathscr{D}$ à (AB) passant par O est	$3x-2y=2{,}7$	$3x-2y=0$	$3x+2y=0$
13	Une équation du cercle $\mathscr{C}$ est	$x^2+y^2=4x$	$x^2+y^2-2y=0$	$x^2+y^2-y=0$
14	Une équation du cercle $\mathscr{E}$ est	$x^2+y^2-2x=0$	$x^2+y^2-4x=0$	$x^2+y^2=2$
15	Une équation de la perpendiculaire à $\mathscr{F}$ en A est	$2x+3y=9$	$3x-2y-6=0$	$3x-2y=9$

16 Sur la figure ci-après, sont représentés cinq cercles.
Chaque équation, sauf une, sans ami, correspond à un cercle.
Chaque cercle, sauf un, sans ami, correspond à une équation.
Associer chaque cercle donnés à une équation donnée.
Donner une amie au cercle qui n'en a pas et un ami à l'équation qui n'en a pas.

$E_1 : (x-1)^2 + y^2 = 1$
$E_2 : x^2 + y^2 + 2x = 0$
$E_3 : x^2 + y^2 = 1$
$E_4 : x^2 + y^2 - 2y = 0$
$E_5 : x^2 + (y+1)^2 = 0$

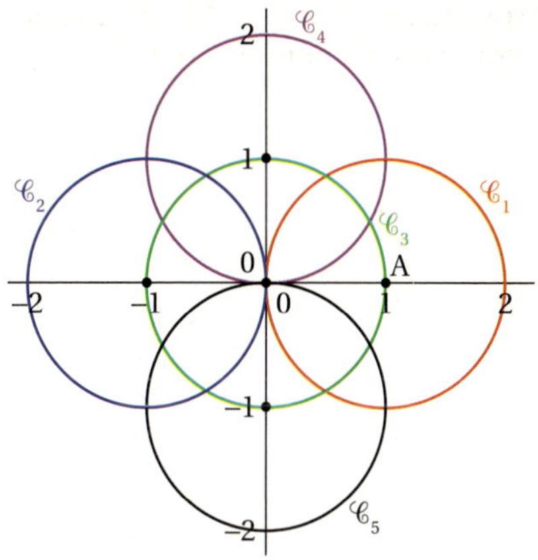

TRAITER UNE QUESTION DE COURS

17 Rappeler les formules d'Al-Kashi puis les démontrer.

18 Formuler une égalité du théorème de la médiane et la démontrer.

19 Montrer que l'équation réduite d'une droite dont un vecteur normal $\vec{n}$ a pour coordonnées $(1 ; m)$ existe et est de la forme $y = -\frac{1}{m}x + p$.

20 On considère trois nombres a, b et c et l'ensemble $\mathscr{C}$ des points M dont les coordonnées $(x ; y)$ sont les solutions de l'équation $x^2 + y^2 - 2ax - 2by + c = 0$.

a. Montrer que $x^2 + y^2 - 2ax - 2by + c = 0 \Leftrightarrow (x-a)^2 + (y-b)^2 = a^2 + b^2 - c$.
b. En déduire la nature de l'ensemble $\mathscr{C}$.

21 En utilisant une formule d'Al-Kashi, démontrer le théorème de Pythagore et sa réciproque.

S'ENTRAÎNER

22 Donner les coordonnées d'un vecteur normal à la droite d'équation $-3x + 2y + 5 = 0$.

23 Donner une équation de la droite passant par $A(5 ; -2)$ et dont un vecteur normal $\vec{n}$ a pour coordonnées $(-4 ; 3)$.

24 Donner une équation de la droite $\mathscr{D}'$ passant par le point $A(-2;3)$ et perpendiculaire à la droite $\mathscr{D}$ d'équation $y = -\frac{1}{2}x + 5$.

25 **a.** Donner une équation du cercle de centre $I(-1;2)$ et de rayon 5.
b. Donner une équation du cercle de centre $I(-5;6)$ et de rayon 2.

26 Donner une équation du cercle de centre $A(4;-1)$ et tangent à l'axe des ordonnées.

27 Donner une équation du cercle de centre $A(-3;-2)$ et tangent à l'axe des abscisses.

28 Considérons le cercle $\mathscr{C}$ dont une équation est $x^2 + y^2 + 6x - 4y + 1 = 0$.
O appartient-il à l'intérieur ou à l'extérieur de $\mathscr{C}$?

Chercher le rayon.

29 L'équation suivante est-elle celle d'un cercle, $9x^2 + (3y-1)^2 = 7$?
Si oui, quel est son centre et son rayon ? Sinon, quelle est la nature de cet ensemble ?

30 Donner une équation du cercle de diamètre [AB] avec $A(1;-2)$ et $B(0;3)$.

31 Les équations suivantes sont-elles des équations de cercle ? Dans l'affirmative, préciser les coordonnées du centre et la longueur du rayon.
a. $x^2 + y^2 + 10x - 4y + 27 = 0$.
b. $x^2 + y^2 - 2x + 2y + 6 = 0$.
c. $x^2 + y^2 + 8x - 2y + 17 = 0$.

On pourra se reporter à la méthode p. 326

32 Donner une équation de la tangente en O au cercle dont une équation est :

$$x^2 + y^2 - 4x + 8y = 0$$

33 On donne un cercle tangent en $A(1;0)$ à l'axe des abscisses et à la droite passant par l'origine et faisant un angle de 60° avec l'horizontale.
a. Pourquoi le point I appartient-il à la bissectrice de l'angle $\widehat{HOA}$?
b. En déduire les coordonnées de I.
c. Déterminer l'équation du cercle.

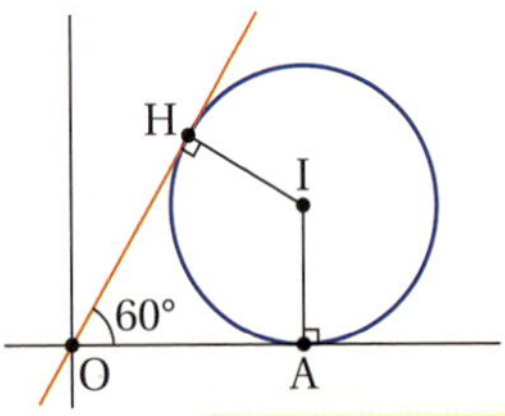

34 On donne un triangle ABC et I le milieu de [BC].
Sachant que $AB = 5$, $AC = 6$, $BC = 7$, calculer la longueur de la médiane AI à 10^{-1} près.

Utiliser la première égalité du théorème de la médiane.

Dans les exercices 35 à 39, on adopte les notations des formules d'Al-Kashi.

35 On donne $a = 12$, $b = 5$, $\widehat{C} = 50°$. Calculer c à 10^{-1} près.

36 On donne $a = 15$, $b = 8$, $c = 13$. Calculer les trois angles à 10^{-1}.

37 Avec les données de l'exercice précédent, calculer la longueur de la médiane issue de A.

38 Connaissant $a = 3$, $b = 5$, et $c = 6$, calculer l'aire du triangle.

On pourra exprimer la hauteur issue de C à l'aide d'un côté et de $\hat{A}$.

39 **a.** Montrer que $\left(\sin \widehat{A}\right)^2 = \dfrac{(a+b+c)(a+b-c)(b+c-a)(c+a-b)}{4b^2c^2}$.

b. Soit p le demi-périmètre du triangle ABC ; on a donc $2p = a+b+c$.

Montrer que $\sin \widehat{A} = \dfrac{2}{bc}\sqrt{p(p-a)(p-b)(p-c)}$.

OBJECTIF BAC

40 Comme dans l'exercice précédent, on note p le demi-périmètre du triangle ABC.

1. a. En utilisant une formule d'Al-Kashi démontrer que :

$$1 + \cos \widehat{A} = \frac{2p(p-a)}{bc} \text{ et } 1 - \cos \widehat{A} = \frac{2(p-b)(p-c)}{bc}$$

b. En déduire la valeur de $\sin \widehat{A}$ en fonction de a, b, c et p.

On doit retrouver la même valeur que dans l'exercice 39 !

2. Démontrer que l'aire du triangle ABC est égale à :

$$\sqrt{p(p-a)(p-b)(p-c)}$$

3. On donne deux triangles, l'un de dimensions en centimètres sont 16, 17 et 18 et l'autre de dimensions 19, 31 et 49.

Quel est celui qui possède l'aire la plus grande ?

41 On considère trois points A, B et tels que $AB = 8$ et $AC = 5$.

1. Quelles sont les valeurs que peut prendre le produit scalaire $\overrightarrow{AB} \cdot \overrightarrow{AC}$?

2. On suppose que $\overrightarrow{AB} \cdot \overrightarrow{AC} = 20$

a. Déterminer la mesure en degrés de l'angle $\widehat{BAC}$.
b. Calculer BC.

On pourra utiliser la relation de Chasles.

3. a. Calculer les produits scalaires $\overrightarrow{CA} \cdot \overrightarrow{CB}$ et $\overrightarrow{BA} \cdot \overrightarrow{BC}$
b. Calculer l'aire du triangle ABC.

42 **1.** Soient $A(-2\,;1)$, $B(0\,;3)$ et $C(4\,;-1)$ trois points du plan.
Trouver les coordonnées de l'orthocentre H du triangle ABC.

2. a. Avec le triangle précédent, trouver les coordonnées du centre I du cercle circonscrit au triangle ABC.
b. Donner une équation de ce cercle.

L'orthocentre d'un triangle est le point de concours de ses hauteurs.
Le centre du cercle circonscrit à un triangle est le point d'intersection de ses médiatrices.

43 On donne une droite d d'équation $ax + by + c = 0$ et un point $A(x_0\,; y_0)$.
L'objectif est de prouver que, H étant le projeté orthogonal de A sur d, on a :

$$AH = \frac{|ax_0 + by_0 + c|}{\sqrt{a^2 + b^2}}$$

1. a. $\overrightarrow{AH}$ est un vecteur normal à d. Montrer qu'il existe $k \in \mathbb{R}$ tel que :

$$\begin{cases} x_H = x_0 + ka \\ y_H = y_0 + kb \end{cases}$$

b. Montrer que $k = \dfrac{-ax_0 - by_0 - c}{a^2 + b^2}$.

2. a. Montrer que $AH = |k|\|\vec{n}\|$.
b. Conclure.

3. Application
On donne la droite d d'équation $y = 2x - 1$ et A le point de coordonnées $(-4\,;3)$
Calculer AH.

SE TESTER

1 Vrai. Car la droite est « horizontale » et le vecteur donné « vertical ».

2 Faux. Le vecteur donné est un vecteur directeur de la droite. Un vecteur normal a pour coordonnées $(3\,;-1)$.

3 Vrai. Car la première est « verticale » et la seconde est « horizontale ».

4 Vrai. Car $AM^2=3 \Leftrightarrow AM=\sqrt{3}$. Il s'agit du cercle de centre A et de rayon $\sqrt{3}$.

5 Vrai. C'est la droite passant par A et dont un vecteur normal est $\overrightarrow{BC}$.

6 Faux. C'est le cercle de diamètre [AB]. En effet, $\overrightarrow{AM}\cdot\overrightarrow{BM}=0$ signifie que l'angle $\widehat{AMB}$ est droit.

7 Faux. L'équation donnée équivaut à $x^2+y^2=-1$ qui n'a pas de solution. Le cercle unité a pour équation $x^2+y^2-1=0 \Leftrightarrow x^2+y^2=1$.

8 Vrai. L'équation équivaut à $OM^2=R^2$, équivalent à $OM=R$.

9 Vrai. Car $AB=2IA$ donc $\frac{1}{2}AB^2=2IA^2$.

10 Vrai. Car dans un triangle la somme des angles est égale à π radians.

	Choix à retenir	Justification
11	c	Le point A n'appartient à aucune des autres droites. Un vecteur directeur est $(-3\,;2)$ et un vecteur normal $(2\,;3)$.
12	b	Un vecteur normal à la perpendiculaire $\mathcal{D}$ est un vecteur directeur de $\mathcal{F}$, donc a des cordonnées proportionnelles à $(-3\,;2)$, par exemple $(3\,;-2)$. De plus, la droite passe par O.
13	b	C'est le seul cercle contenant le point B.
14	b	C'est le seul cercle contenant le point A.
15	c	Un vecteur normal à la perpendiculaire en A est un vecteur directeur de $\mathcal{F}$, donc a des cordonnées proportionnelles à $(-3\,;2)$, par exemple $(3\,;-2)$.Cette perpendiculaire passe par $A(3\,;0)$.

16

Correspondance	Justification
E_1 et $\mathscr{C}_1$	Coordonnées du centre $(1\,;0)$ et rayon 1.
E_2 et $\mathscr{C}_2$	Coordonnées du centre $(-1\,;0)$ et $\mathscr{C}_2$ passe par l'origine.
E_3 et $\mathscr{C}_3$	C'est le cercle unité.
E_4 et $\mathscr{C}_4$	Coordonnées du centre $(0\,;1)$ et $\mathscr{C}_4$ passe par l'origine.

$\mathscr{C}_5$ a pour équation $x^2+(y+1)^2=1$ équivalente à $x^2+y^2+2y=0$.
L'équation E_5 est celle du cercle de centre le point B de coordonnées $(0\,;-1)$ et de rayon 0. On lui associe donc le point B.

TRAITER UNE QUESTION DE COURS

17 Voir les formules et la démonstration dans le paragraphe 2. B du cours.

18 Voir les formules et la démonstration dans le paragraphe 2. A du cours.

19 Le vecteur $\vec{n}$ n'est pas « horizontal » car $1 \neq 0$ donc la droite n'est pas « verticale ». Elle a donc une équation réduite. Une de ses équations est de la forme $1x+my+c=0$ équivalente à $my=-x-c$ équivalente à $y=-\dfrac{1}{m}x-\dfrac{c}{m}$.
Si on pose $p=-\dfrac{c}{m}$, elle est bien de la forme annoncée.

20 **a.** $x^2-2ax=x^2-2ax+a^2-a^2=(x-a)^2-a^2$

et $y^2-2by=y^2-2by+b^2-b^2=(y-b)^2-b^2$.

Donc $x^2+y^2-2ax-2by+c=0 \Leftrightarrow (x-a)^2+(y-b)^2-a^2-b^2+c=0$

$$\Leftrightarrow (x-a)^2+(y-b)^2=a^2+b^2-c.$$

C'est ce qu'il fallait démontrer.

b. Soit I le point de coordonnées $(a\,;b)$. L'égalité précédente équivaut à :
$\text{IM}^2=a^2+b^2-c$.
Alors,

- Si $a^2+b^2-c \geqslant 0$ alors $\mathscr{C}$ est le cercle de centre I et de rayon $\sqrt{a^2+b^2-c}$.
- Si $a^2+b^2-c<0$ alors $\mathscr{C}=\varnothing$.

C'est le point I seul si $a^2+b^2-c=0$.

21 • Supposons que le triangle ABC soit rectangle en A. Alors $\cos\widehat{A} = \cos\frac{\pi}{2} = 0$ et donc $a^2 = b^2 + c^2$ Le théorème de Pythagore est ainsi démontré.

• Réciproquement, supposons que l'on ait $a^2 = b^2 + c^2$. Alors, puisque $a^2 = b^2 + c^2 - 2bc\cos\widehat{A}$, $2bc\cos\widehat{A} = 0$ et donc $\cos\widehat{A} = 0$. Ce qui prouve que $\widehat{A} = 90°$ et par conséquent que le triangle ABC est rectangle en A.
La réciproque du théorème de Pythagore est donc démontrée.

S'ENTRAÎNER

22 Un vecteur normal à la droite a pour coordonnées $(-3;2)$.

À SAVOIR PAR COEUR
Un vecteur normal à la droite d'équation $ax + by + c = 0$ a pour coordonnées $(a;b)$.

23 Un point $M(x;y)$ appartient à la droite si et seulement si $\overrightarrow{AM}\cdot\vec{n} = 0$ donc si et seulement si $(x-5)(-4)+(y+2)\times 3 = 0 \Leftrightarrow -4x+3y+26 = 0$.
C'est l'équation cherchée.

$\vec{u}(x;y)$ et $\vec{u}'(x';y')$
$\Rightarrow \vec{u}\cdot\vec{u}' = xx' + yy'$.

24 Un vecteur directeur $\vec{u}$ de la droite $\mathscr{D}$ a pour coordonnées $(2;-1)$. Le vecteur $\vec{u}$ est donc un vecteur normal à la droite $\mathscr{D}'$.
Un point $M(x;y)$ appartient à la droite $\mathscr{D}'$ si et seulement si $\overrightarrow{AM}\cdot\vec{u} = 0$, c'est-à-dire si et seulement si $2(x+2)-(y-3) = 0$, ou encore $2x - y + 7 = 0$.

25 **a.** Un point $M(x;y)$ appartient au cercle si et seulement si $IM^2 = 25$, c'est-à-dire si $(x+1)^2 + (y-2)^2 = 25$ et, finalement, $x^2 + y^2 + 2x - 4y - 20 = 0$.
b. On trouve de la même façon $(x+5)^2 + (y-6)^2 = 4$ équivalent à : $x^2 + y^2 + 10x - 12y + 57 = 0$.

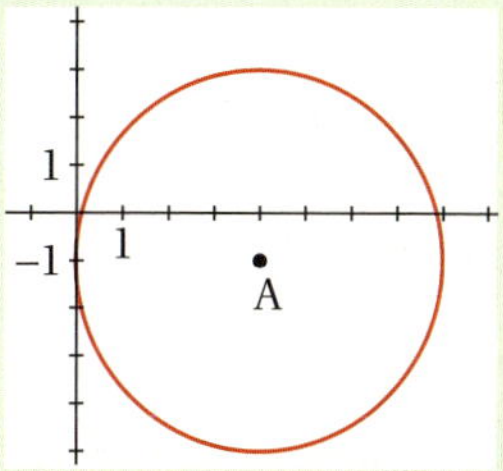

26 Puisque le cercle est tangent à l'axe des ordonnées, son rayon est égal à 4. Donc son équation est de la forme $(x-4)^2 + (y+1)^2 = 16$ équivalant à :

$$x^2 + y^2 - 8x + 2y + 1 = 0.$$

27 Puisque le cercle est tangent à l'axe des abscisses, son rayon est égal à 2. Donc son équation est de la forme $(x+3)^2+(y+2)^2=4$ équivalent à : $x^2+y^2+6x+4y+9=0$.

28 Les coordonnées du centre I du cercle sont $(-3;2)$ et son rayon R est tel que $R^2=a^2+b^2-c=(-3)^2+2^2-1=12$. Comme $\text{IO}^2=13$, $\text{IO}>R$ donc O est à l'extérieur du cercle.

29 L'équation donnée équivaut à :

$9x^2+\left[3\left(y-\frac{1}{3}\right)\right]^2=7$ donc $9x^2+9\left(y-\frac{1}{3}\right)^2=7$ ou $x^2+\left(y-\frac{1}{3}\right)^2=\frac{7}{9}$.

Il s'agit du cercle de centre $\text{I}\left(0;\frac{1}{3}\right)$ et de rayon $\sqrt{\frac{7}{9}}=\frac{\sqrt{7}}{3}$.

30 Un point $\text{M}(x;y)$ appartient au cercle si et seulement si $\overrightarrow{\text{AM}}\cdot\overrightarrow{\text{BM}}=0$. (Un triangle AMB est rectangle en M si et seulement si il s'inscrit dans un cercle de diamètre [AB].) Cela équivaut à $(x-1)x+(y+2)(y-3)=0$ ou encore à $x^2+y^2-x-y-6=0$.

> $\overrightarrow{\text{AM}}$ a pour coordonnés $(x-1;\,y+2)$ et $\overrightarrow{\text{BM}}(x;\,y-3)$.

31 **a.** $(x+5)^2+(y-2)^2=2$: c'est l'équation du cercle de centre $\text{I}(-5;2)$, de rayon $\sqrt{2}$.

b. $(x-1)^2+(y+1)^2=-4$. $-4<0$, donc l'ensemble des points $\text{M}(x;y)$ dont les coordonnées vérifient l'équation est vide.

c. $(x+4)^2+(y-1)^2=0$. Le cercle est réduit au point $\text{I}(-4;1)$.

32 Il est immédiat que le point O appartient au cercle. Le centre I du cercle a pour coordonnées $(2;-4)$. Un point $\text{M}(x;y)$ appartient à la tangente si et seulement si $\overrightarrow{\text{OM}}\cdot\overrightarrow{\text{OI}}=0$, c'est-à-dire si $x-2y=0$. C'est l'équation cherchée.

33 **a.** Puisque IH = IA, le point I est équidistant des deux côtés de l'angle $\widehat{\text{HOA}}$ et donc appartient à la bissectrice de cet angle.

b. La bissectrice fait un angle de 30° avec l'horizontale. Sa pente (ou coefficient directeur) est donc égale à $\tan(30°)=\frac{1}{\sqrt{3}}$.

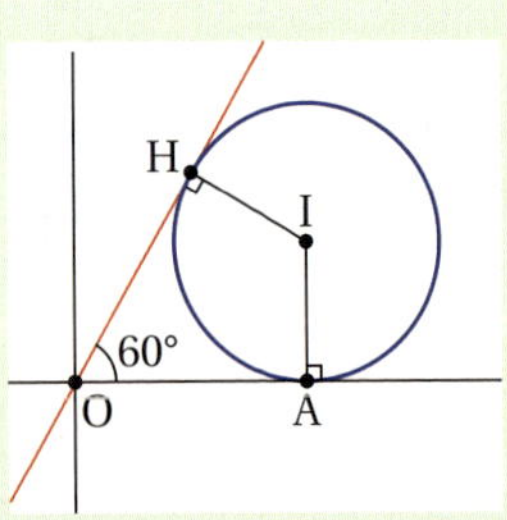

Comme elle passe par l'origine, son équation réduite est $y = \frac{1}{\sqrt{3}}x$.

Les coordonnées de I sont donc $\left(1;\frac{1}{\sqrt{3}}\right)$.

c. Le rayon du cercle est égal à $\frac{1}{\sqrt{3}}$.

Son équation est donc : $(x-1)^2 + \left(y - \frac{1}{\sqrt{3}}\right)^2 = \frac{1}{3} \Leftrightarrow x^2 + y^2 - 2x - \frac{2}{\sqrt{3}}y + 1 = 0$.

34 Le théorème de la médiane conduit à

$AI^2 = \frac{1}{2}AB^2 + \frac{1}{2}AC^2 - \frac{1}{4}BC^2$

et donc $AI^2 = \frac{25}{2} + 18 - \frac{49}{4} \Rightarrow AI^2 = 18,25$.

Finalement $AI \approx 4,3$.

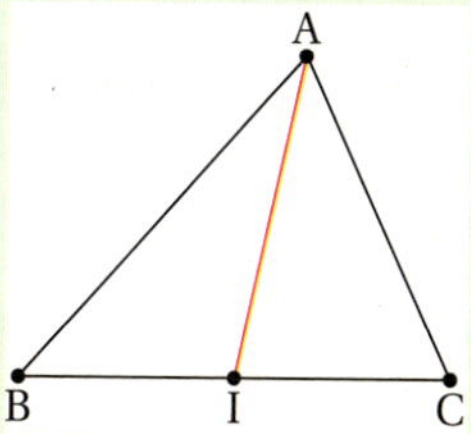

35 En utilisant la relation $c^2 = a^2 + b^2 - 2ac\cos\widehat{C}$, on trouve $c^2 \approx 91,86$ ce qui conduit à $c \approx 9,6$.

36 • On a $a^2 = b^2 + c^2 - 2bc\cos\widehat{A}$ donc :

$\cos\widehat{A} = \frac{b^2 + c^2 - a^2}{2bc} \Rightarrow \cos\widehat{A} \approx 0,107$.

On trouve alors $\widehat{A} \approx 87,8°$.

• De la même façon, $\cos\widehat{B} = \frac{c^2 + a^2 - b^2}{2ca} \Rightarrow \cos\widehat{B} \approx 0,803$. On trouve donc $\widehat{B} \approx 32,2°$. Par conséquent, $\widehat{C} \approx 60°$.

37 D'après la première égalité du théorème de la médiane, on a $AI^2 = \frac{1}{2}c^2 + \frac{1}{2}b^2 - \frac{1}{4}a^2$. On trouve immédiatement $AI^2 = 60,25$, ce qui conduit à $AI \approx 7,8$.

38 Calculons $\sin\widehat{A}$ à partir de $\cos\widehat{A}$:

$\cos\widehat{A} = \frac{b^2 + c^2 - a^2}{2bc} = \frac{13}{15}$.

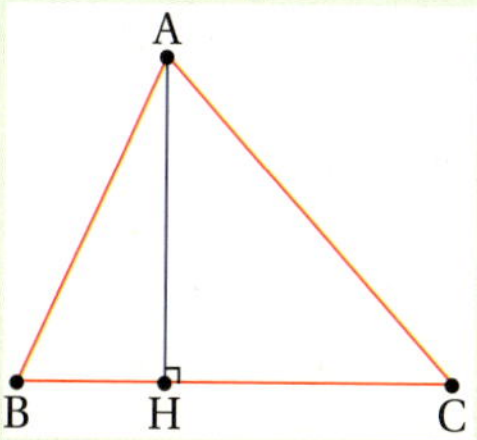

Ainsi $\sin^2\widehat{A}=1-\left(\frac{13}{15}\right)^2=\frac{56}{225}$. Donc $\sin\widehat{A}=\frac{2\sqrt{14}}{15}\simeq 0,5$.

(Le sinus est positif car l'angle $\widehat{A}$ est compris entre 0 et 180°).

La hauteur CH issue de C a pour longueur $AC\sin\widehat{A}=b\sin\widehat{A}$.

L'aire cherchée est donc égale à $\frac{1}{2}cb\sin\widehat{A}\left(\frac{\text{base}\times\text{hauteur}}{2}\right)$ et on trouve ainsi 7,5 unités environ.

39 **a.** On sait que $\left(\sin\widehat{A}\right)^2=1-\left(\cos\widehat{A}\right)^2$.

Or $\cos\widehat{A}=\frac{b^2+c^2-a^2}{2bc}\Rightarrow 1-\left(\cos\widehat{A}\right)^2=1-\frac{\left(b^2+c^2-a^2\right)^2}{4b^2c^2}=\frac{4b^2c^2-\left(b^2+c^2-a^2\right)^2}{4b^2c^2}$.

On reconnaît au numérateur une expression remarquable de la forme x^2-y^2 et ainsi on trouve :

$$\frac{(2bc-(b^2+c^2-a^2))(2bc+(b^2+c^2-a^2))}{4b^2c^2}$$

$$=-\frac{(a^2-(b^2+c^2-2bc))(a^2-(b^2+c^2+2bc))}{4b^2c^2}$$

$$=\frac{-\left(a^2-(b-c)^2\right)\left(a^2-(b+c)^2\right)}{4b^2c^2}.$$

On reconnaît encore x^2-y^2 dans chaque grande parenthèse.
On trouve :

$$\frac{-(a-(b-c))(a+(b-c))(a-(b+c))(a+(b+c))}{4b^2c^2}$$

$$=\frac{(a-b+c)(a+b-c)[-(a-b-c)](a+b+c)}{4b^2c^2}.$$

C'est ce qu'il fallait démontrer.

b. Puisque $\sin\widehat{A}$ est positif (car $\widehat{A}$ est compris entre 0 et 180°) :

$$\sin\widehat{A}=\frac{\sqrt{(a+b+c)(a+b-c)(b+c-a)(c+a-b)}}{2bc}.$$

De plus,
$a+b+c=2p$, $\quad p-a=\frac{b+c-a}{2}$, $\quad p-b=\frac{a+c-b}{2}$, $\quad p-c=\frac{a+b-c}{2}$.

Donc $p(p-a)(p-b)(p-c)=\frac{1}{16}(a+b+c)(a+b-c)(b+c-a)(c+a-b)$.

Ce qui implique :

$$\frac{2}{bc}\sqrt{p(p-a)(p-b)(p-c)}=\frac{2}{bc}\frac{1}{4}\sqrt{(a+b+c)(a+b-c)(b+c-a)(c+a-b)}$$
$$=\frac{1}{2bc}\sqrt{(a+b+c)(a+b-c)(b+c-a)(c+a-b)}=\sin\widehat{A}.$$

C'est ce qu'il fallait démontrer.

OBJECTIF BAC

40 **1.** **a.** On sait que $a^2=b^2+c^2-2bc\cos\widehat{A}$ donc $\cos\widehat{A}=\frac{1}{2bc}(b^2+c^2-a^2)$

Donc :

$$1+\cos\widehat{A}=\frac{2bc+b^2+c^2-a^2}{2bc}=\frac{(b+c)^2-a^2}{2bc}=\frac{(b+c+a)(b+c-a)}{2bc}$$
$$=\frac{2p(2p-2a)}{2bc}=\frac{2p(p-a)}{bc}$$

Ce qu'il fallait démontrer.

On a reconnu l'identité remarquable x^2-y^2 et l'égalité $b+c=2p-a$

On a de même :

$$1-\cos\widehat{A}=\frac{2bc-b^2-c^2+a^2}{2bc}=\frac{a^2-(b-c)^2}{2bc}=\frac{(a+(b-c))(a-(b-c))}{2bc}$$
$$=\frac{(a+b-c)(a-b+c)}{2bc}=\frac{(2p-2c)(2p-2b)}{2bc}=\frac{2(p-c)(p-b)}{bc}$$

Ce qu'il fallait démontrer.

b. Par multiplication membre à membre des deux égalités précédentes :

$$\left(1+\cos\widehat{A}\right)\left(1-\cos\widehat{A}\right)=1-\cos^2\widehat{A}=\sin^2\widehat{A}$$

Donc $\sin^2\widehat{A}=\frac{4p(p-a)(p-b)(p-c)}{(bc)^2}$. Comme $\widehat{A}$ est compris entre 0 et 180 °,

sin A est positif et c'est pourquoi $\sin\widehat{A}=\frac{2}{bc}\sqrt{p(p-a)(p-b)(p-c)}$

On remarque que le produit sous la racine est positif car chaque facteur est positif.

2. L'aire du triangle ABC est égale à $\frac{1}{2}\text{CH}\times\text{AB}=\frac{1}{2}b\sin\widehat{\text{A}}\times c=\frac{1}{2}bc\sin\widehat{\text{A}}$. En remplaçant $\sin\widehat{\text{A}}$ par la valeur trouvée, on obtient la formule désirée après simplification.

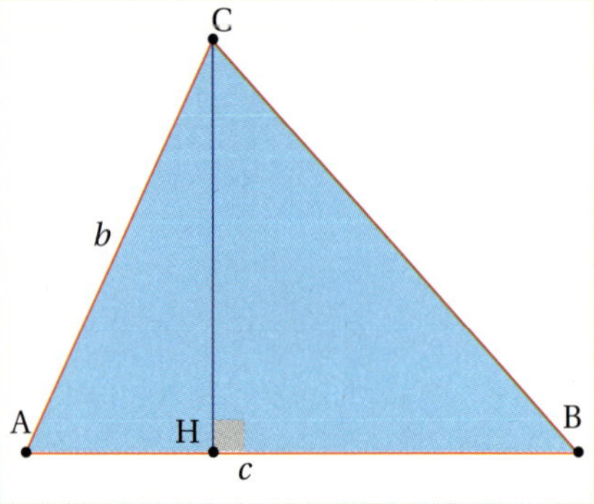

3. On obtient le tableau suivant :

Triangle	a	b	c	p	$p-a$	$p-b$	$p-c$	Aire (arrondie à l'unité)
1	16	17	18	25,5	9,5	8,5	7,5	124
2	19	31	49	49,5	30,5	18,5	0,5	118

C'est donc le triangle 1 qui a l'aire la plus grande.

41 **1.** On sait que $\overrightarrow{\text{AB}}\cdot\overrightarrow{\text{AC}}=\text{AB}\times\text{AC}\cos\widehat{\text{BAC}}=40\cos\widehat{\text{BAC}}$. Or $-1\leqslant\cos\widehat{\text{BAC}}\leqslant 1$.

Il en résulte que : $-40\leqslant\overrightarrow{\text{AB}}\cdot\overrightarrow{\text{AC}}\leqslant 40$.

2. a. $\overrightarrow{\text{AB}}\cdot\overrightarrow{\text{AC}}=40\cos\widehat{\text{BAC}}$ et $\overrightarrow{\text{AB}}\cdot\overrightarrow{\text{AC}}=20$ fournissent $\cos\widehat{\text{BAC}}=\frac{1}{2}$ donc $\widehat{\text{BAC}}=60°$

b. On sait que $\text{BC}^2=\text{AB}^2+\text{AC}^2-2\text{AB}\times\text{AC}\cos\widehat{\text{BAC}}$ donc $\text{BC}^2=64+25-40$ donc $\text{BC}^2=49$.

Par conséquent : $\text{BC}=7$.

3. a. Par la relation de Chasles on a :

$\overrightarrow{\text{CA}}\cdot\overrightarrow{\text{CB}}=\overrightarrow{\text{CA}}\times\left(\overrightarrow{\text{CA}}+\overrightarrow{\text{AB}}\right)=\text{CA}^2-\overrightarrow{\text{AC}}\cdot\overrightarrow{\text{AB}}\Rightarrow\overrightarrow{\text{CA}}\cdot\overrightarrow{\text{CB}}=25-20=5$

Par la relation de Chasles on a :

$\overrightarrow{\text{BA}}\cdot\overrightarrow{\text{BC}}=\left(\overrightarrow{\text{BC}}+\overrightarrow{\text{CA}}\right)\cdot\overrightarrow{\text{BC}}=\text{BC}^2-\overrightarrow{\text{CA}}\cdot\overrightarrow{\text{CB}}\Rightarrow\overrightarrow{\text{BA}}\cdot\overrightarrow{\text{BC}}=49-5=44$

On sait que
$\overrightarrow{\text{CA}}\cdot\overrightarrow{\text{AB}}=-\overrightarrow{\text{AC}}\cdot\overrightarrow{\text{AB}}$
et $\overrightarrow{\text{CA}}\cdot\overrightarrow{\text{BC}}=-\overrightarrow{\text{CA}}\cdot\overrightarrow{\text{CB}}$

b. L'aire du triangle ABC est égale à $\frac{1}{2}\text{BA}\times\text{CH}$ c'est-à-dire $\frac{1}{2}\text{BA}\times\text{AC}\sin\widehat{\text{BAC}}=\frac{1}{2}\times 8\times 5\times\frac{\sqrt{3}}{2}$

L'aire cherchée est donc égale à $10\sqrt{3}$.

$\sin\widehat{\text{BAC}}=\sin 60°=\frac{\sqrt{3}}{2}$

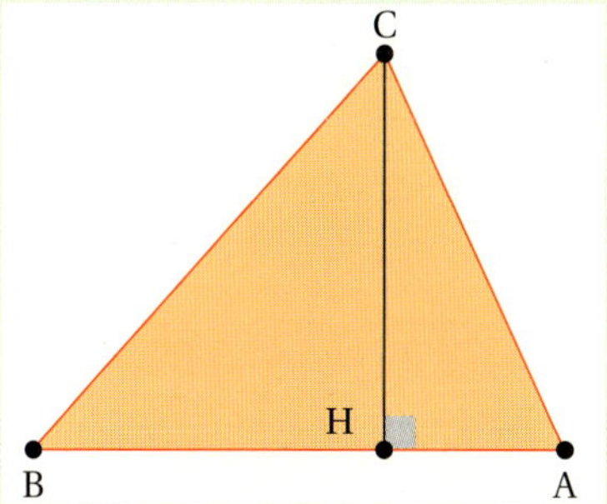

42 **1.** Cherchons des équations de deux hauteurs du triangle.

• Hauteur passant par A : $\overrightarrow{\text{AM}}\cdot\overrightarrow{\text{BC}}=0$, équivaut à $4(x+2)-4(y-1)=0$ ou à $x-y+3=0$. En effet, on a $\overrightarrow{\text{BC}}(4\,;-4)$.

• Hauteur passant par B : $\overrightarrow{\text{BM}}\cdot\overrightarrow{\text{AC}}=0$, équivaut à $6x-2(y-3)=0$ ou à $3x-y+3=0$. En effet, on a $\overrightarrow{\text{AC}}(6\,;-2)$.

La résolution du système $\begin{cases} x-y+3=0 \\ 3x-y+3=0 \end{cases}$ donne $x=0$ et $y=3$ qui sont les coordonnées de H. On remarque que H = B : le triangle est donc rectangle en B.

2. **a.** Trouvons les coordonnées du point d'intersection de deux médiatrices du triangle.

• Médiatrice passant par le milieu I de [AB], de coordonnées (–1 ; 2).

$\overrightarrow{\text{IM}}\cdot\overrightarrow{\text{AB}}=0$, soit $2(x+1)+2(y-2)=0$, ou encore $x+y-1=0$. En effet, on a $\overrightarrow{\text{AB}}(2\,;2)$.

• Médiatrice passant par le milieu J de [BC], de coordonnées $(2;1)$

$$\overrightarrow{JM}\cdot\overrightarrow{BC}=0\text{, soit } 4(x-2)-4(y-1)=0\text{, ou encore } x-y-1=0.$$

La résolution du système $\begin{cases}x+y=1\\x-y=1\end{cases}$ donne $x=1$ et $y=0$ qui sont les coordonnées de I.

Le triangle étant rectangle en B, I est le milieu de l'hypoténuse [AC].

b. Le rayon du cercle circonscrit est égal à la moitié de l'hypoténuse [AC].

Or $AC^2=(4+2)^2+(-1-1)^2=40$ donc $R=\frac{\sqrt{40}}{2}=\sqrt{10}$.

Une équation du cercle circonscrit est donc $(x-1)^2+(y-0)^2=10$ équivalent à $x^2+y^2-2x-9=0$.

43 **1. a.** Un vecteur normal $\vec{n}$ à d a pour coordonnées $(a;b)$.

Il existe un nombre k tel que $\overrightarrow{AH}=k\vec{n}$ et donc $\begin{cases}x_H-x_0=ka\\y_H-y_0=kb\end{cases}$.

C'est ce qu'il fallait démontrer.

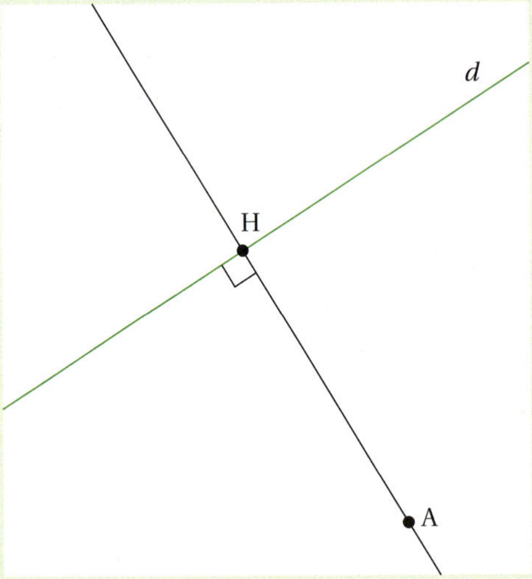

b. Puisque, $\text{H} \in d,\ a(x_0+ka)+b(y_0+kb)+c=0 \Rightarrow k(a^2+b^2)=-ax_0-by_0-c.$
C'est ce qu'il fallait démontrer.

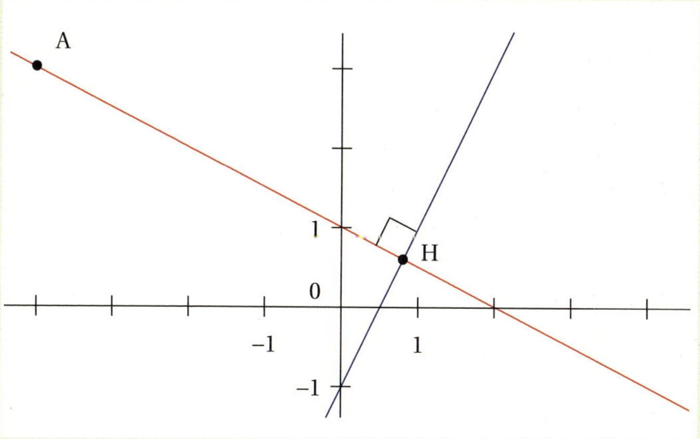

2. a. Puisque $\overrightarrow{\text{AH}}=k\vec{n}$, on trouve $\text{AH}=\left\|\overrightarrow{\text{AH}}\right\|=\|k\vec{n}\|=|k|\|\vec{n}\|$.
C'est ce qu'il fallait démontrer.

Pour tout nombre x, $|x|=|-x|$

b. Puisque $\|\vec{n}\|=\sqrt{a^2+b^2}$,

$$\text{AH}=\left|\frac{-ax_0-by_0-c}{a^2+b^2}\right|\sqrt{a^2+b^2}$$

$$=\frac{|-(ax_0+by_0+c)|}{\left(\sqrt{a^2+b^2}\right)^2}\sqrt{a^2+b^2}=\frac{|ax_0+by_0+c|}{\sqrt{a^2+b^2}}.$$

C'est ce qu'il fallait démontrer.

3. L'équation $y=2x+1$ équivaut à $2x-y+1=0$.
En utilisant le résultat de la question précédente, on trouve :

$$\text{AH}=\frac{|2\times(-4)-3+1|}{\sqrt{2^2+(-1)^2}} \Rightarrow \text{AH}=\frac{10}{\sqrt{5}}=2\sqrt{5}.$$

www.annabac.com

CHAPITRE

12 Trigonométrie

On a vu au Collège et en classe de Seconde que la trigonométrie est l'étude des relations existant entre les longueurs des côtés d'un triangle rectangle et ses angles.
En classe de Première, on utilise le sinus et le cosinus dans des triangles quelconques et on les étudie comme des fonctions à part entière.

Dans toute la suite, on se place dans un repère orthonormé $\left(O\,;\vec{i},\vec{j}\right)$.

1 Introduction

A Le cercle trigonométrique

Définition : Soit $\mathscr{C}$ le cercle de centre O et de rayon 1. Sur $\mathscr{C}$, il existe deux sens de parcours opposés. Par convention, le sens marqué d'une flèche sur la figure s'appelle le **sens trigonométrique**. Ainsi orienté, le cercle unité s'appelle le **cercle trigonométrique**.

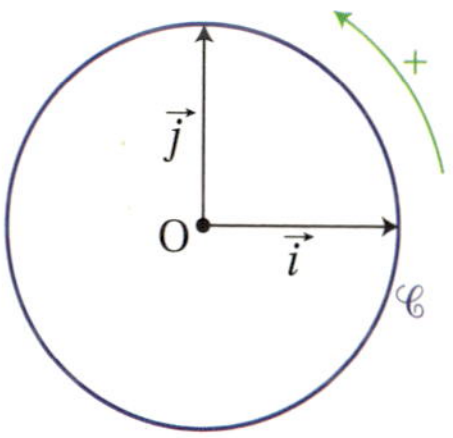

Remarque : Le sens trigonométrique s'appelle aussi le sens direct, ou positif.

Le sens direct est le sens inverse des aiguilles d'une montre. On l'appelle aussi, comme lorsqu'on fait pivoter une photo numérique, le sens antihoraire.

B Mesures en radians d'un angle orienté

Définition : Soit M un point du cercle trigonométrique. Une mesure en radians de l'angle orienté $\left(\vec{i},\overrightarrow{OM}\right)$ est la longueur de l'arc $\overset{\frown}{AM}$ représenté en rouge sur la figure. Cette mesure est notée x.

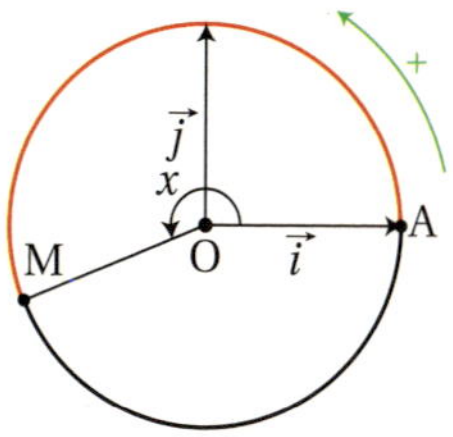

Remarques

L'angle au centre de mesure x radians intercepte un arc de mesure x unités (rappelons qu'on se place dans un repère orthonormé ; une unité de longueur est donc choisie une fois pour toutes).

À SAVOIR
L'abréviation de radian est rad.

Imaginons un fil de longueur x.

• Fixons une extrémité en A et enroulons le fil sur le cercle dans le sens positif. La seconde extrémité se superpose à M. Si le fil a pour longueur $2\pi + x$ et si l'on fixe toujours l'extrémité en A, la seconde extrémité se superpose aussi en M car la longueur du cercle est égale à 2π. Il en va de même pour tout fil de longueur $k2\pi + x$, où $k \in \mathbb{N}$. Par conséquent, l'angle orienté $(\vec{i}, \overrightarrow{OM})$ a une infinité de mesures en radians de la forme $2k\pi + x$ où $k \in \mathbb{N}$.

• Si on parcourt le cercle dans le sens négatif, il faut un fil de longueur $2\pi - x$ pour relier A à M. On convient alors que l'angle orienté $(\vec{i}, \overrightarrow{OM})$ a pour mesure $-(2\pi - x)$ radians, c'est-à-dire $x - 2\pi$ radians. Des fils de longueurs $4\pi - x$, $6\pi - x$, et plus généralement $2k\pi - x$, $k \in \mathbb{N}$, conduisent aux mesures $x - 2k\pi$ radians.

Définition et **théorème**

La mesure principale en radians d'un angle orienté sur le cercle trigonométrique est un nombre de l'intervalle $]-\pi ; \pi]$.

Si on note x cette mesure alors tout nombre de la forme $2k\pi + x$, $k \in \mathbb{Z}$, est encore une mesure de l'angle orienté.

Voici les correspondances usuelles entre mesure en degrés et mesure en radians positive.

$\mathbb{Z}$ est l'ensemble des entiers relatifs : 0 ; 1; –1 ; 2; –2 ...

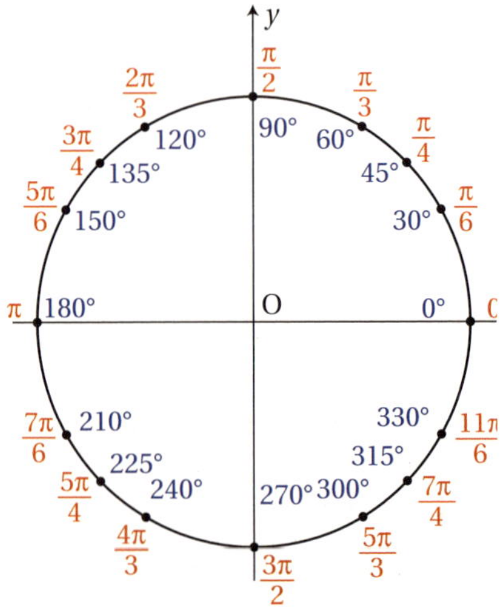

On convertit les mesures en degrés en mesures en radians en utilisant le tableau de proportionnalité suivant :

Mesure en radians	r	π
Mesure en degrés	d	180

Ainsi, $180r = \pi d$. On voit que 180° mesurent le même angle que π rad.

2 Formules simples

A Rappels

Dans les classes précédentes, on a défini le sinus et le cosinus d'un angle aigu.

Cas d'un angle aigu dans un triangle rectangle

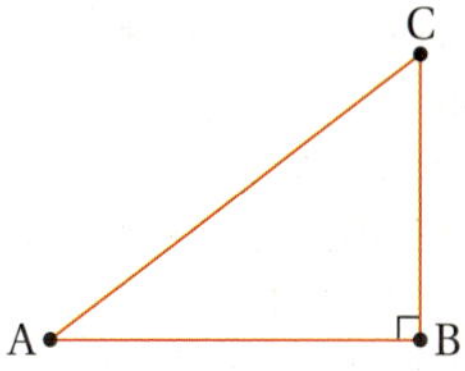

$$\sin \widehat{A} = \frac{\text{côté opposé}}{\text{hypoténuse}} = \frac{CB}{CA}$$

$$\cos \widehat{A} = \frac{\text{côté adjacent}}{\text{hypoténuse}} = \frac{AB}{AC}$$

On définit aussi la tangente d'un angle aigu : $\tan \widehat{A} = \dfrac{\sin \widehat{A}}{\cos \widehat{A}}$.

Valeurs remarquables usuelles

$\widehat{A}$	0	$\frac{\pi}{6}$	$\frac{\pi}{4}$	$\frac{\pi}{3}$	$\frac{\pi}{2}$
$\sin \widehat{A}$	0	$\frac{1}{2}$	$\frac{\sqrt{2}}{2}$	$\frac{\sqrt{3}}{2}$	1
$\cos \widehat{A}$	1	$\frac{\sqrt{3}}{2}$	$\frac{\sqrt{2}}{2}$	$\frac{1}{2}$	0

Pour tout réel a,
$\cos^2(a) + \sin^2(a) = 1$
$-1 \leqslant \cos(a) \leqslant 1$
$-1 \leqslant \sin(a) \leqslant 1$

Cas général

Soit M un point du cercle trigonométrique de coordonnées $(x_M ; y_M)$.

Soit a la mesure en radians de l'angle orienté $(\vec{i}, \overrightarrow{OM})$. Alors : $\cos(a) = x_M$ et $\sin(a) = y_M$

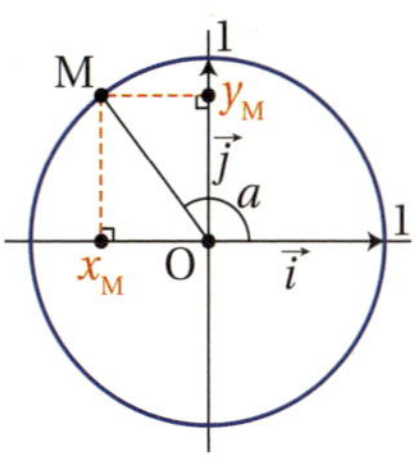

Remarques

1. On peut écrire également cos a et sin a (sans parenthèses).

2. Sur la figure, on peut voir le signe de cos a et sin a en fonction de la place de M dans les différents quadrants.

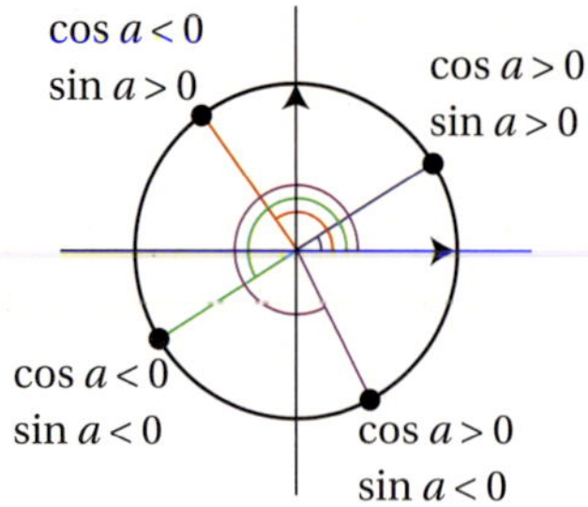

B Les formules

Avec 2π et l'opposé

Formule	Interprétation
$\cos(2\pi + a) = \cos(a)$ $\sin(2\pi + a) = \sin(a)$	Sur le cercle trigonométrique, les nombres a et $2\pi + a$ mesurent le même angle en radians. En effet, les deux points correspondant occupent la même place.
$\cos(-a) = \cos a$ $\sin(-a) = -\sin(a)$	$x_M = x_{M'}$ et $y_M = -y_{M'}$ Les points correspondant à a et $-a$ sont symétriques par rapport à l'axe des abscisses. 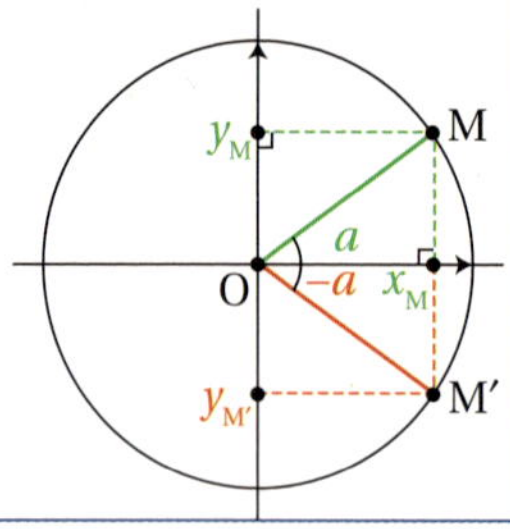

Avec π

Formule	Interprétation
$\cos(\pi + a) = -\cos(a)$ $\sin(\pi + a) = -\sin(a)$	$x_{M'} = -x_M$ et $y_{M'} = -y_M$ Les points correspondant à a et $\pi + a$ sont symétriques par rapport à O. 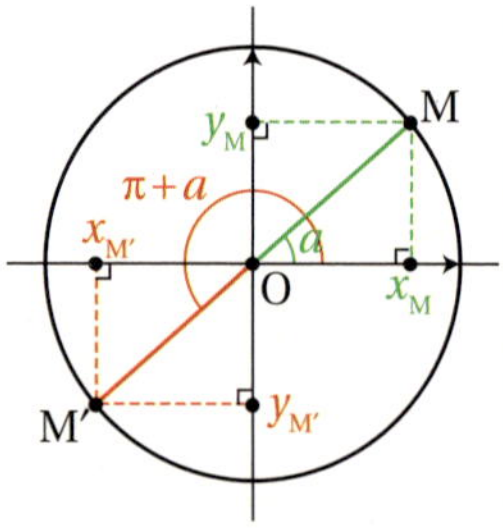

$\cos(\pi - a) = -\cos a$ $\sin(\pi - a) = \sin(a)$	$x_M = -x_{M'}$ et $y_M = y_{M'}$ Les points correspondant à a et $\pi - a$ sont symétriques par rapport à l'axe des ordonnées. 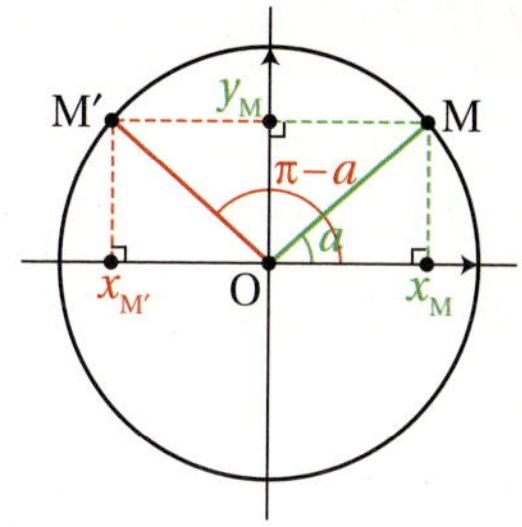

Avec $\frac{\pi}{2}$

Formule	Interprétation
$\cos\left(\frac{\pi}{2} + a\right) = -\sin(a)$ $\sin\left(\frac{\pi}{2} + a\right) = \cos(a)$	$x_{M'} = -y_M$ et $y_{M'} = x_M$ 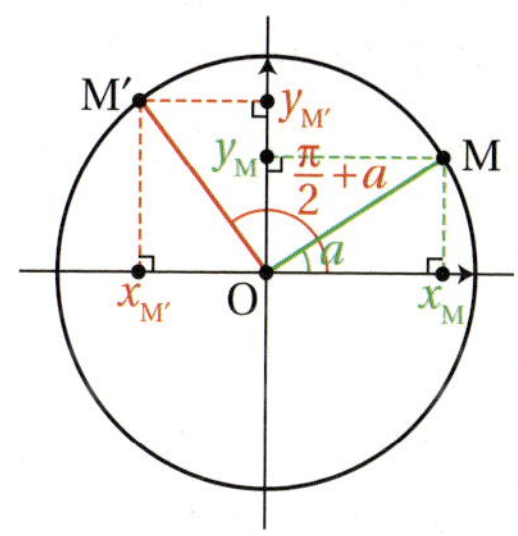
$\cos\left(\frac{\pi}{2} - a\right) = \sin(a)$ $\sin\left(\frac{\pi}{2} - a\right) = \cos(a)$	$x_M = y_{M'}$ ct $y_M = x_{M'}$ 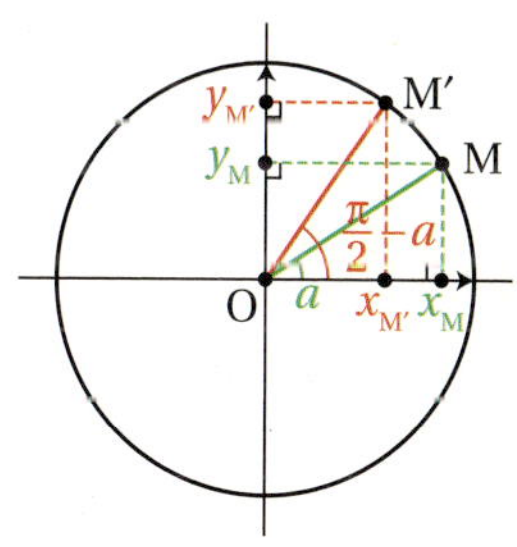

POUR RETENIR LA FORMULE

Les angles dont les mesures en radians sont a et $\frac{\pi}{2} - a$ sont complémentaires car leur somme est égale à $\frac{\pi}{2}$. Le cosinus de l'un est égal au sinus de l'autre, et vice-versa. Les deux dernières égalités sont la traduction de cette propriété.

3 Formules d'addition

A La formule de base

Théorème : Pour tous nombres a et b,

$$\cos(a-b)=\cos(a)\cos(b)+\sin(a)\sin(b)$$

Démonstration : Les coordonnées de A et B sont respectivement $(\cos(a)\,;\,\sin(a))$ et $(\cos(b)\,;\,\sin(b))$. Donc $\overrightarrow{OA}\cdot\overrightarrow{OB}=\cos(a)\cos(b)+\sin(a)\sin(b)$.

> **RAPPEL**
> Dans un repère orthonormé $\left(O\,;\vec{i},\vec{j}\right)$, le produit scalaire des vecteurs $\vec{u}\,(x\,;y)$ et $\vec{u}'(x'\,;y')$ est égal à $xx'+yy'$.

D'autre part, $\overrightarrow{OA}\cdot\overrightarrow{OB}=OA\times OB\cos\widehat{AOB}$.
Or $OA=OB=1$ car A et B appartiennent au cercle trigonométrique. Donc $\overrightarrow{OA}\cdot\overrightarrow{OB}=\cos\widehat{AOB}$.
Sur la figure, en admettant que
$\widehat{AOB}=\left(\vec{i},\overrightarrow{OB}\right)-\left(\vec{i},\overrightarrow{OA}\right)$,
on constate que $\widehat{AOB}=b-a$.
Donc, $\overrightarrow{OA}\cdot\overrightarrow{OB}=\cos(b-a)$.
Enfin, comme $\cos(b-a)=\cos(a-b)$, on en déduit que :
$\cos(a-b)=\overrightarrow{OA}\cdot\overrightarrow{OB}=\cos(a)\cos(b)+\sin(a)\sin(b)$.
C'est ce qu'il fallait démontrer.

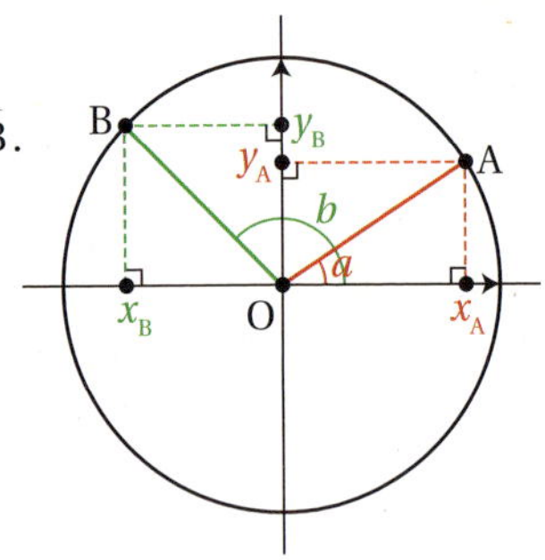

B Conséquences immédiates

Théorème : Pour tous réels a et b :

$$\cos(a+b)=\cos(a)\cos(b)-\sin(a)\sin(b)$$
$$\sin(a+b)=\sin(a)\cos(b)+\sin(b)\cos(a)$$
$$\sin(a-b)=\sin(a)\cos(b)-\sin(b)\cos(a)$$

Démonstration

1. $\cos(a+b)=\cos(a-(-b))=\cos(a)\cos(-b)+\sin(a)\sin(-b)$
$\qquad\qquad=\cos(a)\cos(b)-\sin(a)\sin(b)$.

Cela résulte de la formule de base et de l'expression du cosinus et du sinus de l'opposé (voir paragraphe 2. B).

2. $\sin(a+b)=\cos\left(\frac{\pi}{2}-(a+b)\right)=\cos\left(\frac{\pi}{2}-a-b\right)$

$=\cos\left(\frac{\pi}{2}-a\right)\cos(b)+\sin\left(\frac{\pi}{2}-a\right)\sin(b)$

$=\sin(a)\cos(b)+\cos(a)\sin(b).$

On a utilisé les formules du paragraphe 2 B.
C'est ce qu'il fallait démontrer.

3. En utilisant la formule précédente, on obtient :

$\sin(a-b)=\sin(a+(-b))=\sin(a)\cos(-b)+\sin(-b)\cos(a)$

$=\sin(a)\cos(b)-\sin(b)\cos(a).$

C'est ce qu'il fallait démontrer.

C Formules de duplication

Théorème : Pour tout $a\in\mathbb{R}$,

$$\cos(2a)=\cos^2(a)-\sin^2(a)=2\cos^2(a)-1=1-2\sin^2(a)$$
$$\sin(2a)=2\sin(a)\cos(a)$$

Démonstration : D'après les formules précédentes, on a :

1. $\cos(2a)=\cos(a+a)=\cos(a)\cos(a)-\sin(a)\sin(a)$

$=\cos^2(a)-\sin^2(a).$

De plus, $\sin^2(a)=1-\cos^2(a)$ donc :

$\cos(2a)=\cos^2(a)-1+\cos^2(a)=2\cos^2(a)-1.$

$\cos^2(a)=\sin^2(a)=1$

De même, $\cos^2(a)=1-\sin^2(a)$ donc :

$\cos(2a)=1-\sin^2(a)-\sin^2(a)=1-2\sin^2(a).$

C'est ce qu'il fallait démontrer.

2. $\sin(2a)=\sin(a+a)=\sin(a)\cos(a)+\sin(a)\cos(a)=2\sin(a)\cos(a).$

C'est ce qu'il fallait démontrer.

Corollaire : Pour tout $a\in\mathbb{R}$:

$$\cos^2 a=\frac{1+\cos 2a}{2} \quad \text{et} \quad \sin^2 a=\frac{1-\cos 2a}{2}$$

Démonstration : Ces deux égalités découlent de :

$2\cos^2 a=1+\cos 2a$ et $2\sin^2 a=1-\cos 2a.$

4 Équations trigonométriques

Théorème

1. Soit c un nombre réel. Considérons l'équation d'inconnue x :

$$\cos(x) = c.$$

• Si $c \in [-1\,;1]$ alors l'équation a une infinité de solutions. Si a est l'une d'elles alors $-a$ en est une autre.
Toute solution est de la forme $a + 2k\pi$ ou $-a + 2k\pi$, où $k \in \mathbb{Z}$.
• Si $c \notin [-1\,;1]$ l'équation n'a pas de solution.

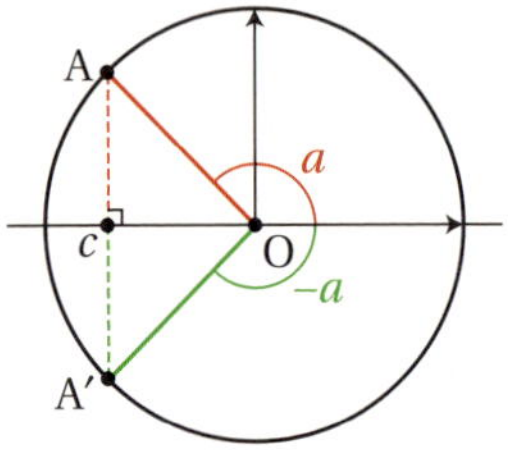

2. Soit s un nombre réel. Considérons l'équation d'inconnue x :

$$\sin(x) = s.$$

• Si $s \in [-1\,;1]$ alors l'équation a une infinité de solutions. Si a est l'une d'elles alors $\pi - a$ en est une autre.
Toute solution est de la forme $a + 2k\pi$ ou $\pi - a + 2k\pi$, où $k \in \mathbb{Z}$.
• Si $s \notin [-1\,;1]$, l'équation n'a pas de solution.

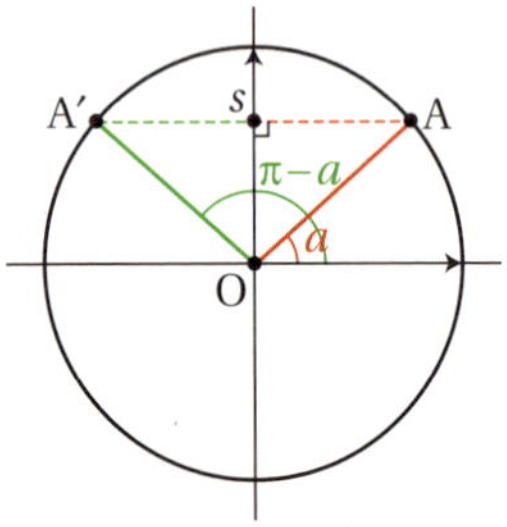

Ce théorème se comprend facilement en observant les figures et en se rappelant que le cosinus et le sinus d'un nombre sont compris entre −1 et 1.

Lire un algorithme

ÉNONCÉ

1 Interpréter l'algorithme suivant.

```
DEBUT_ALGORITHME
        POUR k ALLANT_DE 2 A 6
                DEBUT_POUR
                SI (k< >5) ALORS
                DEBUT_SI
                        c PREND_LA_VALEUR cos (pi/k)
                        s PREND_LA_VALEUR sin (pi/k)
                        AFFICHER "cos(pi/" k ") : " c
                        AFFICHER "sin(pi/" k ") : " s
                FIN_SI
                FIN_POUR
FIN_ALGORITHME
```

2 Qu'affiche le programme ?

MÉTHODE

▶ Le symbole « < > » signifie « différent ».
▶ Le nombre pi s'écrit en toutes lettres.
▶ L'instruction « Pour » signifie que le nombre k doit prendre toutes les valeurs entières de 2 à 6, 2 et 6 compris.
▶ Les textes entre guillemets sont ce que l'on appelle des commentaires, ils seront affichés tels quels ; l'instruction d'affichage d'une variable produit l'affichage du *contenu* de la variable.

CORRIGÉ

1 La variable k prend toutes les valeurs entières de 2 à 6.
Si la valeur est différente de 5 alors $\cos\frac{\pi}{k}$ est stocké dans la variable c et $\sin\frac{\pi}{k}$ est stocké dans la variable s. Sont affichés alors les messages « $\cos\frac{\pi}{k} : c$ » et « $\sin\frac{\pi}{k} : s$ » avec les valeurs de k, c et s que ces variables contiennent au moment où l'affichage est demandé.

2 Le programme décrit dans l'algorithme affiche les valeurs calculées par l'ordinateur de $\cos x$ et $\sin x$ pour les valeurs de x suivantes : $\frac{\pi}{2}, \frac{\pi}{3}, \frac{\pi}{4}, \frac{\pi}{6}$:

```
***Algorithme lancé***
cos(pi/3) : 0.5
sin(pi/3) : 0.8660254
cos(pi/4) : 0.70710678
sin(pi/4) : 0.70710678
cos(pi/6) : 0.8660254
sin(pi/6) : 0.5
***Algorithme terminé***
```

Résoudre une équation trigonométrique

ÉNONCÉ

1 Résoudre dans $\mathbb{R}$ l'équation $\sin x = -\frac{1}{2}$ et représenter les solutions principales sur le cercle trigonométrique.

2 Résoudre dans $\left[-\frac{3\pi}{2} ; \frac{\pi}{2}\right[$ l'équation $\cos x = 0{,}4$ puis placer sur le cercle trigonométrique les valeurs des solutions à 10^{-2} près.

MÉTHODE

1 Il s'agit de trouver un nombre a tel que $\sin a = -\frac{1}{2}$ puis d'utiliser les résultats du paragraphe 3. Les solutions principales sont les mesures principales en radians des angles correspondant aux solutions.

2 On demande de résoudre l'équation dans un certain intervalle, et non dans $\mathbb{R}$ comme à la question précédente. Il est nécessaire d'utiliser la calculatrice pour trouver un nombre a tel que $\cos a = 0{,}4$. Remarquer que l'intervalle $\left[-\frac{3\pi}{2} ; \frac{\pi}{2}\right[$ a pour longueur 2π.

CORRIGÉ

1 On sait que $\sin\left(-\frac{\pi}{6}\right) = -\frac{1}{2}$.

On en déduit que l'équation proposée est équivalente à $\sin x = \sin\left(-\frac{\pi}{6}\right)$.

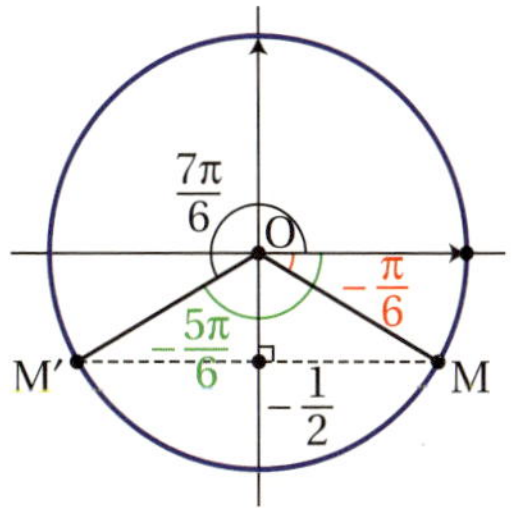

Il en résulte que toutes les solutions sont de la forme $\frac{\pi}{6}+2k\pi$ et $\pi-\left(-\frac{\pi}{6}\right)+2k\pi$ c'est-à-dire $\frac{7\pi}{6}+2k\pi$, k étant un entier relatif.

On peut aussi écrire la deuxième série de solutions sous la forme $-\frac{5\pi}{6}+2k\pi$.
En effet, $-\frac{5\pi}{6}=\frac{7\pi}{6}-2\pi$.

2 Notons a un réel de $\left[-\frac{3\pi}{2};\frac{\pi}{2}\right[$ tel que $\cos a=0{,}4$. L'équation proposée équivaut à $\cos x=\cos a$. Il en résulte que $x=a$ ou $x=-a$.

On trouve $a\approx 1{,}16$. Sachant que $-\frac{3\pi}{2}\approx -4{,}71$ et $\frac{\pi}{2}\approx 1{,}57$ cette valeur et son opposé conviennent.

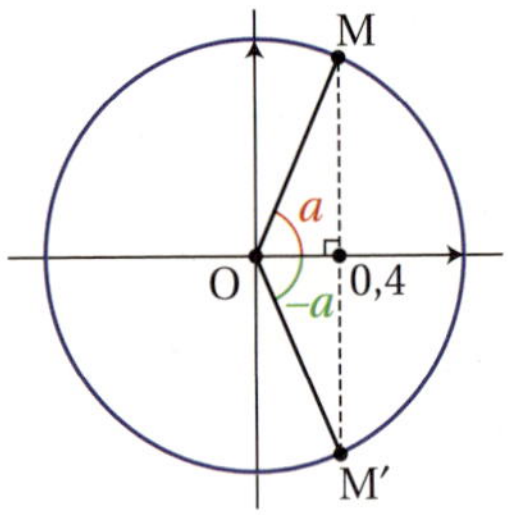

Les solutions de l'équation proposée sont donc a et $-a$.

Dans toute la suite, on se place dans un repère orthonormé $\left(O ; \vec{i}, \vec{j}\right)$.

SE TESTER QUIZ

1 Sur le cercle trigonométrique, le nombre 2π se place au point de coordonnées $(1;0)$.

☐ **a.** Vrai ☐ **b.** Faux

2 Les sinus de deux nombres opposés sont opposés.

☐ **a.** Vrai ☐ **b.** Faux

3 Si deux angles sont supplémentaires alors leurs cosinus sont opposés.

☐ **a.** Vrai ☐ **b.** Faux

4 Si deux angles sont complémentaires alors le sinus de l'un est égal au cosinus de l'autre.

☐ **a.** Vrai ☐ **b.** Faux

5 Si $\sin a = \sin b$ alors on a nécessairement $a = b$.

☐ **a.** Vrai ☐ **b.** Faux

6 L'équation $\cos x = 0$ n'a qu'une seule solution.

☐ **a.** Vrai ☐ **b.** Faux

7 L'équation $\sin 2x = 2\sin x$ n'a pas de solution.

☐ **a.** Vrai ☐ **b.** Faux

8 Soit m un nombre donné. L'équation d'inconnue x, $\cos x = m$, admet une infinité de solutions quelle que soit la valeur de m.

☐ **a.** Vrai ☐ **b.** Faux

TRAITER UNE QUESTION DE COURS

9 Connaissant la formule $\cos(a-b) = \cdots$ (à compléter), développer $\sin(a-b)$.

10 Démontrer que, pour tout $x \in \mathbb{R}$ et tout $k \in \mathbb{Z}$,

a. $\sin((2k+1)\pi + x) = -\sin x$ **b.** $\sin((2k+1)\pi - x) = \sin x$

11 Démontrer que, pour tout $x \in \mathbb{R}$ et tout $k \in \mathbb{Z}$,

a. $\cos((2k+1)\pi + x) = -\cos x$ **b.** $\cos((2k+1)\pi - x) = -\cos x$

S'ENTRAÎNER

Dans les exercices 12 à 17, écrire les expressions en fonction de $\sin x$ et de $\cos x$.

Ces exercices sont à rapprocher des exercices 10 et 11.

12 a. $\sin(5\pi + x)$ b. $\sin(8\pi - x)$
c. $\cos(3\pi - x)$ d. $\cos(x - 6\pi)$

13 a. $\cos\left(\frac{3\pi}{2} + x\right)$ b. $\sin\left(\frac{5\pi}{2} - x\right)$
c. $\cos\left(x - \frac{7\pi}{2}\right)$ d. $\sin\left(x + \frac{3\pi}{2}\right)$

14 $\sin(x + \pi) + \sin(x + 2\pi) + \sin(x - \pi) + \sin(x - 3\pi)$

15 $\cos(x + \pi) + \cos(x + 2\pi) + \cos(x - \pi) + \cos(x - 3\pi)$

16 $\sin\left(x + \frac{\pi}{2}\right) + \cos(x + \pi) + \sin\left(x - \frac{3\pi}{2}\right) + \cos(x - 2\pi)$

17 $\sin\left(\frac{3\pi}{2} + x\right) + \cos\left(\frac{19\pi}{2} - x\right) - \sin(9\pi + x) + \cos(7\pi - x)$

Il s'agit de trouver les mesures appartenan à $]-\pi\,;\pi]$

18 Trouver les mesures principales des angles suivants.

a. $2\,011\pi$ b. $-\frac{86\pi}{3}$ c. $\frac{314\pi}{7}$

Pour les exercices ci-dessous, on pourra utiliser le tableau de proportionnalité du paragraphe 1 B, notamment l'équivalence de 180° et π radians.

19 Dans le tableau ci-dessous, il y a cinq mesures d'angles en radians et cinq mesures en degrés.
Associer chaque mesure en radians à une mesure en degrés mesurant le même angle. À la fin, il restera une mesure de chaque unité sans ami.

Mesure en radians	$\frac{\pi}{24}$	$\frac{12\pi}{5}$	$\frac{5\pi}{18}$	$\frac{5\pi}{12}$	$\frac{7\pi}{12}$
Mesure en degrés	432	105	7,5	50	135

20 Dans le tableau suivant, il y a six mesures d'angles en degrés et six mesures en radians.

Associer chaque mesure en radians à une mesure en degrés mesurant le même angle.
À la fin, il restera une mesure de chaque unité sans ami.

Mesure en degrés	1 080	15	72	36	150	12
Mesure en radians	$\frac{\pi}{5}$	6π	$\frac{\pi}{15}$	$\frac{\pi}{12}$	$\frac{5\pi}{12}$	$\frac{5\pi}{6}$

Soit k un entier relatif.
Placer sur le cercle trigonométrique tous les points associés à chacun des nombres suivants.

21 a. $\frac{\pi}{3}+k2\pi$ b. $\frac{\pi}{6}+k\frac{\pi}{2}$

22 a. $-\frac{\pi}{4}+k\frac{\pi}{3}$ b. $\frac{\pi}{10}+k\frac{2\pi}{5}$

23 Placer les points M suivants puis donner la valeur exacte de leurs coordonnées.
a. $OM=2,\ \theta=\frac{\pi}{6}$ b. $OM=1,\ \theta=\frac{3\pi}{4}$ c. $OM=3,\ \theta=-\frac{\pi}{3}$

24 Calculer OM et θ dans les cas suivants où on connaît les coordonnées de M.
a. $M(-5;0)$ b. $M(1;\sqrt{3})$ c. $M\left(\frac{\sqrt{6}}{2};\frac{\sqrt{2}}{2}\right)$

Dans la suite, on appelle θ l'angle $\left(\vec{i},\ \overrightarrow{OM}\right)$.

25 Calculer à 10^{-1} près les coordonnées des points M connaissant OM et θ.
a. $OM=3\ ;\ \theta=15°$ b. $OM=2\ ;\ \theta=\frac{4\pi}{5}$ rad c. $OM=5\ ;\ \theta=-40°$

26 Calculer à 10^{-1} près en degré une mesure de l'angle θ dans les cas suivants où l'on connaît les coordonnées de M.
a. $M(5;2)$ b. $M(6;-2)$ c. $M(-3;-1)$

27 Sachant que $\cos\frac{\pi}{8}=\frac{\sqrt{2+\sqrt{2}}}{2}$,
calculer les valeurs exactes de $\sin\frac{\pi}{16}$ et $\cos\frac{\pi}{16}$.

Utiliser les formules de duplication p. 353.

28 **1. a.** Écrire $\sin(a+b)-\sin(a-b)$ sous forme d'un produit.

b. Même question avec $\sin(a+b)+\sin(a-b)$.

2. a. Écrire $\cos(a+b)-\cos(a-b)$ sous forme d'un produit.

b. Même question avec $\cos(a+b)+\cos(a-b)$.

29 Démontrer les égalités suivantes, pour tout réel x.

a. $\sqrt{2}\cos\left(x-\frac{\pi}{4}\right)=\sin x+\cos x$

b. $\sqrt{2}\sin\left(x-\frac{\pi}{4}\right)=\sin x-\cos x$

30 Démontrer les égalités suivantes, pour tout réel x.

a. $2\cos\left(x+\frac{\pi}{3}\right)=\cos x-\sqrt{3}\sin x$

b. $2\sin\left(x+\frac{\pi}{3}\right)=\sin x+\sqrt{3}\cos x$

31 Trouver les réels x de l'intervalle $[0\,;2\pi[$ tels que :

$\sin 4x\cos x-\sin x\cos 4x=\frac{\sqrt{3}}{2}$

Penser au développement de $\sin(a-b)$.

32 Calculer $\sin 2x$ dans les cas suivants.

a. $\sin x=\frac{1}{3}$ et $x\in\left]-\frac{\pi}{2}\,;\frac{\pi}{2}\right[$ **b.** $\cos x=-\frac{2}{3}$ et $x\in\left]\pi\,;\frac{3\pi}{2}\right[$

Bien examiner les signes de $\cos x$ et $\sin x$.

33 Résoudre sur $]-\pi\,;\pi[$.

a. $\sin x=\frac{\sqrt{3}}{2}$ **b.** $\cos x=\frac{1}{2}$

34 Calculer $\cos 2x$ dans les cas suivants.

a. $\cos x=\frac{3}{5}$ **b.** $\sin x=-\frac{5}{6}$

35 Soit x le réel de $\left]0\,;\frac{\pi}{2}\right[$ tel que $\cos x=\frac{\sqrt{6}+\sqrt{2}}{4}$.

Calculer $\cos 2x$ et en déduire x.

36 Soit x le réel de $\left]0\,;\frac{\pi}{2}\right[$ tel que $\sin x=\frac{\sqrt{5}-1}{4}$.

Calculer $\sin 2x$ et $\cos 2x$.

Dans les exercices 37 et 38, on pourra écrire $a+b+c=(a+b)+c$.

37 **a.** Développer $\cos(a+b+c)$ en une somme algébrique de produits et en déduire l'expression de $\cos 3a$ en fonction de $\cos a$.
b. Développer $\sin(a+b+c)$ en une somme algébrique de produits et en déduire l'expression de $\sin 3a$ en fonction de $\sin a$.

38 Exprimer $\cos^2 x - 2\sin x \cos x - 5\sin^2 x$ en fonction de $\sin 2x$ et $\cos 2x$.

39 Exprimer en fonction de $\sin 2x$:
a. $(\cos x + \sin x)^2$ **b.** $\cos^4 x + \sin^4 x$

Développer $(\sin^2 x + \cos^2 x)^2$.

40 Prouver que $\cos^4 x = \frac{1}{4} + \frac{1}{2}\cos 2x + \frac{1}{8}\cos 4x$.

41 Résoudre les équations suivantes en utilisant les résultats de l'exercice 29.
a. $\sin x + \cos x = 1$
b. $\sin x - \cos x = \sqrt{2}$

On pourra partir de $\cos^2 x = \frac{1+\cos 2x}{2}$.

Dans les exercices 42 à 44, résoudre les équations proposées.

42 **a.** $\sin\left(x - \frac{\pi}{4}\right) = \sin\left(\frac{3\pi}{4} + x\right)$ **b.** $\cos x = \sin x$

43 **a.** $\sin 2x = \sin\left(x - \frac{2\pi}{3}\right)$ **b.** $\sin x = \cos\left(2x - \frac{\pi}{3}\right)$

$\cos^2 x - \sin^2 x = \cos 2x$ et $2\cos^2 x - 1 = \cos 2x$.

44 **a.** $\cos^2 x - \sin^2 x = \cos 3x$ **b.** $2\cos^2 x - \sin x - 1 = 0$

45 Développer $\cos\left(x + \frac{\pi}{3}\right)$ et en déduire les solutions de l'équation :

$$\cos x - \sqrt{3}\sin x = \sqrt{2}$$

46 Résoudre $2\sin^2 x - 3\sin x + 1 = 0$.

Faire un changement de variable.

47 Démontrer que les deux systèmes suivants ont les mêmes couples $(x\,;y)$ solution.

$$\begin{cases} \sin x \cos y = \frac{3}{4} \\ \cos x \sin y = \frac{1}{4} \end{cases} \quad \text{et} \quad \begin{cases} \sin(x+y) = 1 \\ \sin(x-y) = \frac{1}{2} \end{cases}$$

OBJECTIF BAC

48 Dans le plan muni d'un repère orthonormé $(O\,;\vec{i},\vec{j})$, on considère le point A du cercle $\mathscr{C}$ de centre O et de rayon 1 tel que $(\vec{i},\overrightarrow{OA})=\dfrac{\pi}{4}$.

1. Placer le point A et construire le triangle équilatéral ABC inscrit dans le cercle $\mathscr{C}$ de telle sorte que le point B soit au-dessus de l'axe des abscisses.

2. Sachant que $\cos\left(\dfrac{\pi}{6}\right)=\cos\left(2\dfrac{\pi}{12}\right)$, démontrer que :

$$\cos\left(\frac{\pi}{12}\right)=\frac{(\sqrt{3}+1)\sqrt{2}}{4} \quad \text{et} \quad \sin\left(\frac{\pi}{12}\right)=\frac{(\sqrt{3}-1)\sqrt{2}}{4}$$

3. a. Déterminer les mesures principales en radians des angles $(\vec{i},\overrightarrow{OB})$ et $(\vec{i},\overrightarrow{OC})$.

b. En déduire les valeurs exactes des coordonnées des points B et C en fonction de $\sqrt{3}$ et $\sqrt{2}$.

4. Hachurer la partie du plan composée des points M tels que $OM\leqslant 1$ et $\dfrac{\pi}{4}\leqslant(\vec{i},\overrightarrow{OM})\leqslant\dfrac{11\pi}{12}$.

49 Le but de ce problème est d'exprimer, lorsque la valeur de a le permet, $\cos a$, $\sin a$ et $\tan a$ en fonction de $t=\tan\dfrac{a}{2}$.

> On rappelle que, pour tout $x\neq\dfrac{\pi}{2}+k\pi\,(k\in\mathbb{Z})$, $\tan x=\dfrac{\sin x}{\cos x}$.

a. Démontrer que, pour tout $x\neq\dfrac{\pi}{2}+k\pi$, $\dfrac{1}{\cos^2 x}=1+\tan^2 x$.

b. Pour quelles valeurs de a, les nombres $\tan a$ et $\tan\dfrac{a}{2}$ existent-ils simultanément ?

Dans toute la suite, on suppose la condition précédente réalisée.

c. Exprimer $\sin a$ et $\cos a$ en fonction de $\sin\left(\dfrac{a}{2}\right)$ et $\cos\left(\dfrac{a}{2}\right)$.

d. En déduire les expressions de $\sin a$ et $\cos^2 a$ en fonction de t.

50 Le plan est rapporté à un repère orthonormé $\left(O;\vec{i},\vec{j}\right)$.

On appelle A le point de coordonnées $\left(2\sqrt{3};2\right)$.

1. Déterminer OA ainsi que la mesure principale en degré de l'angle orienté $\left(\vec{i},\overrightarrow{OA}\right)$.

> La mesure principale en degré est celle qui est dans l'intervalle $]-180°;180°]$

2. Soit B le point défini par $OB=\frac{1}{2}OA$ et $\left(\overrightarrow{OA},\overrightarrow{OB}\right)=135°$.

Déterminer OB et la mesure principale en degré de l'angle orienté $\left(\vec{i},\overrightarrow{OB}\right)$.

3. a. Utiliser les formules d'addition pour calculer les valeurs exactes de $\cos\frac{11\pi}{12}$ et $\sin\frac{11\pi}{12}$.

b. En déduire les coordonnées de B.

4. a. Vérifier en utilisant une calculatrice que $AB=2\sqrt{5+2\sqrt{2}}$ à 10^{-8} près. On admettra que l'égalité est vraie.

b. En déduire une valeur approchée de l'angle orienté $(\overrightarrow{AO},\overrightarrow{AB})$ arrondie à l'unité.

> On pourra penser au produit scalaire.

51 On considère un triangle ABC qui n'est pas rectangle.

1. Démontrer que $\tan\left(\widehat{A}+\widehat{B}\right)=-\tan\widehat{C}$

> $\tan\widehat{x}=\frac{\sin\widehat{x}}{\cos\widehat{x}}$

2. a. Démontrer, en s'assurant que l'égalité a un sens,

que $\tan\left(\widehat{A}+\widehat{B}\right)=\frac{\tan\widehat{A}+\tan\widehat{B}}{1-\tan\widehat{A}\tan\widehat{B}}$

> Il suffit de vérifier que les arguments de chaque tangente ne sont pas égaux à 90°.

b. En déduire que $\tan\widehat{A}+\tan\widehat{B}+\tan\widehat{C}=\tan\widehat{A}\tan\widehat{B}\tan\widehat{C}$

SE TESTER

1 Vrai. C'est aussi la place de tout nombre de la forme $2k\pi$ où $k \in \mathbb{Z}$.

2 Vrai. On sait que $\sin(-a) = -\sin(a)$.

3 Vrai. En effet si a est une mesure d'un des deux angles en radians, $\pi - a$ est l'autre. On sait alors que $\cos(\pi - a) = -\cos a$.

4 Vrai. On connaît ce résultat depuis la classe de Troisième… Ce sont les relations $\cos\left(\frac{\pi}{2} - x\right) = \sin x$ et $\sin\left(\frac{\pi}{2} - x\right) = \cos x$.

5 Faux. Si $\sin a = \sin b$, on sait non seulement que $a = b + 2k\pi$ mais aussi que $a = \pi - b + 2k\pi$, pour tout $k \in \mathbb{Z}$.

6 Faux. $\cos x = 0$ équivaut à $\cos x = \cos\left(\frac{\pi}{2}\right)$. Par conséquent, $x = \frac{\pi}{2} + 2k\pi$ ou $x = -\frac{\pi}{2} + 2k\pi$, pour tout $k \in \mathbb{Z}$.

7 Faux. Le nombre 0 est solution de l'équation proposée.

8 Faux. Si $m > 1$ alors l'équation n'a pas de solution. C'est également le cas si $m < -1$.

TRAITER UNE QUESTION DE COURS

9 Voir la démonstration du paragraphe 3.

Pour les exercices 10 et 11, on utilise le fait que, pour tout $x \in \mathbb{R}$ et tout $k \in \mathbb{Z}$, $\sin(2k\pi + x) = \sin x$ et $\cos(2k\pi + x) = \cos x$.

10 **a.** $\sin((2k+1)\pi + x) = \sin(2k\pi + \pi + x) = \sin(\pi + x) = -\sin x$

b. $\sin((2k+1)\pi - x) = \sin(2k\pi + \pi - x) = \sin(\pi - x) = \sin x$

11 **a.** $\cos((2k+1)\pi + x) = \cos(2k\pi + \pi + x) = \cos(\pi + x) = -\cos x$

b. $\cos((2k+1)\pi - x) = \cos(2k\pi + \pi - x) = \cos(\pi - x) = -\cos x$

S'ENTRAÎNER

Pour les exercices 12 à 17, on pourra se reporter aux démonstrations des exercices 10 et 11.

12 **a.** $\sin(5\pi+x)=\sin(4\pi+\pi+x)=\sin(\pi+x)=-\sin x$

b. $\sin(8\pi-x)=\sin(-x)=-\sin x$

c. $\cos(3\pi-x)=\cos(2\pi+\pi-x)=\cos(\pi-x)=-\cos x$

d. $\cos(x-6\pi)=\cos(6\pi-x)=\cos(-x)=\cos x$

13 **a.** $\cos\left(\frac{3\pi}{2}+x\right)=\cos\left(\pi+\frac{\pi}{2}+x\right)=-\cos\left(\frac{\pi}{2}+x\right)=-(-\sin x)=\sin x$

b. $\sin\left(\frac{5\pi}{2}-x\right)=\sin\left(2\pi+\frac{\pi}{2}-x\right)=\sin\left(\frac{\pi}{2}-x\right)=\cos x$

c. $\cos\left(x-\frac{7\pi}{2}\right)=\cos\left(\frac{7\pi}{2}-x\right)=\cos\left(3\pi+\frac{\pi}{2}-x\right)=-\cos\left(\frac{\pi}{2}-x\right)=-\sin x$

d. $\sin\left(x+\frac{3\pi}{2}\right)=\sin\left(\pi+\frac{\pi}{2}+x\right)=-\sin\left(\frac{\pi}{2}+x\right)=-\cos(x)$

14 $\sin(x+\pi)+\sin(x+2\pi)+\sin(x-\pi)+\sin(x-3\pi)$

$=\sin(\pi+x)+\sin(2\pi+x)-\sin(\pi-x)-\sin(3\pi-x)$

$=-\sin x+\sin x-\sin x-\sin x$

$=-2\sin x$

15 $\cos(x+\pi)+\cos(x+2\pi)+\cos(x-\pi)+\cos(x-3\pi)$

$=\cos(\pi+x)+\cos(2\pi+x)+\cos(\pi-x)+\cos(3\pi-x)$

$--\cos x+\cos x+(-\cos x)+(-\cos x)$

$=-2\cos x$

16 $\sin\left(x+\frac{\pi}{2}\right)+\cos(x+\pi)+\sin\left(x-\frac{3\pi}{2}\right)+\cos(x-2\pi)$

$=\sin\left(\frac{\pi}{2}+x\right)+\cos(\pi+x)-\sin\left(\pi+\frac{\pi}{2}-x\right)+\cos(2\pi-x)$

$=\cos x-\cos x-\left(-\sin\left(\frac{\pi}{2}-x\right)\right)+\cos x$

$=\cos x+\cos x=2\cos x$

17 $\sin\left(\frac{3\pi}{2}+x\right)+\cos\left(\frac{19\pi}{2}-x\right)-\sin(9\pi+x)+\cos(7\pi-x)$

$$=\sin\left(\pi+\frac{\pi}{2}+x\right)+\cos\left(9\pi+\frac{\pi}{2}-x\right)-(-\sin x)+(-\cos x)$$

$$=-\sin\left(\frac{\pi}{2}+x\right)-\cos\left(\frac{\pi}{2}-x\right)+\sin x-\cos x$$

$$=-\cos x-\sin x+\sin x-\cos x=-2\cos x$$

18 **a.** On cherche le nombre a tel que $2\,011\pi=a+2k\pi$ avec $-\pi<a\leqslant\pi$. Or $2\,011\pi=2\,010\pi+\pi$. On trouve donc $a=\pi$.

b. $\alpha=-\frac{86\pi}{3}+k2\pi$, il suffit de trouver k entier relatif tel que $-\pi<-\frac{86\pi}{3}+k2\pi\leqslant\pi$, ce qui équivaut à $\frac{83\pi}{3}<k2\pi\leqslant\frac{89\pi}{3}$ ou encore $\frac{83}{6}<k\leqslant\frac{89}{6}$, donc $k=14$ et $\alpha=-\frac{86\pi}{3}+28\pi$ c'est-à-dire $\alpha=-\frac{2\pi}{3}$.

c. En utilisant la méthode précédente, on cherche a tel que $\frac{314\pi}{7}=a+2k\pi$ et $-\pi<a\leqslant\pi$.
Cela équivaut à $-\pi<\frac{314\pi}{7}-2k\pi\leqslant\pi$ et donc $-\frac{7\pi}{7}-\frac{314\pi}{7}<-2k\pi\leqslant\frac{7\pi}{7}-\frac{314\pi}{7}$.
On trouve $\frac{321}{14}>k\geqslant\frac{307}{14}$.

Le seul entier qui convient est 22 et donc $a=\frac{314\pi}{7}-44\pi=\frac{6\pi}{7}$.

Dans les deux tableaux ci-dessous, on a noté les correspondances d'angles. En rouge, les deux sans amis.

19

Mesure en radians	$\frac{\pi}{24}$	$\frac{12\pi}{5}$	$\frac{5\pi}{18}$	$\frac{5\pi}{12}$	$\frac{7\pi}{12}$
Mesure en degrés	7,5	432	50	135	105

Par exemple, $\frac{\pi}{24}$ radians mesure un angle de $\frac{180}{24}$ degrés, donc 7,5°.

20

Mesure en degrés	1 080	15	72	36	150	12
Mesure en radians	6π	$\frac{\pi}{12}$	$\frac{5\pi}{6}$	$\frac{\pi}{5}$	$\frac{5\pi}{6}$	$\frac{\pi}{15}$

Par exemple, la mesure 1 080 degrés équivaut à la mesure $\frac{1\,080\pi}{180}$ radians, c'est-à-dire 6π.

21 **a.** Il suffit de placer les points correspondant à $k=0$ et $k=1$ (en noir sur la figure).
b. Il suffit de placer les points correspondant à $k=0$, $k=1$, $k=2$, $k=3$ (en rouge sur la figure).

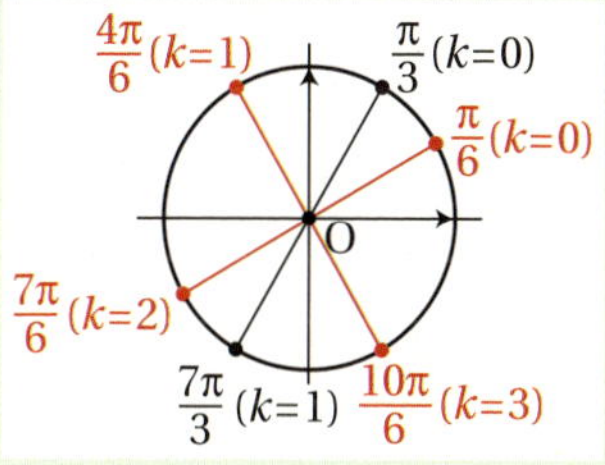

22 **a.** Il suffit de placer les points correspondant aux nombres entiers k de 0 à 5. En effet, $\frac{k\pi}{3}=\frac{k}{6}2\pi$ (en noir sur la figure).
b. Il suffit de placer les points correspondant aux nombres entiers k de 0 à 4 (en rouge sur la figure).

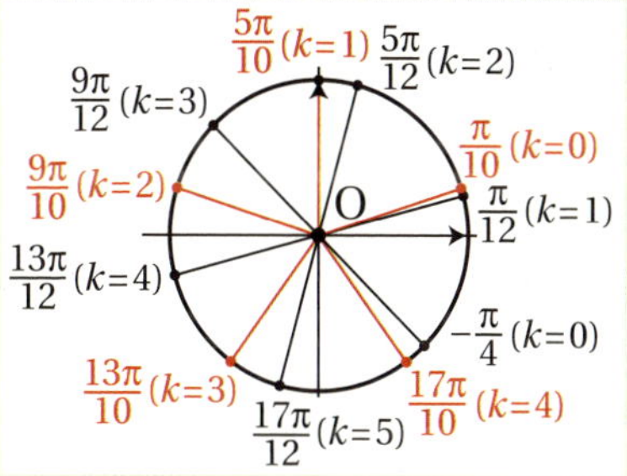

23 On sait que $x_M = OM\cos\theta$ et $y_M = OM\sin\theta$.

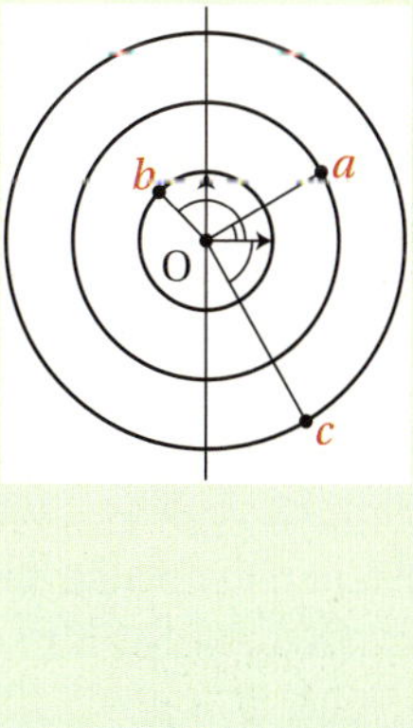

a. On trouve $x_M = 2\cos\frac{\pi}{6}=\sqrt{3}$ et $y_M = 2\sin\frac{\pi}{6}=1$.

b. On trouve :

$$x_M = 1\cos\frac{3\pi}{4}=-\frac{\sqrt{2}}{2} \quad \text{et} \quad y_M = 1\sin\frac{3\pi}{4}=\frac{\sqrt{2}}{2}.$$

c. On trouve :

$$x_M = 3\cos\left(-\frac{\pi}{3}\right)=\frac{3}{2} \quad \text{et} \quad y_M = 3\sin\left(-\frac{\pi}{3}\right)=-\frac{3\sqrt{3}}{2}.$$

24 **a.** $\mathrm{OM}=\sqrt{(-5)^2+0^2}=5$ et $\theta=\pi+2k\pi$ car $\sin\theta=0$.

b. $\mathrm{OM}=\sqrt{1^2+\sqrt{3}^2}=2$. Alors $\cos\theta=\dfrac{1}{2}$ et $\sin\theta=\dfrac{\sqrt{3}}{2}$.

On trouve donc $\theta=\dfrac{\pi}{3}+2k\pi$.

c. $\mathrm{OM}=\sqrt{\left(\dfrac{\sqrt{6}}{2}\right)^2+\left(\dfrac{\sqrt{2}}{2}\right)^2}=\sqrt{\dfrac{6}{4}+\dfrac{2}{4}}=\sqrt{2}$.

Alors $\cos\theta=\dfrac{\sqrt{6}}{2}\dfrac{1}{\sqrt{2}}=\dfrac{\sqrt{3}}{2}$ et $\sin\theta=\dfrac{\sqrt{2}}{2}\dfrac{1}{\sqrt{2}}=\dfrac{1}{2}$.

On trouve donc $\theta=\dfrac{\pi}{6}+2k\pi$.

25 **a.** On sait que $\begin{cases}x_{\mathrm{M}}=3\cos 15°\\ y_{\mathrm{M}}=3\sin 15°\end{cases}$. On trouve donc $\begin{cases}x_{\mathrm{M}}\approx 2{,}9\\ y_{\mathrm{M}}\approx 0{,}8.\end{cases}$

b. On sait que $\begin{cases}x_{\mathrm{M}}=2\cos\dfrac{4\pi}{5}\\ y_{\mathrm{M}}=2\sin\dfrac{4\pi}{5}\end{cases}$. On trouve donc $\begin{cases}x_{\mathrm{M}}\approx -1{,}6\\ y_{\mathrm{M}}\approx 1{,}2.\end{cases}$

c. On sait que $\begin{cases}x_{\mathrm{M}}=5\cos(-40°)\\ y_{\mathrm{M}}=5\sin(-40°)\end{cases}$. On trouve donc $\begin{cases}x_{\mathrm{M}}\approx 3{,}8\\ y_{\mathrm{M}}\approx -3{,}2.\end{cases}$

26 **a.** Puisque $\mathrm{OM}=\sqrt{5^2+2^2}=\sqrt{29}$, on trouve $\cos\theta=\dfrac{5}{\sqrt{29}}$

et $\sin\theta=\dfrac{2}{\sqrt{29}}$.

La calculatrice fournit $\theta\approx 22°$.

b. Puisque $\mathrm{OM}=\sqrt{6^2+(-2)^2}=\sqrt{40}$, on trouve $\cos\theta=\dfrac{6}{\sqrt{40}}$

et $\sin\theta=\dfrac{-2}{\sqrt{40}}$.

La calculatrice fournit $\theta\approx -18°$.

Parmi les valeurs fournies par les touches « $\cos^{-1}$ » et « $\sin^{-1}$ », il faut retenir celle donnée par « $\sin^{-1}$ » car $\theta\in\,]-90\,;0°[$.

En effet, son cosinus est positif et son sinus négatif.

On utilise les formules $\mathrm{OM}=\sqrt{x^2+y^2}$, $\cos\theta=\dfrac{x_{\mathrm{M}}}{\mathrm{OM}}$ et $\sin\theta=\dfrac{y_{\mathrm{M}}}{\mathrm{OM}}$.

c. Puisque $OM=\sqrt{(-3)^2+(-1)^2}=\sqrt{10}$, on trouve $\cos\theta=\dfrac{-3}{\sqrt{10}}$ et $\sin\theta=\dfrac{-1}{\sqrt{10}}$.

La calculatrice fournit la valeur 161,6° avec « $\cos^{-1}$» et 18,4° avec « $\sin^{-1}$ ».
Laquelle choisir ? Aucune des deux !
Car on sait qu'il y a aussi les solutions $-161{,}6°$ et $180°-(-18{,}4°)=198{,}4°$.
Or $198{,}4°=-161{,}6°+360°$.
C'est pourquoi la solution à retenir est $-161{,}6°$ (ou 198,4°).

BON À SAVOIR

La touche « $\cos^{-1}$ » fournit une valeur comprise entre 0° et 180° ou entre 0 rad et π rad.
La touche « $\sin^{-1}$ » fournit une valeur comprise entre − 90° et 90° ou entre $-\dfrac{\pi}{2}$ et $\dfrac{\pi}{2}$ rad.

27 • Puisque $\dfrac{\pi}{8}=2\dfrac{\pi}{16}$, $2\sin^2\dfrac{\pi}{16}=1-\cos\dfrac{\pi}{8}$, donc $\sin^2\dfrac{\pi}{16}=\dfrac{2-\sqrt{2+\sqrt{2}}}{4}$

et finalement, puisque $\sin\dfrac{\pi}{16}$ est positif, $\sin\dfrac{\pi}{16}=\dfrac{\sqrt{2-\sqrt{2+\sqrt{2}}}}{2}$.

• Pour le calcul de $\cos\dfrac{\pi}{16}$, utilisons la relation $\cos\dfrac{\pi}{16}=\sqrt{1-\sin^2\dfrac{\pi}{16}}$ $\left(\cos\dfrac{\pi}{16}>0\right)$.

Nous trouvons $\cos\dfrac{\pi}{16}=\dfrac{\sqrt{2+\sqrt{2+\sqrt{2}}}}{2}$.

28 **1. a.** Puisque $\sin(a+b)=\sin a\cos b+\sin b\cos a$
et $\sin(a-b)=\sin a\cos b-\sin b\cos a$, on trouve $\sin(a+b)-\sin(a-b)=2\sin b\cos a$.
b. $\sin(a+b)+\sin(a-b)=2\sin a\cos b$.

2. a. Puisque $\cos(a+b)=\cos a\cos b-\sin a\sin b$

et $\cos(a-b)=\cos a\cos b+\sin a\sin b$,
on trouve $\cos(a+b)-\cos(a-b)=-2\sin a\sin b$.
b. $\cos(a+b)+\cos(a-b)=2\cos a\cos b$.

29 **a.** $\cos\left(x-\frac{\pi}{4}\right)=\cos x\cos\frac{\pi}{4}+\sin x\sin\frac{\pi}{4}$ et $\cos\frac{\pi}{4}=\sin\frac{\pi}{4}=\frac{\sqrt{2}}{2}$ impliquent

$\cos\left(\frac{\pi}{4}-x\right)=\frac{\sqrt{2}}{2}(\cos x+\sin x)$ et la forme demandée en découle.

b. $\sin\left(x-\frac{\pi}{4}\right)=\sin x\cos\frac{\pi}{4}-\sin\frac{\pi}{4}\cos x$ implique $\sin\left(x-\frac{\pi}{4}\right)=\frac{\sqrt{2}}{2}(\sin x-\cos x)$.
La formule demandée en découle.

30 **a.** $\cos\left(x+\frac{\pi}{3}\right)=\cos x\cos\frac{\pi}{3}-\sin x\sin\frac{\pi}{3}$.

Or $\cos\frac{\pi}{3}=\frac{1}{2}$ et $\sin\frac{\pi}{3}=\frac{\sqrt{3}}{2}$. La formule demandée en résulte.

b. Le développement de $\sin\left(x+\frac{\pi}{3}\right)$ permet de conclure de la même façon qu'en question **a**.

31 $\sin 4x\cos x-\sin x\cos 4x=\sin(4x-x)=\sin 3x$.

L'équation proposée équivaut à $\sin 3x=\frac{\sqrt{3}}{2}$, ce qui implique $3x=\frac{\pi}{3}+k2\pi$ ou $3x=\pi-\frac{\pi}{3}+k2\pi$, c'est-à-dire $x=\frac{\pi}{9}+\frac{k2\pi}{3}$ ou $x=\frac{2\pi}{9}+\frac{k2\pi}{3}$.
Les solutions de l'intervalle $[0;2\pi[$ s'obtiennent en donnant à l'entier k les valeurs 0, 1, 2.

Ce sont $\left\{\frac{\pi}{9};\frac{2\pi}{9};\frac{7\pi}{9};\frac{8\pi}{9};\frac{13\pi}{9};\frac{14\pi}{9}\right\}$.

32 **a.** Puisque $x\in\left]-\frac{\pi}{2};\frac{\pi}{2}\right[$, $\cos x$ est positif donc :

$\cos x=\sqrt{1-\sin^2 x}=\sqrt{1-\frac{1}{9}}=\frac{2\sqrt{2}}{3}$.

En conséquence, $\sin 2x=2\sin x\cos x=\frac{4\sqrt{2}}{9}$.

b. Puisque $x\in\left]\pi;\frac{3\pi}{2}\right[$, $\sin x$ est négatif donc :

$\sin x=-\sqrt{1-\cos^2 x}=-\sqrt{1-\frac{4}{9}}=-\frac{\sqrt{5}}{3}$.

Par conséquent, $\sin 2x=2\sin x\cos x=-\frac{4\sqrt{5}}{9}$.

33 **a.** L'équation s'écrit $\sin x = \sin\frac{\pi}{3}$.

Par conséquent, $x = \frac{\pi}{3}$ ou $x = \pi - \frac{\pi}{3} = \frac{2\pi}{3}$, $\mathcal{S} = \left\{\frac{\pi}{3}\,;\,\frac{2\pi}{3}\right\}$.

b. L'équation s'écrit $\cos x = \cos\left(\frac{\pi}{3}\right)$.

Par conséquent, $x = -\frac{\pi}{3}$ ou $x = \frac{\pi}{3}$, $\mathcal{S} = \left\{-\frac{\pi}{3}\,;\,\frac{\pi}{3}\right\}$.

34 **a.** $\cos 2x = 2\cos^2 x - 1$ donc $\cos 2x = -\frac{7}{25}$.

b. $\cos 2x = 1 - 2\sin^2 x$ donc $\cos 2x = -\frac{7}{18}$.

35 $\cos 2x = 2\cos^2 x - 1 = \frac{2\left(\sqrt{6}+\sqrt{2}\right)^2}{16} - 1 = \frac{8+2\sqrt{12}}{8} - 1 = \frac{\sqrt{12}}{4} = \frac{\sqrt{3}}{2} = \cos\left(\frac{\pi}{6}\right)$.

Il en résulte que $2x = \frac{\pi}{6} + k2\pi$ ou $2x = -\frac{\pi}{6} + k2\pi$, c'est-à-dire $x = \frac{\pi}{12} + k\pi$ ou $x = -\frac{\pi}{12} + k\pi$.

Seule la première égalité fournit un réel de $\left]0\,;\frac{\pi}{2}\right[$, qui est obtenu pour $k = 0$.
C'est $\frac{\pi}{12}$.

36 Puisque x appartient à l'intervalle $\left]0\,;\frac{\pi}{2}\right[$, $\cos x$ est positif et

$$\cos x = \sqrt{1 - \left(\frac{\sqrt{5}-1}{4}\right)^2} = \sqrt{\frac{16-\left(5-2\sqrt{5}+1\right)}{16}} = \frac{\sqrt{10+2\sqrt{5}}}{4}.$$

Écrivons $\frac{\sqrt{5}-1}{4} = \frac{\sqrt{\left(\sqrt{5}-1\right)^2}}{4}$, soit $\frac{\sqrt{6-2\sqrt{5}}}{4}$.

Il en résulte $\sin 2x = 2\sin x\cos x = \frac{2\sqrt{6-2\sqrt{5}}}{4}\frac{\sqrt{10+2\sqrt{5}}}{4} = \frac{\sqrt{40-8\sqrt{5}}}{8}$,

c'est-à-dire $\sin 2x = \frac{\sqrt{10-2\sqrt{5}}}{4}$.

$\cos 2x = 1 - 2\sin^2 x = 1 - \frac{6-2\sqrt{5}}{8}$ donc $\cos 2x = 1 - \frac{3-\sqrt{5}}{4} = \frac{1+\sqrt{5}}{4}$.

37 **a.** $\cos(a+b+c)$

$$=\cos((a+b)+c)=\cos(a+b)\cos c-\sin(a+b)\sin c$$
$$=\cos a\cos b\cos c-\sin a\sin b\cos c-\sin a\cos b\sin c-\sin b\cos a\sin c.$$

Si nous posons $a=b=c$, nous trouvons :
$\cos 3a=\cos^3 a-3\cos a\sin^2 a$.

De $\sin^2 a=1-\cos^2 a$, nous déduisons $\cos 3a=4\cos^3 a-3\cos a$.

b. En procédant comme à la question précédente, on obtient :
$\sin(a+b+c)=\sin a\cos b\cos c+\sin b\cos a\cos c+\cos a\cos b\sin c-\sin a\sin b\sin c$.

Si on pose $a=b=c$ alors, comme $\cos^2 a=1-\sin^2 a$, on trouve :
$\sin 3a=3\sin a\cos^2 a-\sin^3 a=3\sin a(1-\sin^2 a)=3\sin a-4\sin^3 a$.

38 On sait que $\cos^2 x=\frac{1}{2}(1+\cos 2x)$ et $\sin^2 x=\frac{1}{2}(1-\cos 2x)$.

On a donc $\cos^2 x-2\sin x\cos x-5\sin^2 x=\frac{1}{2}-\frac{5}{2}-\sin 2x+\left(\frac{1}{2}+\frac{5}{2}\right)\cos 2x$

$$=-2-\sin 2x+3\cos 2x.$$

39 **a.** $(\sin x+\cos x)^2=\sin^2 x+\cos^2 x+2\sin x\cos x$

$$=1+\sin 2x.$$

b. $(\sin^2 x+\cos^2 x)^2=\sin^4 x+\cos^4 x+2\sin^2 x\cos^2 x$.

Donc $1=\sin^4 x+\cos^4 x+\frac{1}{2}(2\sin x\cos x)^2$

ce qui implique $\sin^4 x+\cos^4 x=1-2\sin^2 2x$.

$\cos^2(x)+\sin^2(x)=1$

40 De $\cos^2 x=\frac{1}{2}(1+\cos 2x)$, nous déduisons

$\cos^4 x=\frac{1}{4}(1+\cos 2x)^2=\frac{1}{4}(1+2\cos 2x+\cos^2 2x)$.

Or $\cos^2 2x=\frac{1}{2}(1+\cos 4x)$ donc $\cos^4 x=\frac{1}{4}\left(1+2\cos 2x+\frac{1}{2}+\frac{1}{2}\cos 4x\right)$.

C'est ce qu'il fallait démontrer.

On sait que $\cos^2\theta=\frac{1}{2}(1+\cos 2\theta)$. Posons $\theta=2x$. Alors $\cos^2 2x=\frac{1}{2}(1+\cos 4x)$.

41 **a.** $\sin x+\cos x=\sqrt{2}\cos\left(x-\frac{\pi}{4}\right)$ et $\sin x+\cos x=1$ impliquent $\cos\left(x-\frac{\pi}{4}\right)=\frac{\sqrt{2}}{2}$.

Les solutions de l'équation sont donc les réels x tels $x-\frac{\pi}{4}$ soit égal à $\frac{\pi}{4}+k2\pi$ ou à $-\frac{\pi}{4}+k2\pi$.

Ce sont donc les réels de la forme $\frac{\pi}{2}+k2\pi$ ou de la forme $k2\pi$.

b. $\sin x-\cos x=\sqrt{2}\sin\left(x-\frac{\pi}{4}\right)$ et $\sin x-\cos x=\sqrt{2}$ impliquent $\sin\left(x-\frac{\pi}{4}\right)=1$.

Les solutions de l'équation sont donc les réels x tels que $x-\frac{\pi}{4}$ soit égal à $\frac{\pi}{2}+k2\pi$. Il s'agit des réels de la forme $\frac{3\pi}{4}+k2\pi$.

42 **a.** Nous trouvons $x-\frac{\pi}{4}=\frac{3\pi}{4}+x+2k\pi$ ou $x-\frac{\pi}{4}=\pi-\left(\frac{3\pi}{4}+x\right)+2k\pi$, ce qui implique $x=\frac{\pi}{4}+k\pi$.

b. Puisque $\cos x=\sin\left(\frac{\pi}{2}-x\right)$, l'équation équivaut à $\sin\left(\frac{\pi}{2}-x\right)=\sin x$.

Donc $\frac{\pi}{2}-x=x+k2\pi$ ou $\frac{\pi}{2}-x=\pi-x+k2\pi$. Il s'ensuit que $x=\frac{\pi}{4}+k\pi$.

43 **a.** L'équation équivaut à $2x=x-\frac{2\pi}{3}+2k\pi$ ou $2x=\pi-\left(x-\frac{2\pi}{3}\right)+k2\pi$.

Les solutions sont donc les réels x de la forme $-\frac{2\pi}{3}+2k\pi$ et $\frac{5\pi}{9}+k\frac{2\pi}{3}$.

b. Puisque $\sin x=\cos\left(\frac{\pi}{2}-x\right)$, l'équation proposée est équivalente à :

$\cos\left(\frac{\pi}{2}-x\right)=\cos\left(2x-\frac{\pi}{3}\right)$. On trouve $\frac{\pi}{2}-x=2x-\frac{\pi}{3}+2k\pi$ ou $\frac{\pi}{2}-x=-2x+\frac{\pi}{3}+2k\pi$.

Les solutions sont donc les réels de la forme $\frac{5\pi}{18}+\frac{k2\pi}{3}$ ou $-\frac{\pi}{6}+k2\pi$.

44 **a.** L'équation est équivalente à $\cos 2x = \cos 3x$.

Cela implique que $2x = 3x + k2\pi$ ou $2x = -3x + k2\pi$,

soit $x = k2\pi$ ou $x = k\dfrac{2\pi}{5}$.

b. $2\cos^2 x - 1 = \cos 2x$ donc l'équation équivaut à $\cos 2x = \sin x$.

Or $\sin x = \cos\left(\dfrac{\pi}{2} - x\right)$; donc l'équation proposée admet pour solutions les réels x tels que $2x = \dfrac{\pi}{2} - x + k2\pi$ ou $2x = -\dfrac{\pi}{2} + x + k2\pi$.

Les solutions cherchées sont donc les réels x de la forme $\dfrac{\pi}{6} + k\dfrac{2\pi}{3}$ ou $-\dfrac{\pi}{2} + k2\pi$.

45 $\cos\left(x + \dfrac{\pi}{3}\right) = \cos x \cos\dfrac{\pi}{3} - \sin x \sin\dfrac{\pi}{3}$, soit $\dfrac{1}{2}\left(\cos x - \sqrt{3}\sin x\right)$.

L'équation proposée est donc équivalente à $\cos\left(x + \dfrac{\pi}{3}\right) = \dfrac{\sqrt{2}}{2}$.

$\cos\left(\dfrac{\pi}{4}\right) = \dfrac{\sqrt{2}}{2}$

Les solutions en sont les réels x tels que $x + \dfrac{\pi}{3} = \dfrac{\pi}{4} + 2k\pi$ ou $x + \dfrac{\pi}{3} = -\dfrac{\pi}{4} + 2k\pi$, c'est-à-dire $-\dfrac{\pi}{12} + k2\pi$ ou $-\dfrac{7\pi}{12} + k2\pi$.

46 Posons $X = \sin x$.

$\sin\left(\dfrac{\pi}{6}\right) = \dfrac{1}{2}$

L'équation proposée devient $2X^2 - 3X + 1 = 0$.

Elle admet pour solutions 1 et $\dfrac{1}{2}$ (calculer Δ).

Il en résulte que les réels x cherchés sont tels que

$\sin x = 1$ ou $\sin x = \dfrac{1}{2}$.

Nous trouvons $x = \dfrac{\pi}{2} + k2\pi$ ou $x = \dfrac{\pi}{6} + k2\pi$ ou $x = \pi - \dfrac{\pi}{6} + k2\pi$

donc $\dfrac{5\pi}{6} + k2\pi$.

47 Dans le second système, développons les sinus.

On trouve :

$$\begin{cases} \sin x \cos y + \sin y \cos x = 1 \\ \sin x \cos y - \sin y \cos x = \dfrac{1}{2}. \end{cases}$$

• En additionnant membre à membre, on trouve $2\sin x\cos y = 1+\frac{1}{2}$ donc $\sin x\cos y = \frac{3}{4}$.

• En soustrayant membre à membre, on trouve $2\sin y\cos x = 1-\frac{1}{2}$ donc $\sin y\cos x = \frac{1}{4}$.

Les deux systèmes sont donc équivalents et ont les mêmes couples $(x\,;y)$ solution.

OBJECTIF BAC

48 **1.** Voir la figure ci-contre.

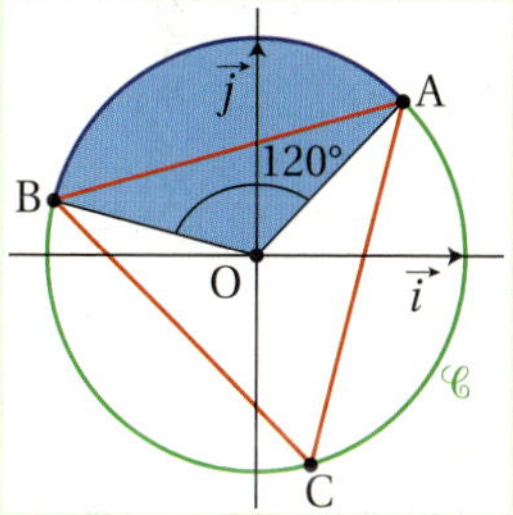

2. • On sait que $\cos\left(2\frac{\pi}{12}\right) = 2\cos^2\left(\frac{\pi}{12}\right)-1$ donc :

$$\cos^2\left(\frac{\pi}{12}\right) = \frac{\left(1+\cos\left(\frac{\pi}{6}\right)\right)}{2} \Rightarrow \cos^2\left(\frac{\pi}{12}\right) = \frac{1+\frac{\sqrt{3}}{2}}{2} = \frac{2+\sqrt{3}}{4}$$

$\Rightarrow \cos\left(\frac{\pi}{12}\right) = \frac{\sqrt{2+\sqrt{3}}}{2}$ car $\cos\left(\frac{\pi}{12}\right)$ est positif.

Vérifions que $\frac{\sqrt{2+\sqrt{3}}}{2} = \frac{(\sqrt{3}+1)\sqrt{2}}{4}$. Comme les deux nombres sont positifs, il suffit de montrer que leurs carrés sont égaux.

$$\left(\frac{\sqrt{2+\sqrt{3}}}{2}\right)^2 = \frac{2+\sqrt{3}}{4} \text{ et } \left(\frac{(\sqrt{3}+1)\sqrt{2}}{4}\right)^2 = \frac{2(\sqrt{3}+1)^2}{16} = \frac{3+2\sqrt{3}+1}{8} = \frac{2+\sqrt{3}}{4}.$$

> Noter le développement $\left(\sqrt{3}+1\right)^2 = \left(\sqrt{3}\right)^2+2\sqrt{3}+1^2 = 4+2\sqrt{3}$.

C'est ce qu'il fallait démontrer.

• Comme $\sin^2\left(\frac{\pi}{12}\right) = 1-\cos^2\left(\frac{\pi}{12}\right)$, on a $\sin^2\left(\frac{\pi}{12}\right) = 1-\frac{2+\sqrt{3}}{4} = \frac{2-\sqrt{3}}{4}$. Un raisonnement analogue au précédent montre que $\sin\left(\frac{\pi}{12}\right) = \sqrt{\frac{2-\sqrt{3}}{4}} = \frac{(\sqrt{3}-1)\sqrt{2}}{4}$.

C'est ce qu'il fallait démontrer.

3. a. On trouve $\left(\vec{i},\overrightarrow{\mathrm{OB}}\right)=\frac{\pi}{4}+\frac{2\pi}{3}=\frac{11\pi}{12}$

et $\left(\vec{i},\overrightarrow{\mathrm{OC}}\right)=\frac{11\pi}{12}+\frac{2\pi}{3}=\frac{19\pi}{12}$. En effet $120°=\frac{2\pi}{3}$ rad

b. • On a donc :

$x_B=\cos\frac{11\pi}{12}=\cos\left(\pi-\frac{\pi}{12}\right)=-\cos\left(\frac{\pi}{12}\right)=-\frac{\left(\sqrt{3}+1\right)\sqrt{2}}{4}$

et $y_B=\sin\frac{11\pi}{12}=\sin\left(\pi-\frac{\pi}{12}\right)=\sin\left(\frac{\pi}{12}\right)=\frac{\left(\sqrt{3}-1\right)\sqrt{2}}{4}$.

• De même $x_C=\cos\frac{19\pi}{12}=\cos\left(-\frac{5\pi}{12}\right)=\cos\left(\frac{\pi}{2}-\frac{\pi}{12}\right)=\sin\left(\frac{\pi}{12}\right)=\frac{\left(\sqrt{3}-1\right)\sqrt{2}}{4}$

$y_C=\sin\left(\frac{19\pi}{12}\right)=\sin\left(-\frac{5\pi}{12}\right)=-\sin\left(\frac{\pi}{2}-\frac{\pi}{12}\right)=-\cos\left(\frac{\pi}{12}\right)=-\frac{\left(\sqrt{3}+1\right)\sqrt{2}}{4}$

> $\frac{19\pi}{12}-2\pi=-\frac{5\pi}{12}$

4. D'après les considérations précédentes, le secteur répondant à la question est colorié en bleu sur la figure.

49 a. $\frac{1}{\cos^2 x}=\frac{\sin^2 x+\cos^2 x}{\cos^2 x}=\frac{\sin^2 x}{\cos^2 x}+\frac{\cos^2 x}{\cos^2 x}=\tan^2 x+1$.

b. On doit avoir simultanément $a\neq\frac{\pi}{2}+k\pi$ et $\frac{a}{2}\neq\frac{\pi}{2}+k\pi$ donc $a\neq\pi+2k\pi$.

En conséquence, les valeurs de a admissibles sont les valeurs distinctes de $\frac{\pi}{2}+k\pi$ et de $(2k+1)\pi$.

c. • On sait que $\sin(2x)=2\sin x\cos x$.

C'est pourquoi $\sin a=2\sin\left(\frac{a}{2}\right)\cos\left(\frac{a}{2}\right)$

> Poser $x=\frac{a}{2}$.

• De même, $\cos a=\cos^2\left(\frac{a}{2}\right)-\sin^2\left(\frac{a}{2}\right)=2\cos^2\left(\frac{a}{2}\right)-1=1-2\sin^2\left(\frac{a}{2}\right)$.

d. • Alors $\sin a=2\sin\left(\frac{a}{2}\right)\cos\left(\frac{a}{2}\right)=\frac{2\sin\left(\frac{a}{2}\right)}{\cos\left(\frac{a}{2}\right)}\cos^2\left(\frac{a}{2}\right)\Rightarrow\sin a=\frac{2t}{1+t^2}$

car $\cos^2 x=\frac{1}{1+\tan^2 x}$.

De même,

- $\cos^2 a = 1-\sin^2 a = 1-\left(\dfrac{2t}{1+t^2}\right)^2 = \dfrac{\left(1+t^2\right)^2-4t^2}{\left(1+t^2\right)^2} = \dfrac{1-2t^2+t^4}{\left(1+t^2\right)^2} = \left(\dfrac{1-t^2}{1+t^2}\right)^2.$

> On peut démontrer que $\cos a = \dfrac{1-t^2}{1+t^2}$ mais c'est un peu technique.
>
> Car de $\cos^2 a = \left(\dfrac{1-t^2}{1+t^2}\right)^2$, on déduit $\cos a = \dfrac{1-t^2}{1+t^2}$ ou $\cos a = -\dfrac{1-t^2}{1+t^2}$.

50 **1.** On sait que $\text{OA}^2 = \left(2\sqrt{3}\right)^2 + 2^2 = 16$. On a donc $\text{OA} = 4$.

Puisque $\sin\left(\vec{i},\overrightarrow{\text{OA}}\right) = \dfrac{y_{\text{A}}}{\text{OA}}$ on a $\sin\left(\vec{i},\overrightarrow{\text{OA}}\right) = \dfrac{2}{4} = \dfrac{1}{2}$.

Par conséquent, compte tenu de la position de A, on a : $\left(\vec{i},\overrightarrow{\text{OA}}\right) = 30°$.

> On sait que si $\sin x = \dfrac{1}{2}$ alors $x = 30°$ ou $x = 180° - 30° = 150°$ à $360°$ près.

2. On a évidemment $\text{OB} = 2$.

De plus $\left(\vec{i},\overrightarrow{\text{OB}}\right) = \left(\vec{i},\overrightarrow{\text{OA}}\right) + \left(\overrightarrow{\text{OA}},\overrightarrow{\text{OB}}\right) = 30° + 135° = 165°$.

3. a.

$$\cos\frac{11\pi}{12} = \cos\left(\frac{8\pi}{12}+\frac{3\pi}{12}\right) = \cos\left(\frac{2\pi}{3}+\frac{\pi}{4}\right) = \cos\frac{2\pi}{3}\cos\frac{\pi}{4} - \sin\frac{2\pi}{3}\sin\frac{\pi}{4}$$
$$= -\frac{1}{2}\times\frac{\sqrt{2}}{2} - \frac{\sqrt{3}}{2}\times\frac{\sqrt{2}}{2} = -\frac{\sqrt{2}+\sqrt{6}}{4}$$

De même

$$\sin\frac{11\pi}{12} = \sin\left(\frac{8\pi}{12}+\frac{3\pi}{12}\right) = \sin\left(\frac{2\pi}{3}+\frac{\pi}{4}\right) = \sin\frac{2\pi}{3}\cos\frac{\pi}{4} + \cos\frac{2\pi}{3}\sin\frac{\pi}{4}$$
$$= \frac{\sqrt{3}}{2}\times\frac{\sqrt{2}}{2} - \frac{1}{2}\times\frac{\sqrt{2}}{2} = \frac{\sqrt{6}-\sqrt{2}}{4}$$

> On aurait aussi pu écrire $\dfrac{11\pi}{12} = \dfrac{9\pi}{12} + \dfrac{2\pi}{12} = \dfrac{3\pi}{4} + \dfrac{\pi}{6}$ ou tout autre combinaison.

b. On trouve donc $x_B = \text{OB}\cos\left(\vec{i}, \overrightarrow{\text{OB}}\right) = 2 \times \cos\dfrac{11\pi}{12} = -\dfrac{\sqrt{2}+\sqrt{6}}{2}$ et

$y_B = \text{OB}\sin\left(\vec{i}, \overrightarrow{\text{OB}}\right) = 2 \times \sin\dfrac{11\pi}{12} = \dfrac{\sqrt{6}-\sqrt{2}}{2}$.

4. a. $\text{AB}^2 = (x_B - x_A)^2 + (y_B - y_A)^2$.

La calculatrice fournit la même valeur approchée à 10^{-8} près que $2\sqrt{5+2\sqrt{2}}$.

Un soin particulier est à apporter aux parenthèses pour calculer les expressions.

b. On sait que $\overrightarrow{\text{AO}} \cdot \overrightarrow{\text{AB}} = \text{AO} \times \text{AB} \times \cos\left(\overrightarrow{\text{AO}}, \overrightarrow{\text{AB}}\right)$ donc $\cos\left(\overrightarrow{\text{AO}}, \overrightarrow{\text{AB}}\right) = \dfrac{\overrightarrow{\text{AO}} \cdot \overrightarrow{\text{AB}}}{\text{AO} \times \text{AB}}$

Pour calculer $\overrightarrow{\text{AO}} \cdot \overrightarrow{\text{AB}}$, on utilisera l'expression du produit scalaire de deux vecteurs $\vec{u}$ et $\vec{v}$ de coordonnées respectives $(x\,;y)$ et $(x'\,;y')$ donnée par :

$$\vec{u} \cdot \vec{v} = xx' + yy'$$

Les coordonnées de $\overrightarrow{\text{AO}}$ sont $(-2\sqrt{3}\,;-2)$ et celles de $\overrightarrow{\text{AB}}$ sont

$$\left(-\frac{\sqrt{2}+\sqrt{6}}{2} - 2\sqrt{3}\,;\frac{\sqrt{6}-\sqrt{2}}{2} - 2\right) = \left(-\frac{\sqrt{2}+\sqrt{6}+4\sqrt{3}}{2}\,;\frac{\sqrt{6}-\sqrt{2}-4}{2}\right)$$

Donc :

$$\overrightarrow{\text{AO}} \cdot \overrightarrow{\text{AB}} = (-2\sqrt{3}) \times \left(-\frac{\sqrt{2}+\sqrt{6}}{2} - 2\sqrt{3}\right) + (-2) \times \left(\frac{\sqrt{6}-\sqrt{2}}{2} - 2\right).$$

$$= \sqrt{6} + \sqrt{18} + 12 - \sqrt{6} + \sqrt{2} + 4 = 16 + 4\sqrt{2}$$

En conséquence :

$$\cos\left(\overrightarrow{\text{AO}}, \overrightarrow{\text{AB}}\right) = \frac{16+4\sqrt{2}}{4 \times 2\sqrt{5+2\sqrt{2}}} = \frac{4+\sqrt{2}}{2\sqrt{5+2\sqrt{2}}} \Rightarrow \cos\left(\overrightarrow{\text{AO}}, \overrightarrow{\text{AB}}\right) \approx 0{,}9677$$

$$\Rightarrow \left(\overrightarrow{\text{AO}}, \overrightarrow{\text{AB}}\right) \approx 15°$$

51 1. On sait que $\widehat{A} + \widehat{B} + \widehat{C} = 180°$ donc $\widehat{A} + \widehat{B} = 180° - \widehat{C}$.

Par conséquent $\tan\left(\widehat{A} + \widehat{B}\right) = -\tan\widehat{C}$ car, pour tout $x \neq 90°$

$$\tan(180° - x) = \frac{\sin(180° - x)}{\cos(180° - x)} = \frac{\sin x}{-\cos x} = -\tan x$$

2. a. Puisque le triangle ABC n'est pas rectangle, $\widehat{A}+\widehat{B}\neq 90°$; cela assure que l'expression a un sens.

Par ailleurs :

$$\tan\left(\widehat{A}+\widehat{B}\right)=\frac{\sin\left(\widehat{A}+\widehat{B}\right)}{\cos\left(\widehat{A}+\widehat{B}\right)}=\frac{\sin\widehat{A}\cos\widehat{B}+\sin\widehat{B}\cos\widehat{A}}{\cos\widehat{A}\cos\widehat{B}-\sin\widehat{A}\sin\widehat{B}}=\frac{\sin\widehat{A}\cos\widehat{B}+\sin\widehat{B}\cos\widehat{A}}{\cos\widehat{A}\cos\widehat{B}\left(1-\dfrac{\sin\widehat{A}\sin\widehat{B}}{\cos\widehat{A}\cos\widehat{B}}\right)}$$

$$=\frac{\dfrac{\sin\widehat{A}\cos\widehat{B}}{\cos\widehat{A}\cos\widehat{B}}+\dfrac{\sin\widehat{B}\cos\widehat{A}}{\cos\widehat{A}\cos\widehat{B}}}{1-\tan\widehat{A}\tan\widehat{B}}=\frac{\tan\widehat{A}+\tan\widehat{B}}{1-\tan\widehat{A}\tan\widehat{B}}$$

ce qu'il fallait démontrer.

b. On en déduit :

$$\tan\widehat{A}+\tan\widehat{B}=\tan\left(\widehat{A}+\widehat{B}\right)\left(1-\tan\widehat{A}\tan\widehat{B}\right)=-\tan\widehat{C}\left(1-\tan\widehat{A}\tan\widehat{B}\right)$$

$$=-\tan\widehat{C}+\tan\widehat{C}\tan\widehat{A}\tan\widehat{B}.$$

On en conclut que $\tan\widehat{A}+\tan\widehat{B}+\tan\widehat{C}=\tan\widehat{A}\tan\widehat{B}\tan\widehat{C}$ ce qu'il fallait démontrer.

Index

N

O, P

O

R

S

T

V

Achevé d'imprimer par I.M.E. à Baume-les-Dames - France
Dépôt légal : 96885-3/02 - février 2014